2017

北大清华人大
社会学硕士论文选编

卢晖临　晋军　储卉娟　李丁　编

SOCIOLOGICAL MASTER DEGREE PAPERS FROM THREE UNIVERSITIES

中国发展出版社
CHINA DEVELOPMENT PRESS

图书在版编目（ＣＩＰ）数据

2017北大清华人大社会学硕士论文选编 / 卢晖临等编. -- 北京 : 中国发展出版社, 2017.12

ISBN 978-7-5177-0815-5

Ⅰ. ①2… Ⅱ. ①卢… Ⅲ. ①社会学－文集 Ⅳ. ①C91-53

中国版本图书馆 CIP 数据核字(2017)第 290127 号

书　　名：2017 北大清华人大社会学硕士论文选编
著作责任者：卢晖临　晋军　储卉娟　李丁
责 任 编 辑：孙　勇
出 版 发 行：中国发展出版社
（北京市西城区百万庄大街 16 号 8 层　100037）
标 准 书 号：ISBN 978-7-5177-0815-5
经　销　者：各地新华书店
印　刷　者：北京市兴怀印刷厂
开　　本：880×1230mm　1/32
印　　张：16
字　　数：442 千字
版　　次：2018 年 1 月第 1 版
印　　次：2018 年 1 月第 1 次印刷
定　　价：50.00 元
联 系 电 话：（010）88913231 68990692
购 书 热 线：（010）68990682 68990686
网 络 订 购：http://zgfzcbs.tmall.com/
网 购 电 话：（010）68990639 88333349
本 社 网 址：www.develpress.com.cn
电 子 邮 件：sunyongcdp@126.com

目　录

前 言

在中国社会众多出版物中，若以作者论，《北大清华人大社会学硕士论文选编》可能是最不起眼的一种了。每辑八篇论文的作者，不要说绝无成名人物，甚至连有过学术发表经历的也难得一见。然而就内容看，论文集又非常惹眼。每篇论文都紧扣中国社会变迁中的重要议题，以扎实细致的第一手经验资料为基础，展开描述和讨论，同时又无一例外地做出了与既有理论对话的努力。与时下一些著名思想论坛中的文章不同，这些论文在亮出每一个观点、做出每一个判断时都小心谨慎，强调有一分资料说一分话，并且经常会刻意去呈现结论背后的复杂性。在这些论文中看不到空话套话和大而无当的废话，也看不到惊天动地的狠话，但它们却以一种质朴厚重的方式，成为观察中国社会发展变化的一扇重要窗口。这些论文当得起“尽心尽力”的评价。

这套不起眼又惹眼的论文集诞生于2003年，今天回过头来看这段创办故事，可能没有比“任性”更为贴切的判语了。当时来自北大、清华和人大的郑也夫、沈原和潘绥铭三位教授，出于鼓励硕士生写好学位论文、为社会学学科传递香火的初衷，在没有任何组织授权，没有任何经费保障的情况下创办了这套论文集。在北京的社会学圈子里，郑、沈、潘三位常被人们称作“爷”，确实，在他们身上很有些北京爷们“浑不吝”的劲头：看不上的事情全然不在乎，认准的事情则坚决干，九头牛拉不回。出版学生的论文被他们认定为有意义的事情，因此就有了2003年的“任性”之举，也有了之后十余年的坚持。

今天，三校论文集迎来了它的第15辑，也随着沈原教授最后离开编辑队伍而第一次迎来了一个没有三位创办人的时代。正如郑也夫教授所说，“作为传承社会学写作方法之文具，文集自己的运作也面临着传承”。这一传承的接力最早开始于2014年潘绥铭教授退休，接替的是郭星华教授，2015年，郑也夫教授将他担负的职责交付到我手上，今年，郭星华教授在短暂出场三次后也随同沈原教授一起离开。替补上场的是清华的晋军、人大的储卉娟、李丁这三位年轻老师。如此一来，形成了一个新的中青年的编辑团队。郭星华在上一辑的前言里感叹“人人都是过客，只是我太过匆匆”。其实，长也好，短也罢，我们这些人都是因为认同文集的意义而先后加入到这场接力中。只要还有足够多的学生愿意去写尽心尽力的论文，我们这些过客就愿意陪同，拿出时间去阅读挑选论文，处理编辑出版杂事，让这项有意义的事业尽可能长地存续。

编辑的主要任务是挑选论文，论文来自三校的社会学硕士生，说到底是他们决定了三校论文集的水准。受容量限制，每集文集只收录八篇论文，自然会有一些和入选论文差不多优秀的文章无法入列。某些最终出局的候选论文，常常让人心生“宝中选宝，憾失明珠”的感慨。在我参加的三年编辑工作中，这样的情景每年都出现。但是，如果真的将文集扩大一倍容量，我相信很多年份就会遭遇“无米下锅”的尴尬。这就不得不说到目前学生写作论文的一般情形了。以我所在的北大社会学系为例，每年产生将近百篇硕士论文，这三年来，我是每篇论文都会过目，以我的观察，大致可以区分为三种情形。第一种情形是“尽心尽力”，作者在阅读文献、探究主题、搜集资料、分析资料，以及行文方面投入大量心思和气力，虽然未必都能成为优秀论文，但是作者殚心竭力的态度和努力是可以明显体会到的。第二种情形是“用心用力”，作者主观上想写出好论文，但是由于各种客观上的原因，心思未穷尽，气力未使足，论文留下不少本可以弥补的遗憾。第三种情形是“无心无力”，这样的论文往往是十天半个月炮制的产物，虽然也是洋洋数万字，但满篇其实都透着敷衍和应付。根据我这三年来的阅读和观察，北大社会学系可以称得上尽心尽力的论文大约在三成左右，用心用力的大约四成，无心无力的也占到三成。

我了解，今天的学生是在一个比我们读书的年代更为严苛的环境中完成论文的，职业发展的压力过早地进入大学，实习、找工作、考证，件件事情都分去学生的心思和气力。写作论文未能尽心尽力找得到很多理由，但是如果因此就缺席研究生期间最综合最重要的训练（挑战），那对于学生个人来说将是一个永远无法弥补的损失。

在校研究生是这本文集的重要读者，借此机会送给各位一句话：毕业论文是社会学子的成人礼，没有过“夜不成寐，昼不甘食，念兹在兹，唯有论文”体验的研究生生活多少是不完整的。

卢晖临

2017 年 9 月 4 日

积极者与消极者①

董彦峰　北京大学社会学系2014级

指导教师　张静

第一章　引言

一、研究背景

依据《村民委员会组织法》规定，委托投票指的是："登记参加选举的村民，选举期间外出不能参加投票的，可以书面委托本村有选举权的近亲属代为投票。"② "委托投票率"③是衡量一个地方"委托投票"水平的重要指标：委托投票率越高，委托投票数量就越多，

① 本论文是国务院参事室"中国农村变迁跟踪研究"课题的阶段性成果。在资料收集过程中，Y县各级领导、相关工作部门以及D村村民为调研提供了诸多便利；在本文写作、修改过程中，张静教授、卢晖临教授予以了耐心的指导和无私的帮助，晋军教授、刘爱玉教授、谢立中教授、周飞舟教授等提出了中肯的批评与细致的建议，在此一并致谢。

② 具体参见2010年最新修订的《村民委员会组织法》第十五条第四款规定。

③ 委托投票率的计算方法有三种：第一种：委托投票率=委托投票数/选民投票数；第二种：委托投票率=委托投票数/选民登记数；第三种：委托投票率=委托投票数/选民人数。因为选民人数≥选举登记人数≥选民投票人数，所以三种计算方法的大小排序是第一种≥第二种≥第三种。本文采取折中的计算方法，原因有二：一是避免委托投票率的高估或低估；二是由于和参选率或投票率计算方法的参考标准一致，便于比较。因此，除特别注明外，本文均采取第二种委托投票率的计算方法。

委托投票对村民选举结果的影响也越大。依据史卫民、潘晓娟、郭巍青等人的调查报告，在2001-2003年的村委会换届选举中，全国16个省、市、自治区登记在册的平均委托投票率高达7.47%；在2004-2006年的村委会换届选举中，全国14个省、市、自治区登记在册的平均委托投票率则高达8.92%。并且，这种高委托投票率出现的地方，涵盖了东部、中部和西部的村庄（史卫民等，2009：127-129；史卫民等，2008：33-35）。

除了登记在册的委托投票率数字普遍偏高之外，张同龙、张林秀（2013）根据一项全国性抽样调查指出，2004和2007年村民选举中全国平均委托投票率分别是26%和14%；唐鸣（2008）根据2008年湖北省第七届村委会换届选举资料，估计出湖北大多数村庄平均委托投票率在45%左右，虽然实际登记在册的全省委托投票率只有21.28%；尹利民与穆冬梅（2015）的选举观察直接指出，有些村庄的“委托投票率”[①]甚至高达85%。

登记数字与地方调查数据之间存在的巨大差别说明，实际的委托投票情况很可能要比登记在册的统计情况严重得多。

二、问题提出

D村2017年村民选举中，登记在册的委托投票率在15%左右，实际的委托投票率则超过70%，D村所在Y县，2017年151个选举村登记在册的平均委托投票率是29%[②]。委托投票在D村历届选举中都是非常普遍的现象，以2017年选举为例，每个在选举现场投票的村民，都是受托人，手中握有一定数量的委托选票。

根据各地村委会选举的法律法规，村民选举中可以进行委托投票，

① 此处的委托投票率=委托投票书/选民人数。如果考虑到其他计算标准，实际的委托投票率可能会更高。

② 在Y县2017年的村委会换届选举中，登记选民数196924，委托投票数57281，准确的委托投票率是29.1%。但是，在Y县151个参与换届选举的村中，还有2个没有选出，因此实际的委托投票数可能要稍微再高一点。

但委托限于农户近亲属，并且受托人接受的委托选票不能超过 3 张，委托投票必须登记造册。而 D 村 2017 年村委会换届，出现了额外的委托投票现象，一些受托人手中的票，数量远远超出 3 张，因而对选举结果的影响大大增加。

“假如是我，我要要票，最起码要到 100 张票，你说一个人手里掌握 100 张票，你控制这么几个人，不用多选了，都投过去了。我们这村里，孙家，大大小小 11 户，老户 8 户，我把票都收过来，还有外姓的，这（选民证）全部都是外姓的。”①

并且，D 村登记在册的委托投票，大都是农户家庭之外的委托；而农户家庭内部的委托，并未登记在册。换句话说，D 村登记在册的多为额外委托投票。D 村这种现象，在全国范围内也可能存在。

基于此，本文要研究的核心问题是：在 D 村换届选举中，为什么会出现大量的委托投票现象？其产生机制是什么？

一般而言，选民登记数为委托投票数、现场直接投票数与弃权数之和。从逻辑上讲，委托投票的大量出现有两个前提条件：一是放弃投票的村民比较少；二是现场直接投票的村民比较少。结合对 D 村的选举观察和深度访谈，这两个核心问题又可以分为一系列小问题：在村民选举中，哪些人会成为委托人？为什么会选择委托而不是放弃投票？委托是主动的还是被动的？其发生机制是什么？哪些人会成为受托人？为什么会成为受托人？是主动受托还是被动受托？其发生机制是什么？委托选票能否顺利投出？以何种方式投出？为什么有的委托选票能够顺利投出而有的不能？其判定标准是什么？影响因素与发生机制是什么？委托投票的大量产生是否意味着村民不再关心选举？谁在关心选举？

---

① D 村村民 SF 访谈。SF 的说法带有夸张成分，但是他手中的确握有几十张选票，都是本队村民主动委托给他的。

第二章 文献回顾

针对村民选举中的委托投票现象，学界主要围绕委托投票的存废问题展开讨论（赵寿星，2000；Tan；2004；王宜峻，2006；唐鸣，2009；王金红，2009；隆厚文，2011；李尚坤，2011；仝志辉，2016）。一方从实际操作中存在的买票贿选等问题入手，主张废除委托投票；另一方则从保障农民工的选举权，提高村民参选率等目的出发，主张保留委托投票。本质而言，这种分歧仍是选举程序“差距研究”（刘思达，2016）的体现，强调法律法规流于形式，法治精神与现实操作之间存在差距（Tan，2004；郭伟和，2009；Fanli，Cheng & Shi，2015）。但是，这种“差距研究”只是指出了差距的存在，并未揭示这种差距产生的真正逻辑。而要揭示这种差距的产生机制，就需要回到事实本身，对委托投票大量出现的影响因素及其产生机制展开实证考察与分析。

熊易寒（2008）在解释“为什么在选民普遍冷漠的情况下，居委会换届选举依然实现了非常高的投票率”这一问题时，指出委托投票是选举各方共谋的结果：一部分选民可以借此逃避“义务”①，积极分子②以此来支持自己在居委会的工作并为圈内人拉票，党总支/居委会乐于借此实现高投票率和选票的集中，因此，权利让渡（委托投票）就成了各方都可以接受的“均衡点”，而“双过半”原则的规定则正好为这种行为提供了制度性的激励。究其本源，熊易寒从选民（即委托人）的视角出发，用政治冷漠来解释委托投票的产生机制：基于社区维持性而不是分配性③

① 在中国传统政治文化中，政治参与首先被看成是一种义务。这种观点是现代权力观念与传统的德性权利和义务观念的一种混合物，夏勇称之为“集体权利—个人义务”，具体参见夏勇，2004：57-130。

② 在熊易寒文中，积极分子具体指的是选委会成员、党总支委员、党支部书记、支部委员、居民常任代表、党小组长、楼组长、业委会成员和自愿团体负责人。

③ 按照熊易寒的理解，所谓分配性利益指的是谁得到什么，何时和如何得到，而维持性利益指的是如何确保既有利益不受损害。而前者以利益分配来吸引人们的注意力，后者以焦点事件（比如环境污染）来证明自己的存在。

的利益结构，人们普遍对居委会选举漠不关心，所以才会逃避“义务”，选择以“委托投票”的形式来行使选举权。但是，由于村委会和居委会选举面临的现实环境不同，用这种机制来解释村民选举中的委托投票现象，存在着一定的局限性。第一，政治冷漠的总体判断不同：熊易寒认为村委会选举以分配性利益为基础，选出的是“当家人”，居委会选举以维持性利益为基础，选出的是“守夜人”，因此，不同于居委会选举的缺乏活力，村委会选举是如火如荼的，这显然是基于理论逻辑的判断，而忽视了社会现实的发展。在村民直选早期，这种判断具备一定的现实基础，但是从历时性视角来看，在一些西部村庄，村民对村委会换届选举日益无感、失望、冷漠，甚至是愤世嫉俗（Yao，2015）。第二，政治冷漠的产生机制不同：熊易寒认为城市社区居民的政治冷漠是由社区的利益结构所决定的，而农村社区的利益结构显然不同于城市社区。第三，积极分子的动机不同：在居委会选举中，积极分子指的是在社区内担任公共职务的居民，因此，对积极分子来说，选举不过是一项政治任务，用以获取政治回报或社会报酬；但是对于村委会选举中的积极分子来说，选举并不是一项政治任务。第四，选举委员会面临的社会环境不同：相较于城市社区，村庄内部的同质性更高，选举委员会成员与竞选者、社区成员之间相互牵连的广度与深度也更高。第五，“双过半”[①]原则的作用对象不同：居委会选举中，“双过半”原则制度性激励的对象是选举委员会（即党总支/居委会），政府只是作为一种环境要素在发挥作用，这实际上忽视了基层政府在选举过程中的主动性，尤其在一些西部地区，村委会换届选举日益成为村庄内部矛盾爆发的平台（王晓敏，2010）。

另一种观点则是从基层政府的角度，用“双过半”原则的制度性激励（Pastor & Tan，2000；唐鸣，2009；王金红，2009；仝志辉，2016）来解释委托投票的大量产生。委托投票能够保证外出务工村民的选举参

① 《村民委员会组织法》第十五条第二款规定：“选举村民委员会，有登记参加选举的村民过半数投票，选举有效；候选人获得参加投票的村民过半数的选票，始得当选”。因此所谓“双过半”指的是选举有效的条件：过半数选民投票；候选人当选的条件：获得过半数选票。

与，从而保证投票率，符合“双过半”原则，选举得以成功。但是，这种制度性激励并不是绝对的，其激励性的强弱取决于选民登记数的多少；其次，它只是一个总体性的解释，忽视了村庄之间的差异以及村庄内部的丰富性。

总体而言，学界有关委托投票的研究存在以下局限：第一，对事实本身的实证考察不足：委托投票研究不能止于选举程序的“差距研究”，或者探讨如何在程序上去规范其中存在的问题，更应该回到事实本身，实证性地考察与分析委托投票的影响因素和产生机制。近些年，国家对于委托投票的程序规定日益精细，现实操作也更加严密，但是并未解决委托投票中存在的问题。委托投票并非一种孤立存在的现象，对程序品质（quality of procedure）的追求最终还是导向内容品质（quality of content）与后果品质（quality of consequence）（Diamond & Morlino，1994；Yao，2013），因此对事实本身的理解就非常必要；第二，缺乏历时性的比较：从现时性的视角，我们看到的只是静态结构下各种因素交互作用的状态，如“政治冷漠说”与“制度激烈说”就是静态分析的结果；从历时性的视角，我们就能观察、比较各种因素作用的大小、顺序及其作用过程，如近三十年的换届选举，村民经历了从热情到失望、冷漠的过程，选举最初的“赋权感”在不断弱化（Yao，2013），因而要历时性地考察委托投票的产生机制；第三，缺乏内部构成的分析：委托投票现象并非是一个统一的整体，而是包括了委托人、受托人、村民选举委员会、基层政府等多方行动主体，而内部构成的分析，有助于我们深入了解不同行动主体的行动策略与行动逻辑。

因此，本文力图弥补“政治冷漠说”与“制度激励说”历时性分析与内部构成分析的不足；通过对村民委托投票细节的呈现，揭示村委会换届选举的真实过程及其中的事实逻辑，并透过这一过程，展现制度环境对投票行为的影响。

第三章　研究方法与分析框架

一、研究方法

本文以西部D村为例，使用机制分析、个案分析与比较分析等方法，力图揭示委托投票大量出现的经验逻辑。

1.机制分析

机制分析是一种中观研究，是从社会现实出发，对经验逻辑的揭示，向下可以连接到丰富的经验，向上可以抽象为一般化的理论（贺雪峰等，2016）。要言之，用华中村治学派的说法，机制分析就是“村庄里面提问题、现象之间找关联”（贺雪峰，2016：57）。基于对D村的调查、感知与总结，本文力图呈现委托投票的产生形式与制作过程，进而揭示委托投票产生的经验逻辑；注重从历时性的角度，分析并讨论委托投票不同产生机制之间的关联、转化与相互作用。

2.个案分析

个案分析是质性研究常用的分析方法，依赖解释性范式或研究的方法（斯泰克，2007）。从不同的世界观或不同的情境考察，“相同”的个案，意义也是不同的。本文基于对D村自然环境、政治格局、社会历史等了解的基础上，对委托投票的产生机制展开具体分析，基于D村个案，力图提出一种新的经验解释。

3.比较分析

比较分析是社会科学研究中常用的探求因果机制的方法。所谓“比较”就是“把注意力集中在一种或少数几种特征上，并且模糊那些不利于比较的个案知识”（斯泰克，2007：476），密尔提出的“求同法”和“求异法”等探求因果机制的具体方法，其前提和基础就是比较，本文在探求委托投票产生机制的过程中，使用了比较分析的方法，其中，既包括现时性不同个案之间的比较，也包括历时性同一个案的比较。

二、研究材料

本文资料收集的主要方法是深度访谈法、实地观察法和文献法，获取和用于分析的材料主要有四类：观察记录、访谈资料、法律法规、地方档案。

1.观察记录

重点观察内容：选举之前的竞选拉票；投票现场的选举过程、程序操作、村民互动；选举之后的行为表现。选举之前，主要是摸清村庄内部的基本情况，比如家族情况，派系划分，势力分布等等，并主动去打听、了解每一个竞选者的情况以及竞选者为换届选举所做的筹备工作，重点观察竞选者拉票的场景、方式和手段，比如在私人场合，去家里面，还是在公共场合，去小卖部；竞选者亲自拉票还是托人拉票等等。投票现场，观察整个村民选举的过程：从投票开始一直到监票计票，重点观察其各个流程的程序操作、选举秩序、具体投票的场景与氛围、围观群众的情境与表现，尤其是委托投票凭证的填写、村民选举委员会的审查、乡镇工作人员的监督、投票现场村民的互动等等。选举之后，重点观察乡镇工作人员、胜选者与败选者以及村民的行为表现，参与了胜选者的庆功宴，观察庆功人员的行为表现。

2.访谈资料

本文所用的访谈资料来自以下访谈对象：Y县各级领导、相关部门工作人员、D村第一书记等；村民选举委员会成员；D村历届村支书、村主任、各村民小队队长等村庄公众人物；近几届村主任竞选者；普通村民等。部分访谈对象在选举之前和选举之后都进行过访谈。

访谈内容分两类：一类着重访谈并梳理D村政治史、经济史、民风民情等各方面情况；一类着重访谈并梳理D村2017年2月份的村委会换届选举[①]与委托投票情况。此外，重点访谈D村历次村委会换届选举的情况，主要包括竞选者都有哪些村民、正式候选人都有谁、谁最后竞选成功、村民对选举的态度等等内容。

3.法律法规

委托投票的规范性研究涉及到相关的立法过程与法律修订，相关资料包括：《村民委员会组织法》[②]、《全国人民代表大会及地方各级人民代表大会选举法》[③]以及《村民委员会选举规程》[④]等全国性的有关委托投票的法律法规、部门规章、司法解释及其相关的立法过程与修订内容；D村所在省、市、县、镇的地方性法律法规、政府文件及其相关的村委会换届选举工作方案与工作手册。

4.地方档案

主要包括D村村委会档案记录、户口登记信息。

三、中心词界定

1.委托投票、委托投票人和受托投票人

委托投票是指选举期间因各种原因不去现场投票的村民，委托本村有选举权的其他村民代为投票，行使选举权利的行为。符合法律规定的，为合法委托；不合法律规定的，为非法委托或额外委托。委托投票人是选举期间委托其他村民代为投票的村民，简称委托人；受托投票人是选举期间接受其他村民委托的村民，简称受托人。

---

① 依据Y县选举惯例，村委会换届选举工作通常是在换届年的12月份就全部完成。但是Y县2016年的情况比较特殊，换届选举时间定在了2017年的2月份。因此，本人的调研分成了两段：一是2016年11月-12月；二是2017年2月份。11月-12月的调研，主要了解选举前期的筹备情况，具体包括：今年有意竞选的村民都有哪些？动员村民投票、要票代票的村民都有哪些？从什么时候开始动员的？怎么动员的？往年竞选村主任以及动员他人投票的村民都有哪些？村民是怎么看待村庄选举的？有什么变化？基层政府是怎么筹备这一次村两委换届的？等等。2月份的调研则更为具体，重点观察村委会换届选举过程，尤其是选举现场受托人的投票过程，访谈有关委托投票的内容。

② 以下简称《村委会组织法》。

③ 以下简称《人大选举法》。

④ 以下简称《村委会选举规程》。

2.跑票、要票与代票

跑票：部分村民积极动员其他村民参与投票、支持某一候选人的行为；

要票：部分村民向其他村民索要选票的行为；

代票：部分村民代替其他村民投票的行为。

委托投票与代票本质上是一致的，只是定义的视角不同：前者是委托人的视角；后者是受托人的视角。二者区分的价值在于两个方面：一是在委托人和受托人不同视角之间切换时，便于阐述与分析；二是要票和代票之间的关系是一体的，要票的目的是代票[①]。

3.主动受托与被动委托、被动受托与主动委托

主动受托是受托人向委托人索要选票，并主动代票的委托投票形式，对于委托人而言，则是被动委托；被动受托是委托人主动联系受托人的委托投票形式，对于委托人而言，则是主动委托。

4.一次委托与二次委托

一次委托与二次委托的差别在于：前者是委托人把自己的选票委托他人代为投票，是合法的；后者是委托人把他人的选票委托他人代为投票，是非法的。

5.家庭内委托与家庭外委托、户内委托与户外委托

家庭内委托与家庭外委托的差别是委托人与受托人是否同属一个家庭；户内委托与户外委托的差别是委托人与受托人是否在一个户口本上。这种区分源自村庄内部以及不同村庄之间委托形式的事实差异。

6.积极者与消极者

积极者是希望影响并控制选举结果的村民；

消极者是对选举并不关心，或者比较失望的村民。

---

① 这里要注意代票的前提并不都是要票。因为代票可分为主动代票和被动代票两类，主动代票的前提是要票。

四、分析框架

本文的总体分析框架为“制度环境—投票行为”①，重点展现制度环境是如何对村民的投票行为产生影响。

“制度环境”具体指投票制度规定的环境，比如“双过半”原则。它的作用对象主要是基层政府和村民选举中的积极者，但是对消极者并没有太大影响。消极者一般不与制度环境直接互动，而是通过积极者与制度环境产生互动。

“基层政府”具体指县和乡两级政府，他们是村民选举的组织者、监督者和直接责任人。基层政府的主要作用对象是积极者，对消极者并不产生太大影响，理由同上。

积极者和消极者的具体互动是角色群体互动的条件，同时也是委托投票产生的前提。积极群体和消极群体的互动，导致委托投票的大量出现。具体参见图1。

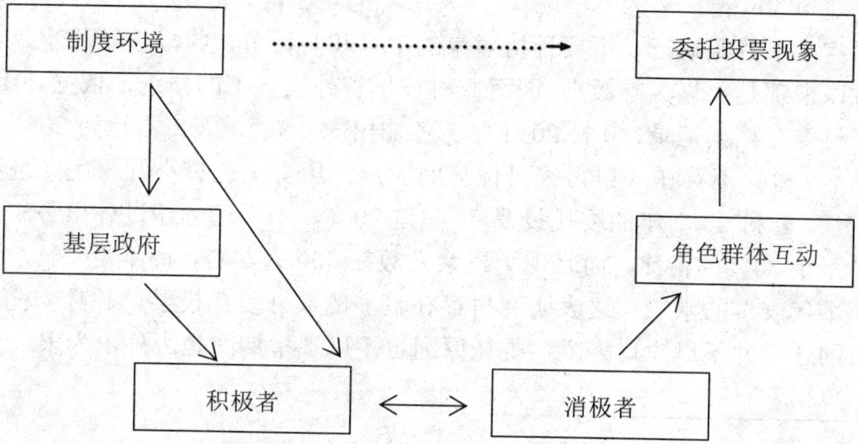

图1　D村委托投票现象分析框架

---

① 这一分析框架借鉴了新制度主义的分析模型“制度—个人选择（基于偏好最大化的策略性行动）—政治结果”（豪尔、泰勒，2003；黄新华，2005；郭伟和，2009；肖立辉，2009）。

第四章 D村概况与选举概要

一、D村概况

D村位于宁夏回族自治区Z市Y县B镇，下辖8个村民小队，6个自然村。一条南北走向的“小河”[①]把D村居民点分为河东与河西两个部分，其中一、二、三、四和七队位于河东，五、六和八队位于河西，河东与河西的自然村之间相距一两公里，最远相距三四公里。

这种地理分布格局限制了不同自然村村民之间相互交往，相距较远的自然村，村民之间并不熟悉。因此，村民小队队长的作用就比较突出，能在村干部和村民以及陌生村民之间，起到上下联系、沟通的作用；并且在选举中，村民会优先选择自己熟悉的人代为投票。

D村共有居民660户，2289人（2015年统计数据），户均3.6人；土地10399亩，多为“旱地”[②]，人均耕地4.2亩。但是，D村自然环境恶劣，水资源缺乏，主要种植耐旱的玉米和马铃薯，收成很不稳定，自古以来都是“靠天吃饭”。因而D村较早有外出务工的传统，依据2014年村委会档案记录，D村2014年劳务输出599人[③]，人口占比约26%。

D村并不存在人口占绝对优势的大户，历史上也有小姓村民当选村主任。D村2017年的委托投票率[④]超过70%，不但远远超过外出务工人员不足30%的占比，而且现场投票人数在400人左右，尚不足“一户派一个代表”的水平。这表明D村存在较多的额外委托投票，并且委托对象的选择并不以户口为限，委托原因也不以选举期间是否外出为限。

---

① 水量细小，含沙量大，据言曾为黄河故道，曾几度断流。

② D村有“水地”和“旱地”的说法：“水地”指的是在机井灌溉范围之内的土地；“旱地”指的是在机井灌溉之外的土地。

③ 2015年，一二队共有175名劳动力在外谋生，而一二队18-60岁男性劳动力共有271名，劳动力占比65%；人口占比约27%。

④ 由于缺乏同时期的完整数据，这里用2017年D村村委会换届的委托投票率与2014年外出人口占比相比较。对于一个村来说，短期内外出人口占比一般变化很小。

过去，这里屡遭战乱，历史几度中断，其中，D村最古老的姓氏田氏可以追溯到明末清初。但是，D村并没有较强的家族意识。一方面是家族势力较为薄弱，这不仅指外在的形态，诸如祭祀、家庙、族田、族谱等，也包括“家族意识”即是否自觉以内化的家族规范去行事（喻东，2011）。前者在D村几乎没有[①]。至于后者，同父亲的兄弟，还较亲密些。同祖父的堂兄弟，就疏远了许多，纠葛不断。并且，各姓中能明辨是非、居中调解的长老式人物极少，基本还是各顾各家，家族意识较薄弱。

总体而言，家族对D村委托投票的影响并不大；D村有不少村民把自己的选票委托给外姓人。当家族内部有人竞选村主任时，家族会对委托对象的选择产生影响，但一般限于三代以内直系血亲。

D村存在着一些有影响力的集体活动。一是抬神会，D村五队的雷公庙会在每个月初一、十五举办抬神会，尤其在逢年过节的时候，五队、六队会有比较多的村民参加这一活动；二是秦腔演出，D村秦腔剧团共有成员40多人，分布在多个村民小队，过年时会为村民举行秦腔演出活动；三是小卖部聚会：D村日常的村民聚会、休闲娱乐、信息发布主要是在各自然村的小卖部里面，D村共有15家小卖部，其中仅三队不足200米的大路两旁就有5家。

这些集体活动及其场所，为村民交流选举信息、为竞选者组织动员村民投票提供了重要机会和平台。并且，这些集体活动的组织者，通常具有比较大的影响力，会对村民投票意向产生影响。

二、选举概要

1989年底[②]，D村举行第一届村委会换届选举，普通村民开始有机会参与投票并竞选村主任。但是在村民选举前期，农民负担比较重，而村

---

① 田氏族人曾经编过一份家谱，但也只有三代，而且大部分田氏族人自己都不知道此事。唯一曾有过族谱的八队王氏，其族谱在文革时也给烧掉了，现在的王氏族人也大都不知道此事。其余姓氏不仅没有家谱，许多人就连祖父的名讳都不晓得。

② 具体时间根据D村村委会档案记录以及访谈资料估算得出。

干部的主要工作是“要钱、要粮、要命”，即收取税费、定购粮和开展计划生育，工作不容易完成，经常面临基层政府和村庄内部的双重压力，夹在镇上和村民之间，受着“夹板气”。因此，在村民选举的最初几届，村主任的竞选并不太激烈。

2003 年税费改革之后，尤其是 2005 年取消农业税之后，国家对农民开始由资源汲取转为资源输入，项目下乡使得村委会所控制并影响的资源日益增长。以 D 村为例，近十年先后实施的项目包括新农村建设、移民搬迁、美丽乡村、修建蓄水池等。随后，村庄内部出现了一批对村主任竞选高度热情的村民，在村委会换届选举中积极跑票要票，主动代票。但是另一方面，村民对村干部以及选举作用的信心降低，现场参与投票的积极性不高，委托投票、弃权现象大量出现。

D 村 2013 年第九届村委会换届选举，村主任提名人数 12 人，投票率 89%；2017 年第十届村委会换届选举，村主任自荐人数 4 人，放弃自荐人数 3 人，投票率①为 84%，直接投票率②为 20%，委托投票率③为 64%④。

D 村逐渐形成两个对村委会换届选举态度迥异的群体：一个对选举参与高度热情，积极参与竞选，跑票要票、主动代票；另一个则对选举参与冷漠失望，被动员、裹挟着参与投票。前者人数较少，本文称之为积极群体；后者占大多数，本文称之为消极群体。少数动员多数，是村民选举中委托投票大量出现的前提条件。

---

① 投票率=选民投票数/选民登记数。

② 直接投票率=直接投票数/选民登记数，直接投票人数指的是直接到投票现场参与投票的选民人数。一般来说投票率=委托投票率+直接投票率。

③ 如果考虑到没有投出的委托投票数，这里的委托投票率会更高。

④ B 镇 D 村相关信息来自村委会档案记录和访谈资料。

第五章　D 村选举中的积极者

一、谁是积极者？

积极者是希望影响并控制选举结果的村民，他们对选举充满热情，积极参与竞选，或者跑票要票，主动代票，主要由竞选者、竞选者的家族成员和村庄公众人物构成。

竞选者是积极参与村主任竞选的村民，他们的选举参与热情最高。为了在选举中获胜，竞选者会组建自己的竞选班底，其成员主要包括竞选者的家族成员和村庄公众人物。

竞选者的家族成员是被竞选者调动起来的家族内部资源，他们以竞选者为核心，展开跑票拉票活动，但是其构成并不稳定，每年都在变化。

村庄公众人物是在村庄内部或者村民小队，知名度比较高，影响力比较大的村民。他们是竞选者重点争取、拉拢的对象，通常会成为竞选者的班底成员，主要由曾经或正在担任村庄公职的村民构成，具体包括历任村主任、村支书和各村民小队队长。

二、积极者的特点

1. 竞选者特点

男性：自 1989 年村民直选以来，历届 D 村主任都是男性，村主任候选人只有一位女性。

曾担任村民小队队长：D 村历届“村主任候选人”[①]大都曾担任所属村民小队队长，D 村 2017 年第十届村委会换届选举，共有 4 位候选人，其中 3 位曾经或正在担任村民小队队长。

出生年份在 1955-1965 这个年龄段：D 村历届村主任候选人 80%出

① 这里所说的村主任候选人不包括“有候选人”方式下村民在“海选”中提名的村民。因为并不是每一个村民提名的候选人都对选举充满热情，有些村民提名候选人比较随意。但是，提名票数越高的村民，对选举的热情也越高，而村主任候选人是提名票数最高的 2 位村民。

生在这个年龄段。

2. 竞选者的家族成员特点

三代以内的直系血亲：D村选举中，帮助竞选者竞选的基本是其兄弟、儿子和妻子。

参与动员的代际差异：年轻人与中年人尽管都有参与动员、参与监票，但是年轻人主要是动员本村同学投票，中年人则主要动员亲戚朋友投票，并且要票代票。

女性动员者的出现：D村选举中，部分女性也参与动员，并且参加胜选者的庆功宴席。

3. 村庄公众人物特点

熟悉本自然村或村民小队内部情况：村庄公众人物大都有过村民小队队长的经历，并且常年在家，对队上的人际关系非常熟悉，对村里的公共事务比较热心。

拥有跨越自然村的人际关系网络：村庄公众人物相对更能突破自然村对人际关系的限制，在村干部和本队村民、外队村民和本队村民之间起到联系沟通的作用。

对公共事务拥有更大的影响力：D村在1990年代和21世纪初的各村民小队队长，通常还会担任队上红白喜事的管事，并参加队上各家各户之间的纠纷调解，因此在队上有一定的威望和影响力，不但能够有效动员村民投票，要票代票，而且能够影响受托人的投票意向。

出生年份在1955-1965这个年龄段：D村1990年代以来，各村民小队历任队长中，70%出生在在这个年龄段。

村民小队队长的特点，使其成为村庄公众人物的构成主体，D村各村主任候选人大都曾担任村民小队队长。由于他们在自然村内部影响力大，上下联系多，从而成为各个竞选者争相拉拢的对象，部分直接成为竞选者的班底成员，帮助他跑票要票、主动代票。另一方面，各村民小队的选民证是由队长发放到各家各户的，村民不在家的，则由队长电话通知，由村民委托他人代领选民证[①]，一些村民为了方便，会把选民证放在队长那里，小队长主动代票具有天然的优势。D 村自 90 年代以来，共产生大约 35 名小队长[②]，其中，少则任职 2 到 3 年，多则任职 8 到 10 年，有 2 人任职近 20 年。

总结来说，D 村选举的显著特点在于：对选举充满热情的稳定群体形成。换句话说：D 村存在着一个对选举充满热情的群体，其成员是伴随着村民选举不断老去的。D 村 80%左右的公众人物[③]出生在 1955-1965 这个年龄段，俨然形成了一个对选举充满热情的朋辈群体。群内成员之间，大家彼此熟悉，感情熟络，每次村委会换届选举，都能激发他们的政治热情，积极参与、跑票要票并主动代票，群外的村民则难以形成强有力的挑战，从而成为被组织动员、被裹挟参与的对象。依据 D 村 2011 年的数据，出生于 1955-1965 这个年龄段的村民，人口占比略过 14%，选民占比不足 18%，具体参见表 1。一个基本的判断是不足 20%的村民调动了全村超过 80%的村民参与投票，选举原则上的“少数服从多数”被转换成了实际运行中的“少数决定多数”或“多数服从少数”。D 村 2017 年 20%的直接投票率也可以证实这一判断。

表 1　D 村村民各出生年份分布（2011 年）

年龄段	人数	人数占比	选民占比
1994-2011（0-17 岁）	453	19.83%	
1966-1993（18-45 岁）	1112	48.69%	60.73%
1955-1965（46-56 岁）	322	14.10%	17.59%
1915-1954（>56 岁）	397	17.38%	21.68%

① 村民口中所说的委托选票其实指的是选民证。受托人在选举当天带着委托人的选民证换取选票并代为投票。

② 这些信息主要来自对 D 村历任村主任、村支书和村民小队队长的访谈记录，并且参考了 D 村村委会的部分档案记录以及相关户籍信息。多数信息经过了多方验证，可以确证；但是，部分信息源自单方言说，疏漏在所难免。

③ 历任村主任候选人也大都是村庄公众人物。

三、积极者的行为

积极者行动的最终目的是竞选者自己或帮助竞选者在选举中成功当选，因此其行动是围绕着竞选者展开的。从竞选者的角度讲，村委会换届选举的过程就是其竞选的过程，可以分为“探听虚实——组建竞选班底——前期组织动员——成为候选人——现场动员监控——选举确认”六个阶段。

第一阶段，探听虚实：村民在决意竞选之前，会委托自己熟悉并且在村里有影响力的村民在各个村民小队探探口风、摸摸底，然后依据村民的评价与支持，估计竞选获胜的可能性，进而确定自己是否参选，因为选举败选，或者支持人数太少，是一件“丢脸面”的事情，竞选者不得不慎重考虑；第二阶段，组建竞选班底：摸底之后，决意竞选的村民，会争取各自然村或各村民小队队长等公众人物的支持，组建自己的竞选班底；第三阶段，前期组织动员：在正式选举之前两个月内，由竞选者及其班底成员去组织动员、跑票要票、主动代票；第四阶段，成为候选人：通过自荐（“无候选人”选举方式）或推选（“有候选人”选举方式）[①]成为村主任候选人；第五阶段，现场动员监控：在选举投票现场，主要由竞选者的家族成员动员村民现场投票、要票并主动代票，在确保原有承诺支持自己的村民投票的同时，现场争取其他村民的支持，并在必要情况下现场监控村民投票；第六阶段，选举确认：经过监票、唱票等，计算出候选人所得票数，如果得票最高的候选人符合法律“双过半”原则的规定，并经过村民选举委员会确认，选举一次性成功；如果不符合相应要求，则由得票最高的前两位进入第二轮选举。在这六个阶段中，最为关键的是“前期组织动员”和“现场动员监控”，其动员能力的大小以及动员村民的多少，直接决定了竞选者能否顺利当选。

1.前期组织动员

① 2017 年，B 镇的村委会换届选举采取的是“无候选人”方式竞选村主任，所谓“无候选人”方式，推行的是自荐直选制度，直接召开选举大会进行选举。而往届“有候选人”方式，先是由村民“海选”（即提名正式候选人），按得票高低选出正式候选人，然后在“大选”中由村民直接投票选出村主任。本文为了方便，把自荐竞选村主任的村民也称为“村主任候选人”。

前期组织动员分为两部分，一是争取重要影响人；二是巩固零散的选票。

由于D村居民点比较分散，村主任竞选者更多的是要争取自己不太熟悉甚至是陌生村民的支持，而村民对于陌生的竞选者，投谁的票，并没有什么主见。

"大众说了算"①，"大伙说选谁就选谁"。②

但是，每个队上都会有一些有主见的村民，他们不但手中握有比较多的委托选票，而且能够影响其他村民的投票意向，这些村民就是选举中的重要影响人，因而成为竞选者及其班底成员重点争取、拉拢的对象。

"每个队里都有几个有威望的，能弄上票的"③，"拿人手软，吃人嘴短……必须得跑腿，必须得要票"④，"其实他们都知道我手里的票多。那个队长知道，说一般村里面的票都在我家里。"⑤

重要影响人的争取是以个人形式实现的，而巩固零散的选票则以集体的形式实现。换句话说，前者是一对一，后者是一对多的方式组织动员；前者多以个人承诺来争取，后者则以集体承诺，比如承诺在当选后为某小队争取落实生产性类项目；前者是在个人家庭动员，后者是在公共场合（比如小卖部）组织动员。

前期组织动员存在的最大问题是不稳定，原本承诺的村民可能因为各种原因改变投票意向。积极者用以保证得票数量的手段就是跑票要票，要来的选票由家人或亲戚代投。

---

① D村村民LGZ访谈。

② D村村民ZTZ访谈。

③ D村村民SF访谈。

④ 同上。

⑤ 同上。

“不管他们那一方也好，这一方也好，都是雇的人，把别人的票，不管用什么手段拿着来，（好比我要竞选，）我个人把这个票，好比我这个哥呀，兄弟也好，个人家实际亲戚，家人都被利用，怎么个手段拿过来，那是另外一回事，把这个票拿过去，我们家里人可以把这个票投进去。”①

“结果弄来弄去，到选的这两天人家变卦了……不但人家变卦了，人家把我们（自然）村上有些选民的票都拿走，人家选了”②，“（他）吃你的，喝你的，就是不投你。”③

2.现场动员监控

现场动员的重要性在于稳定，村民改变投票意向的机会与可能性更小。哪一个候选人能够在投票现场动员更多的村民投票支持自己，或者能够要到足够多的票并顺利实现代票，他就能够在选举中占据更大优势。

现场动员的村民主要通过“要票代票”和“选举监控”来控制选票的流向。

“你看竞选的时候，LLJ（候选人）的儿子在那里，SWQ（候选人）的儿子在那里。ZLH（候选人）的大哥在那里，有竞选希望的都在那布阵着呢。你看TXP（候选人），没人管（自动放弃了）。”④

现场动员的主要是竞选者的家族成员，即儿子、兄弟和妻子，动员的手段主要是情感拉拢。一般而言，动员者是用乡土社会的礼仪和“人情”使得投票村民陷入尴尬境地或情理困境。

“人家那一帮子，人家准备下那一帮子，好十几个在现场上，来一

---

① D村村民SWQ访谈。

② 同上。

③ D村村民TXP访谈。

④ D村村民LWM访谈。

个给你发烟，第一个是发烟，很好的态度，第二个就说选也得选，不选也得选……说话也是简直就说把你控制了，就是没红脸，笑着说：‘××（兄弟/哥们），你的票我给你投去，不用你投了’，结果你看笑着，其实是一种手段，人家是为了弄这个票，那是一种没有办法的绝招。”[①]

对于一些家门弱小、为人懦弱的村民，则直接要票。

“有些人挺弱的，家庭挺弱，他没儿子，他那个人不说这些（硬）话，他就乖乖地给了，人家拿去把票投了。”[②]

现场监控的手段就是委托村民与受托人在选举现场一起投票。

“有的你就走，你去，我看着你给我投，把他控制了。到了现场人家跟着，看着你给我投。”[③]

3.二次受托

现场投票的村民基本都是受托人，手中握有他人委托的选票[④]，因此村民现场动员、要票并主动代票，实质上是一种“二次受托”，即接受受托人的委托并代为投票。并且，二次受托中的受托人不一定是竞选者的班底成员，也有另找可靠的村民代为投票。

① D村村民LWM访谈。

② 同上。

③ 同上。

④ 他人多数指的是家庭成员。

第六章　D 村选举中的消极者

一、谁是消极者？

D 村选举中，参与投票的村民主要包括委托人和受托人。受托人大多是来选举现场投票的村民，或是家庭代表，或受其他村民委托代为投票。在现场动员监控下，投票现场的委托一般是“二次委托”，其实质是受托人的被动委托。本文把被动委托的受托人称为消极受托人。D 村选举中的消极者主要由委托人和消极受托人构成[①]。

委托人是 D 村选举中消极群体的主要构成，依据其委托形式，具体可分为两类：主动委托的村民：他们经由村民小队队长，或者竞选者的组织动员知道村庄选举和投票的事情，并且自主选择受托人，委托人以外出务工的村民和被代表的家庭成员为主；被动委托的村民：他们是被竞选者及其班底成员跑票要票、主动代票的对象，这类村民占比不高，但是手中握有较多的选票，对选举的影响最大。D 村第十届村委会换届选举时间是 2017 年 2 月 16 号[②]，农历正月二十号，春节刚过不久，村民尚未外出务工[③]。因此，D 村 2017 年的选举中，第二类村民较往年要多。

消极受托人是竞选者及其班底成员动员投票、要票代票的对象。村民选举中，投票的单位是家庭而不是个人，竞选者及其班底成员实际争取对象是“一家之主”。在跑票要票、主动代票的情况下，消极受托人实质上是二次委托中的委托人。

---

① 实质上，消极受托人也是委托人。只不过在一次委托中是受托人；在二次委托中是委托人。除特别说明外，本文中委托人和受托人的说法均以一次委托为主。

② 除个别特殊村庄，Y 县所有参加换届选举的村庄均在这一天举行选举大会。

③ D 村所在西北地区有正月二十三之后外出务工的习俗。在正月二十三这一晚，村民大都会在路口和家里举行篝火晚会，然后在燃烧的柴火上跳过去，当地称之为“二十三，燎瘴干”。之后，村民才陆续外出务工。

二、消极者的特点

1.委托人（仅一次委托）特点

以家庭为单位：一次委托多是以家庭为单位的，“一家派一个代表”。

消极内容的代际差异：30岁以下的村民：不关心，不在意。他们大都没有亲自参加选举的经历，也不了解选举投票的过程，选谁不选谁，他们既不关心，也不在意。

“我参与这个东西也是比较被动的，我没有主动了解这些，也没有兴趣去了解这些……我是被动地参与，有一些是根本不会关心这些。跟我同龄的，关心这些很少很少的，”[①] “觉得村里选举和自己并没有存在太大关系，因为自己将来还是要出去的。”[②]

30多岁的村民：把选票视为一种人情资源。他们发展日益定向，逐渐从父母那里接手村里的社会关系，而村民选举则会调动这些社会关系，因此，对他们而言，选票是一个联系村庄，还/送或承/欠人情的机会。

“你看，三年一选，（上一届）那个时候年龄还小，也在外面，不关心村里面的事，现在大了，和村里有来往，逢年过节都要参与帮忙……（从Y县回来投票）我就想看看场面是咋么个回事，（但我）没有参与这个事情。”[③]

40-60岁的中年村民：不公感最强，对村干部和选举作用的信心最低。他们是村庄内部最主要的劳动力，和村庄生产、生活等的联系最紧密，也更关注村庄的治理，但是同时，他们也是不公感最强的群体，对村干部和选举效果的信心也最低。他们经历过数次村委会换届选举，对

① D村村民JWP访谈，MPW，90后。

② D村村民SJ访谈，SJ，90后。

③ D村村民FT访谈，FT，80后。

竞选者“跑关系”、“拉选票”等“内幕”非常清楚，对选举过后村干部的权力行使、村庄内部的资源分配最为不满与失望，选举最初带来的赋权感与参与热情在不断下降。

“给老百姓啥事办不了，选谁和咱也没有啥关系……感觉对这个社会现状挺失望的，谁当上都一样……”[①]

老年村民：失语。他们在村庄内部处于一种“失语”的状态，对于选举，他们已经是有心无力了，看中的东西也更为实际。选票或者由子女拿去，或者被要票代票。

2. 消极受托人特点

二次委托不以家庭为单位：一次委托转化为二次委托的关键是积极者的跑票要票并主动代票，积极者所争取或代投的是一户或一家，而不是一个人的选票。对委托人而言，委托对象不以家庭为界。女性受托人：女性受托人的出现是男性回避人情的结果。男性在公共事务上表态，公然支持或反对某个竞选者，需要承担更大的压力。在各个竞选者都曾争取拉拢的情况下，家庭里面的男性会选择让妻子或女儿去投票，以避免这种人情压力。

D村2017年选举期间，4位竞选者都争取过四队村民YZ的支持，但是他不便表态，最后让妻子代表全家去选举现场投票；一队村民TY的亲哥、表哥和叔父同时竞选，他在选举现场被叔父儿子动员投票，但是表哥儿子也在，因此不便投票，最后回家让妻子代表全家去选举现场投票；六队村民SZ，家里共有五张票，一直都是妻子代表全家去选举现场投票。[②]

---

① D村村民SPL，SJT，TXJ等群访，其中，SPL，1972年出生，45岁；SJT，1962年出生，55岁；TXJ，1966年出生，51岁。

② 依据D村村民YZ、TY和SZ的访谈资料整理。

中介受托人：这类消极受托人及其委托人都把选票视为一种人情资源。其产生和村民外出务工有关：随着村民外出务工增多，一些发展较好的村民开始在城里买房置业，但是仍保留着农村户口，主要的社会关系还在农村；委托人多是第一代从村里住进城市的农民，村庄成了他们可以退守的地方，因此和村里保持着比较紧密的联系，受托人就成了他们和村庄联系的中介。队上的红白喜事，迎来送往，村里的土地确权等公共事务，都由“中介委托人”全权代理。对这类委托人而言，选票的意义并不是选举权利，而是一个“还”或“送”人情的机会；对于中介受托人来说，则是一个“承”或“欠”人情的机会。但是，中介受托人自己则对选举比较失望，并不在意投谁选谁。

“有些（不在家的）给的票（我）都没要，有些给的，我们队长要补给我，我说别补了，拿过来还麻烦很，要欠别人的人情。”①

总结来说，D村选举的显著特点之二：对选举冷漠失望的稳定群体形成。这一群体横跨各个自然村或村民小队，纵跨各个年龄段的村民，既有男性也有女性，是D村分布最为广泛的群体，选民占比超过80%。村民比较普遍的看法是把选票视为一种人情资源。

三、消极者的行为

消极者在选举中的投票意愿不高，而投票率比较高是因为消极受托人的存在。对于委托人（仅一次委托），或是主动委托，或是被动委托，但实际上并不参与现场投票，其委托意愿通常难以保证，其委托行为也只是一种态度表达，或无感、或失望、或冷漠、或愤世嫉俗。

消极受托人，选民占比不高，但是这些人多是一家之主，其行为更具有代表性，主要包括弃权、均衡投票、二次委托等。

① D村村民SF访谈。

弃权是村民放弃选举权利的行为，多是以家庭为单位。弃权表明村民对选举无感，或者是其表示不满与反抗的方式。弃权行为是村民切身利益难以满足，对村干部和选举效果的信心不断下降的结果。

以B镇C村为例，存在着一些选民，对选举很不满意，因此只是拿着选民证去投票现场转了一圈，最后选择了弃权。“我把谁选上就是那么个事，不给老百姓办事，我弃权了，我不投。我就去看一下，转了一下。”①B镇D村也有现场撕票，表示对村民选举委员会不满的村民。②

均衡投票是指受托人在面临多个竞选者动员时，采取对每个候选人各投几票，各不得罪的投票方式。均衡投票一般发生在受托人和各个竞选者都比较熟悉、关系亲密的情况下。

2013年底，D村第九届村委会换届选举时，三队村民TG手中握有二十多张选票，一部分是家户里的票，一部分是家门里的代票。而当时仅三队就有三个候选人：TL、WJ和ZL，都来找他帮忙。其中，TL是他的侄儿，WJ是他的同学，关系非常好，ZL和他交情也不错，腿比较勤快。最后，TG把这些票给分开投了，平均每个人都投了几张票。③

二次委托与二次受托相对，是受托人委托他人投票的行为。二次委托大多发生在投票现场，部分受托人被村民索要选票的情况下。村民现场监控下的投票，本质上也是二次委托，受托人既不可能按照原有委托人的意愿投票，也不可能按照自己的意愿投票。

---

① C村村民ADH访谈。

② 依据D村观察与访谈资料以及C村访谈资料。

③ 依据D村三队村民TG访谈。

四、消极者关心什么

首先，在关注焦点上，村民更为关注的不是选举的程序如何规范，而是治理的效果如何显著。村民选举导致村干部授权来源的变化——原有自下而上的乡镇党委任命转变为自下而上的村民直选，但是选举过后，村干部的权力行使方式并没有明显地改变。换句话说，选举改变了村干部产生的方式，但并没有显著改变村干部权力运行的土壤。经过多次的村委会换届选举，村民既熟悉了选举的过程——决意竞选的村民是如何组织动员村民投票，一步步竞选成功的，又经历了治理的效果——选举过后村干部是如何行使权力、分配公共资源、治理村庄的。在村民眼里，选举成了一门生意，"捞够本"成了村民对胜选村干部的普遍预期。

"选谁都一样，还不都是贪。"①

因此，B镇D村、C村普遍希望"上面"派下来一个大学生村官，甚至有村民提出由乡镇党委任命。村民对大学生村官的普遍需求，实质是要突破村干部权力运行的社会关系网络，实现公共资源的公平分配。大学生村官或上级任命，可以降低选举成本，村庄内部资源分配可以突破本地社会关系网络的限制，并且这类村干部为了名声或向上级负责，贪腐可能性更低。

"（我认为）下一届就不让本村的人当了，就选大学生，就问政府要个大学生。就说大学生办事，给老百姓办下，也不偏谁，不向谁。给配个本村的人，那本村的国家啥项目，人家就给自己偷着弄了么。总要把政策传得到。那大学生派着来，人家为了人家的工作，为了人家的名声，能给老百姓闯点路子。"②

---

① 这在D村是一种非常普遍的说法。

② B镇C村村民ADH访谈。

村民直选近三十年来，选举的程序不断完善，但是选举过后村干部权力行使与村庄治理方式并没有显著改变，这都极大地影响了村民对村干部以及选举效果的信心。

其次，在选举规则上，村民更为服膺的并不是选举中“少数服从多数”的原则而是势力格局的平衡。村委会换届选举所遵循的“少数服从多数”的原则，在一定程度上打破了村庄内部的权力平衡状态，尤其是各自然村或村民小队之间势力的平衡。在自上而下的乡镇党委任命村干部时期，会注重各自然村或各村民小队之间的势力平衡；而自下而上的村民选举，遵循的是“少数服从多数”的选举原则，这导致的结果是，人数较少的自然村或村民小队在村庄势力格局中处于劣势。

在2013年底D村第九届村委会换届选举中，第一轮“海选”：六队村民SJ获得候选人提名480票，三队村民ZL、TL和WJ各获得候选人提名435票、343票和177票，按候选人提名票数高低排序，提名票数最高的SJ和ZL成为正式候选人。第二轮“大选”：ZL得票数过半，成功当选为D村第九届村主任。六队村民认为，SJ败选是因为D村村民不愿意让女人再当家（前任村支书QF[女]在D村干了十年）。实际上，SJ败选正是“少数服从多数”的选举原则在起作用：2013年底选举时，六队选民人数263人，而三队选民人数373人；“海选”时，六队选票集中而三队选票分散，SJ处于优势地位，而“大选”时，三队选票集中，ZL就处于优势地位[①]。

基于“少数服从多数”选举原则的村民直选，使得人数较多的自然村或村民小队的优势得以不断积累，从而加剧村庄权力格局的失衡，进而对村庄内部公共资源的分配产生重要影响。因此，处于劣势的自然村或村民小队对于村两委中各自代理人的呼声就不断高涨。

---

① 依据D村村委会档案记录和村民访谈资料整理而成。

“最少来说，你把这个村上的干部，不能放到一个小队来。你往我们队放一个干部，那里面放一个，或者上面放一点，放开，你两个都放一点。肯定这个官要是在我们家里，肯定这个事情就是偏向我们的家，这个道理在这。”①

第三，在发展理念上，留在村里的年轻人和老一辈人之间关注点存在分歧。D村并不乏对带动村庄发展感兴趣的年轻人，他们学历更高，眼界更宽，见过世面，在村庄的发展上，有着和老一辈人完全不同的发展理念，这主要体现在他们对村干部的角色定位不同。老一辈人眼中，好的村干部就是就是能为村民办事，上面有什么政策下来，能够给落实到实处，因此在村庄的发展上，村干部角色的能动性较低。

“(好的村干部就是）腿要勤，手要快，嘴要活。”②

在年轻人眼中，好的村干部就是要熟悉国家政策，能够结合当地实际情况去“上面”要项目，因地制宜发展本村的产业，因此在村庄的发展上，村干部角色的能动性更高。

“(好的村干部就是）有想法、有干劲、敢闯敢拼。”③

但是村庄的政治权力仍然握在老一辈人手中，年轻人并没有什么话语权，更难以形成强有力的挑战。D村愿意留在农村发展的年轻人，他们有自己的“致富”想法，也遭遇着切身的发展瓶颈，比如搞家庭农场和养殖合作社会受到土地、资金等方面的明显限制，但是村干部并没有

---

① D村五队、六队群访。

② D村多位曾担任村主任的村民提到过这个说法，并且年龄越大，对这个说法越为认同。

③ D村SF、SJ访谈。SF，1983年出生，11年左右回村创业；SJ，1981年出生，曾竞选村主任。

解决这些问题的动力，他们更愿意解决一些村庄内部兜底[①]的一些问题，更偏向于村庄救助而不是村庄发展。在年轻人看来，老一辈的村干部对村庄并没有完整的规划，村里面闲置的资源也难以有效地利用，村干部自身小贪小腐，解决不了实际的问题。与老一辈人相比，留在村里的年轻人开拓心、致富心更强。

总结来说，消极群体关心的是村干部权力的规范行使，村庄内部公共资源的公平分配，地方社会关系网络的突破，各自然村或村民小队势力格局的平衡，固有政治群体的突破以及发展理念的跨越。

第七章　D村委托投票

一、委托投票的产生方式

根据委托人是否自主，D村委托投票有“主动委托”和“被动委托”两种产生方式。主动委托是委托人在没有其他村民施加压力的情境下自主委托，委托人或是把选票视为一种人情资源而委托，如村民对中介人的委托；或是基于家庭利益共同体而委托，如“一家派一个代表”，亦即默许委托。被动委托是村民在面临积极者组织动员、索要选票的压力下不自主委托，如现场委托。积极者跑票要票、主动代票的对象主要是主动委托中的受托人，因此，有些主动委托实质上转化成了被动委托：对于家庭成员来说，是对一家之主的主动委托；对于一家之主来说，则是对积极者的被动委托。被动委托占比不高，但是对选举结果的影响最稳定。

根据受托人是否为家庭成员，D村委托投票有“家庭内委托”和“家庭外委托”两种产生方式。家庭内委托就是“一家派一个代表”，即默许

① 比如贫困、大病之类。

委托，也是主动委托；家庭外委托就是委托人委托家庭之外的村民代为投票。竞选者跑票要票的过程，在一定程度上也是家庭内委托转化为家庭外委托的过程。D 村多数家庭外委托是被动委托。

根据委托次数，D 村委托投票有“一次委托”和“二次委托”两种产生方式。一次委托是委托人委托自己的选票，是合法委托；二次委托则是委托人委托他人的选票，亦即受托人的委托，是非法委托。正是积极者针对受托人跑票要票、主动代票，才产生了实质的二次委托。

总结来说，家庭内委托，既是主动委托，也是一次委托，占比较高，但是对选举实质影响不大；二次委托，既是家庭外委托，一般也是被动委托，占比不高，但是对选举影响较大，也最稳定。一般而言，委托人大都没有明确的投票意向，其委托行为带有比较强的随意性。竞选者及其班底成员的组织动员，能够左右受托人的投票意向，甚至是索要选票并主动代票。

因此，就事实而言，委托投票的大量产生是村民选举中积极者和消极者互动的结果。

二、委托投票的运作过程

一次完整的委托投票分为两个过程，一是受托人接受村民委托代为投票；二是受托人在选举现场顺利投票。D 村经验表明，现场投出的委托投票数要低于实际的委托投票数，委托选票能否顺利投出，还会受到投票现场组织动员的影响。

1.受托人现场投票流程

根据选举观察，首先，受托人拿着选民证到所属村民小队登记台，获取本村民小队队长关于选民资格的打勾确认；其次，受托人凭借这一打勾确认，到委托投票凭证填写台，由村民选举委员会派专人代为填写委托投票凭证，登记造册，并且派选委会成员现场监督；第三，受托人携带选民证和委托投票凭证经过“把门人”的确认进入“秘密写票间”①，即村委会会议室；第四，受托人凭借委托投票凭证和选民证，从乡镇工作人员那里换取选票；最后，受托人填写选票并投入“固定票箱”②。由此可知，委托投票能否投出，会受到村民小队队长、村民选举委员会（主要是“把门人”）和乡镇工作人员的影响。

2.默许与合谋

“把门人”由村民选举委员会成员构成，负责对委托投票的审查以及投票现场秩序的维持。实际操作中，D 村并没有固定的委托投票判定标准，家庭内委托和家庭外委托兼而有之。但只有家庭外委托需要填写委托投票凭证，登记造册，而家庭内委托投票则不被视为委托投票，无需填写委托投票凭证并登记造册，然而并不是所有的家庭外委托选票都能够顺利投出。

乡镇工作人员主要负责选票的发放，因此有机会、也有能力监督村民投票，如《村委会选举规程》规定，受托人代为投票的数量不能超过 3 张，但在选举过程中也会出现受托人实际投出远超过 3 张选票的情况。乡镇工作人员放弃了参与审查并监督的机会，实际上是默许了村民选举委员会的主事操作。

乡镇工作人员的默许，给受托人、各小队队长和“把门人”提供了合谋的机会，这有助于各种委托投票形式的顺利投出。例如 D 村 2017 年村民选举中，受托人、各小队队长和“把门人”合谋的表现是：委托人和受托人不限于近亲属；代票的数量也超出 3 张的限制；二次委托也频繁出现。

3.压制与不满

“把门人”对委托投票的审查是弹性的，并不是所有的受托人都能

---

① “秘密写票间”是现在通行的做法，一般选在村部所在地的会议室，村民在里面填写选票，并且“秘密写票间”的流动人数会受到“把门人”的限制。

② 投票箱有“流动票箱”和“固定票箱”之分，现在通行“固定票箱”，D 村从上一届（亦即第九届）开始使用“固定票箱”，之前都是使用“流动票箱”。

够投出手中的委托选票。D村七队有不少村民，手中的委托选票并没有顺利投出。

“×××（选委会成员）支持的是SWQ（候选人），他（如果）要支持ZLH（候选人），知道我们村里（有人）过世着呢（自然村习俗，村民过世，队上家家户户大都要参与办丧事或送人情），说什么也要打电话催一下（在下午三点投票截止之前，部分七队村民仍在办丧事）。他支持个屁。……我们村那个谁（就没让投），我这里有十几张票没投，有几个人手里几张票没投，下来都投ZLH。”①

在村民看来，“把门人”的弹性审查，是在做“顺水人情”，这种做法引起了村民的不满。一些没有顺利投出选票的受托人，和“把门人”发生了肢体冲突，并最终以撕毁选民证的方式表达自己的反抗。

三、影响村民委托的因素

总结来说，D村选举中，影响“村民是否投票、是否委托、是主动委托还是被动委托、委托选票能否顺利投出”的因素主要有三个方面：人情与面子、把门人、村庄历史政治格局与派系。

1.人情与面子

“人情”与“面子”在中国人的人际关系与社会互动中起着重要作用（翟学伟，2004；黄光国，胡先缙等，2005），而政治现象的本质是社会性的（张静，1998a；1998b），村民选举既是社会关系调动的过程，也是人情和面子运作的过程。竞选者及其班底成员利用人情与面子来组织动员村民投票，而村民则把手中的选票视为一种人情资源，选举不过是村民彼此之间“还”/“送”以及“承”/“欠”人情的过程。

委托人和受托人在“欠”与“报”的权力关系中发挥作用。有些委

① D村村民FW访谈。

托人常年在外，家里需要一个代理人帮助他们处理红白喜事、迎来送往、土地确权等大小事务，而选举正是一个他们可以向代理人“还”或“报”人情的机会，因为手握比较多的选票不但代表一个人的影响力与信任水平，而且会成为各个竞选者争取拉拢的对象，从而显得有面子。

“这方面，他（委托人）在忙着，或者他在外面，他都愿意把票给我，他相信我，他跟我关系好，你看着办吧。像我们家门里，有些人把票给我，他肯定是相信我。你看着办去吧，你选谁我选谁”①，“LLJ（候选人）也到我们家来了，SWQ（候选人）也是，也给我说，SWQ 儿子是我的同学。还有一个 ZLH（候选人），也到我们家了，人家说是你要给我投票。这三个人都在那里，我拿一沓票在那里，我要是拿着几张票就好投了。”②

但是，这种人情和面子压力的分布是不均衡的。一方面受男系血缘关系原则的影响，男性受到更大的人情压力，女性受托人因此开始较多出现；

“（4 个候选人）都找过我，但我支持的是 LLJ，怎么好意思去投票？我让你婶去投。”③

另一方面受亲疏远近关系的影响，人情厚薄，面子大小不同，竞选者需要以熟人为中介来组织动员不熟悉，甚至陌生村民的支持。

在村民对选举冷漠失望的背景下，村民选择被动委托而不是放弃投票，这是积极者利用人情与面子组织动员的结果。

2.把门人

① D 村村民 TGT 访谈。

② D 村村民 FW 访谈。

③ D 村村民 YZ 访谈。

对于村情稳定的村庄，村民选举委员会是委托投票的实际审查机构，基层政府工作人员只起到监督作用。但是，这些监督人员来自于村庄外部，不熟悉村庄内部的社会关系，比如法律规定委托对象必须是近亲属，他们就很难做出有效判断，也很难实现有效监督；而选委会成员主要由村庄内部人员构成，会受到村庄内生的权力与关系网络等影响，从而采取弹性操作的方式。通常情况下，村民选举只要在可控的范围内，不致引发群体冲突，基层政府往往会听任选举委员会对委托投票的审查。因此，村民选举委员会的产生方式与人员构成，会对委托投票能否投出产生重要影响。村民把参与审查委托投票的选委会成员称为“把门人”。

“把门人”大都是村庄内部的公共人物，不但对换届选举充满热情，而且熟悉村里面的社会关系与派系群体。“把门人”支持哪一个候选人，就会对他的支持者放宽审查，比如允许受托人投出超过 4 张的选票；对于不支持的候选人，则会按照法律规定严格审查受托人手中的委托选票。与此相应，“把门人”的均衡分布、互相监督就非常重要，否则就容易产生弹性审查，有选择地“睁一只眼闭一只眼”。

“把门的都是人（家）那边的人，八队、五队、六队没有的么，人就把×××（候选人）落上了么，票倒尽了么”①；“肯定有人混进去投，队里面人都在那，能蒙过去就蒙过去，见怪不怪，这就要看那个监管人想着谁，×××（监管人）在那向着谁，知道这个票投给谁，睁一只眼闭一只眼。”②

正是在这种缺乏有效监督、弹性操作的情况下，“二次委托”，甚至“二次投票”现象才可能发生。基层政府工作人员难以有效判断，但是村民自己是非常清楚的。

---

① D 村村民 ZGF 访谈。

② D 村村民 FW 访谈。

“一下能投两次……但是我们不知道里头的内情，只投了一次我们走了，里头看，这票就有问题。”[①]

村民选举委员会既要掌控整个选举过程，不致失控，因此这是基层政府默许其主事操作的基础，又要做够“顺水人情”，对委托投票进行弹性审查。基层政府工作人员为了做好选举工作，能够平稳、顺利地选出村主任，也会对于受托人与选委会成员之间的一些行为，“睁一只眼闭一只眼”。

“乡镇上也为了搞工作没办法，这很明显的。所以说我们也没办法，好多人没办法，选举总不能打架，不好”[②]；“一次能过最好，不然还要再选一次，大家都麻烦。”[③]

因此，村民选举委员会，尤其是“把门人”的弹性审查，决定了受托人手中的委托选票能否顺利投出。

3.村庄历史政治格局与派系

“村庄政治格局”是指各自然村或各村民小队在村委会的势力对比，主要体现在各自然村或各村民小队的代表在村两委中所占据的位置，尤其是村支书和村主任这两个重要位置。“村庄历史政治格局”是“村庄政治格局”的历史分布，会对村民选举中“把门人”的队别分布，以及派系群体的形成产生重要影响。

“村庄历史政治格局”最重要的就是村支书和村主任的队别历史构成。D村自村民直选以来，历任村支书、村主任主要来自一队、三队和四队，而五队、六队迄今为止尚无一人当选为村主任或村支书[④]，并且在

① D村五队、六队村民群访。

② 同上。

③ B镇村委会换届选举工作人员访谈。

④ 在1980年代初，六队曾有一位复员转业军人担任村支书，后来再没有出现过在村里面的头面人物。

村两委成员构成中，很少有五队和六队的村民，各自然村在村两委的势力分布并不均衡。不同自然村或村民小队之间势力格局的固化，对选举的直接影响就是，“把门人”主要分布在“河东”[①]，这反过来又加剧了固化的趋势。

其次是对派系群体形成的影响。与村庄权力分布不平衡相应的，是村庄公共资源分配在各个自然村或村民小队之间不均衡，尤其是在“河东”与“河西”之间。诸如村内路面硬化、灌溉机井选址等公共品分配方面，“河西”处于劣势地位[②]。尤其是在信息资源分布方面，如果村两委班子里没有本自然村或村民小队的代表，村民在获取这些培训、养殖之类的项目信息方面就会有所不便[③]。

“D（村）八个队的水泥硬化路，七个队都打了，就我们队（六队）没有打”；[④]“修路都是先修河东的”，“河东的路都修到了家门口了，而河西这边进村的路都还没修。”[⑤]

“去年春节的时候水停了两个月，只有河西的停水了，河东的没有停水……也没有人管。”[⑥]

“平整土地，平的（大）都是×××（五队）和×××（六队）的。”[⑦]

---

① 依据Y县2016年发布的《Y县村“两委”换届选举工作手册》规定：“鼓励和引导村党组织成员特别是村党组织负责人按照法定程序推选为村民选举委员会成员，任何组织和个人不得不经法定程序指定、撤换村民选举委员会成员。”实际上，村民选举委员会是由村支书组建的。如果队上在村两委班子里没有人，就很难会有自然村或村民小队的村民成为“把门人”。

② 基础设施以及生产性公共品分配不公，更多只是体现在分配的先后顺序而不是分配的多寡，比如县里批下来2公里的路，优先分配在哪个自然村就成了一个问题，但是或早或晚，村里的路都会翻修一遍的。

③ 信息流通不畅很大程度上受制于地理环境的限制，一般来说，村干部都会把相关信息在村部所在地公布，但是离村部较远的村民通常难以接触到这些信息。

④ D村六队村民群访。

⑤ 同上。

⑥ D村村民CJX访谈。

⑦ D村村民SCW访谈。

“我说了好多次，我们队上到现在一眼机井都没有。”[①]

“比如有啥学习呀，有啥培训的啥，我希望他能给我们那两个村，那两个队上（五队和六队）说一声。”[②]

村庄内部公共资源分配不均③，导致村民的不公平感增强。这是派系群体形成的现实基础。

“能给我们带来啥项目，或者带过来啥信息，我们也不愿意要求是心偏到我们这儿，只不过放公平一点而已。”[④]

“怎么说呢，真有点难受。其实也没啥，你把你的馍馍给这面分一点，就连咱们老百姓说的话，把你的馍馍给你的这个娃娃也分一点，不要偏着这面了，其实都是不太那个的。”[⑤]

这种派系群体自诞生之初就不再局限于社会属性，而发展成为兼具政治和社会双重属性的组织形态，寻求在选举中实现本自然村或村民小队的代理人在村两委中担任职务。这一派系群体的核心成员以自然村的共同生活为基础，彼此熟识，在选举中通过跑票要票、主动代票等方式来支持某一竞选者，甚至通过上访等呼吁方式来淘汰当选的村主任，从而要求公共资源的公平分配，或者是对选举不抱希望，则采取弃权的方式来表达自己的不满与反抗。例如D村2017年村委会换届选举，五队和六队公共人物的目的之一就是实现村庄政治格局的平衡，亦即争取到一个属于“河西”的村主任或者村委委员。

“（五六队）想争取一个可以有消息的，让我们知道就是说三四队，

① D村村民ZGF访谈。

② D村村民SJH访谈。

③ 如前所述，这种不均不但体现在资源分配的多寡上，更体现在资源分配的先后上。

④ D村五队、六队村民群访。

⑤ D村村民SJH访谈。

或者到D村有啥项目的话，我们有一个知道这个消息，这个途径的一个人……为我们争取权益的这么一个人。”[①]

基于此，他们大多支持LLJ，并积极动员本队村民投票，主要原因是：LLJ是河西八队的，他若能够成功当选村主任，可以实现“河东”与“河西”之间公共资源分配上的平衡。

“还是因为LLJ是咱们八队的。八队的和这面的人，大体也就是这么个意思……能给我们带来啥项目，或者啥信息，我们也不愿意要求是心偏到我们这儿，只不过放公平一点而已。”[②]

但与此同时，五队和六队村民也是对选举最为失望的，不但没有任何村民参与竞选，并且投票率也是全村比较低的，尤其是六队村民，投票率不到70%，是全村最低的。

“我们×××（六队）这么多年了，就有一个竞选过，还失败了”[③]；“这么大个村子，竞选成功也不容易。”[④]

总结来说，村庄历史政治格局对村民选举的影响主要在两个方面。一是对“把门人”队别分布的影响，从而加剧村庄内部势力失衡的固化；二是对村庄内部公共资源分配的影响，进而导致队上村民积极与消极的两极分化，一方面是派系群体的形成，积极跑票要票、主动代票，力图实现村庄权力格局的平衡；另一方面是村民对选举不再抱有希望，以弃权来表示不满与反抗。因此，村民是否参与跑票要票与主动代票、是参

---

① D村村民SJH访谈。

② D村五队、六队村民群访。

③ D村六队村民访谈。

④ D村六队村民群访。

与投票还是放弃投票、是主动受托还是被动委托，都会受到村庄历史政治格局和派系群体的影响。

第八章　基层政府的干预

一、基层政府的干预条件

基层政府是否干预村委会换届选举，取决于“村庄选情是否稳定”。有些村庄的选情比较稳定，不曾因为选举发生过大的群体冲突；但是有些村庄选情复杂，派系深厚，选举成了村庄内部矛盾爆发的平台。

> “现在所有村委会选举都是村里矛盾激化的平台，他把所有的这些话都拿到这个平台上来说事……村上80%-90%的矛盾就是从两委班子换届引起的，这也是相当迫切，也是相当棘手的一个问题……你看咱这个选举，在××群里，给我们领导汇报的时候，你看，这是市××领导的群里面，多激烈。这一个村，打成啥样子，这阵势。”①

对于派系深厚、换届选举争夺激烈的村庄，政府往往积极干预，来防止村庄势力操纵产生的失控；对于村情较为稳定的村庄，政府往往较少干预，或者不干预，任由村民选举委员会主事操作。

二、基层政府的干预手段

对于选情不稳的村庄，基层政府采取强干预方式，以防选举失控，干预手段有两种：一是选举过程严格监控；二是采取“户内委托”方式：以“户口”作为判定委托投票合法与否的标准。

---

① Y县相关部门领导LW与P干事访谈。

首先，基层政府会组织力量，加派警力，严格把控，维护选举秩序，避免群体性事件的发生。

“(把)村庄分为这么几类：一般村、重点村、难点村、矛盾特别复杂的(村)，对这几个方面，比如说安排选举就把好的这几个(村)先选……然后给区上，还有各县乡的各级领导，还有分管的公安的、常委的，请示报告，我需要多少警力，起码咱们要把工作做好，维护选举，最不行要确保不发生群体性事件，所以咱们就把这些难点村、重点村拿出来，有时间全乡安排一个，动用县上公安和其他力量，咱们去，不是说去多少人，还是维护程序。”①

其次，严格以“户口”为标准审查委托投票，户内委托合法，受托人能够在投票现场顺利投票；户外委托则不合法，受托人不能代票，只能本人亲自投票或户内人员代投。基层政府工作人员则在发放选票的同时，严格监督委托投票的审查。2017 年 B 镇 C 村的村民选举，采取了户内委托投票的方式。

“比方说，我家里四个票，是我名下的，我去就代表我可以，儿子分了家，人家有自己的选票，我给儿子代，不行，他要自己投票。按有没有户口本。(有户口本）这就能填委托投票书，(有）户口本就能给你发生选票。”②

对于村情稳定的村庄，基层政府通常听任村民选举委员会对委托投票的审查与操作，在选票发放与委托监督过程中，工作人员“睁一只眼闭一只眼”，村民选举委员会的自由裁量权比较大。

“一般咱们原则上，不允许各家庭委托，除非选委会同意了，这个

---

① Y 县相关部门领导 LW 与 P 干事访谈。

② B 镇 C 村村民访谈。

具体咋委托，咱们把大致原则搞住，细节由选委会决定，选委会同意委托，咱们就委托，选委会不同意委托，就不了。”①

三、基层政府的干预示例

依据政府是否干预，可以区分两类村庄。一类严格以“户口”审查委托投票，只有户内委托才是合法的，如B镇C村；另一类委托投票的审查主要是由村民选举委员会弹性操作的，各种委托投票形式兼而有之，如B镇D村。以下以B镇D村和B镇C村为例加以比较②，具体可参见表2：

表2 政府不同干预下B镇D村和B镇C村比较③

	B镇D村	B镇C村
委托投票形式	各种委托投票类型	户内委托
村庄概要	汉民村，行政村，下辖8个村民小队，总人口2000多人	回民村，行政村，下辖9个村民小队，总人口3000多人
是否因选举发生群体性事件	否	是
警力配置	0	3
选举秩序	局部无序与冲突	全程有序
审查方式	选委会成员自由裁量	户口本
委托数量	≥1	≤3
选民投票数	1600-1700	600-700
候选人数量	4	6
最高得票数	800-900	300-400
选举结果	双过半，一次通过	双过半，一次通过

① Y县相关部门领导LW和P干事访谈。

② 对比资料主要来源于村民访谈。

③ 由于Y县2017年的村委会选举大都在同一天举行，本人分身乏术，只观察了B镇D村的整个选举过程；而对B镇C村选举信息的了解相对有限，只是依据村民访谈。

D 村和 C 村土地接壤，都位于宁夏回族自治区 Z 市 Y 县 B 镇，面临的地方性法律法规等制度环境和自然地理环境是相同的，并且都是行政村，下辖多个自然村，人口较多。两村最大的差别：D 村是汉民村，C 村是回民村，D 村没有因为选举发生过群体性事件，而 C 村前几届因为选举发生过群体性事件。C 村从 2017 年这一届村委会换届开始，严格以“户口”作为委托投票合法与否的判定标准，不允许其他任何形式的委托投票；D 村则和往年一样，委托投票的审查主要由村民选举委员会相对自由裁量。C 村 2017 年选举由基层政府配置警力，严格审查委托投票，收到了一定的效果，在有 6 个候选人的情况下，选举全程有序，一次性通过，但是存在的隐患是村民参与率很低，弃权票非常多。而 D 村则变化不大，选举整体有序，但是存在部分的失序与冲突，选举一次性通过。

由此可以得出一个基本判断：政府是否干预村庄选举，取决于村庄内部选情是否稳定，并且这种干预具有一定效果。C 村上一届选举时，委托投票审查并不严格，选举秩序比较混乱，出现了“打锤”、“打架”等群体性冲突，并且一连选了三次，都没有成功。而委托投票是最容易出现买票贿选的环节，是群体性冲突爆发的导火索之一。这种对 C 村委托投票的干预是有效果的。与 C 村相邻的 A 镇 E 村同样是行政村，回汉杂居①，2017 年换届选举，基层政府并未配置警力维持选举秩序，选举过程中以及选举过后，村民对选举结果不满，差点引发群体性事件，后来村民报警，把冲突给平息了下来②。

① 这里的回汉杂居只是行政村意义上的，其实在自然村层次还是回民村或汉民村。

② 受时间限制，在 E 村所收集的信息非常少，判断依据是对 E 村路人以及对 C 村村民的访谈资料。

第九章　委托投票产生的机制

一、投票制度规定的环境

投票制度规定的环境是基层政府和积极者面临的重要外部约束。具体来说，主要包括“双过半”原则和委托投票的法律规定。

1.“双过半”原则

国家和地方有关村民选举的法律法规都规定了选举有效的两个原则：有登记参加选举的村民过半数投票，选举有效；候选人获得参加投票村民的过半数投票，始得当选。简称“双过半”原则，这本质上是对投票率的最低要求：村民投票率最低50%；成功当选得票率最低50%。

对于基层政府来说，“双过半”原则是选举一次性通过的刚性要求。如果没有委托投票，很难满足超过50%的村民投票率，选举很难有效通过。

“如果到目前为止，人比较集中的，像打工的，相对集中，你不搞委托那选举不成立。”[①]

对于积极者来说，得票率超过50%是成功当选的刚性要求。在委托投票率居高不下的情况下，竞选者如果不争取到足够多的委托选票，很难在选举中成功当选。

2.委托投票的法律规定

依据《村委会组织法》《村民委员会选举规程》以及《宁夏村委会选举办法》等法律法规，委托投票的法律构成要件可以分为七个方面：委托原因限制：必须是在选举期间外出不能参加投票的；委托形式限制：必须以书面委托的形式；委托对象限制：必须是有选举权的近亲属；受

---

① Y县相关部门领导LW与P干事访谈。

托数量限制：受托人接受委托的选票不得超过3张；委托时间限制：不得在投票现场临时委托；委托次数限制：受委托人不得再委托他人；对外公示限制：村民选举委员会应当在选举之前及时对外公布委托人和受托人名单。

基层政府正是依据这些标准对委托投票的产生、运作进行审查与监督；而积极者的主动代票，也要符合这一标准。这些标准中，最为关键的是委托对象和受托数量的限制。但“近亲属”的规定比较模糊，也没有统一的司法解释[①]，在导致基层政府难以有效操作的同时，也为其弹性操作开了一个口子。“户口委托”的产生就是源于《村委会组织法》修订过程中的立法草案，尽管这一提议[②]最终被否决，但是在实际操作中，却被地方灵活采纳。

二、基层政府的干预

在村委会换届选举中，基层政府处于投票制度规定的环境与村民选举参与之间：一方面基层政府的干预不能与投票制度规定的刚性约束发生抵触；另一方面基层政府自身面临的制度激励，又会对村民投票行为产生重要影响。

1.基层政府的弹性干预

在现有条件下，委托投票的法律构成要件很难满足，法律规定与现实运作之间存在很大差距，这也是买票贿选、村庄势力操纵的原因所在。为了避免选举失控，防止群体性事件的发生，基层政府不得不对村民选举采取干预，但是又不能违背制度的刚性约束。《村委会组织法》中委托

① 但是在有关民事诉讼的司法解释中，则明确规定“近亲属”包括配偶、父母、子女、兄弟姐妹、祖父母、外祖父母、孙子女、外孙子女。详见最高人民法院《关于贯彻执行〈中华人民共和国民法通则〉若干问题的意见（试行）》第12条和《关于审理名誉权案件若干问题的解答》第5条。

② 具体参见2010年6月12日全国人大法律委员会副主任委员刘锡荣在第十一届全国人民代表大会常务委员会第十五次会议上所做的《全国人民代表大会法律委员会关于〈中华人民共和国村民委员会组织法（修订草案）〉修改情况的汇报》以及2010年10月25日全国人大法律委员会副主任委员刘锡荣在第十一届全国人民代表大会常务委员会第十七次会议上所做的《全国人民代表大会法律委员会关于〈中华人民共和国村民委员会组织法（修订草案）〉审议结果的报告》。

对象必须是“近亲属”的模糊规定，给了基层政府弹性干预的机会。基层政府出于管控的目的，以“户口”作为判定近亲属的标准，而村干部与普通村民则把近亲属理解为直系血亲下的“一家人”；如果以“户口”为界，受托人手中的票超过 4 张的可能性大大减少，D 村户均人口不足 4 人（2015 年底统计数据），如果以“家庭”为界，受托人手中的票大都会超过 4 张。

“（委托投票）大前提就是必须不能超过 4 张票，这是个前提；第二个必须要经得另外一个选民的同意，第三个是必须在同一个户籍上，一家人……这个还不能超过 4 个人，超过 4 个人，你必须要来两个人，”[①]“（近亲属）包括你父母、母亲、爷爷、奶奶、哥哥、姐姐、弟弟，你超过八个人，你这是一家子，你就是直属亲戚……你们分开，但是你还是一家子，这正常。”[②]

因此，委托投票的判定标准，直接影响到额外委托选票的数量，而“户口委托”则是最为有效的控制手段。

2.基层政府的干预原因

基层政府采取“户口委托”的方式干预，不但能够控制买票贿选，有效防止村庄势力操纵与群体性冲突产生，而且导致村庄选举中委托投票的数量大大下降。因此，“双过半”原则的解释机制具有很大的局限性。基层政府还面临着其他维度的制度约束，这构成了基层政府干预村民选举的原因，主要包括两个方面：一是维稳政治要求；二是绩效考核要求。

维稳政治要求。维护社会稳定，化解社会矛盾和利益冲突，是基层政府面临的一个总体性政治环境（邓小平，1993：284；江泽民，1994：365；容志，陈奇星，2011）。而乡村换届选举正处于国家体制性权力和村落内生性权力的交合点，权力授权来源的变化激发了人们参与竞选的

① B 镇镇长 WT 访谈。

② D 村前任村支书与前任村主任访谈。

热情，调动了村庄内部的文化与社会网络。管控不当，就容易激化村庄内部矛盾，导致群体性事件的发生。因此，维护换届选举中的社会稳定，尤其是防止群体性事件的发生，就成为了基层政府的一项重大政治任务。

“各级党委、政府/各乡镇党委、政府要把村‘两委’换届选举作为当前的一项重大政治任务来抓，统筹谋划，精心组织，稳妥推进，确保选出一个好班长、形成一个好思路、建立一套基层治理好机制。”[①]

其主要表现是：主要党政领导的责任制和亲自“挂帅”，并成立换届选举工作协调小组：在县一级，县委书记是第一责任人，乡镇党委书记是直接责任人；在乡镇一级，乡镇党委书记是第一责任人，党委副书记是直接责任人；落到村上，党支部书记是第一责任。然后根据村情是否稳定及其复杂程度划分一般村、重点村、难点村、矛盾特别复杂的村，布置警力，严格管控。

“最不行要确保不发生群体性事件。”[②]

因此，为了满足顺利换届的维稳政治要求，基层政府才会采取严格监控和户口委托等手段来干预村民选举，额外委托投票很难出现。

绩效考核要求。对于基层政府来说，村委会换届选举工作的关键：一是要不出事，二是要程序合法，选举成功。前者是维稳政治环境的要求，主要体现是党政领导责任制；后者是绩效考核的要求，主要体现是选举年的工作考核指标，这是官员工作评价和职位晋升的基础。

---

① 具体参见中共宁夏回族自治区委员会组织部和宁夏回族自治区编著的《宁夏村“两委”换届选举工作手册》和中共Z市Y县县委组织部和县民政局编著的《Y县村“两委”换届选举工作手册》中，各级党委、政府办公室下发的通知。

② Y县相关部门领导LW与P干事访谈。

“最看重程序合法，选举成功。因为包括上面主管单位考核的时候不会考核你选了哪个村主任比较称职，他也没办法考核这个，但是选举成功，程序合不合法，这两个指标是硬性的，所以作为我们民政部门，程序合法，成功率高。”①

但是，在实际考核中，程序合法一般很难确认，实际能量化考核的只有选举成功率。并且，对于基层政府来说，选举失败不但会影响到绩效考核，而且会导致大量工作的积压，影响到后续工作的开展。

“但是真正选举，你选举不成功就要整顿。你可能落到的活多，工作量大，受到的压力也大，这是实时在你手里整顿的，上面专门有检查组，你如果选举全部成功，就不存在这个事。”②

为了选举能够一次性通过，从而满足工作绩效考核的要求，基层政府会默许额外委托投票现象的出现，“睁一只眼闭一只眼”，听任村民选举委员会的操作和判断。

因此，基层政府所面临的维稳政治和绩效考核等要求会对额外委托投票的出现产生间接影响。依据村情是否稳定，基层政府弹性干预村民选举：对于村情不稳的村庄，严格监控，并以“户口”作为委托投票合法与否的判定标准，额外委托投票很难出现；对于村情稳定的村庄，则听任村民选举委员会的判断与操作，额外委托投票开始比较多的出现。

三、角色群体的互动

1.角色群体的形成与稳定

从历时性视角来看，D 村选举中形成了两个不同但稳定的角色群体：积极投入的少数人和不关心选举的多数村民；前者是固化的积极群体；

① Y 县相关部门领导 LW 和 P 干事访谈。

② 同上。

后者是稳定的消极群体。

第一，积极群体的稳定与固化。积极群体成员的共同特征有两个：一是大都担任过村民小队队长这一公共职务；二是出生在 1955-1965 年这个年龄段，属于同时代的朋辈群体。群内的人彼此熟悉，感情熟络，参与并把控着村庄政治生活的各个方面。从选举的前期筹备、组织动员、跑票要票，到投票现场秩序维持、委托投票审核监督，积极群体成员参与并影响着整个选举过程。D 村的经验表明：积极群体形成于 1990 年代初期，到 1990 年代中期逐渐稳定下来，其成员普遍占据着各村民小队队长这一公共位置。

经由村民小队队长这一公共身份，村民可以在队上建立个人权威并拓展出跨越自然村的人际关系网络，但最近几年担任村民小队队长的村民，已经不再具备这一优势。这和小队长的职能变化有关：生产队时期的小队长，在生产、分配和生活领域都拥有非常大的权力：不但可以部分决定粮食种植的种类与亩数、储备粮和救济粮的发放与分配、20 元的自由支配权[①]，而且大都担任本自然村或村民小队中红白喜事的管事，负责村民之间纠纷的调解，因而个人权威很高；1980 年代初，农村实行包产到户之后，小队长逐渐从生产、分配等经济、政治领域退出，但是在社会生活领域仍然具有重要影响，担任着本自然村或村民小队红白喜事的管事，负责村民之间纠纷的调解，并且还会组织动员队上村民参与修路、维修水渠之类的公共活动，小队长这一特点，一直延续到整个 1990 年代，在社会生活领域仍拥有较高的个人权威，影响力较大；21 世纪初，随着外出务工人员的增加，村民小队队长能够决定的事情不断减少，在社会生活中的影响也不断缩小，个人权威在不断弱化；最近几年新担任的村民小队队长在社会生活领域已经全面退出，只保留了上传下达等行政职能，其各种分配权力基本全部收归村委会。

① 信息源于对 D 村一些生产队时期小队长的访谈资料；当时的 20 元，大致相当于现在 2000 元的购买力水平。

由此可知，越早担任村民小队队长的村民，在生产或生活中的影响越大，个人权威就越高，对公共事务的参与热情也越高。并且这种个人权威与参与热情之间的影响是双向的：村民对个人权威的追求，需要积极参与公共事务；村民积极参与公共事务，也会带来个人权威的提高。并且，这一群体对公共事务的参与热情延续至今：一些已经卸任多年的村民小队队长，仍然积极参与选举，并成为村民选举委员会的一员。

这种处理公共事务的经历以及跨越自然村的人际关系网络，使得村民小队队长在竞选村主任时拥有的优势非常明显。前者用以获取本自然村内部村民的支持；后者使得竞选者可以调动更多的社会关系。最近几年新上任的小队长，尽管仍然拥有跨越自然村的人际关系网络，但是已经不再具备老队长那种在自然村内部的个人权威与影响力；原有兼具个人权威与人际关系优势的政治群体在固化，其边界在不断闭合。来自D村的经验表明，历届村主任候选人几乎都在各村民小队队长之间产生，群体之外的挑战者大多在提名阶段（即海选阶段）就会败选，这也是群体之外的成员在决意竞选之前，会派人探听虚实的真正原因所在。1990年代中期以来的村民选举，无论是村里面的经济精英（如养殖大户），还是最近几年新上任的村民小队队长，都很难在村主任竞选中获取成功。历次村委会换届选举，使得这一群体成员在选举中的优势得以不断验证、积累和强化，这反过来又加剧了积极群体的稳定与固化，并激发了群体内部成员的参与热情。他们或者积极参与竞选、或者组织动员村民投票、或者成为村民选举委员会的一员。村民选举几乎成了群体内部的政治游戏，群体外的成员难以形成强有力的挑战。

总结来说，1990年代初期，出生于1955-1965年彼此熟悉、感情熟络的一批村民，通过占据各小队队长这一公共位置，从而拥有个人权威和跨越自然村的人际关系网络，在历次的村民选举中具有优势；这种优势在选举实践中不断得以验证、积累和强化，进而加剧了这一积极群体的稳定与固化，并激发了群体成员的选举参与热情。

第二，消极群体的生成与稳定。不同于积极群体的较早形成、稳定与固化，消极群体较晚形成并稳定下来。村民经历了从对选举充满热情，到对选举冷漠失望的过程。这和村民对选举的整体感受有关：村民选举改变了村干部的授权来源，但是选举过后村干部权力行使的方式并未发生显著改变，公共资源分配仍然难以突破地方社会关系网络的限制，村干部权力行使的随意性比较突出。并且在积极群体固化背景下，有意带动村庄发展的年轻人难以突破固有政治群体及其发展理念的限制，对村干部和选举效果的信心不断降低。

通过数次村委会换届选举，村民既熟悉了“跑关系”、“拉选票”的选举过程，也经历了选举过后村干部权力行使以及村庄治理方式，从而获得关于“选举”的整体感受，并且这种感受在历次村民选举中不断得以验证、积累和强化。换句话说，从历时性的视角，村民能够观察并验证选举的效果，从而影响村民的选举参与态度与投票行为。消极者的消极特质得以不断验证与再生，消极群体得以不断生成并稳定下来。来自D村的经验表明，村民直选并未带来村干部权力行使以及村庄内部公共资源分配的规范化。村民对选举参与日益冷漠失望，选举成了人情资源交换的政治仪式，或成了小群体内部的政治游戏。

简而言之，选举成了积极群体内部的政治游戏，群体外部的成员难以形成强有力的挑战；积极者的积极特质与消极者的消极特质在村委会换届选举中不断得以验证、积累和强化，积极群体与消极群体不断稳定与固化。

2. 角色群体的互动

积极者与消极者互动是委托投票产生的前提，同时也是角色群体互动的条件。D村的地理分布、行政规划等特点，决定了单个村民很难在选举中调动全体村民。竞选者不但要争取本自然村村民的支持，还要争取其他自然村自己不熟悉村民的支持，因此就需要一些“中间人”代自己沟通联系、跑票要票、主动代票。这些村民共同构成了竞选者的竞选班底成员。从某一届选举来看，每个候选人的“中间人”构成，差别很大，但从一个比较长的时段来看，“中间人”的总体构成则相当稳定。他们构成了村庄内部公众人物的绝对主体，也是历届选举中的积极群体。委托投票的大量出现，本质而言是角色群体互动的结果，是少数积极者对多数消极者组织动员的结果。因此，角色群体的互动过程，也是村民是否投票、是否委托、是主动委托还是被动委托、委托选票能否顺利投出的过程。互动的内容是积极者利用人际关系、亲属面子、村庄历史派系等因素，展开跑票要票的活动，使多数消极村民成为被动的委托者；经由家人、亲属代票以及利用“把门人”，顺利投出手中的委托选票。互动的手段既包括给钱、送烟、送粉条等物质激励，也包括唱 K、聚会、喝酒等情感拉拢，还包括给指标、拉项目等个人承诺。

积极群体由希望影响并控制选举的村民构成，其成员多是村民小队队长，上下联系多，具有动员优势；消极群体由一般村民或在外打工的村民构成，其成员不相信自己的投票能够产生影响，也不太关心选举结果。但在投票率的制度约束下，积极者需要从消极者那里获得足够的票数，完成选举的形式过程。大量的被动投票形成了形成了投票率高的统计“事实”。

总结来说，委托投票的大量出现是投票制度规定的环境要求、基层政府的弹性干预约束下，角色群体互动的结果。具体来说，投票制度规定的环境与基层政府的弹性干预共同构成了积极者行动的策略背景：在投票率（双 50%）的制度约束下，积极者需要从消极者那里获得足够的票数，才能完成选举的形式过程；在受托数量不能超过 3 张的法律规定下，积极者需要分别、多次由家人、亲戚、朋友等来代投要来的选票，从而形成较多的二次委托；对于选情稳定的村庄，基层政府为了选举一次性通过，满足工作绩效考核的要求，一般会默许村民选举委员会的主事操作，积极者或受托人会与“把门人”合谋，从而顺利投出手中握有的超额委托选票；对于选情不稳的村庄，基层政府为了防止群体性事件的发生，满足顺利换届的维稳政治要求，则会加派警力，严格监控，并采取“户口委托”的投票形式，这样导致的结果是——大量弃权现象的发生。具体参见表 3：

表 3　委托投票大量出现的三层次影响因素及其动因

影响因素	法律规定/实际操作	动因
投票制度环境	投票率过 50%，选举有效； 得票率过 50%，当选有效。	保障村民选举参与； 保证当选者的民意基础
	委托投票七个构成要件： 委托对象：近亲属；受托数量：≤3； 受托次数：1 次……	保障农民工选举权； 防止买票贿选
基层政府	村情稳定—— 默许村民选举委员会主事操作	选举一次性通过； 满足工作绩效要求
	村情不稳—— 严格监控与户口委托	防止村庄势力操纵； 满足顺利换届的维稳政治要求
村民互动	各种非法委托；	满足得票率过 50%的投票制度要求
	弃权	利益需求难以满足

第十章　结论与讨论

一、结论

本文是一项案例研究。根据各地的村民委员会选举法规，村民在选举中可以委托他人代为投票，但是委托对象只能是近亲属，并且受托人接受委托的票数，不能超过 3 张。但 D 村 2017 年村委会换届，出现了额外的委托投票现象，一些受托人手中的票，数量远远超出 3 张，因而对选举结果的影响明显增加。本文研究这一现象，主要回答两个问题：为什么委托投票会大量出现？其产生的机制是什么？

学界有关委托投票产生机制的解释主要有两种：政治冷漠说和制度激励说。政治冷漠说偏向于从选民（即委托人）的视角出发，用政治冷漠来解释委托投票的产生机制：基于社区维持性而不是分配性的利益结构，人们普遍对居委会选举漠不关心，所以才会逃避“义务”，选择以“委托”的形式来行使选举权。制度激励说则主要从基层政府的角度，用“双过半原则”来解释委托投票的产生机制。这两种解释模式共同的局限在于：一是采取现时性的静态结构解释，忽视了历时性的变化，缺乏动态机制的分析；二是把委托投票视为一个整体，忽视了丰富的细节与过程，缺乏内部构成的分析。本研究的意义在于，通过丰富的细节来揭示村委会换届选举的过程，并透过这一过程，展现制度环境对投票行为的影响。

D村位于宁夏回族自治区，自1989年举行第一次村民选举以来，D村已经进行了十次村委会换届。研究发现：D村已经形成两个不同但稳定的角色群体：少数对选举充满热情的人和大多数对选举冷漠失望的村民。积极群体成员由希望影响并控制选举的村民构成，他们大多是村民小队队长，上下联系多，具有动员优势；消极群体成员大多是一般村民或者外出务工的村民，他们不相信自己的投票能够产生影响，也不大关心选举结果。积极群体内部，大家彼此熟悉、感情熟络，群外成员的竞选，难以形成强有力的挑战；并且积极者的积极特质与消极者的消极特质在村委会换届选举中不断得以验证、积累和强化，积极群体与消极群体不断稳定与固化。

D村选举中，积极者与消极者的互动，导致了被动委托、家庭外委托与二次委托的产生。而乡镇工作人员的默许，受托人与“把门人”的合谋，导致了各种形式委托投票的顺利投出。为了选举能够一次性通过，完成工作要求，乡镇工作人员会默许额外委托投票现象的出现，“睁一只眼闭一只眼”，听任“把门人”的弹性审查；而“把门人”在做够“顺水人情”的同时，又必须对委托投票加以一定的限制，以免选举失控。而不能顺利投出手中选票的受托人，则以撕票表示不满与反抗。其中，把门人弹性审查的主要是家庭外委托与二次委托。

本文认为，委托投票的大量出现源于三个层次因素的作用：投票制度规定的环境；角色群体的互动；基层政府是否干预。在投票率的制度约束下，积极者需要从消极者那里获得足够的票数，完成选举的形式过程。他们利用人际关系、亲属面子、把门人、村庄历史派系等因素，展开跑票拉票活动，使多数消极村民成为被动的委托者，大量的被动投票，形成了投票率高的统计“事实”。基层政府的干预是另一影响因素。本文发现：基层政府是否干预，取决于“村庄选情是否稳定”。对于派系深厚、换届选举争夺激烈的村庄，政府往往积极干预，要求选民严格按照户口委托投票，并派人监控选举过程，政府以自己的掌控，来防止村庄势力操纵产生的失控。对于村情较为稳定的村庄，政府不担忧“出事”，直接地参与监控较少，任由村民选举委员会主事操作。这样的条件，使得积极者更有动力促成大额被动的委托投票。在这种情况下，村庄内部的人际环境，会直接影响到村民是否投票、是否委托、是主动委托还是被动委托、委托选票能否顺利投出等各个方面。

委托投票产生的三层次影响机制之间的关系是：投票制度的要求与基层政府的默许共同构成了各种形式超额委托投票产生的条件；基层政府是否干预决定了受托人手中的非法委托选票能否顺利投出；角色群体互动则是委托投票大量出现的直接原因。

二、讨论

1.委托投票现象下的选举困境

由表 3 可知，投票制度环境中法律规定与现实操作之间存在着不小的差距，比较常见的解释是制度归因：结构主义方式把问题归因于国家和社会的权力边界不清；制度主义方式把问题归因于法律法规流于形式，事实操作与法律精神相悖（郭伟和，2009）。这两种逻辑在理论上都能够部分解释委托投票的大量出现，但是忽视了事实本身的复杂性。D 村的经验表明：即使权力边界清楚、法律操作一致，也不能解决实际问题。

事实上，基层政府严格监控与采取“户口委托”的投票方式，就是对法律法规的严格操作与执行。这种做法在一定程度上控制了买票贿选的发生，防止了选举过程的失控，但是村民的参与却是最低的，比较多的村民选择以弃权来表示自己的不满与反抗，难以保证当选者的民意基础。回到事实本身，我们就会发现，基层政府默许村民选举委员会主事操作，带来了高参与率的统计事实，却导致被动委托、二次委托，甚至是买票贿选等非法行为的产生；基层政府严格监控，采取“户口委托”的方式予以干预，防止了各种非法委托的产生，却导致村民弃权的大量出现。这说明问题的症结不在制度，甚至也不在于基层政府的弹性干预，而在于村民选举发展至今所带来的变化。村民的政治冷漠并非不关心选举，而是选举出来的村干部，难以满足村民的多元利益需求，村民对村干部和选举的信心不断降低。

2.政治冷漠是否意味着权利意识的觉醒

有学者认为：“在当前选举中，公民对行使选举权的冷漠，恰恰标志着选举之个人权利观念的觉醒”（张卓明，2014：6-7），但是否如此呢？这种观点有一定道理：选举权利观念的前提是政治效能感（Chen & Zhong，2002；Zhong & Chen，2002；Li，2003），亦即村民相信自己能够对选举结果产生影响，而政治冷漠表明村民对选举持有一种更为清醒的态度，这恰恰意味着政治效能感的觉醒，亦即对实效选举权的追求。但是，D村的经验表明，这种判断忽视了两点：第一，村委会换届选举中，村民投票的单位是家庭而非个人，而权利观念的基本前提是“一票一权”，亦即政治个体与个体自主；第二，选举中村民真正关心的东西并不是选举权利的表达，而是选举后权力的行使与治理的效果。选举导致村干部授权来源的变化，但并未改变选举过后村干部权力行使与村庄治理的方式，而后者才是村民政治冷漠的关键所在。

3.从权力授予走向权力收回

D村的经验表明，村民的政治冷漠与选举过后村干部权力行使以及村庄治理方式息息相关，换句话说，村民更关心的是选举过后村干部规范的权力行使、公平公正的资源分配等。在此意义上，收回授权要比授权对于村民而言意义更大，更能提升村民的政治效能感，因为收回授权意味着村民有能力罢免一个不称职的村干部，摆脱一种不公平、不公正的权力行使与村庄治理方式。D村村民更多是通过上访而不是启动罢免程序收回授权，实际上罢免程序也极难启动，授权难以收回。但是在村民小队层次，出现了村民罢免本队小队长的现象，在整个罢免过程中，主要内容包括：对老队长村民问责、罢免老队长、选举新队长、新老队长工作交接、新队长表态等等。如果对比对村干部授权（行政村层次）和向村干部收回授权（自然村层次）的过程，收回授权显然更能反映村民的需求和利益。

一个可能的判断是，罢免比授权更能反映村民的需求和利益，更能提升村民的政治效能感，从而会推动选举的实质变革。因此，乡村选举的研究，或应从对授权的关注转向对罢免的考察。

参考文献

彼得·豪尔、罗斯玛丽·泰勒，2003，《政治科学与三个新制度主义》，《经济社会体制比较（双月刊）》第5期

邓小平，1993，《邓小平文选》第3卷，人民出版社

江泽民，2006，《江泽民文选》第1卷，人民出版社

郭伟和，2009，《制度主义分析的缺陷及其超越——关于中国村民自治建设和研究的反思》，《开放时代》第10期

贺雪峰，2000，《论半熟人社会——理解村委会选举的一个视角》，《政治学研究》第3期

———，2001，《村民选举中的派系与派性》，《中国农村观察》第4期

贺雪峰编，2016，《华中村治研究：立场·观点·方法（2016年卷）》，社会科学文献出版社

黄光国、胡先缙等，2005，《人情与面子——中国人的权力游戏》，《领导文萃》第 7 期
黄新华，2005，《政治科学中的新制度主义——当代西方新制度主义政治学评述》，《厦门大学学报（哲学社会科学版）》第 3 期
李尚坤，2011，《委托投票：取消不如改进》，《公民导刊》第 1 期
刘思达，2016，《美国“法律与社会运动”的兴起与批判》，《交大法学》第 1 期
隆厚文，2011，《村委会选举“委托投票”不宜取消》，《公民导刊》第 1 期
诺曼·K·邓津、伊冯娜·S·林肯主编，2007，《定性研究：策略与艺术》，重庆大学出版社
史卫民、郭巍青等，2009，《中国村民委员会选举：历史与发展比较（上下篇）》，中国社会科学出版社
史卫民、潘晓娟等，2008，《中国基层民主政治建设发展报告》，中国社会科学出版社
唐鸣，2009，《村委会选举中的委托投票问题研究》，《中国农村观察》第 4 期
容志、陈奇星，2011，《“稳定政治”：中国维稳困境的政治学思考》，《政治学研究》第 5 期
孙立平、郭于华，2001，《“软硬兼施”：正式权力非正式运作的过程分析——华北 B 镇收粮的个案研究》，载于王汉生，杨善华主编，《农村基层政权运行与村民自治》，中国社会科学出版社，27-57
仝志辉，2016，《村委会选举的村庄治理本位——从户内委托辩难走向选举权利祛魅》，《中国农村观察》第 1 期
王金红，2009，《候选人资格条件、委托投票与农村选举规制——对村民委员会中两个争议性问题的讨论》，《学术研究》第 4 期
王晓敏，2010，《村委会选举中群体性事件的多维审视》，载于“村民自治暨合寨村村民委员会成立 30 周年”研讨会论文集

王宜峻，2006，《委托投票与流动票箱使用失范及对策分析》，《人大研究》第 11 期
夏勇，2004，《中国民权哲学》，生活・读书・新知三联书店
肖立辉，2009，《村民委员会选举研究》，中国社会出版社
熊易寒，2008，《社区选举：在政治冷漠与高投票率之间》，《社会》第 3 期
尹利民、穆冬梅，2015，《委托投票、半竞争性选举与基层弱民主化治理——以 C 县上付村六届（1999-2014 年）村委会选举为例》，《南昌大学学报（人文社会科学版）》第 3 期
喻东，2011，《交接班：透析农村政治嬗变的逻辑》，北京大学博士论文
臧必飞，2011，《“委托投票”应当休矣》，《公民导刊》第 1 期
翟学伟，2004，《人情、面子与权力的再生产——情理社会中的社会交换方式》，《社会学研究》第 5 期
张静，1998a，《梨树县村委会换届选举观察》，《二十一世纪》第 6 期
——，1998b，《政治社会学及其主要研究方向》，《社会学研究》第 3 期
张同龙、张林秀，2013，《村委会选举中的村民投票行为、投票过程及其决定因素——基于全国 5 省 100 村 2000 户调查数据的实证研究》，《管理世界（月刊)》第 4 期
张卓明，2014，《选举权论》，社会科学文献出版社
赵寿星，2000，《选举模式与制度选择——中国农村村民自治选举评估》，《中国社会科学院研究生院学报》第 3 期

Li,Fan, Cheng, Joseph Yu-shek Shi Xuelian, 2015, Grassroots People's Congress Elections in China, 2011-12, *Journal of Comparative Asian Development*, 14: 1-46.

Chen, Jie & Zhang, Yang, 2002, Why Do People Vote in Semicompetitive Elections in China, *The Journal of Politics*, Vol.64, No.1:178-197.

Diamond, Larry & Morlino, Leonardo, 1994, The Quality of Democracy: An Overview, *Journal of Democracy*, 15(4):22.

Li, Lianjiang, 2003, The Empowering Effect of Village Elections in China, *Asian Survey*, Vol.43, No.4:648-662.

Tan, Qingshan, 2004, Building Institutional Rules and Procedures: Village Election in China, *Policy Sciences*, Vol.37, No.1: 1-22.

Pastor, Robert A. & Tan, Qingshan, 2000, The Meaning of China's Village Elections, *The China Quarterly*, No.162:490-512.

Mazzuca, Sebastian, 2007, Reconceptualizing Democratization: Access to Power Versus Exercise of Power, in Munck, Gerardo L., ed, *Regimes and Democracy in Latin America*, New York: Oxford University Press.

Zhang, Tonglong, Zhang, Linxiu & Hou, Linke, 2015, Democracy Learning, Election Quality and Voter Turnout Evidence from Village Elections in Rural China, *China Agricultural Economic Review,* Vol.7:143-155.

Zhang, Yang & Chen, Jie, 2002, To Vote Or Not To Vote: An Analysis of Peasants' Participation in Chinese Village Elections, *Comparative Political Studies*, Vol.35, No.6:686-712.

Yao, Yusheng, 2013, Village Elecction and Their Impact: An Investigative Report on a Northern Chinese Village, *Modern China*, Vol.39, No.1:37-68.

农业资本化进程中的农民合作经济实践

何钧力　中国人民大学社会学系 2015 级

指导教师　奂平清

第一章　导论

一、研究背景：资本进入农业及合作社的发展

1978 年以来，中国的农村社会和农业生产方式发生着巨大的变化。在这三十多年间，资本和部门化的资本下乡被视为中国农村农政变迁过程中的一个突出的、不容忽视的社会现象（仝志辉、温铁军，2009）。自改革启动后，国家就开始有意识地引导资本进入农村。在资本的投向方面，农业是最主要的投资目标。

单从 1982-2016 年中共中央国务院关于“三农”工作的一号文件中，便可以看到国家对“资本下乡”的一系列制度部署与政策安排。首先，在市场环境方面，1982 年首次提出农业经济要引入“市场调节”，发展“商品生产”；1983 年提出“打破城乡分割和地区封锁”，畅通流通渠道；1985 年正式取消农产品统购派购制度；2004 年以后每年必提完善农村市场机制。这些举措为资本下乡创设了友好的农村市场环境。率先“下乡”的是以国家财政支付为主要形式的部门化资本：1983 年提出国家财政

"逐步增加对农业的投资"；2004 年后每年均要求增加财政支出对农村和农业的投入，并加大农业补贴力度；2005 年开始提出减免农业税，到 2007 年正式取消。社会资本方面，1985 年首次提出要"创造条件引进资金"，2007 年开始"鼓励社会力量投资现代农业"，2015 年提出"引导和鼓励社会资本投向农村建设"，反映了国家对社会资本"下乡"由"适度放宽"到"积极引进"的态度转变。

随着制度障碍的逐步消除，资本开始进入农村，投向农业的资本也越来越多。2005—2014 年全国农业固定资产投资额（不含农户）的变化（见图 1）表明，资本正迅速进入农业，特别是自 2011 年起，投资总额以平均每年约 1000 亿元的速度增长，十年内增加了 24 倍。图 1 还表明农村农户固定资产投资额波动幅度不大，10 年内仅增加约 1000 亿元的投资。尽管统计口径存在差异，但图 1 仍可反映出，自 2011 年起，来源于农村外部的投资开始多于农户自己的投资，且两者差距越来越大，进一步说明外来资本正涌入农业生产领域。

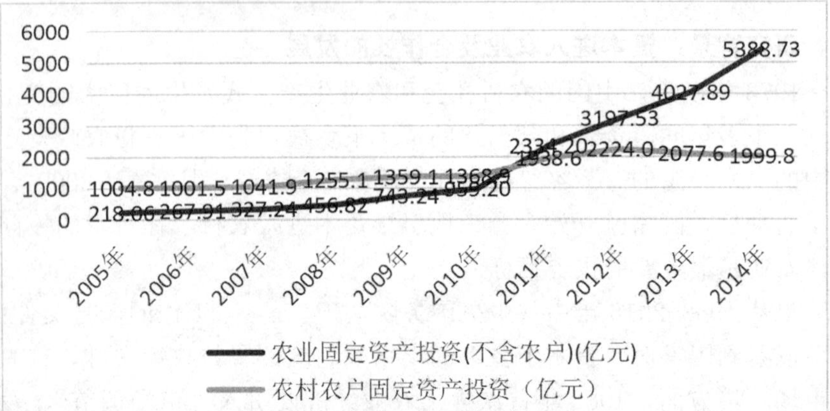

图 1 全国农业[①]固定资产投资额（2005-2014）

① "农业固定资产投资（不含农户）"中的"农业"是指狭义的农业；而"农村农户固定资产投资"描述的是广义的农业（包括农、林、牧、渔业），在全国已公开的统计资料中没找到狭义农业的相应数据。

数据来源：农业固定资产投资（不含农户）来源于国家统计局：http://data.stats.gov.cn/easyquery.htm?cn=C01，2016年12月16日。农村农户固定资产投资来源于《中国农村统计年鉴2006-2015》：2005-2012，表5-8；2013，表5-6；2014，表5-2。

资本进入农业这一过程被称为“农业资本化”，上述事实表明国家是这一进程的重要推手。在农业资本化进程中，农业出现了“去农民化”的趋势（严海蓉、陈义媛，2015），国家依然在其中扮演了重要的角色。1982年一号文件首提发展“一大批专业户”，1984年、1986年“鼓励土地逐步向种田能手”集中。进入21世纪后，中央在2004年一号文件中提“农业产业化经营”的概念，2007年提“扶持龙头企业的发展”，2009年提倡“建立健全土地承包经营权流转市场”，2013年提出四种新型农业经营主体，包括专业大户、家庭农场、农民合作社和龙头企业，并提倡承包土地向前三者流转，2014-2016年重点关注新型农业经营主体的培育。在国家的有力推动下，农业“去农民化”的“痕迹”明显，各经营主体已初具规模。例如，2004-2013年，全国龙头企业数量由不到5万家增加到12万家以上，年均增长10.67%，带动全国近6700万农户（中国社科院农村发展研究所、国家统计局农村社会经济调查司，2015：162，168）；又如，截至2012年底，全国已共有家庭农场87.7万个，经营耕地面积达1.76亿亩，占全国承包耕地面积的13.4%[①]。

本文的研究对象——农民合作社也是农业“去农民化”浪潮中的一个重要经营主体，但不同于专业大户、家庭农场和龙头企业，农民合作社在中国并不是一个新鲜事物。早在20世纪初，以薛仙舟为代表的合作主义知识分子就开始在国内进行建立合作社的探索实践，国共两党后来各自领导的农民合作运动均受到这些实践活动的影响（陈意新，2001）。建国后，中共在全国农村地区开展农民合作化运动，合作社一度从经济组织（初级合作社）发展为基层政权组织（人民公社），农民生活的各方

① 数据来源：农业部新闻办公厅，http://www.moa.gov.cn/zwllm/zwdt/201306/t20130604_3483252.htm，2016年12月16日。

面都受公社的管理。家庭联产承包责任制实施后，原有的人民公社解散，农民自发成立专业合作经济组织，为农业经营提供技术、信息、销售等各类服务，及至2007年《中华人民共和国农民专业合作社法》颁布，农民专业合作社正式开始在国家的规范引导下有序发展（马彦丽，2011：62-63）。截至2014年年底，全国实有农民合作社128.9万家，比2013年年底增长31.2%；在工商部门登记合作社成员数3745.9万户，比2013年增长26.94%（农业部农村经济体制与经营管理司等，2015：3）。

从建国以来的发展历史来看，“农民合作社”这一名称指涉了两种不同形态的组织：以责任制的实施为界限，之前是一种基层政权组织，之后则是一种合作经济组织。在变成经济组织后，合作社又经历了三十多年的发展，期间资本开始下乡、农业开始资本化，由此带来的问题便是，“下乡”的资本是否已对农民合作社进行了“改造”？如果是，那又“改造”成什么样了呢？再把目光往责任制实施前的历史延伸，作为经济组织的合作社跟作为政权组织的合作社又有怎样的不同？这一连串的疑问构成了本文写作的缘由。

二、研究问题

本文探讨的是农民合作的可能性问题，即合作是否可能以及如何可能。如本章第一节所述，注意到当前中国农村出现了明显的农业资本化趋势，本文对研究问题的讨论将从这一社会背景切入，反思建国以来中国农民的合作经济实践，重点关注资本进入后农民合作实践的变化，并尝试探讨农民想不想合作、想要怎样的合作以及合作实践结果是否达到预期这三个问题。为了让讨论更为“聚焦”，本文的研究问题具体化为以下几点：（1）责任制实施前后的农民合作有何区别？（2）当前的农民合作形式是如何形成的？（3）农民是如何看待当前的合作形式？具体地，对于参与合作的农民，他们为何合作？如何合作？为什么以这样的形式合作？而对于不合作的农民，原因是什么？他们又是怎样看待合作的？自己如何进行农业生产？（4）当前的农民合作形式对于农业经营方式的现代化转型有何意义？

三、研究对象

尽管“合作”已是一种具体的农民行为，但其在操作化程度上仍不足以支持对研究问题的深入讨论。组建农民合作社是农民进行合作最为直观的外显行为，合作社作为一种实体组织在评估其经营状况与效果上都有具体的数据和资料作为依据，因而是分析农民合作问题时的一个很好的“抓手”。此外，合作社也是农民合作经济实践的最主要实现形式。因此，本文将研究对象确定为农民合作社。

在实际研究、调查过程中，农民合作社并不是“铁饼一块”，内部存在若干不同类型的区别。首先在时间维度上，如前文所述，责任制实施前后的农民合作社具有不同的组织形态。如是，本文在谈论责任制实施前的农民合作社时，具体指代的是农业合作化运动时期（1953-1958 年）的初级农业生产合作社（下文简称“初级社”）和高级农业生产合作社（下文简称“高级社”），以及人民公社化运动后到责任制实施前（1958-1982 年）的人民公社；而责任制实施后的农民合作社在本文中指的是农民专业合作社。

其次，责任制实施后的农民合作社已分化出多种不同类型。单按经营范围划分，就可以粗略地分为大田种植类、蔬菜种植类、花果种植类、苗木种植类、畜牧养殖类等五种合作社，而按服务内容划分，又可以分为生产服务、农资服务、销售服务、技术服务、信用服务等五类合作社。本研究在经营范围上进行了限制，主要对大田种植类合作社进行研究和调查。之所以这样处理，主要是基于以下考虑：受过去“以粮为纲”的政策影响，责任制实施前的农民合作社主要从事粮食生产（即现在所说的大田种植），在与责任制实施后的合作社进行对比分析时，为了更清楚地看到两者在组织架构乃至合作形式上的区别，有必要对经营范围这一“变量”进行控制。

第二章　文献综述

一、农民合作社：发展历程及存在问题

1. 责任制实施前的农民合作社

国内学者对这一时期的合作社的研究，主要围绕以下两个方面进行：

一是对农民合作社的发展历程进行梳理，属于通史或经济史研究。杜润生主编（2002）的《当代中国农业合作制》是史料最为丰富、叙述条理最为清晰的专著之一。该书基于全国多个省区、直辖市编撰的史料及公开的国家档案，还原了当时农民合作社是如何从生产互助组发展为初级、高级农业生产合作社，再从生产合作社发展为人民公社的整个过程，对合作社在不同阶段的顶层制度设计及组织架构都由详细的描述。此外，高化民（1999）、李立志（2002）、叶扬兵（2006）等对农业合作化运动时期的合作社进行了专门研究，凌志军（1996）、罗平汉（2003）等则梳理了人民公社时期的合作社变迁。也有不少研究是以村庄为例，以村庄的社会经济变迁为背景考察农民合作行为的变化（张乐天，1998；周晓虹，1998；王玉贵、娄胜华，2006）。

二是分析合作社存在问题及原因。这些内容在前述的通史、经济史专著中都有涉及，研究者均指出，从中央到地方相继出现的“左”倾冒进错误是导致合作社过快发展、最终失败的主要原因。部分经济学者则认为农民退出权被剥夺（林毅夫，2014[1994]）以及产权关系不清晰（周其仁，1995）造成了激励不足，因而导致合作社无以为继。诸如瞒产私分、偷懒窝工等农民对国家合作社政策的抵抗行为也是当时合作制度运转过程中的突出问题，高王凌（2006）把这些行为称为农民的“反行为”，而“反行为”的出现说明农民在主动争取国家制度的改变；满永（2008）则认为“反行为”是农民在面对生存压力时的一种必须的生存选择。他们的解释实质上反映了农民的“生存伦理”（斯科特，2013[1976]）是促使他们抵制合作社的主要因素。

2. 责任制实施后的农民合作社

这一时期的合作社还只是一个发展中的事物，已有研究除了梳理其从改革初期的松散服务组织到21世纪后的规范化经济实体的转化历程外（韩俊，2007：5-9；胡卓红，2009：81-83；马彦丽，2011：62-63），更多地把注意力放到目前在其发展过程中出现的问题上。例如，存在各种所谓的“假合作社”或“翻牌合作社”借用合作社的名义争取更多国家的补贴优惠，但实际上并没有为普通农民谋取到实际利益（仝志辉、温铁军，2009；徐旭初，2012；黄宗智，2015）。再如，即使合作社有利可得，由于内部成员异质性的存在，理事会成员与一般社员在社内事务的话语权上存在较大差异，理事会控制了合作社，一般社员的利益在一定程度上遭到了损害（马彦丽、孟彩英，2008；郑丹、王伟，2011；黄祖辉、高钰铃、邓启明，2012；楼栋、孔祥智，2014）。总之，农民合作社的实际经营状况并不理想。

在分析造成问题的原因时，制度经济学的分析视角被经常采用。在这一分析视角下，合作社被看作是一种农业经营制度，因此与其他类型的制度安排一样，其运行效果受到外部制度环境、意识形态等因素的影响。具体而言，目前我国市场经济制度尚不完善，合作社的成长缺少最优的生产要素组合；相关法律制度不健全，合作社的发展缺少法律保障；长期历史过程中形成的小农意识、宗族观念和狭隘的利益观形成了不利于合作社生存的文化氛围（应瑞瑶，2002；孙亚范，2008）。

公共选择理论中的集体行动理论提供了另外一条研究进路。该理论的核心命题是“除非一个集团中人数很少，或者除非存在强制或其他某些特殊的手段以使个人按照他们的共同利益行事，有理性的、寻求自我利益的个人不会采取行动以实现他们共同的或集体的利益”（奥尔森，2014[1971]：2），即所谓的“集体行动悖论”。合作社的成立是农民采取集体行动的结果，而合作社的失败正是由于目前合作社成立和加入的门槛低，随着社员的增多，在缺少有效的激励和惩罚机制的情况下，农民往往出于个人利益的考虑而采取“搭便车”行为以坐享其成，最终造成合作社经营不善的后果（马彦丽、林坚，2006；任大鹏、郭海霞，2008；肖云、陈涛、朱治菊，2012）。

也有不少学者从农民合作的意愿与能力的角度寻找合作社经营困难的原因。首先，中国农民在千百年来的生活实践中形成的特殊公正观与理性行动逻辑①被认为是决定其合作意愿的关键因素（贺雪峰，2004；吴理财，2004）。在这种观念的影响下，除非存在完全不计较个人利益的高公益心者或只计较个人利益多少的极端自利者，农民合作的集体行动将不会成功，因为大多数农民都会忌惮他人潜在的“搭便车”行为而拒绝合作。

从社会关系的角度来说，农民之间传统的信任结构的破坏也导致了合作的失败。过去农民的互助合作行为往往是在基于血缘、地缘关系形成的人际信任的作用下促成的，农民愿意与自己信赖的人（如亲戚、关系好的邻里朋友）合作，然而随着传统社会向现代社会的转型，农民之间的交往少了，人际信任受到削弱，而新的基于对法律、规章的信赖而建立的制度信任尚未形成，由此导致了人与人之间普遍的不信任，农民合作也越来越难（徐晓军，2004；黄家亮，2012）。农民不再信任地方政府特别是基层干部，因此即使是政府牵头建立和支持的合作社组织也难有发展；农民也由于对社长与社员的弱信任而不怎么支持合作社的经营（赵泉民，2013）。

最后，农民身处的社会环境的变化也影响着他们的合作行为。传统社会中，在宗族或村落共同体的力量作用下，农村社区内部会形成一种共同体规范，农民出于对这一规范的认同能够自然地进行合作，村庄里的精英或领袖也能确保合作的进行，但这一切都在市场经济与现代社会建设运动的冲击下接近消失，合作便无从谈起（董磊明，2004；金太军，2004）。

3. 小结与评述

① 贺雪峰（2004）把这种公正观表述为：“不在于我得到多少以及失去多少，而在于其他人不能白白地从我的行动中额外得到好处。”

在对现状的描述方面，上述研究已为我们提供了大量详实的资料；而在揭露问题及分析原因方面，已有研究也有独到的观点与见解。然而，在研究内容与分析角度上，相关研究仍有进一步拓展的空间。一方面，已有研究成果中鲜见对责任制实施前后的农民合作社的对比分析。这两个时期的合作社是在截然不同的社会经济环境下发展的，在组织性质、组织架构和组织目标等方面都存在极大差异，但却都被冠以“合作社”的名称，这本身就是一个值得探讨的问题——以历史的视角，考察潜藏在这两者背后的农民合作形式的变迁过程，对于理解当今中国农民的合作行为是十分必要的。另一方面，已有研究大都将“合作”和“合作社”视为一个统一的分析单位，这就使得在分析现在的农民合作社经营困难的原因时，容易把“合作社”的经营效果与“合作”的效果混为一谈。实际上，“合作”本身，尤其是合作的形式，与合作社的经营状况是一组相对独立的变量，它们都受到外部社会环境的影响，这在研究中不容忽视。

二、农业资本化：理论及中国现实

1.“马克思、列宁—恰亚诺夫”之争

“农业资本化”并不是中国近年特有的社会经济现象。在人类历史上，工业革命前的英国和“十月革命”前的俄国都曾经历过明显的农业资本化过程。在这一进程中，传统农业及小农的命运如何，以马克思、列宁为代表的阶级分析派和以恰亚诺夫为代表的小农经济派分别持有截然不同的观点。

马克思（中共中央马克思恩格斯列宁斯大林著作编译局，2004a[1867]：821-823）在《资本论》中研究了英国农业资本主义的发展，指出在这过程中大量农民的土地被剥夺，意味着“劳动者和他的劳动条件的所有权分离”，从而产生了资本关系，农民被迫成为资本主义农业的雇佣工人，处于从属地位。列宁（2013[1899]：145-150）分析俄国大部分省份的调查数据，发现当时俄国农民已分化为农村资产阶级和农村无产阶级，农业生产集中在前者手中，后者受前者的商业资本和雇佣

的剥削，俄国农村的经济关系结构已成为普通的小资产阶级的结构。马克思和列宁都看到了资本进入农业后大量农民无产化的现象，但他们都在某种程度上肯定资本对农民的改造。马克思（中共中央马克思恩格斯列宁斯大林著作编译局，2004b[1867]：696-697）认为这样的资本主义的生产方式能“使农业合理化”，从而“使农业有可能按社会化的方式经营”，但他也承认“资本主义生产方式的这种进步……首先也是以直接生产者的完全贫困化为代价而取得的”。与马克思一样，列宁（2013[1899]：279-283）也肯定了资本主义在促进俄国农业生产的发展中的贡献。总之，在他们看来，小农生产终将被资本主义农业取代，这是历史的必然，也是历史的进步。

恰亚诺夫不赞同“小农终结”的说法，并在《农民经济组织》（1996[1925]）一书中论证农民家庭农场在资本主义生产条件下依然具有旺盛的生命力。首先，他对农民经济行为存在一个“劳动消费均衡”的前提假设，即农民（农户）将根据家庭规模和消费需求决定劳动的时间与强度。因此，家庭农场能接受很低的单位劳动报酬，即使在市场行情日渐不利的情况下也能继续生存。通过合作组织的形式，发展“合作形式的纵向一体化”农业，家庭农场便可以增强自身经济实力，抵御大型资本主义农场，维护住自己的地位。可见，恰亚诺夫尽管也在一定程度上承认资本主义生产方式对农业的影响，但他并不认为小农生产会被资本主义农业取代，反而是会以“家庭农场+合作组织”的形式长期存在。

2.学者观察：中国农民何去何从

马克思、列宁和恰亚诺夫争论的问题如今也摆在了中国学者的面前。仝志辉、温铁军（2009）最先注意到了中国的资本和部门下乡现象，并分析了资本化趋势对农户的不利影响：分化出来的大农、资本和部门各自利用自身优势资源进行联合，通过盘削小农利益来获利。黄宗智、高原（2013）指出了当今中国农业已显著资本化的事实，并通过大量统计数据证明农户才是资本化的主要动力。严海蓉、陈义媛（2015）则讨论了中国农业资本化这一既成社会现象的特征，认为中国农业资本化既有自上而下的驱动力，也有自下而上的推动力。

国内学者对“马列-恰亚诺夫”论题的直接回应首推黄宗智、高原、彭玉生（2012）的《没有无产化的资本化：中国的农业发展》一文。自由雇佣劳动是农业资本主义的主要表现（列宁，2013[1899]：207），黄等人则通过全国调查数据论证了目前中国并不存在普遍的雇工现象，因而现时中国农业发展的特点是“没有无产化的资本化”。文中指出，中国农业生产的家庭化（黄宗智，2014b）以及正在进行的“隐形农业革命”（黄宗智、彭玉生，2007）给予了家庭农场发展的空间，因而避免了农民的“无产化”。高原（2011）在耿村的调查研究也表明“家庭农户+合作组织”的经营方式在农业资本化的背景下是可能存在的，从而实现恰亚诺夫和黄宗智所说的农产品生产和经营的“纵向一体化”。黄宗智（2014a）进一步发展他的“家庭农场”学说，认为中国家庭农场的发展不能走“大而粗”的美国模式，适度规模的、“小而精”的真正家庭农场才是中国农业正确的发展道路。

然而，也有不少研究反驳了黄宗智“没有无产化的资本化”的论断。陈义媛（2013a；2013b；2016）通过对湘南平晚县水稻种植业的考察，发现农业资本化已导致农民家庭生产开始寻求家庭劳动力与雇佣劳动力的最优配置，企业与农户之间也在事实上形成了隐蔽的雇佣关系，家庭农业在一定程度上经历了“资本主义式”的改造。陈航英（2015）对皖南河镇的研究表明，农业经营主体已出现分化，一边是农业规模经营主体、农业生产服务主体和粮食收购加工主体构成的利益共同体，另一边是不断提供土地资源和出卖劳动力的普通农户，后者从属于前者，陷入了“半无产化”的境地；孙新华（2015）在同一个镇的调研也发现了同样的农民无产化趋势。黄瑜和郭琳（2015）追踪了广东雷州一个虾养殖基地的发展历程，发现资本不仅通过垄断产业链的上下游来榨取农民的价值，近年还渗透进生产环节，最终完成了资本的“实际隶属”，把小农往无产化的道路上推进。

3. 小结与评述

从这些学者的讨论来看，尽管大家都承认中国农业出现了资本化的事实，但对于小农/农户/家庭农场在资本化浪潮中的命运却是众说纷纭，“马列-恰亚诺夫”之争在中国语境下尚无定论。

需要指出的一点是，中国学者对“农业资本化”的定义与马克思、列宁和恰亚诺夫等人有些许不同。黄宗智等人（2012；2013）明确表示“单位土地资本投入的增加”是他所说的“资本化”的含义，其他学者基本都是在这一话语下进行对话。而马克思等人所说的“资本化”，则是指劳动者和劳动实现条件的所有权分离，一方面社会的生活资料和生产资料转化为资本，另一方面直接生产者转化为雇佣工人，更确切地说，这是一个“资本主义化”的过程（马克思，2004a[1867]：821-822）。对马克思他们而言，“农业资本化”是一个“质”的概念，不仅意味着生产资料（资本）的投入，还意味着生产关系的变化，农业资本化的过程也是农民无产化的过程。而黄宗智等中国学者则对这一概念进行了更为细致的区分，仅用“农业资本化”指代生产资料（资本）的投入，至于“农民的无产化”（生产关系的变化）则是一个单独拿出来讨论的问题。但概念指涉范畴的细微差异并不影响对“农业资本化”现象的分析：不论马克思、列宁、恰亚诺夫还是中国学者，大家的争论都是在围绕这一问题进行：在资本进入农业（即“资本化”）的背景下，生产方式是否会“资本主义化”，农民是否会“无产化”。本研究采用的是中国学者对“农业资本化”的定义。

此外，在研究对象上，上述研究都把目光集中在家庭农场身上，围绕其讨论农业资本化的影响。然而，在恰亚诺夫的学说中，农民合作组织也是一个重要的研究单位，他曾说“农民农场一体化的最主要形式只能是纵向一体化，并且只能采用合作制形式”（恰亚诺夫，1996[1925]：268），农民农场只有通过合作组织联合起来，才具有抵御资本主义大农场的实力。遗憾的是，鲜有研究讨论农业资本化对农民合作组织的影响。资本是否改造了农民合作社？这对农民的合作行为有何影响？这种影响又是否改变了农民在生产关系中的位置？

三、农业经济的出路：研究立场及现实关怀

1. 研究有立场吗？——“价值中立”与“价值关联”

韦伯曾将“知识”区分为“存在知识”（即关于“是”什么的知识）和“规范知识”（即关于“应是”什么的知识），而社会科学研究“不能告诉任何人应该做什么——但能告诉他能够做什么——以及在特定条件下——他想做什么”（韦伯，1998：148，151）。由此，韦伯提出了社会科学研究的“价值中立”原则，即要求“研究者要严格以客观的、中立的态度进行观察和分析，从而保证研究的客观性和科学性”（周蔚华，1991）。不过，“价值中立”原则的应用是有限度的，韦伯本人将其限制在“理解”的领域而非“选择”的领域（郑杭生，1991），意味着我们只有将其视为一种从事科学探究的规范性原则时，“价值中立”才具有现实性和可行性（周晓虹，2005）。于是，韦伯又提出了“价值关联”命题，指出研究者在选择研究主题、收集研究资料、应用研究结论等环节都必然会牵涉到自己的价值立场。实际上，在整个社会科学研究过程中，绝对的“价值中立”是不可能实现的，因为社会科学本人是有立场、观点和方法的，不存在“为学术而学术”的研究（郑杭生，2000）。换言之，社会科学研究必然是“价值关联”的，所有研究者必然是带着自己的研究立场从事某一项研究活动的。

2. 农业经济研究中的两种立场

在中国农村研究中，农业经济的未来发展方向问题一直是核心议题之一，本研究也是在对这一议题的思考中开展的。长期以来，主流学界在这一议题上形成了两种截然不同的立场，一派认为中国农业经济的发展未来仍须在小农经济上做文章，另一派主张发展现代化的大农业刻不容缓。

“小农经济派”以贺雪峰为代表，他们的观点立场有一个为人熟知的名号——“小农立场”。贺雪峰主张中国农业现代化要走“小农”道路，其论证逻辑可归结如下：中国人多地少的基本国情及长期存在的城乡二元结构造成农村出现大量劳动力剩余，但得益于“以代际分工为基础的

半工半耕”的农民家庭劳动力再生产模式及中国城乡二元结构的保护性特质，这些剩余劳动力可通过在城市打工、返乡从事适度规模的农业经营等多种途径被充分吸纳，于是农村成为中国现代化的稳定器和蓄水池，农业经济也以留守农村的“中坚农民”和老年农民为主体实现现代化（贺雪峰，2009，2012，2013，2015a，2015b；贺雪峰、印子，2015）。贺雪峰把中国农业现代化的希望寄托在小农家庭身上，类似地，黄宗智（2007）也认为面对大规模非农就业、人口自然增长率减慢和农业生产结构转型三大历史性变迁的交汇，中国农业的出路应是以“市场化的兼种植-养殖小规模家庭农场”为主。基于这一立场，有人就认为农民合作组织的发展也应以广大小农为主体，合作收益应由小农共享（仝志辉、温铁军，2009）。

另一派认为小农经济的时代早已过去，规模化、专业化的现代化大农业应成为中国农业经济的发展方向，相应地，我称之为“大农经济派”。他们主要是沿着马克思主义政治经济学的分析思路，以丹麦、美国、荷兰和日本等西方资本主义国家的农业经营方式为例，论证现代化大农业在生产效益上相对小农生产具有无可比拟的优越性，并提出要以“纵向一体化”和“横向一体化”的方式改造中国小农经济（张新光，2008a，2008b，2011）。一家一户的小农经济结构的效益低下问题很早就有人关注（陈平，1979），责任制实施几十年后，不少学者也在反思责任制“分田到户”的政策安排在今天可能重新带来了与小农经济结构类似的生产低效问题，主张重视责任制“统分结合”的“统”的一面，发展集体化、集约化的规模农业（张曙光，2010；宋亚平，2010，2016）。从这个意义上讲，现阶段发展农民合作组织的意义在于帮助小规模农场获取规模经营效应（周瑞明、蔡敏，2014）。

3. 小结与评述

“小农经济派”的观点更多地立足于中国农业经济面临的现实条件，而“大农经济派”则以发展的眼光指出农业经济的转型方向，两者的研究立场并无对错之分，关键在于哪一方更能满足中国农业现代化的需求。

具体到本研究所关注的现象，可以看到两种立场都对农民合作社有各自的期许，而我希望这一研究能够帮助我们思考哪一种立场指导下的农民合作经济实践更能承担农业现代化的重任。如何使农民合作社能成为更加有效的农业经营主体，这也是本研究的现实关怀所在。

四、本文的分析框架

“研究问题”一节已表明本研究将对比分析责任制实施前与实施后的农民合作经济实践，而本节要回答的问题是“如何分析”。在前文对“农业资本化”相关研究的梳理过程中，我注意到“生产关系”是此类农政变迁研究中的一个重要分析变量。伯恩斯坦（2011：33-35）将“生产关系”概括为四个方面的内容：谁拥有什么？（产权关系）谁从事什么？（社会分工）谁得到了什么？（收入分配）他们用获得物做了什么？（消费、再生产和积累）从这四个方面出发，对比两个时期的合作社在生产关系上的变化，这将是分析农业资本在合作实践变迁过程中的作用的一个很好的视角。

仅从生产关系的角度进行对比分析，这在分析维度上似乎显得有些单一，可能会影响到分析的深度与力度。为此，我参考了孙新华（2015）在分析一个乡镇的农业转型过程时采用的策略。孙文从三个层面呈现了该镇的农业转型，分别是农业经营主体、农业生产力和农业生产关系。他主要从经营规模的大小上对经营主体进行区分，将农业生产力操作化为机械、农药、化肥、种子等生产资料的使用情况，而对生产关系的分析则也参考了伯恩斯坦的思路。本研究也将采用同样的分析框架，从经营主体、生产力和生产关系三个维度综合考察农民合作实践的变化。此外，结合研究问题，本文将在此基础上加入“农民意愿”的维度，考察农民自身对“合作”的态度变化。

第三章　研究方法

一、资料收集方法

1. 文献法

初级社、高级社和人民公社都已经成为历史中的事物，目前主要是通过现存的个人回忆录、官方档案资料、历史文献、文学作品等文献资料来了解这段过去的历史。本文根据上述历史材料（以官方档案资料和历史文献为主），尽可能地勾勒出那时候的农民合作社的原貌（包括组织架构、经营情况、群众态度等），以便进一步分析当时农民合作的特点。

2. 访谈法

主要访谈对象是村干部、各农民合作社的负责人、合作社社员以及普通村民。在访谈前，根据研究需要，我给不同的访谈对象分别拟定了若干个要问到的话题①，通过这一方法，我把握了目前的农民合作社的基本情况，在资料上为后面与责任制实施前的合作社的对比分析夯实了基础。此外，我在一个村庄对 4 名 70 岁以上的老人进行了一次无结构式的“座谈会”，内容是责任制实施前的农民合作社的经营状况，作为对相关历史资料的补充。

3. 观察法

本研究的实地调查主要通过局外观察来获取信息，而没有使用大多数定性研究都会采用的参与式观察。由于要到不同的村庄调查多家农民合作社，我无法做到“亲自投身到所观察的社会现象和社会生活中去，在自身成为社会生活中各种活动的一员的同时进行观察”（袁方，2004：335），而从完成研究所需要获取的资料来看，也没有进行参与观察的必

① 如对村干部，我拟定了村庄社会经济状况、村民职业分化状况、村内合作社发展状况、村庄对合作社的支持等 4 个话题；对合作社负责人，我拟定了合作社的创办、发展、管理、社会效益、发展的外部环境、未来发展计划等 6 个话题；对社员和普通村民，我拟定了个人和家庭社会经济状况、入社/不入社行为考察、对合作社的看法和态度等 4 个话题。

要。主要观察的内容是村庄的整体外观和合作社的办公场所，以获得对村庄和合作社的感性认识。不过，在一些特定的场合里，如村干部与合作社负责人交流、合作社负责人给社员安排工作、与被访者一起吃饭等，我也有意识地观察他们的互动，因为此时他们的“主体呈现的层次”(潘绥铭、黄盈盈、王东，2011：295）已经发生了变化，不再是在访谈情境下作为“被动客体”的呈现，这使得所获信息更为丰富。

4. 问卷法

本研究中，问卷调查只是作为资料收集的辅助手段，主要用于补充与农民合作社的经营状况相关的一些基本信息。问卷只发放给合作社负责人填写，全都在访谈结束后完成，一共发放了 5 份，全数回收。

二、实地调查

1. 田野点介绍

本研究选择的实地调查地点是河北定县。定县在 1986 年撤县后改名为定州市，但在学术研究中仍常用“定县”这一旧称。该县位于河北省中部偏西处、华北平原西缘，地势平坦，十分适合农业发展。定县下辖 25 个乡镇（城区），518 个村（社区），至 2014 年底，全县行政区域土地面积为 1284 平方公里[①]。定县总人口达 124 万人，其中常住人口 119.51 万人，城镇人口 52.39 万人，城镇化率为 43.84%[②]。2014 年，全县人均可支配收入 15113 元，其中城镇居民人均可支配收入 21081 元，农村居民人均可支配收入 10706 元[③]。

产业结构方面，2014 年定县三次产业结构为 27.7：47.2：25.2，同年河北省三次产业结构为 11.70：51.00：37.30[④]，可见直到今天，

---

① 数据来源：河北省人民政府办公厅、河北省统计局编，《河北农村统计年鉴——2015》，北京：中国统计出版社，2015 年，P. 477。

② 数据来源：河北省人民政府办公厅编，《河北经济年鉴——2015》，北京：中国统计出版社，2015 年，P. 224。

③ 数据来源：《河北经济年鉴——2015》，P. 224。

④ 数据来源：《河北经济年鉴——2015》，P. 223，“图片”，P. 1。

农业依然是定县的重要产业，对定县社会经济发展的影响不容忽视。2014 年，定县的粮食播种面积达 9.8 万公顷，合 147 万亩，农业总产值为 82.35 亿元，比上一年增长 3.6%①。在 2015 年，定县在农业方面取得的主要成绩是实现了粮食的“十二连丰”，并被确定为国家现代农业示范区及蔬菜、花木核心产区②。

在全县合作社发展情况方面，据当地农业局相关负责人介绍，截至 2015 年底，县内已注册农民专业合作社 1584 家，其中大田作物种植及销售专业合作社 1054 家，畜禽养殖专业合作社 78 家，苗木花卉种植专业合作社 245 家，蔬菜种植专业合作社 77 家，农机耕种服务专业合作社 77 家，农业技术服务专业合作社 33 家，其他类型农民专业合作社 22 家。近 1600 家合作社当中，国家级示范社有 1 家（同时也是省级示范社），省级示范社有 7 家，从经营范围来看，这些合作社中有 5 家都是搞大田种植的。在实地调查中，我也恰好考察到了县内唯一一家国家级示范社的经营情况。

2. 资料收集情况

定县调查已有悠久的历史，早在 1926 年，晏阳初先生、李景汉先生等一批社会学者就到定县进行社会调查，取得丰富学术成果；到 2003 年，郑杭生先生启动“定县再调查”项目，从多方面揭示了定县 80 年的社会变迁（洪大用、黄家亮、杨峥威，2016）。2015 年，中国人民大学社会学系洪大用教授再次启动并主持新一轮定县调查项目，我有幸加入到项目组当中，这为之后进入各村庄和农民合作社进行调研获得了重要的组织支持。因此，我在进入田野时并没有遭遇到太大困难，在获取调查资料方面，主要是在语言沟通上有些许障碍，但随着“下乡”次数的增多，也就慢慢适应了。

本研究主要考察了定县辖区内三个村庄的农民合作社，这三个村庄

---

① 数据来源：《河北经济年鉴——2015》，P. 223

② 资料来源：“定州市 2016 年政府工作报告”，引自“定州市人民政府门户网站”。(http://www.dzs.gov.cn/zfwz/Info/58008772.htm)，2016 年 12 月 12 日。

分别是定县西南的赵村、定县最南端的邢村和定县西北角的韩村[①]。同一项目组曾到赵村调研，该村是通过其他项目组成员介绍进去的，而其他两个村庄则是市农业局协助联系的。赵村有3家农民合作社，而邢村和韩村各有1家，因此到赵村调查的次数的要更多一些。我先后在2016年5月、2016年7月和2016年11月到定县调查，共计3次，平均每次调查时间为7天。访谈是我获取资料的主要手段。3次的调查共访谈了村干部2名，农民合作社负责人5名，若干社员和村民，以及定县农业局负责人1名。

第四章　农民合作社的发展沿革：从劳动互助到服务组织

一、基于劳动互助的农民合作社[②]

责任制实施前的农民合作社是一个基于劳动互助的生产性组织。早在建国前，由于生活贫困，生产力低下，生产工具短缺，农民早已开展你帮我、我帮你的劳动互助，以维持最低生活水平。国民经济恢复时期，部分地区出现了统一使用土地、劳动力和资金的农业生产合作社。过渡时期，中央决定在常年互助组的基础上发展实行土地入股、统一经营而有较多公共财产的农业生产合作社，农业合作化运动开始。1956年颁布的《高级农业生产合作社示范章程》标志着合作化运动进入高潮，农民把自己的所有土地和耕畜、大型农具等主要生产资料交给合作社，并在合作社的统一安排下进行劳动。后来的人民公社化运动主要是深化了合作社的公有化程度和扩大了组织规模，并没有改变组织形态。因此，责

① 根据学术规范，本文中所有出现的村庄名称、组织名称、人名等均已做了化名处理。

② 限于篇幅，本节有所删减。

任制实施前的农民合作社基本上就是一个集体劳动、生产资料统一管理的生产性组织。

二、合作社成为农业服务的提供者[①]

责任制实施后的农民合作社变成一个提供农业服务的服务性组织。在 2007 年以前，合作社的叫法十分混乱，诸如“地区性合作经济组织”、“农业合作经济组织”、“专业协会”、“专业合作社”等称谓五花八门，但根据 1983-1985 年中央一号文件的规定，这时期合作社的功能主要是为农户提供产前产后的农业服务。2007 年《专业合作社法》颁布，以“农民专业合作社”统称各类合作经济组织，并规定合作社“以其成员为主要服务对象，提供农业生产资料的购买，农产品的销售、加工、运输、贮藏以及与农业生产经营有关的技术、信息等服务”。这意味着合作社的服务范围开始覆盖产前、产中、产后整个生产过程，不过产中服务主要以生产技术指导为主。

三、当前合作社的实际经营状况：调查个案概述

1. 概况

本文收集了 5 个合作社案例，赵村 3 家，邢村和韩村各 1 家，作为主要调查和分析对象。

HW 合作社是赵村 3 家合作社中规模最大且效益最好的，也是村里唯一一家市级示范社。该合作社目前与 400 户村民签订了土地流转合同，承包耕地 1200 亩，拥有的硬件设施包括粮库、晾晒场与办公场地共 10 亩；此外，该社还与 1100 户村民达成托管协议，共托管耕地 3200 亩。由于有自己的化肥厂与农用机械，合作社也经营化肥销售与农机租用业务。此外，合作社与定县的首农集团有合作协议，2015 年收获的玉米全做成了饲料，恰好避免了粮价大幅下滑的影响。业务的多样性也使得 HW

① 限于篇幅，本节有所删减。

合作社获得盈利，2015 年总收入 150 万，净利润 30 万元。同村的 RF 合作社承包了 300 户村民共 1242 亩的耕地，没有托管；其他业务方面也只有化肥销售一项。调查期间他的合作社正在兴建场地，同时也刚购置一批农机，近一年的投入很大，2015 年总收入 218 万，但亏损了 42 万。XH 合作社是 3 家中规模最小的，仅承包 145 户村民共 600 亩的耕地，没有托管，也没有经营其他业务。受粮价大跌的影响，2015 年总收入仅 73 万，亏损 8 万。

WH 合作社是邢村唯一的合作社，与 1700 户村民签订流转协议，一共流转耕地 2600 亩，约占全村耕地的三分之一，粮库、晾晒场、农机库及办公场地占地约 10 亩。目前该社除种粮和代销粮食外，也与首农集团签订了协议，去年与今年的玉米都做成了饲料出售。即便如此，合作社的收益还是受到了粮价下跌的影响，2015 年净亏损 30 万，但合作社的理事长张大哥并没有向我透露总投入。为了减少损失，从去年起，合作社也开始部分种植大豆和大葱，但因为种植面积不大（一共仅 200 亩），他们预估对今年收入的改善帮助不大。该社在去年和今年都被评为市级示范社。

韩村的 XL 合作社是这 5 家合作社中经营状况最好的，在去年和今年先后被评为省级和国家级示范社。该社的流转土地面积不是最多的，与 1150 户村民有流转协议，共 2300 亩耕地；用于存放粮食和农机的厂房占地 20 亩，今年刚另辟 50 亩地作为肉牛养殖场。从业务的种类来看，该社经营种粮、粮食代理销售、粮食烘干、农机出租等业务，服务范围覆盖附近村庄，一年内仅农机作业面积就已达 12800 亩。2015 年该社也把玉米加工成饲料卖给首农集团，但今年他们把大部分玉米都储存起来，以供即将“上马”的养殖项目利用。在 2015 年，合作社总收入为 1200 万，净利润 200 万。

表 1（见下页）对比了这 5 家合作社的基本经营状况。可以看出，这 5 家合作社都是经营大田种植，即种植粮食的。而前面的概况描述也显示，它们的经营模式是基本相似的，都是由合作社统一种植、收割、

表1　5家合作社基本经营状况对比表

	HW 合作社	RF 合作社	XH 合作社	WH 合作社	XL 合作社
成立时间	2012 年 8 月	2014 年 4 月	2014 年 4 月	2014 年 10 月	2011 年 11 月
注册资金（万元）	500	200	175	1000	600
登记社员数	7	5	5	107	100
承包农户数	400	300	145	1700	1150
承包土地面积（亩）	1200	1242	600	2600	2300
托管农户数	1100	0	0	0	-
托管土地面积（亩）	3200	0	0	0	1800
主要种植作物	小麦、玉米	小麦、玉米	小麦、玉米	小麦、玉米	小麦、玉米
2015 年总投入（万元）	120	260	73	-	1200
2015 年总收入（万元）	150	218	65	（-30 万）	1400

销售粮食，实现农产品的产供销一体化；但各自的经营规模并不相同，部分合作社在种粮以外还有别的业务，由此导致每家合作社的效益都不

一样。

2.组织架构

尽管5家合作社都按《专业合作社法》及有关章程的规定设立了相应的机构，但在实践中，这些机构往往是流于形式；相反，合作社自身形成了一套更加灵活的组织架构。

赵村的3家合作社正式社员数量都不足10人,因此他们的理事会其实就等同于社员大会。这3家合作社的社员都被“分配”了一个行政岗位，创办者（赵总、赵永、翟二哥）任董事长，与创办者关系最好或创办者最为信任的就任理事长兼经理（如赵永就让他同学担任这一角色），其他的就任理事或监事。虽然具有了行政身份，但社员的实际工作内容与章程上的职权要求相距甚远。他们把合作社管理的耕地分为若干片区，每个社员分管其中一个片区，他们把这叫“管地”。管地的内容主要是每天视察耕地情况和作物长势，发现需要浇水、除草、杀虫或其他农活时，召集人工来干活。只有在要确定来年的种植计划或其他重大事项时，社员们才会聚在一起开会商议，最后由理事长拍板决定。HW合作社的经营规模较大，因而另聘了一名财务会计，但他不参与决策过程。由于人数少，这3家合作社的社员的行政身份都被模糊化，在社内的地位都相对平等，他们形成了一个决策团体，本着“有事大伙一块干”的原则，共同管理合作社的各项事务。

对于社员人数达100人的WH和XL合作社而言，他们的组织架构就略有差异了。这2家合作社的理事会由刚办社时登记的那5人组成，他们也是合作社的主要出资人。创办者担任董事长（郭总、王总），与其关系最近的人担任理事长兼经理（张大哥、陈大哥），其他3人任理事或监事。全体成员组成社员大会，定期开会，开会内容是给合作社的经营提意见，对于有建设性的意见理事会将再商议；大会一般在农闲时召开，平均一年两次。合作社的重大决策由5名理事会成员商议决定，董事长最后拍板，这一点与赵村的管理实践相似。由于社员人数众多，这两家合作社在组织内部划分出了两个层级，分别是理事会和社员大会。从章程规定来看，社员大会的级别应是高于理事会的，但实际上理事会才是整个合作社的核心，所有决策都由理事会决定，社员大会更多被用于将决策内容知会所有成员。

从合作社的组织架构安排可以看出，对于农民而言，严格按照正式制度的要求，有组织地工作和生活，这是很难做到且不切实际的。农民骨子里都是很注重事物的实用性和事情的实际意义的，与其花大量的时间参加各种会议，还不如用更多的时间干农活做实事，毕竟这样才能填饱肚子和挣钱。从这个意义上讲，对章程规定的变通执行其实是一种富有理性色彩的行为。

第五章　合作社转型与资本化农民合作社的形成

一、合作社的转型过程

从正式章程的规定上看，农民合作社经历了一个从劳动互助组织到农业服务组织的转变过程，但从功能上看，合作社在责任制实施前是一个生产单位，责任制实施后的 30 年里主要作为一个农业服务单位存在，然而最近 10 年又出现了进入实际生产过程、重新成为生产单位的趋势。作为生产单位和作为服务单位的合作社的区别是明显的，但对于在不同的历史时期里却同样起生产作用的合作社而言，其具体在哪些方面发生了改变、改变了哪些内容尚未明晰。接下来以这 3 个村庄及其 5 家合作社为例，从经营主体、生产力和生产关系三个维度来分析这一转变过程。

1. 经营主体的转变

“谁来种地”是研究农业生产时首先需要回答的问题。就调查的 3 个村庄而言，其农业经营主体在合作社与农户之间来回变动。最初延续了小农经济的传统，都是各家各户独自耕种，用村民的话来说就是“单干”，在农忙时会有一定的互助。随着农业合作化和人民公社化的进行，合作社成为经营的主体，全村农民都必须在社里干活，合作社统一安排农活，统一分配收成。责任制实施以后，农户再次成为经营主体，回归到传统分散经营的模式。这种情况一直维持了近 30 年，在全国范围内也属于普遍的现象。孙新华（2015）在皖南河镇发现，自 2007 年起该镇开始兴起了一批农业规模经营主体（以种粮大户为主），他称之为“突破性农业转型”，而同样的转型也在这 3 个村庄发生了。如前文所述，自 2011 年后，5 家合作社相继在这几个村建立，并承包村内大面积耕地进行规模经营。除此之外，也有少部分农民通过私人关系流转了亲戚、朋友的耕地来种，但用邢村村主任郭主任的话来讲，他们都“不成规模”，“也没有挂牌成立合作社”。目前，赵村有三分之二的耕地由合作社经营，邢村有三分之一，而韩村有接近百分之五十，剩余的土地都由村民独自耕种，换言之，合作社已重新“崛起”成为村庄的“规模经营主体”。尽管合作社在两个不同时期内都成为了经营主体，其成员规模及构成在前后是有区别的。责任制实施前，合作社的社员包括了全村村民，而责任制实施后，社员就只包括部分仍愿意种地的农民了，这部分人平均仅占全村人口的 1%-2%。

2. 生产力的提升

在农业生产力方面，如今的农民合作社较过去有了很大的提升。调查过程中有一部分内容涉及到了这两个时期的合作社的比较，很多被访者都提到了生产力的改变：

“现在的（合作社）好，那会生产队 1 亩打 200 斤麦子，现在能打 1000 斤，那时庄稼都长得不强。”——HW 合作社托管户，Z0205。

“这会比那会好。那会村里两三百口子人，真正干活的才多少，估计就七八十户人。这会家里有人出去打工了，用机子种了，（种的）快。那会还没什么收获，还没机子，干得累。过去也没有化肥。”——赵村自耕户 1，Z0103。

“现在这个合作社好。以前每一天都劳动，上工去，吃得次。现在活少了，但吃得好了。现在机器快了，收这个庄稼，有个三两天就收完了，快。”——赵村自耕户 2，Z0104。

“集体那会，包括干活，他跟现在干活就不一样。那会产量低，种子化肥各方面的物资都供应不上。现在都供应都上来了，不紧缺了。”——翟二哥，Z0401。

“现在好呗。现在给钱，这会打工去干的多也挣的多。那会一整天都干活，现在就什么时候凉快就干一会，而且现在不都机械化了不？以前干得累，分得也少，7 个人吃的 4 个人的地。”——RF 合作社承包户，Z0302

“主要是以前累，现在都是机械化。”——张大哥，X0201。

从这些材料中可以看到，合作社生产力的改变表现为农作物产量的提升，其中主要有三方面的原因。一是机械化水平的提升，现在的合作社配备了大型农用机械；二是农业技术水平的提升，种植需要的种子和化肥等农资的质量和数量都有很大改善；三是干农活的时候偷懒、搭合作社的“便车”的人少了，极少出现过去集体劳动时“出工不出力”的现象；由此，合作社的生产效率有了大幅度的提高。不过，原因的前两点并不只是合作社特有的改变，也反映了宏观层面上国家的工业发展对农业生产的“反哺”。

3. 生产关系的变革

第一，是生产资料的产权关系的变动。土地是最重要的生产资料之一，在责任制实施前我国实行着土地集体所有制，农民带着土地入社，合作社占有并管理着土地。责任制实施后，土地的产权被一分为二，所有权归国家占有，使用权则归属农民。在土地公有的制度背景下，国家允许承包经营权的转让，于是一部分的土地也流转到合作社等规模经营主体中。赵村、邢村、韩村的合作社都以每年 1000 元/亩（含实物折算）的均价承包了村民的耕地，尽管土地使用权根本上还是农民所有，但合作社已成为土地的实际管理者。这其实已构成了合作社对土地的“形式占有”，在产权运作的外在表现上与过去别无二致。至于其他的生产资料，如农具、农用机械、农资等，在责任制实施前后，其所有权都归合作社占有。不同的是，过去的合作社主要通过“充公”农民的生产资料的方式完成积累，而现在的合作社主要是由创办者出资进行购置。

第二，是社会分工的变革。责任制实施前的农民合作社内部分工并不明显，所有社员都直接参与农业生产（“下地干活”），都同样通过劳动挣工分，即使是生产队队长也不例外。然而，在现在的合作社里，存在着分工现象，表现为农业管理人员与农业雇工的分化。前文提到，赵村3家合作社的正式社员负责“管地”，其实就相当于合作社里的“包工头”，在有需要的时候雇用村民来干农活，一般一次会雇50人。邢村和韩村的2家合作社由于社员数量多，他们在社内设了6名“长期社员”，负责合作社几乎所有的日常事务（如农机维护、库房看守等）；其他近100名的正式社员是合作社的长期且稳定的雇工对象，需要干农活的时候会予以优先雇用。雇佣关系的出现满足了规模经营的劳动力需求，但同时也使得合作社的一小部分人可以成为“离土”的管理者。另外占多数的普通农民由于自己的耕地已流转出去，只能成为受雇于合作社的、“无产化”了的农业工人。雇工现象的出现是现在的农民合作社区别于过去的最突出标志。

第三，是收入分配上的变化。自加入初级社后，农民从合作社里只能获得工分，这种报酬结算形式一直延续到人民公社的瓦解。而如今的合作社能够带给农民的报酬是多样的。对于普通农民，如果他的土地已流转给合作社，则可以稳定获得一笔地租收入，如赵村和邢村的合作社与村民议定的流转价格为1000元/亩/年，韩村的XL合作社则按每年900斤小麦的市价折算给村民。如果受雇于合作社，农民还可以获得一笔工资收入，如邢村和韩村的合作社给雇工的工资是100元/天，而赵村的合作社是按工种计价，工钱在20-100元不等。对于合作社的创办者，他们的收入主要来自于整个农业生产过程中产生的利润。

表 2（见下页）[①]给出了赵村 2015 年农业经营的成本与收益情况，尽管这只是一个村庄的数据，但在定县范围内，大田种植的收支情况都具有较高的同质性，邢村和韩村与赵村的情况基本一致。目前不论自己耕种还是合作社耕种，都需要使用机械；至于人工费方面，自己耕种耗费的成本折算成价格也与合作社雇人的费用相差无几。因此，我们可以粗略的算出，合作社在生产环节一年能够获得的净利润是 1165 元/亩，而给村民的土地流转费用是 1000 元/亩，故合作社至少能从每亩耕地中获得 165 元的净收益。除此以外，在农业生产的上下游，由于规模经营的优势，合作社往往能够以较低价格购入农资，以较高价格销售农产品，从这两个环节也能获取到一定的利润。因此，相对于普通农民，合作社的创办者获得的收入要更多一些。

第四，是消费、再生产和积累上的区别。对于责任制实施前的农民合作社而言，生产关系的这一方面的内容几乎是不存在的。由于统购统销制度的存在，合作社的所有生产剩余都须上交国家，由国家统一安排农产品的征购和配给，合作社不可能进行积累和再生产。责任制实施以后的农民合作社则逐渐成为独立的农业经营主体，他们通过控制农产品的产供销过程实现资本积累，并在此基础上扩大生产。生产的扩大主要由三种发展方向。一是增加种植品种，不单种植粮食作物，还种植经济作物、蔬菜、花卉苗木等。RF 和 XH 合作社都打算在今年种植药材，WH 合作社今年已经种上大豆和大葱，明年打算种药材和苗木，XL 合作社正在建设一个 100 亩的蔬菜温室大棚。二是扩大经营范围，不仅发展种植业，也发展养殖业，如 XL 合作社就已建起自己的肉牛养殖场。三是进行农产品的深加工。HW、WH 与 XL 合作社都有打造自己的品牌农产品、直销超市的打算；XL 合作社在养殖场开始运行后，自己种植的部分粮食将加工成饲料，肉牛的粪便将做成有机肥，形成一条产业链。后两种方向一般也只有目前经营效益较好的合作社具备执行的实力，但总的来说，

① 表格中的数据由赵村村会计提供。

这些规划反映了合作社未来横向和纵向两种发展方向。

表 2　赵村 2015 年农业经营收支情况（单位：元/亩）

种小麦（10 月 1 日-5 月中）	粉碎玉米秸秆	50
	深耕土地	40
	播种小麦人工	20
	肥料费	100
	种子	50
	麦田打步及浇地人工（5 次）	100
	麦田喷药人工（3 次）	45
	收割小麦	50
	买小麦除草剂	20
	小麦总成本	475
	小麦总收入（1.15 元/斤，共 1000 斤）	1150
	净利润	675
种小麦（5 月中-10 月 1 日）	播种玉米人工费、机械费	30
	肥料费	100
	浇地人工费（2 次）	40
	收割玉米（使用机械）	150
	玉米田喷除草剂人工及药费	30
	玉米总成本	350
	玉米总收入（0.70 元/斤，共 1200 斤）	840
	净利润	490

二、转型的结果：资本化的合作社的出现

莱曼（Lehmann，1982）曾提出一个“资本化的家庭农场”[①]（Capitalized Family Farm，CFF）的概念，以描述恰亚诺夫笔下的家庭农场在农业资本化进程中的变化：

“这些农场（指资本化的家庭农场）尽管主要使用家庭劳动力，但还是与恰亚诺夫的农民组织不同。他们必须要谨慎地计算工资工人的成本，并且不会以非货币的形式交换得到这些工人劳动力。他们通常都是高度的专业化，并且主要为市场而生产，采购消费品的目的也是为了获得最终的金钱。总之，他们以完全不同于恰亚诺夫所说的‘劳动消费均衡’的逻辑进行成本收益的计算。”

在后续研究中，莱曼（1986）进一步描述了“资本化的家庭农场”的特征：

“资本化的家庭农场，与通常所说的农民农场一样，是一个在劳动力使用上主要依赖于亲属关系的生产单位，但与农民农场不同，它也会根据自身资源禀赋和市场机会运用固定和流动资本。”

陈义媛（2016）根据中国的经验，对“资本化的家庭农场”作出了明确的界定：

---

① CFF有另外一种翻译，“资本主义式家庭农场”（陈义媛，2016），但本文认为翻译为“资本化的家庭农场”更为恰当。在《牛津高阶英汉双解词典（第8版）》中，“capitalize”的其中一个定义为“to provide a company etc.with the money it needs to function”，意思是“为……提供运营资本”。而莱曼要表达的是部分家庭农场的经营模式具有了运用资本并追求投资回报最大化的特征，这反映的是资本的运作逻辑，但与资本主义农场（Capitalist Farm）相比，这样的家庭农场在生产关系上并没有发生根本性变革（即没有出现剥削关系）。因此，“资本化的家庭农场”的说法更能体现农场运用资本并被资本的逻辑改造的动态过程，若译为“资本主义式家庭农场”则暗示农场内部生产关系的变革，这明显背离了莱曼的原意。

“第一，通过支付流转费形成一定的土地规模，并购置大中型农用机械，形成单位面积上的高资本投入；第二，以自身的家庭劳动力为主，兼用生产性的短期雇工；第三，以家庭为核算单位，并以追求利润最大化为目标；第四，通过资本积累不断扩大再生产，以期达到利润最大化的规模。”

从前述的转型过程来看，同样的变化也发生在了农民合作社身上。参照莱曼的概念和陈义媛的定义，在这里我把转型后的合作社称为“资本化的农民合作社”（Capitalized Farmer Cooperative）。这种类型的合作社在资本投入、资本积累和再生产方面与CFF有着同样的特征，也同样追求利润的最大化，遵循着资本的运作逻辑；不同之处在于前者是以自身社员和短期农业雇工为主要劳动力，并且以合作社作为核算的单位，但在生产关系上也并没有发生“资本主义式”（capitalist）的变革。

第六章　“实质合作”与“形式合作”：农民合作行为的理想类型

一、隶属关系与意愿：建构理想类型的两个维度

农业资本化对农民合作社进行了“资本化”的改造，但这还只是组织层面的变化。当我们把分析重点移到农民身上时，会发现农民的合作行为也因为资本化进程而变得复杂化了。

首先，农民是以何种形式实现合作的。农民组建或加入一家合作社，这意味着他们至少在名义上达成了合作，而农民与合作社之间的联结方式则在一定程度上反映了农民的合作形式。责任制实施以前，合作社是由一定行政区域内的所有农民组建的，每个农民都是合作社的一员，每个成员的生产和生活都受到合作社的管理，他们共同劳动，成本共担，

成果共享，农民与合作社之间是一种紧密的、直接的隶属关系。责任制实施后的很长一段时间内，尽管合作社变成了服务组织，但农民与其的直接隶属关系并无根本性改变，农民依然是在共同提供并享用服务。然而，现在定县却出现了农民与合作社不一样的联结方式。一方面，直接的隶属关系仅存在于合作社与其最初的若干个创办者之间，他们是合作社的管理者，也承担着经营的风险和收益。另一方面，其他的普通农民仅通过流转土地或受雇为农业工人的方式与合作社发生联系，合作社经营状况的好坏与他们并不直接相关，这是一种相对疏松的、间接的隶属关系。熊万胜（2008）对“农民合作”下过一个明确的定义：两个以上的农户在某种程度上自给自足地提供平等共享的物品或服务。这个定义更加具体地说明了直接的与间接的隶属关系的区别：前者相对于后者更能体现农民合作的“自给自足”特征。

马克思曾提出“形式隶属”和“现实隶属”（又译作“实际隶属”）这对概念来概括劳动对资本的从属关系。他说：

“劳动过程隶属于资本（它是资本本身的过程），资本家作为管理者、指挥者参加这个过程；同时这个过程对资本家而言又是他人劳动的直接剥削过程。我把这种情形叫做劳动对资本的形式隶属。”（马克思，1964[1867]：84）

为了使“形式隶属”的概念更能被人理解，他列举了几个具体的例子：

“当独立地为了自己本身进行生产的从前的农民变成了给租地农业家劳动的短工的时候，当通行于行会生产方式中的等级划分在资本家的简单对立面前消失，而资本家又使手工业者作为雇佣劳动者来为自己劳动的时候，当从前的奴隶所有者把他过去的奴隶作为雇佣劳动者来使用的时候……前面所阐述的那些变化就发生了。”（马克思，1964[1867]：

84）

“现实隶属”与“形式隶属”的区别就在于劳动生产方式的变化，后者仍只是一种从属于资本的简单劳动过程，而前者则由于现代大机器的发展，劳动过程发生了“完全的革命”。

“社会劳动生产力发展了，科学和机器在直接生产中的运用也随着劳动大规模地发展了。一方面，现在形成了 sui generis[特殊的]生产方式的资本主义生产方式，创造了物质生产的发生了变化的形式。另一方面，物质形式的这种变化又构成资本关系发展的基础，所以资本关系的适当的形式是跟劳动生产力的特定发展程度相适应的。”（马克思，1964[1867]：101）

换言之，在“形式隶属”阶段，资本仅通过控制上游投入品供应和下游加工销售来压榨劳动者的剩余价值（黄瑜，2015），但到了“现实隶属”阶段，资本已完全控制了整个生产过程，劳动者变成生产环节中的其中一个有机的组成部分，与“科学”和“机器”一起“服务”于资本。

马克思的理论观点有助我们理解农民对合作社的隶属关系，这种关系在一定程度上跟劳动对资本的从属关系具有相似性。当农民直接隶属于合作社时，他们其实也成为了合作社的一个有机组分，合作社全面控制农民的生产与生活，农民与合作社“同呼吸共命运”；当农民间接隶属于合作社时，合作社仅能通过土地流转合同或雇佣关系来控制农民，农民对合作社只存在简单的从属关系。在这里，借用马克思的概念，我把农民对合作社的直接隶属称为“实际隶属”，把间接隶属称为“形式隶属”。这是一对关系概念，以此作为研究农民合作行为的其中一个维度。

农民合作是为了更好地从事农业经营，这里隐含的前提假设是农民都有种地的意愿。然而，随着改革开放的深入，农民除种地以外有了更多的职业选择，在实地调查时我也经常听到村里人有“现在年轻人谁愿意种地啊”的感慨。于是，农民的农业经营意愿重新成为一个需要考量的分析维度。

基于农民对合作社的隶属关系以及农民的农业经营意愿这两个维度，我构建了四个用以描述农民合作行为的理想类型（见表3）。

表3　农民合作行为的理想类型

隶属关系＼农业经营意愿	强	弱
实际隶属	实质合作	不完全实质合作
形式隶属	不完全形式合作	形式合作

当农民有强烈的农业经营意愿，同时又实际隶属于农民合作社时，这样的合作行为称为“实质合作”；相反，若农民不愿意种地，同时只是形式隶属于合作社时，这样的合作行为则称为“形式合作”。而在“实际隶属”和“形式隶属”两种类型的农民内部，依据其农业经营意愿的强弱，可分别区分出“不完全实质合作”以及“不完全形式合作”两种“亚合作行为”。

二、农民合作理想类型的现实写照

“理想类型”是韦伯（Max Weber）提出的一个分析工具。他指出：“一种理想类型是通过片面突出一个或更多的观点，通过综合许多弥漫的、无联系的、或多或少存在和偶尔又不存在的个别具体现象而形成的，这些现象根据那些被片面强调的观点而被整理到统一的分析结构中。”（韦伯，1998：186）一方面，理想类型“只是理论家为了分析现象、理解现实而构想的理论模式”（李强，1998：146），具有片面性；另一方面理想类型也不是一种“向壁虚构”（胡玉鸿，2003），研究者可将其与现实比照，在偏离中理解现实。因此，本文所构建的关于农民合作行为的理想类型只是对现实的一种抽象，经验中并不一定能找到完全相符的例子，但在比照过程中，我们仍可以发现一些具有理想类型特征的代表性个案。

对应于“实质合作”与“形式合作”的实例是比较容易找到的。无论在责任制实施前还是实施后，都能找到农民进行实质合作的例子。首先，我们可以认为，在农业合作化及人民公社化时期，大部分农民都是在实质合作，因为他们既实际隶属于合作社，同时生产积极性高涨，都愿意种地。至于本研究中的这5家农民合作社，它们分别也可以被视为农民实质合作的结果，但这里的“农民”仅限于那几个出资办社的创办者，他们既是合作社真正意义上的“主人”，也有强烈意愿通过合作社来进行农业经营，不过与过去的区别是，现在他们种地是为了营利，过去更多是为了生存。对于把自家耕地流转给了合作社，自己则从事别的职业的农民来说，他们的行为就符合了“形式合作”的特征。

再来看“不完全实质合作”和“不完全形式合作”。对于前者，不愿意种地但却实际隶属于合作社的农民如今比较少见，但在过去（尤其是人民公社后期）却能够找到：江浙地区的周庄和虹桥的农民早在1962年前后就开始搞商品经营和外出打工谋生，部分农民也恢复了副业的生产（周晓虹，1998：195）；我在定县调查时到过位于李镇的留村，该村制造钢网的历史悠久，在文革期间村民已在经营相关的社队工业，农业只能算是他们的副业。上述农民的“心思”早已不在农业经营上，但由于国家权力的强制，他们都只能维持对合作社的实际隶属关系，这就是“不完全实质合作”的其中一种表现形式。最后，“不完全形式合作”的农民主要是指那些受雇于合作社的农业工人，如WH合作社和XL合作社的100名社员、赵村3家合作社雇用的临时工。他们依然愿意种点地、干点农活，并通过雇佣关系形式隶属于合作社。

三、讨论：亚合作行为的前景

相对于“实质合作”与“形式合作”，另外两种亚合作行为并不稳定，随着农村社会经济条件和农户家庭状况的变化，会有向其他合作形式转化的可能，甚至会自我消亡。接下来我将探讨这两种亚合作行为的可能命运。

“不完全实质合作”多见于责任制实施前的时期，在一定程度上可以说是当时特定的国家行政管理体制的产物。这类农民已经不愿意继续种地了，但仍被束缚在合作社当中，其实已成为社内“出工不出力”的冗余劳动力，加上随着工业化水平的提高和农业技术的进步，农业经营的必要劳动力已较建国初大为减少，农村的剩余劳动力就更多了。耕地是有限的，然而农业劳动力却在不断增多并且远高于实际需要的数量，这就使得当时的农业生产出现了“内卷化”现象[①]，以致陷入了类似于黄宗智所说的“无发展的增长”的状态。杜润生（2005：98）进一步说明了这样的合作形式所造成的后果：“政社合一、公民皆社员的人民公社，又不允许自由进出，堵塞了社员自求谋生的道路，限制了农户发展经济的自由。在历史上，农民从来拥有从事多种经营、配置自由资源的自由。但是在人民公社时期，农民的这种自由权利却受到剥夺。其结果不仅加重了农村的贫困程度，还加重了城市的消费品短缺。”总之，“不完全实质合作”一方面导致了农民农业收入的减少，另一方面又限制了农民其他的谋生渠道，使得农民的生活需求不论从农村内部还是外部都得不到满足。这样的合作形式注定要随着社会的发展而消亡，责任制实施后也确实基本销声匿迹。

---

① “内卷化”（Involution）最初是由格尔茨（Clifford Geertz）提出的，他的“农业内卷化”是指在资本、土地资源被限定的条件下，劳动力持续地被吸收到农业中获取收益并使农业内部变得更精细、更复杂的过程（刘世定、邱泽奇，2004）。黄宗智引用了格尔茨的“内卷化”概念来描述明清以来长江三角洲的农村经济发展状况，他说：“这种增长（农村经济的增长）乃是以单位工作日的报酬递减为代价而实现的。家庭年收入的增长不是来自单位工作日报酬的增加，而是来自家庭劳动力更充分的利用，诸如妇女、儿童、老人的劳动力，以及成年男子闲暇时间的劳动力。这就是‘无发展的增长’，或者说‘过密型增长’。”（黄宗智，2014b：60）这里说的“过密型增长”即是“内卷型增长”，但显然黄宗智对“内卷化”的理解是侧重劳动力过度投入对农业生产效率的影响，认为“内卷化”意味着劳动边际生产率的递减，而在格尔茨那里“内卷化”仅是指劳动力持续投入的过程。本文认为两人对“内卷化”的理解并不存在孰对孰错之争，因为他们其实是分别从现象本身和现象后果来解释这一概念，都有一定的道理。本研究倾向采用黄宗智对“内卷化”概念的解释。

对于“不完全形式合作”的农民而言，他们未来的命运就存在着两种可能性了。一是走向“实质合作”，即有意愿继续种地的农民不甘于只当合作社的雇工，自己也组建一家合作社。虽然目前在我调查过程中，还没有遇到过这样的农民个案，但不能排除这样的可能，因为尽管赵村的 RF 合作社和 XH 合作社的创办者都没有加入过合作社，他们看到 HW 合作社的效益后也“跟风”办起社来。另一种可能是滑向“形式合作”，即这些农民连雇工也不再当了，与合作社的联系就只剩下土地的流转。这种转化的可能性要相对更高一些，原因与这批合作社雇工的年龄结构有关。据了解，目前这 5 家合作社雇用的工人平均年龄在 45-60 岁之间，也有部分 60 岁以上的、身体尚好的老人。这些人属于已被企业和工厂淘汰了的劳动力，随着年龄增大，最终也会被农业淘汰，到那时候就只能选择把土地流转给合作社，成为“形式合作”的农民了。

第七章　变迁的动力

当前中国农村农民合作社已发生转型，农民合作的方式也出现变化，接下来需要思考的是，到底是什么原因导致这些变化的产生？根据已收集的资料，本文认为合作社所在村庄的社会经济结构、资本的积累、农民的意愿以及政府的引导是促成变化的四大因素。

一、村庄类型与农业合作转型

1. 村庄概况

赵村位于 M 镇政府驻地正北 4 公里，紧邻 107 国道，交通便利。全村 620 户，2530 人，均为汉族，主要姓氏是赵姓，耕地 2610 亩，人均耕地面积为1.1亩[①]。该村主导产业为农业，全村三分之二的耕地都由村内3家合作社管理；经济开发区也逐渐成型，入区企业多达十几家，其中规上企业三家；该村南部的方田是国家农业部、河北省政府示范改造项目，国家级良种繁育基地。

但在调查过程中，我并没有在村居住区看到任何企业的踪影，也没有注意到经济开发区的存在。村会计说，村里的企业好几年来都没有几个大的，倒是有几个搞加工的小工厂，主要加工背包，只能算是小企业，一年的产值大概在20-30万之间。村里还有2户农民搞起了来件加工的家庭作坊，作坊面积在100平方米左右，雇用4-5个临时工，实行计件工资制，一个工人一天收入在50-60元之间，整个作坊的产值规模并不大。从观察到的这些情况来看，赵村确实是一个以农业为主的村庄，村里的第二、三产业并不发达。

邢村位于定县的最南端，距离市区25公里，车程约40分钟。全村共有1万2000人，3200户，耕地1万亩，人均耕地面积约为1亩，是定县的第一大行政村。在经济方面，该村最为突出的特点是村里“做买卖”的人十分多，基本上20岁到40多岁的人都在村外做生意，至少占村人口50%以上。村主任特别提到，他们村的人“脑子活”，不搞企业，都搞买卖去了，而且都走在别的村的前头。邢村曾经是华北地区著名的图书批发集散地，但在三四年前图书批发市场开始衰落，村民就用手头上积攒下来的资金做别的生意去了，有做房地产的，有因为上了年纪就留在村里开小商铺的，而现在更多的人跑去外地建造“汗蒸房”。村里人经常往外跑，消息灵通，赚钱也多，村主任就说“咱们村的人都相对比较富裕”。村里只有WH合作社这一家合作社，此外还有2户流转面积分别为1000亩和300亩的种粮大户，全村约60%的耕地依然是由农户独自管理，农业并不是该村村民的主要收入来源。

---

① 根据赵村的耕地面积与人口数量，计算得出该村人均耕地面积为1.03亩，但与村干部和村民多方求证，他们都认为应为1.1亩，略高于计算结果。本文决定采信村民的说法，因为在关乎自身利益的耕地面积上，当地村民的说法更为可靠。

韩村位于定县的西北部，距离市区 15 公里，紧邻定曲（定县-曲阳）公路，交通十分便利。全村共 4000 人，耕地 5000 亩，人均耕地面积约为 1 亩。该村紧邻长安汽车工业园区，附近还建有一所焦化厂。因为村附近的工业发达，所以该村的很大一部分青壮年劳动力都就近到工厂企业里打工，其余的就到外地打工，留下上了年纪的老人在村里种地或帮忙照顾小孩。因此，韩村从事第二产业生产的劳动力比例很高，至少要明显高于赵村和邢村。村里只有一家登记在册的合作社（即 XL 合作社），管理全村将近一半的耕地；此外还有一户承包面积为 300 亩的种粮大户。

2. 村庄特点与转型空间的创设

这 3 个村庄分别代表了 3 种不同的村庄类型。这里说的“不同”，主要是就村庄的主导产业类型而言。赵村的主导产业是农业，可称之为“农业依赖型村庄”；韩村的村民主要到附近的工厂打工，可算作“工业依赖型村庄”；而邢村的村民以出外做买卖为主要谋生手段，这是一种“商业依赖型村庄”。这种分类可能还是粗糙了些，但至少概括了这 3 个村庄的经济特点。具体特点如表 4 所示：

表 4　3 个村庄村情概览

	赵村	邢村	韩村
总人口（人）	2530	12000	4000
总耕地面积（亩）	2610	10000	5000
人均耕地面积（亩）	1.1	1.0	1.0
合作社数目	3	1	1
村庄类型	农业依赖型	商业依赖型	工业依赖型

对邢村和韩村而言，村民的主要经济来源是非农产业，因此村庄内部形成了特殊的劳动力结构。在对村干部、合作社负责人和当地村民进行访谈的时候，他们都无一例外地提到“年轻人现在都不种地了，只留下老的在那里种地”。根据观察并经访谈核实，目前村庄内 20-40 岁左右的青壮年劳动力基本都不从事农业经营，都在第二、三产业谋生；40-60 岁左右的劳动力尚有“干劲”，但由于年龄偏大而不被工厂或企业雇用，

或打点零工，或被聘用为当地合作社的长期或临时工人，协助合作社种地；60岁以上的劳动力要么在家种自己的地，要么也成为合作社的雇工；若完全丧失劳动力的，就闲赋在家，自己的耕地流转给他人耕种，自己获得一定的流转费用。这样的劳动力结构近似于贺雪峰所说的“以年轻人外出务工、年老者在家务农的代际分工为基础的半工半耕的劳动力再生产模式”（贺雪峰，2013），稍有不同之处是年老者在家务农并不一定是只种自己的地，还有可能被雇来种别人的地。至于赵村，尽管该村是农业依赖型村庄，但因为其依赖的不再是一家一户的小农农业，而是规模经营的现代农业，故也形成了类似的劳动力结构。

类似的变迁并不只在定县发生，可以说在全国各地都存在着这样的现象。村庄结构变化的背景和基本动力是全国层面的经济社会结构的转变：农民越来越多地进入到非农产业部门和外出到城市工作。这样的社会经济结构给予了新型农民合作社进入农业生产领域的空间，同时随着越来越多的农民不再实际参与农业生产过程，农民合作的方式也随之发生改变。

二、资本积累：变迁的必要条件

1. 办社前的故事：资本积累的过程

本研究调查的这5家合作社并不是突然间“无中生有”的产物，合作社的创办者们都经过了长时间的酝酿和准备，其中最关键的是资金的筹备。

首先谈谈赵村的3家合作社。赵总在办HW合作社前，已经在村里办了一家农资公司，主要销售种子和化肥；后来与朋友合资购置一批87台的农用机械，成立了农机合作社，租借给当地村民使用；经营了一年后，资金更加充足，合作社也拥有了自己的化肥厂、机械、粮食晾晒场和仓库，于是扩大投资规模，农机合作社也“升级”为现在的大田种植及销售合作社。HW合作社注册资金是500万元，赵总一人就出资250万元，占股50%，其余的资金由另外6个合伙人分担。赵永原来也在村里经营一家农资公司，但只代售化肥；翟二哥则经营着一家建材厂。看到同村的赵总搞合作社赚了钱，他们也跟着成立合作社，个人出资额分别占各自注册资金的 25%和 20%。

WH 合作社的创办者是邢村村民郭总。在办社前，他与同村的其他大部分人一样，也是搞图书批发生意的，依靠这个行当积累了不少资金。另一个主要合伙人张大哥在企业里做生意，他也赚了不少钱。合作社注册资金是 1000 万，郭总和张大哥是主要出资人，分别出资 30%和 35%。对于该村的普通村民来说，这样大的一笔启动资金往往都是无法拿出来的，只有少数富裕村民才能办到。

最后来看韩村的 XL 合作社。该社的创办者和董事长是村民王总，在办社前他是山西一个建筑工队的包工头。当时山西的土地流转政策实施得早，于是他也在山西那边承包了一些土地搞起了大田种植。山西土地流转价格低，大概 200-300 元一亩，但是土质不好，长不出东西，他种了两年地以后没挣到钱就没做了。那时他觉得自己的家乡定县是个传统农业大市，种地效益还不错，恰好土地流转和合作社的政策在定县陆续落实，于是就回来办起了合作社。刚开始时他的合作社只有 5 名社员，注册资金时 65 万，他个人出资 20 万；如今该社注册资金已达 600 万，他个人出资 210 万，而他的女婿陈大哥出资 180 万，其余的由其他 100 个社员分担，大部分社员是普通农民，他们出资额仅为 500-1000 元。

2. 资本“回乡”：资本积累的作用

5 家合作社里有 3 家的创办人没有从事过与农业经营相关的行业，而是从第二和第三产业“转行”过来的。然而，如今是否有农业经营的经验再也不是办好合作社的必要条件，关键在于办社的资金是否充足。这 5 家合作社的创办人都已从各自原来的职业里完成了资本的“原始积累”，因此才有足够的经济实力办社并成为主要出资人。这样的情况并不是个案。定县农业局吴大姐表示，定县所有经营良好的大田种植合作社都有这样的特点，“现在搞合作社，没半点钱搞不起来”（D0101）。

过去的合作社是基于战后单个农户生产力和生产资料严重匮乏的现

实建立的，办社是一种互惠互助的行为，尽管后来这种行为更多地受到了行政力量的影响，也不改变其“人多力量大”“人多好办事”的行为逻辑。而现在办大田种植类的合作社，更类似于一种商业投资，创办者一般都是几个有一定经济实力的村民，不像过去那样由许多普通村民共同成立。合作社已从一种“劳动力密集型”组织转变为一种“资本密集型”组织，这就为资本进入农业创设了有利条件。

值得注意的是，当我们提及“资本下乡”、“资本进入农业”时，常常默认“资本”是指政府财政资金或城市工商资本（焦长权、周飞舟，2016）。然而，就本研究的个案而言，办社的资本既不来自于政府部门，也不来自于城市，而是来自于当地村民的个人积累。这说明，我们应从来源上对“资本”作一个“大类”的区分，分为“外生资本”和“内生资本”，前者指代来源于村庄外部的资本（即政府部门、城市工商企业等），后者指代村庄内部积累的资本（如村民的个人积累、村集体的积累等）。对于内生资本作用于村庄经济的过程，继续称之为“资本下乡”似乎是有些不合适，因为这样的资本是本村人积累的，不存在“下”的过程。本文认为将其称为“资本回乡”会更为恰当，指的是本村人带着个人积累的资本回到村庄、“反哺”村庄。相对于外生资本，内生资本回乡还具有“本土优势”，因为是本村人的投资，当地村民不会过于拒斥，投资的过程会更为顺利；合作社负责人也表示办社过程没受到村民的阻挠，且因为都是同村人，耕地的流转大体顺利。

三、农民意愿：自下而上的推动力

此外，农民自身也已或多或少接受了合作社和合作方式的变化，主观上肯定并在行动上支持了这场新一轮的“农村合作社运动”（严海蓉、陈航英，2015），由此形成了一股自下而上的推动力。具体地，我们分别来看农民内部的四个不同群体（合作社负责人、合作社社员、流转土地给合作社的承包户和自己种地的自耕户）各自的态度和看法。

1. 合作社负责人

合作社负责人首先是把合作社视为营利的工具。他们判断，成立合作社来搞农业规模经营是有利可图的，并且国家对新型农业经营主体的扶持政策的宣传也使得他们对合作社未来的发展前景抱有信心。此外，农业经营的稳定性也是他们决定办社的动因之一。WH 合作社张大哥就说，当初之所以会放弃原来的行业改来“种地”，一方面是原来做的生意利润低不好做了，另一方面是他们当时觉得“做这一行（农业）也比较稳妥，干别的行业风险太大，不想把之前积累的资金投到风险太大的行业里，种地要是没天灾什么的，还是比较稳定的。”（X0201）

2.社员和承包户

合作社的社员和承包户也都对合作社的经营方式表示肯定。

胡伯伯，今年 62 岁，是 HW 合作社的正式社员。问到为何想要加入合作社时，他说：“这个地给他们（合作社）包了，能挣点钱。然后给他们打个工也能挣点钱。再一个就是上岁数不愿意种了，（包出去）不挺好。”现在他与合作社签了 6 年合同，之后的续约意愿也是很强：“他（合作社）要是还继续包就签下去呗。一年比一年老了，你还能干嘛？你都种不了了，年轻的都出去打工去了。”（Z0204）

张大妈，今年 44 岁，是 HW 合作社的承包户。她现在把地包出去的主要原因是她家的地太长，不好种，还有就是把地包出去以后剩余时间就可以去打点工挣点钱，干点别的活。但她说她想把地收回来自己种上一阵子，理由是“就自己还年轻，还愿意种呗，现在年轻的都不愿意种了。”（Z0206）

赵大妈，今年 56 岁，是 RF 合作社的承包户。谈到为什么想要把地流转给合作社时，她说：“他们（自己的儿女）打工，留着几个孩子在这，不得陪他们不。刚好有这么个机会（包出去），给的钱也不少。你给的钱少了就不包出去了。你比如说四五百就不给了。”我让她评价一下合作社这样的经营模式，她的回答是积极肯定的：“好，我觉得挺好的。我觉得办了这个合作社，把地给他们，（我们）就不得什么劲了。我们（此处指村民）平时也去给他们干点活。”（Z0302）

李大妈，今年 65 岁，是 XH 合作社的社员。她说她在合同结束后还是会选择续约："这地还得包（出去）呀，现在岁数越来越大，都干不了活了。现在我都快 70 了，再等几年我就更干不了了。"（Z0402）

郭大爷，今年 60 岁，是 WH 合作社的社员。他觉得，加入合作社你家里的人就可以打工去，然后那些上岁数的就可以在合作社里待着，这是个双赢。（X0202）

总结起来，老百姓愿意加入合作社或把土地流转给合作社，主要有以下原因：随着自身年龄增大，劳动能力逐渐丧失；把土地交由合作社管理后，自己可以给合作社打工，家里年轻人可以出外务工，增加了家庭收入来源；能有更多的时间在家照顾小孩。

3. 自耕户

那么，自耕户对合作社的态度又是如何？他们宁愿自己种地也不愿把地交由合作社管理，是不是意味着一种否定？在访谈自耕户时，他们给出了这样的理由：

"也没想过（把地包出去），反正现在这几年还能干得动。要是包出去了，你要我们干啥？挣钱去了也没人要。"（HW 合作社托管户，女，50 岁，Z0205）

"以后老了干不了了，要是年轻的也不愿种，就给他们（合作社）种呗。年轻的能出去挣钱，但像咱们就不行了。现在自己能干了，就种了呗。"（赵村自耕户 1，男，64 岁，Z0103）

"（问：您不觉得种地太辛苦了么？）辛苦就辛苦呗，不然你干嘛去呢？在家也没事干。"（赵村自耕户 2，男，58 岁，Z0104）

邢村村主任给我总结了他们村的部分村民依然在自己种地的原因：

"这个愿意种地的人，我跟你说，就咱一户，有两老人，65 岁了，出去打工他不行了，身体还挺好，他就愿意种这个 3 亩、5 亩的地，什么事也不干。他要是把这个地给你了，他天天歇着也没意思，特别对这些上岁数的人。他就种地种喜欢了，要是不种地没事干他就着急，他有这种思想。有一部分地还不少，想给了他们（指邢村合作社）。可是他们的地在这吧，机器去那不方便。”（X0101）

XL 合作社陈大哥也跟我讲，当年在流转耕地时，也遇到了不愿流转的自耕户，他们这样做的理由是：

“有的是他感觉自己还能干得动。还有是思想保守的，觉得自己种地能见得着利润，利润高一点的，所以就不愿意包出来。”（H0101）

因此，农民中的自耕户并非不认同合作社的经营方式，而是他们觉得自己还有做农活的能力，不愿意把地流转出去后只能在家无所事事。也有的主观上希望把耕地交给合作社管理，但是由于客观上的原因（如耕地与合作社原有承包地的距离太远，不方便机械使用等）而无法实现。此外，大部分自耕户也承认，在他们老了失去劳动能力以后，也会考虑把耕地流转给合作社。

四、政府引导：自上而下的驱动力

政府的引导作用也是导致合作社和农民合作方式发生变化的原因。在前文的讨论中，其实也已或多或少地提及到国家和政府的影响，系统来看，可以从顶层设计和基层运作两个角度来理解。

“顶层设计”主要体现为国家在发展农民合作社过程中相关的政策安排。在第一章中，通过分析近年中央一号文件的涉农内容，本文指出国家对“资本下乡”的态度逐渐由“适度放宽”向“积极引进”转变。第四章的分析表明，近年中央一号文件及《专业合作社法》的相关规定反映出国家对农民合作社的定位经历了“基层政权组织”到“农业服务组织”再到“农业经营主体”的变化。这说明，国家对合作社的生存环境及其在农业生产经营中担任的角色是有宏观层面的部署和把控的，在一定程度上规定着合作社发展的大方向，具体而言更青睐于发展由资本支持的、作为新型农业经营主体的合作社。

“基层运作”指的是地方政府具体执行国家政策的过程。国家的政策方针提出了发展合作社的要求，但地方政府往往做不到对所有合作社都一视同仁，在落实过程中会有所侧重。这一点在扶持政策上体现地尤为明显。地方政府对合作社的扶持主要是以补贴的形式实现，但补贴的对象是有选择的。定县农业局负责人就说，一般只有“发展好的，上规模的，带动农户作用强，社会效益比较好，内部运作规范的”合作社才能拿到这笔补贴。然而，如前文所述，在当前的社会环境下，合作社要发展到这种程度，没有足够的资本是不可能的。这就在政策上向“资本化的农民合作社”倾斜，形成一种有倾向性的政策导向。不过，这在一定程度上是地方政府迫不得已的工作安排，因为资源是有限的，只能优先投向有发展潜力的合作社。

因此，国家和政府一直都在有意识地引导合作社往“资本化”的方向上发展。在这样的政策氛围下，农民也只能通过调整自己的合作行为来适应政策的要求，以尽可能地获得在农业经营上国家给予的政策优惠。

第八章　总结与讨论

一、结论

1. 资本改造了合作社

通过前文的分析，我们可以看到，现在的农民合作社与建国初的已经截然不同。在家庭联产承包责任制全面推行以前，合作社是基于农民劳动互助的需求而建立的生产组织，生产资料是公有的，所有农民在社里共同劳动。责任制实施后很长一段时间内，合作社变成为农民提供必要农业服务的服务组织，生产资料部分集体所有、大部分个人占有，农业是个体经营的，合作社仅是服务提供者。进入21世纪，尤其是近几年来，随着资本大量进入农业生产领域，合作社出现了由服务组织重新转型为生产组织的趋势，成为规模经营主体。这种类型的合作社购买自己的机械，生产资料由若干出资人共同所有，并且雇用农民管理承包的耕地，其生产目的是为了利润的最大化，会通过资本积累不断扩大再生产。这是一种“资本化的农民合作社”，资本的运作逻辑使其无论在组织性质抑或组织行为上都与过去的合作社具有明显的区别。

2. 农民合作行为多元化

农民的合作行为一度只有一种简单形式：有合作需要和意愿的农民自行组建并共同经营合作社。随着农业资本化进程的推进以及职业选择的多样化，农民合作具有了多种实现形式。根据农民对合作社的隶属关系的不同和从事农业经营的意愿的强弱，本文将农民合作行为区分成“实质合作”、“不完全实质合作”、“不完全形式合作”和“形式合作”四种类型，且不同类型的合作行为在历史和现实中都能找到对应实例。本文无意断言哪种合作行为应成为未来中国农民合作的发展方向，因为在不同的社会经济条件下，会有符合实际需要的合作行为占据主导。不过，在当前中国农村，少数富裕农户的“实质合作”、多数耕地转出户的“形式合作”及一小部分农业雇工的“不完全形式合作”并存，这将成为今后很长一段时间里农民合作的基本格局。

3. 多因素促成农民合作经济实践的变迁

我们已经看到农民合作社与合作行为的变化，这些变化都可以归结为农民合作经济实践的变迁。促成变迁的原因是复杂的。首先，农村以“代际分工”为特点的劳动力结构为资本进入农业，并雇用农业工人进一步取代农村剩余劳动力创造了有利条件。其次，村庄内部积累的资本回流到农业生产领域，构成办社的资金基础，并且凭借“本土优势”更快速地进入农业。此外，农民都表达出了对当前的合作社经营模式和合作方式不同程度的肯定，并或多或少地流露出办社、入社的意愿，由此形成一股自下而上的推动力。最后，政府不论在政策制定还是“落地”过程中，都倾向于扶持资本化的农民合作社的发展。可见，农民合作经济实践的变迁并不是一蹴而就的，而是在一定的社会基础上逐步演变而成的结果。

二、延伸讨论：农民合作经济实践变迁与农业现代化

1. “为谁的农业现代化？”

贺雪峰（2015c）曾撰文《为谁的农业现代化》，该文的主旨可用原文概括为：“在当前中国仍然有六亿多农村人口、两亿多农业劳动力的国情下，中国农业现代化不可能只是规模经营基础上的农业现代化，而必须是小农经营为主的现代化。”在具体问题上，贺雪峰认为国家涉农财政转移支付应更多地服务于“最为弱势也最为多数的小农”。该文体现了贺雪峰一贯坚持的“小农立场”。

贺雪峰的文章实质上提出了一个值得深思的问题，即“在农业现代化转型过程中，谁是主体”的问题。对此有两种不同的声音。一方认为应大力培育龙头企业、合作社、专业大户等新型农业经营主体，这也是当前国家在政策上积极推进的工作。另一方认为还是应以数量上占大多数的广大小农为主体，至少在中国国情下小农不应被抛弃，而为了适应现代农业的要求，可以发展适度规模的家庭农场（黄宗智，2014c：458）。也有人说可以两者并举，走类似“公司+农户”的“大户带动小户”的发展道路，但仔细思考会发现其实这种模式还是在以“大户”为主，小农的利益只是其次。于是，“农业现代化以谁为主体”似乎成为一个“二选一”的难题。

同样的问题也出现在当下的农民合作经济实践中。本文的5个案例反映了农民合作社发展的新趋势：合作的主体仅限于办社的那几个合伙人，他们实际掌控着整个合作社的运行；而普通农户要么受雇于合作社，要么把耕地流转给合作社，他们没有参与合作社的管理，并不是合作的主体。这样的合作模式其实就没有体现出所谓“广大小农的主体性”，因

此便有人质疑这是“有名无实”的“伪合作社”。然而，这样的合作社却在现实中得到了农民的肯定，那么是我们学者的分析脱离实际了么？

到底是以广大小农为主体的农民合作才是“真合作”、“好合作”，抑或我们应支持类似于本文案例的“合作社+农户”的合作模式？要回答这一问题，还是应从农民的实际意愿入手。若遇到类似本文案例的情形，有经济实力的大户乐意投资办社，普通农户乐意受雇于合作社或把地包给合作社，大户从办社中挣得了利润，普通农户既获得地租又能挣得工钱还能有更多时间从事别的非农工作，此时“小农在合作中的主体性问题”便成了一个“伪命题”。

同理，在“农业现代化的主体是谁”的问题上，也应实事求是，从农民实际出发，不能一概而论，只支持新型农业经营主体的发展，或只着眼于广大小农的利益。不是所有小农都有强烈的从事农业经营的意愿，部分可能只是在没有其他出路的情况下不得不继续种地，此时若有龙头企业、合作社这样的经营主体在当地发展，承包了这些小农的耕地，他们就正好能卸下土地的包袱，到别处谋生。类似贺雪峰的“小农立场”的观点可以提醒我们在农业现代化进程中要关注弱势小农的利益，但我们也不能因此而放弃培育新型农业经营主体，因为我们现在还处于探索理想的农业现代化路径的阶段，多元化的发展道路要更为合适一些。

2. 农民合作社的现实困境

农民合作经济实践发展到现在，孕育出“资本化的农民合作社”的组织形式，其是否符合我们最初对理想合作社的构想，以及其背后的农民合作行为的“真假”之辩，都仍有较大的讨论空间。合作社作为新型农业经营主体之一，在中国农业现代化进程中担当重要角色，我们除了要在学理层面讨论其合法性外，还需要直面其在当下实际运行过程中遭遇的发展困境。实地调查资料显示，资金与人才是制约当前合作社发展的两大要素。

首先，对于经营规模小或业务相对单一的合作社而言，资金短缺是他们面临的最大困难。办社以来连年的亏损使得他们扩大经营规模和业务范围都缺少足够的资本。WH 合作社张大哥说道，他们自己积累的资金还能维持合作社 3-5 年的正常经营，但如果一直亏损下去，他们也承受不了，而对规模更小的 RF 和 XH 合作社而言，资金更加捉襟见肘。在与各合作社负责人访谈时，他们都提到，在粮价大跌的情况下，如果有国家补贴，资金压力会减缓很多。这里说的种粮补贴是指国家给农民每年 50-100 元/亩的补贴。目前国家的补贴政策安排与农户（特别是种粮大户）的需求之间存在矛盾：国家的补贴只会打到每一个农民的账户里，而种粮大户希望这笔钱能根据承包关系，全部打到他们的账户上，因为他们才是现在真正种地的人。

确实，在国家的鼓励下，全国土地流转的比例越来越高，越来越多流出土地的农民不再种地，种粮大户、合作社、家庭农场等新型农业经营主体承担起了这份“工作”。种粮补贴是国家为了鼓励农民种地，以确保国家粮食安全的一项惠农政策，但当实际种地的主体发生改变后，这项政策的惠及对象是否也应该随之改变？这是在当前积极培育新型农业经营主体的过程中，决策者需要考虑的问题。

其次，对于经营规模大、业务多、经营已上轨道的合作社而言，专业人才短缺是制约进一步发展的主要因素。XL 合作社目前就十分需要专业的田间技术指导人员、销售人员和财务人员。这个问题的症结主要是在于年轻人才都不愿意到农村从事农业经营的相关工作。城市里有更好的薪酬待遇，有更多的发展机会，在吸引力上确实要远大于农村。在当前城乡经济发展水平差距依然较大的情况下，合作社的人才短缺问题短期内还是很难解决，现阶段可能还是有待决策者在农村出台更多有力的吸引人才、留住人才的政策。

3. 反思：农业现代化的真正出路

在前文的分析中，我们可以看到定县农民合作社的发展过程中出现了两处看似矛盾的现象。一是虽然一直强调合作社要体现农民的主体性，但是不那么体现广大农民主体性的“资本化”的合作社却是更多农民的选择。二是把土地流转出去、不再种地的农民依然能获得种粮补贴，真正从事农业经营的合作社成员却得不到应有的补贴。这些现象的背后实际上说明国家农业相关制度存在着根本性的内在矛盾：一方面要照顾广大小农的利益，另一方面为实现农业现代化又在有意识地培育新型农业经营主体，前者体现在包产到户、土地承包经营权 30 年不变、落实土地确权等制度安排上，后者表现为鼓励土地流转、扶持新型经营主体之类的激励政策上。若不解决这一矛盾，中国的农业现代化恐怕只会长期处于不上不下的尴尬位置中。

关于中国农业发展的未来方向，邓小平（2004：1310-1311）曾有过“两个飞跃”的著名论断。他指出，中国社会主义农业的改革和发展，从长远的观点看，要有两个飞跃。第一个飞跃是废除人民公社，实行家庭联产承包为主的责任制。第二个飞跃是适应科学种田的生产社会化的需要，发展适度规模经营，发展集体经济。要实现第二个飞跃，从目前来看，最大的障碍在于农村大量的剩余劳动力，这一人口问题不解决，人多地少的基本国情依旧无法克服，规模经营也就无从谈起。

“农业问题农外解决”，这是杜润生（2008）曾指出的解决中国农业问题的基本思路。他认为，解决农业经营规模较小的问题，根本出路在于推动劳动力转移到非农产业中去，而要承接这批剩余劳动力，需要有序发展大中小城市，并确保农民的国民待遇，“把流民转变为居民”。费孝通（2009）在反思“小城镇研究”时也指出，农民现已出现“既不离土又不离乡”和“离土又离乡”的分化，这种分化趋势应当支持，其中对于前者我们应协助其发展规模经营的现代农业，对于后者要提供在城市生活必要的保障，最终走“大中小城市和星罗棋布的小城镇同时并举、遍地开花的发展道路”。实际上，转移农村剩余劳动力并通过发展大中小城市来吸纳这批剩余人口，不仅是农业现代化转型的必由之路，更是中国乡村社会转型的重要途径（奂平清，2008；奂平清、何钧力，2015）。

杜老和费老都清楚地认识到人多地少的基本国情，但他们没有因此而坚持倡导小农的生产经营方式，而是意识到规模经营的必要性，并把“城市化”视为实现这一愿景的关键。这是在用发展的眼光看待中国农业现代化问题，带给我们三点启示。首先，国家对农业制度的安排需要有一个明确而统一的导向，考虑到当前家庭经营已逐渐暴露出种种弊端，确立规模经营为农业现代化转型的方向是时候提上制度设计的议程。其次，与规模经营相配合，应继续有序推进城市化进程，并完善社会保障体系，确保进城农民的利益不受损害。最后，地方政府要做好政策的落实工作，稳步推进农业经营方式的转向及农民身份的转换。回到本文的主题，也只有解决了农业制度的内在矛盾，才能给农民合作社营造一个健康的发展环境。

参考文献

奥尔森，2014，《集体行动的逻辑》，上海人民出版社

伯恩斯坦，亨利，2011，《农政变迁的阶级动力》，社会科学文献出版社

陈航英，2015，《新型农业主体的兴起与“小农经济”处境的再思考——以皖南河镇为例》，《开放时代》第5期

陈平，1979，《单一小农经济结构是我国长期动乱贫穷的病根》，《人民日报》11月16日

陈义媛，2013a，《资本主义式家庭农场的兴起与农业经营主体分化的再思考——以水稻生产为例》，《开放时代》第4期

——，2013b，《遭遇资本下乡的家庭农业》，《南京农业大学学报（社会科学版）》第6期

——，2016，《资本下乡：农业中的隐蔽雇佣关系与资本积累》，《开放时代》第5期

陈意新，2001，《二十世纪早期西方合作主义在中国的传播和影响》，《历史研究》第6期

董磊明，2004，《农民为什么难以合作》，《华中师范大学学报（人文社会科学版）》第1期

杜润生，2005，《杜润生自述中国农村体制变革重大决策纪实》，人民出

版社
———，2008，杜润生文集（1980-2008），山西经济出版社
杜润生，主编，2002，《当代中国的农业合作制（上）》，当代中国出版社
费孝通，2009，《费孝通全集》，内蒙古人民出版社
高化民，1999，《农业合作化运动始末》，中国青年出版社
高王凌，2006，《人民公社时期中国农民“反行为”调查》，中共党史出版社
高原，2011，《市场经济中的小农农业和村庄：微观实践与理论意义》，《开放时代》第 12 期
国家统计局农村社会经济调查司编，2015，《2015 中国农村统计年鉴》，中国统计出版社
韩俊主编，2007，《中国农民专业合作社调查》，上海远东出版社
河北省人民政府办公厅，2015，《河北经济年鉴：河北统计年鉴 2015 版》，中国统计出版社
河北省人民政府办公厅、河北省统计局编，2015，《河北农村统计年鉴 2015》，中国统计出版社
贺雪峰，2004，《农民合作能力（笔谈）：熟人社会的行动逻辑》，《华中师范大学学报：人文社会科学版》第 1 期
———，2009，《为什么要维持小农生产结构》，《贵州社会科学》第 9 期
———，2012，《当下中国亟待培育新中农》，《人民论坛》第 13 期
———，2013，《关于“中国式小农经济”的几点认识》，《南京农业大学学报（社会科学版）》第 6 期
———，2015a，《农业问题还是农民问题？》，《社会科学》第 6 期
———，2015b，《论中坚农民》，《南京农业大学学报（社会科学版）》第 4 期
———，2015c，《为谁的农业现代化》，《开放时代》第 5 期
贺雪峰、印子，2015，《“小农经济”与农业现代化的路径选择：兼评农

业现代化激进主义》，《政治经济学评论》第 2 期
洪大用、黄家亮、杨峥威，2016，《定县调查的社会学意义》，《社会建设》第 5 期
胡玉鸿，2003，《韦伯的“理想类型”及其法学方法论意义——兼论法学中“类型”的建构》，《广西师范大学学报（哲学社会科学版）》第 2 期
胡卓红，2009，《农民专业合作社发展实证研究》，浙江大学出版社
奂平清，2008，《华北乡村社会转型的困境与城市化道路》，《中共中央党校学报》第 3 期
奂平清、何钧力，2015，《中国农民职业化现状及其影响因素——基于中国综合社会调查（CGSS2010）的分析》，《武汉大学学报（哲学社会科学版）》第 4 期
黄家亮，2012，《乡土场域的信任逻辑与合作困境：定县翟城村个案研究》，《中国农业大学学报（社会科学版）》第 1 期
黄瑜、郭琳，2015，《大资本农场不能打败家庭农场吗？——华南地区对虾养殖业的资本化过程》，《开放时代》第 5 期
黄宗智，2014a，《“家庭农场”是中国农业的发展出路吗？》，《开放时代》第 2 期
———，2014b，《明清以来的乡村社会经济变迁：历史、理论与现实-卷 2：长江三角洲的小农家庭与乡村发展》，法律出版社
———，2014c，《明清以来的乡村社会经济变迁：历史、理论与现实-卷 3：超越左右：从实践历史探寻中国农村发展出路》，法律出版社
———，2015，《农业合作化路径选择的两大盲点：东亚农业合作化历史经验的启示》，《开放时代》第 5 期
黄宗智、高原，2013，《中国农业资本化的动力：公司，国家，还是农户？》，《中国乡村研究》第 1 期
黄宗智、高原、彭玉生，2012，《没有无产化的资本化：中国的农业发展》，《开放时代》第 3 期

黄宗智、彭玉生，2007，《三大历史性变迁的交汇与中国小规模农业的前景》，《中国社会科学》第 4 期
黄祖辉、高钰玲、邓启明，2012，《农民专业合作社民主管理与外部介入的均衡：成员利益至上》，《福建论坛（人文社会科学版）》第 2 期
焦长权、周飞舟，2016，《“资本下乡”与村庄的再造》，《中国社会科学》第 1 期
金太军，2004，《拓展农民合作能力与减轻农民负担》，《华中师范大学学报（人文社会科学版）》第 5 期
李立志，2002，《变迁与重建 1949-1956 年的中国社会》，江西人民出版社
李强，1998，《自由主义》，中国社会科学出版社
列宁，2013，《列宁全集第 3 卷》，人民出版社
林毅夫，2014，《制度、技术与中国农业发展》，上海人民出版社
凌志军，1996，《历史不再徘徊：人民公社在中国的兴起和失败》，人民出版社
刘世定、邱泽奇，2004，《“内卷化”概念辨析》，《社会学研究》第 5 期
楼栋、孔祥智，2014，《成员异质性对农民合作社收益分配控制权归属的影响分析——基于京、冀、黑三省 72 家农民合作社的调查》，《农林经济管理学报》第 1 期
罗平汉，2003，《农村人民公社史》，福建人民出版社
马克思，1964，《直接生产过程的结果》，人民出版社
马彦丽、林坚，2006，《集体行动的逻辑与农民专业合作社的发展》，《经济学家》第 2 期
马彦丽、孟彩英，2008，《我国农民专业合作社的双重委托—代理关系——兼论存在的问题及改进思路》，《农业经济问题》第 5 期
马彦丽，2011，《促进我国农民专业合作社健康发展研究》，中国社会科学出版社
满永，2008，《“反行为”与乡村生活的经验世界——从〈人民公社时期中

国农民“反行为”调查>一书说开去》，《开放时代》第3期
农业部农村经济体制与经营管理司、农业部农村合作经济经营管理总站、农业部管理干部学院编，2015，《中国农民专业合作社发展报告2014》，中国农业出版社
潘绥铭、黄盈盈、王东，2011，《论方法社会学调查的本土实践与升华》，中国人民大学出版社
恰亚诺夫，1996，《农民经济组织》，中央编译出版社
任大鹏、郭海霞，2008，《合作社制度的理想主义与现实主义——基于集体行动理论视角的思考》，《农业经济问题》第3期
斯科特，2013，《农民的道义经济学：东南亚的反叛与生存》，译林出版社
宋亚平，2010，《中国“三农”问题的突破口在哪里》，《新华文摘》第8期
——，2016，《“分田到户”改革的辩证性反思》，《华中师范大学学报（人文社会科学版）》第5期
孙新华，2015，《农业规模经营主体的兴起与突破性农业转型——以皖南河镇为例》，《开放时代》第5期
孙亚范，2008，《农民专业合作经济组织利益机制及影响因素分析：基于江苏省的实证研究》，《农业经济问题》第9期
仝志辉、温铁军，2009，《资本和部门下乡与小农户经济的组织化道路——兼对专业合作社道路提出质疑》，《开放时代》第4期
王玉贵、娄胜华，2006，《当代中国农村社会经济变迁研究》，群言出版社
韦伯，马克斯，1999，《社会科学方法论》，华夏出版社
吴理财，2004，《对农民合作“理性”的一种解释》，《华中师范大学学报（人文社会科学版）》第1期
肖云、陈涛、朱治菊，2012，《农民专业合作社成员“搭便车”现象探究：基于公共治理的视角》，《中国农村观察》第5期

熊万胜，2008，《关于农民合作发生机制的文献综述》，《华东理工大学学报（社会科学版）》第4期
徐晓军，2004，《社会距离与农民间的合作行为》，《浙江社会科学》第1期
徐旭初，2012，《农民专业合作社发展辨析：一个基于国内文献的讨论》，《中国农村观察》第5期
严海蓉、陈义媛，2015，《中国农业资本化的特征和方向：自下而上和自上而下的资本化动力》，《开放时代》第5期
叶扬兵，2006，《中国农业合作化运动研究》，知识产权出版社。
应瑞瑶，2002，《合作社的异化与异化的合作社——兼论中国农业合作社的定位》，《江海学刊》第6期
张乐天，1998，《告别理想：人民公社制度研究》，东方出版中心
张曙光、刘守英、张弛，2010，《传统农业正面临经营危机》，
张新光，2008a，《现代小农制历史地位的百年论战及现实意义》，《郑州大学学报（哲学社会科学版）》第2期
———，2008b，《关于小农经济的理论争论与现实发展》，《农业经济问题》第4期
———，2011，《马克思主义小农经济理论及其现实意义》，《河北学刊》第1期
赵泉民，2013，《现代化进程中农民合作社组织现实困境与对策建议：基于乡村社会信任的视角》，《青海社会科学》第2期
郑丹、王伟，2011，《我国农民专业合作社发展现状、问题及政策建议》，《中国科技论坛》第2期
郑杭生，1991，《关于我的社会学定义——序董驹翔主编的〈社会学〉·答我的一些批评者》，《社会科学研究》第4期
———，2000，《究竟如何看待“价值中立”？：回应〈为“价值中立”辩护〉一文对我观点的批评》，《社会科学研究》第3期
中共中央马克思恩格斯列宁斯大林著作编译局，2004a，《资本论（第1

卷)》，人民出版社

————————————————，2004b，《资本论（第3卷)》，人民出版社

中共中央文献研究室编，2004，《邓小平年谱（1975-1997)》，中央文献出版社

中国社会科学院农村发展研究所、国家统计局农村社会经济调查司，2015，《中国农村经济形势分析与预测（2014-2015)》，社会科学文献出版社

周端明、蔡敏，2014，《资本逻辑、技术创新与农业微观经营方式的变迁：家庭农场是最适合农业的经营方式吗？》，《教学与研究》第2期

周其仁，1995，《中国农村改革：国家和所有权关系的变化（上）——一个经济制度变迁史的回顾》，《管理世界》第3期

周蔚华，1991，《价值中立论批判》，《中国人民大学学报》第3期

周晓虹，1998，《传统与变迁——江浙农民的社会心理及其近代以来的嬗变》，生活·读书·新知三联书。

———，2005，《再论“价值中立”及其应用限度》，《学术月刊》第8期

Lehmann， David, 1982, "After Chayanov and Lenin: New paths of agrarian capitalism", *Journal of Development Economics*，No.2:133-161.

————, 1986, "Two Paths of Agrarian Capitalism, or a Critique of Chayanovian Marxism", *Comparative Studies in Society and History*.NO.4:601-627.

仪式变迁、乡村自治与权力共谋

林思成　中国人民大学社会学系 2015 级

指导教师　王水雄

第一章　导论

一、研究背景

农村的丧葬风俗由来已久，我的家乡所在的山东省更是古称礼仪之邦，丧葬礼仪备受重视。《论语》中有言："慎终追远，民德归厚矣"，就是强调丧葬仪式的重要性。在中国古代，丧葬仪式由于其功能意义和文化意蕴受到人们的广泛重视，成为一项重要的公共事件。建国以来，随着我国社会的变迁，特别是工业化和城镇化的推进，广大农村地区的丧葬仪式发生了诸多变化。

建国以来丧葬仪式的变迁，可以分为三个阶段：第一个阶段，是中国共产党自 1956 年以来推行的全国殡葬改革，以火葬取代土葬为标志，同时提倡以简单的追悼会取代过去繁琐的丧葬仪式；随着人民公社化运动将国家权力延伸到农村基层，丧葬仪式一度被彻底简化。第二个阶段，是自改革开放以来，随着国家权力退出农村，传统的丧葬仪式死灰复燃，特别是随着经济水平的提高，丧葬仪式逐渐成为农村村民用来攀比人情面子的工具，村民办丧事往往会欠下一大笔人情债，给农村社区造成了不良影响。第三个阶段，新世纪以来，以山东省等地“移风易俗”行动为代表的，针对农村丧葬仪式大操大办的不良风气，政府再次介入，建立民间组织，推行“移风易俗”，简化丧葬活动。

最新这一阶段的仪式变迁，所关注的问题，主要聚焦于丧葬仪式攀比造成的人情债负担。此处的人情，指的是农村社区以红白公事为主的仪式性人情，在丧葬活动中主要体现为帮忙（操办）、祭拜（死者）、送礼金、吃酒席等。通过这种仪式性的人情互动，村民实现互帮互助的互惠效果，同时形成了一张人情循环的社区网络（贺雪峰，2011）。此外，由于仪式的公开性和象征性，使得丧葬仪式成为农村社区中社会竞争的手段，越隆重的丧葬仪式，就意味着越大的面子和越高的社会地位。所以，仪式性人情就同时具有了互惠互助和社会竞争的两大功能，体现了利他性与利己性相结合的双面性。人情债的出现，就是由于仪式性人情的社会竞争功能的片面发展，导致了农村社区人情的“异化”，利己性压倒了利他性。因此，最新阶段的仪式变迁，其实质内容，可谓是抑制仪式性人情的利己性，限制仪式活动的竞争功能。这就涉及到丧葬仪式的组织安排问题以及仪式变迁过程中新制度如何提供等一系列问题。

二、研究缘起与问题提出

2016 年 11 月 29 日，《人民日报》刊登了一则标题为《成立 8.6 万余个红白理事会移风易俗——山东：乡风民风美起来》的要闻。该要闻称，自 2011 年起，山东把移风易俗工作作为乡村文明行动的重要内容，到目前为止已经成立了 8.6 万余个红白理事会，免费帮助群众全程操办红白事，成为深化婚丧习俗改革、促进移风易俗的重要力量。要闻中还以淄博市和胶州市等地的多个村庄为例，强调了红白理事会对推动村中婚丧仪式（特别是其中的丧葬仪式）简化简办的贡献。

作为一名山东淄博人，笔者看到这则要闻之后，感到很是惊讶。因为之前笔者在淄博当地的时候，并没有听闻关于这方面的消息。不料次日的《光明日报》也发表了一则标题为《山东：移风易俗新风来》的要闻，也以淄博市某村庄为例，赞扬了红白理事会的成绩。连续看到两份国家级党媒刊物，对于山东省“移风易俗”的工作给予很高评价，并以淄博市为例，似乎表明了国家权力的意志通过各村的红白理事会，对农村民间仪式形成了有效干预。笔者对此产生了兴趣：事实是真的如媒体所言，作为民间仪式的丧葬仪式已经被国家权力所控制，还是只浮于表面文章，实质仍是被农村过去的民间精英控制。换而言之，在当今的农村仪式改革之中，随着仪式的变迁，是否发生了权力的转移？如果发生了，那权力转移又是通过什么机制实现的？如果没有发生，那又是什么原因造成的？

抱着上面的疑问，笔者在 2017 年 1 月份进入了淄博市的某个“移风易俗”取得较好成绩的村庄（以下简称“L 村”）进行田野调查，结果却发现，该村的红白理事会成立于 2005 年，并在同一时间进行了丧葬仪式的简化改革，这一切都是在没有接收到上级政府和领导的政策要求的情况下完成的。也就是说，L 村 2005 年启动的丧葬仪式改革并不是在国家权力介入的情况下发生的，而是村庄社区内部的自主治理行为。而且，这种自主治理确实取得了良好的效果，繁琐而铺张的丧葬仪式被简单朴素的新仪式取代。此外，组织丧葬仪式的权力，也由过去村中的文化精英（即民间德高望重的仪式主持者）独占，变成了村委的政治精英（即村支两委成员）与过去的文化精英共同分享。

所以，笔者最初的问题就变化为下面的疑问：在没有外部力量（特别是国家权力）推动的情况下，L 村村庄内部是如何实现丧葬仪式的变革与仪式权力的转化？该现象的背后究竟有哪些机制在起作用？

结合研究背景的视角，丧葬仪式的制度安排，更类似于一种公共物品或者说公共服务，而丧葬仪式的组织问题则类似于公共物品或公共资源的自我组织问题。因此，上述问题就又有了这样一层含义：在乡村自治的过程中，公共物品提供结构的变化或者说公共资源的自我治理是如何实现的？

此外，为什么在仪式改革之后，新的权力结构是村庄社区内的文化精英与政治精英共同分享仪式权力，而不是其他的情况？

三、研究对象

本研究的研究对象是制度（以及制度变迁），具体而言，是围绕丧葬仪式以及其中牵涉的人情来往的一系列组织安排、权力结构等对这一集体公共事务进行自主治理的制度。而本研究的分析单位，则是社区，主要是指那种相对封闭的、成员之间关联紧密、在某些方面能够免于外部力量干扰（包括但不限于政府的干预）、能够自我组织集体行动的社区；在本研究中具体表现为一个行政村范围内的农村社区，即依据我国《村民委员会组织法》设立的村民委员会进行村民自治的管理范围内的社区，属于我国基层群众性自治单位。

四、研究意义

针对丧葬仪式的相关学术研究，多见于人类学领域，且多以描述为主，较少有从丧葬的仪式变迁与其组织结构的关系方面展开分析的研究。而关于丧葬改革的具体研究，则多指向由国家力量主导的全国范围内的殡葬改革（也就是研究背景中所提到的第二阶段意义上的改革），大多关注于这一改革过程之中国家权力与农村社区的互动，少有从村庄内部入手来分析其自我治理机制的研究。本研究所讨论的恰恰是发生于一个村庄内部公共事务的自我治理问题，可以从村庄自治的角度为仪式变迁与制度改革等相关领域提供参考。此外，仪式变迁可能还涉及公共物品提供方式的转变问题，进而对人们的思想观念、行为方式乃至经济及社会运行产生影响。因此对相关机制的研究具有重要的理论意义。

第二章　文献回顾

一、关于“仪式”的研究

关于仪式分析的社会学传统，最早可以追溯到涂尔干在他的著作《宗教生活的基本形式》中所做的工作。涂尔干把深刻影响着人类社会生活的“宗教力”视为人类社会的集体力量和道德力量的集中表现，而“仪式”则是组织、强化这种力量并使之得以定期性地生产和再生产出来的手段的集合（涂尔干，2011）。

涂尔干的观点，强调了仪式的功能性，而仪式的功能，就是强化个体对社会群体的归属感，从而凝聚社会群体，维护社会团结。此外，涂尔干还强调了仪式的神圣性特征，用“神圣”和“凡俗”这一对概念来突出仪式与日常生活的区别。涂尔干对本研究的启示是，他开创了这样一种传统，将仪式的意义放置在社会结构之中进行考察，并尝试通过仪式来透视社会结构。

除了涂尔干之外，美国社会学家戈夫曼也对仪式的研究做出了很大贡献。不过，他所关注的仪式，是日常生活之中的人际互动。后来柯林斯在《互动仪式链》中对仪式的分析，也是沿着人们的日常互动这条线索展开的。戈夫曼对本研究的主要启发，在于提出了仪式中存在的“前台”与“后台”之分。“前台”是人们公开性地展示和表演，而“后台”则是相关表演的准备工作，这在仪式活动中具有一定的普遍性（戈夫曼，2008）。

根据史婷婷（2010）在《丧葬仪式研究文献综述》一文中的划分，可以将对中国农村丧葬仪式的相关研究分为两种类型。第一种类型是从功能主义视角出发的研究，第二种类型是应用盖内普的“过渡仪式”和特纳的“阈限期”理论分析的研究。这两类研究，尽管有部分研究强调了丧葬仪式的社会功能，但都未将丧葬仪式作为农村社区一项公共服务和公共物品的特征突显出来。而关于丧葬改革的实证研究，也几乎很少有从丧葬仪式作为社区公共服务或公共物品这一视角出发展开的分析。

学者们关注的重点，大多在于中国共产党自 1956 年起在全国范围内推动的殡葬改革对民间社会的影响。他们讨论的主要问题，聚焦于殡葬改革过程中国家权力与传统风俗的互动。一部分学者强调的是国家权力与民间传统的冲突性（韩恒，2007；李德珠，2010；胡艳华，2013），还有一部分学者看到了国家权力与民间传统的可调和性。比如，高丙中（2000）提出：民间仪式可以贯彻国家法律的精神，也就是贯彻国家的权力意志；国家的法律、地方政府的功能，可以借助扶持民间传统的权威形式得以实现；这就为两种看似对立的势力取得了认可和合作，甚至达到互惠的效果。郭于华（2000）则从农村的民间仪式入手，分析了特定历史时期内，国家与民间社会的关系。从而得出这样的观点："正式权力对于传统的本土性资源的利用，实际上是在使用人类共通的、持久的象征方式，无论这种使用是自觉的还是不很自觉的。"

亦有学者立足于农村社区，讨论了其社区内部在丧葬改革过程中的自主性。狄金华（2013）将民间仪式的变化与社会变迁进行共时性考察，发现在农村民间仪式的变化过程之中，有着多种权力——国家权力、乡村权力与"超世俗权力"——在进行复杂的博弈。所以，丧葬仪式的变迁，其实是作为农村主体的村民在多种权力博弈情况下所选择的结果。陈柏峰（2012）则在对江西某县丧葬仪式的考察中指出，村民在仪式变迁过程中，有意识地利用了国家对殡葬改革的政策要求，来满足自身改变繁琐的传统仪式的需求。

综上所述，关于丧葬仪式与丧葬改革的研究，大多数没有涉及到村庄内部自我治理方面的分析，与本研究所提供的案例的实际情况不符。接下来，笔者就将结合公共事务自我治理的相关理论，尝试将村庄自治问题引入丧葬仪式与改革的研究。

二、关于"自治"的研究

1. 公共事务的自我治理

在讨论关于丧葬活动的社区自治之前，首先需要厘清一个问题，丧葬仪式属于公共物品吗？

对公共物品（public goods）的经典定义，是萨缪尔森和诺德豪斯（1997：571）在《经济学（第十四版）》中提出的："公共物品是这样一些产品，不论每个人是否愿意购买它们，它们带来的好处不可分割地散布在整个社区里；相比之下，私人物品是这样一些产品，它们能分割开并可分别地提供给不同的个人，也不带给他人外部的收益或成本。公共物品的有效率的供给通常需要政府行动，而私人物品则可以通过市场有效率地加以分配。"这个定义在《经济学（第十七版）》中又有所改变："公共品是指这样一类商品：将该商品的效用扩展于他人的成本为零；无法排除他人参与共享。公共品最好的例子是国防。……由于私人提供公共品普遍不足,政府必须介入以鼓励公共品生产。"（萨缪尔森、诺德豪斯，2004：29）。

从上述定义来看，丧葬仪式作为村庄社区内的一项集体活动，几乎是由所有社区成员参与共享的，属于一种社区性的公共服务。显然具有公共性。

然而，传统的公共物品的最大特点，是产权不清、难以分割以及由此导致的搭便车问题，丧葬仪式单独就其本身来看，很难说是这样的公共物品。

不过，本研究所关注的焦点，其实更主要地指向围绕丧葬仪式展开的一系列组织安排、监督控制的制度规范，而有关丧葬仪式的制度规范，对于促进社区团结，沟通人情往来的好处，可以说是"不可分割地散布在整个社区里"，也无法将村庄内部成员排除在外。而且，有关丧葬仪式的一系列制度安排，也的确是被所有村庄内成员所共享的，而且是难以分割的，具有容易导致搭便车问题的外部效应。因此，笔者认为，由村中某些个人或组织提供的（并维持的）、关于丧葬仪式的制度安排，可以被视为乡村社区内的一种"公共物品"。换而言之，此处的"公共物品"，指的是有关丧葬仪式的制度规范，而不是仪式本身。此外，需要说明的是，此处笔者所使用的“制度”这一概念，比较接近诺思笔下对“制度”的定义，即“人类用来决定人们相互关系的任何形式的制约”（诺思，1999：4），它确定和限制了人们的选择集合，包括正式约束（比如人为设定的规则）和非正式约束（比如习俗和行为准则）两种类型。

但是，作为“公共物品”的丧葬仪式的相关制度，在村庄社区内部，却不是像萨缪尔森等人定义所说的那样，是由“政府行动”提供的“有效率的供给”或“政府必须介入以鼓励公共品生产”，而是由村庄成员自发组织提供的。这就类似于奥斯特罗姆所说的“公共池塘资源”的“自主组织和自主治理”。

所谓“公共池塘资源”（public pool resources），指的是“一个自然的或人造的资源系统，这个系统之大，使得排斥因使用资源而获益的潜在受益者的成本很高（但并不是不可能排除）。”（奥斯特罗姆，2016：36）这也就意味着，“因使用资源而获益的潜在受益者”有很大的可能性在这个资源系统中搭便车。由此可以引申出三种关于公共治理失败的模型，分别是“公地悲剧”模型、“囚徒博弈”模型和奥尔森“集体行动的逻辑”。这三种模型的共同特征，在于强调集体行动中个人理性的追求将导致集体行为的非理性，即每个人为了实现自身收益最大化与损失最小化而进行博弈，最终导致谁也无法实现收益的最大化。由此导致的结论，就是集体行动中的个人无法实现对“公共池塘资源”的有效治理。以上失败的公共治理模型，使得关于公共资源的集体行动的制度提供和组织问题浮出水面。那么，公共资源的相关制度究竟应该由谁来提供，公共资源的使用又该如何组织运作？

奥斯特罗姆认为，无论是政府还是市场，都难以在公共资源治理上取得成功，因为在“政府”模型和“市场”模型中，都是由一个局外人来承担集体行动的后果，并由局外人来提供有关公共资源治理的制度。然而，在奥斯特罗姆看来，将集体行动中的主体（即个人）排除在公共资源治理的制度之外，个人必定会不顾制度的约束而将私人利益置于首要位置，将公共资源的存续放在次要位置，其结果只能是博弈各方都无法获得最优效率。通过对失败的治理制度、脆弱的治理制度和长期存续的治理制度三类经验案例的研究分析，奥斯特罗姆得出结论，提供公共资源治理制度的主体应当是“一组当事人”，即公共资源的占有者、使用者，也是集体行动中的参与者，而由“一组当事人”自主供给的制度才可能是有效的、可以长期存续的制度。

对应本研究所讨论的案例来看，此处的“公共资源”或者说“公共池塘资源”可以与丧葬仪式所依托的村庄人情往来、人情循环的人情资源系统（也可以理解为“社会资本”系统）挂钩。而在本研究案例中，在丧葬仪式的改革前后，实际占有和组织丧葬活动中仪式性人情的参与者，都是村庄社区内部的成员，也就是占有并使用公共资源的“一组当事人”。而丧葬改革的行为，则对应着自主治理中制度选择的问题。

对于公共资源的占有者和使用者来说，影响其制度选择的主要有四种因素：预期收益、预期成本、内在规范和贴现率。这是因为，人们在进行决策时，要权衡预期收益和预期成本，而预期收益和预期成本，又要受到内在规范和贴现率的影响。此外，对预期收益和预期成本的权衡，会影响人们对于内在规范的态度。当收益与成本符合预期时，人们便会遵守内在规范的要求，否则就会违背这些要求。对预期收益和预期成本的预期，又会影响到人们对现行制度规则的评价。当多数人对现行制度规则给予肯定评价时，他们的贴现率较低，反之，他们的贴现率则较高。贴现率同样会影响人们对制度规则的遵守程度。

其实，抛开自治问题不说，单独从制度变迁的角度来看，奥斯特罗姆对于制度选择的影响因素的分析，与诺思关于制度变迁的原因的分析也有相通之处。诺思 1994：11 认为，“（制度）变迁的原因是相对价格或偏好的变化”。这里的相对价格，可以被理解为制度约束下的博弈参与人在博弈中所支付的成本和获取的收益，这与奥斯讨论罗姆有关预期收益与预期成本的说法是相通的。

然而，奥斯特罗姆对占有和使用公共资源系统的这类人——这“一组”进行“自主治理”的“当事人”的可能假设是：他们是有自主行动能力的，也可能是地位平等的。在这种假定之中，没有正式加入对于“当事人”之间权力、地位差异等社会分化因素的考量。由此来看，这一假定，是否适合所有自主治理的案例？在什么情况下适合？在什么情况下不适合？这都是值得思考的问题。本研究所要考虑的，就是要将一个社区内部参与自主治理的集体成员之间的社会结构差异纳入自主治理的理论模型之中，以观后效。

2. 公共物品的提供结构

在回顾了奥斯特罗姆有关公共资源自主治理制度的论述之后，让我们接下来再看一下农村社区现行的有关公共物品提供的具体制度。王水雄（2009）在《镶嵌式博弈与公共品提供结构——以王村为例》一文中，对农村公共物品的提供结构进行了细致的梳理。该文站在以村民为主体的农村社区内部的立场上，较多地考虑到村民自身的主动性，从博弈论的角度梳理出三种涉及公共物品提供结构的博弈模型，分别为“慈父主义”模型、“智猪博弈”模型和“关联博弈”模型；而这三者又都可以纳入王水雄（2007）提出的“镶嵌式博弈”的范畴。

在这三种模型之中，第一种“慈父主义”模型指的是由政府大包大揽为乡村提供公共服务的制度，不属于乡村自主治理的范畴，因此不做过多介绍。而“智猪博弈”模型和“关联博弈”模型，则比较贴近村民集体行动、自我组织的公共物品提供结构，在此做一下详细的介绍。

所谓“智猪博弈”模型，最早由纳什提出，以模型中的“小猪”选择等待，让“大猪”按控制按钮放出食物的虚构情境，来象征博弈活动中“搭便车”的现象。而这一模型应用在农村公共物品提供的制度中，则针对的是社区中经济社会地位比较高、拥有社会资源比较多的人，站出来去解决大家共有的问题，让经济社会地位比较低、拥有社会资源比较少的人搭了便车。但解决这些问题，对大家都是有好处的，而且对于地位比较高，资源比较多的那些人来说，好处可能更大。相应的，那些地位较低、资源比较少的人，可能需要向地位比较高，资源比较多的人表示尊敬或服从，并赋予对方一定的权力，形成布劳“交换论”意义上的社会交换。这种公共物品的提供结构，通常对应着社区成员之间的贫富、地位高低等社会结构的分化。

所谓“关联博弈”模型，最早由日本经济学者青木昌彦提出，指的是为了克服农村公共物品提供和使用中的搭便车，村级社区通过“连接共用资源（灌溉系统）域和社区交换域两个博弈”（青木昌彦，2001：45）的社区规范，对搭便车的人进行可信的威胁来实现农户之间的集体协调。王水雄（2009）则进一步将其扩展为“行为者将一件事情与另一件事情，或一个领域与另一个领域之间，或一个集体选择与另一个集体选择之间建立起勾连关系，来解决作为集体行动之一的公共品提供的达成困境”。这种公共物品的提供结构，通常对应着集体成员之间密切的利益关联性。

以上两种乡村自治的公共物品提供结构，都可以纳入“镶嵌式博弈”的框架内。所谓“镶嵌式博弈”，指的是一个较小或层次较低的博弈可以镶嵌到更大或更高层次的博弈中去。

每个标准的非合作现实博弈都是镶嵌在一系列合作的基础之上的，如果博弈参与人不能在标准博弈中达成均衡以及解，或者博弈“出错”，那么，至少存在其中的一个参与人会有动力通过“引入”或“呈现”另外一个层面的博弈空间，将原标准博弈镶嵌到新的博弈空间（乃至新的现实空间，通常其层次会更高一些或更宏大一些）中去，以实现自我支持的博弈结果。就是说，参与人有动力通过或更改自己的效用产品，或置换博弈框架，或变换博弈活动对象，来获取自己所要的博弈解，更正“错误”，或在事实上接纳“错误”的结果。倒过来，也有可能有些“聪明”的博弈参与人通过设置一些标准的非合作博弈，让对方占据明显的好处，以获得标准博弈背后镶嵌着的合作。（王水雄，2007）

因此，“镶嵌式博弈”构成了农村社区公共物品提供的基本结构。

三、关于“权力”的研究

1. 权力的来源与运作

作为公共物品的丧葬仪式，其组织和运作需要依靠一定权力的领导。这种权力，主要运行于微观的仪式互动与社区治理之中，因此，需要引入一种比较贴近于微观层次的权力理论来进行分析。笔者认为，布劳《社会生活中的交换与权力》一书在“交换论”视角下提出的权力理论，可以作为本研究的重要理论依据。

布劳（1988）认为，在社会交换过程中，如果一个人要为伙伴们提供帮助，他就要付出一定的代价，这就使他的伙伴们有责任报答他的善意。无论这种报答是何种形式，每个人为别人提供的利益都是报酬，并具有促进别人继续提供利益的诱导作用。然而，还有这样一种情形，甲时常需要乙的帮助，然而甲却没有任何可以献给乙的东西。同时，甲无法强迫乙为其服务，甲无法寻找另外的人为其提供类似的帮助，甲也无法找到没有乙的这种帮助也过得去的办法。那么，甲就只能服从乙，并按照乙的愿望行事，用献给乙而施加于自身的权力来报答乙，由此来作为一种社会报酬，从而获取乙的继续帮助。布劳在此表示，这种权力是一种广义的手段，类似于金钱，可以用来达成各种各样的目的。

韦伯将权力定义为“权力意味着在某种社会关系中贯彻自己的意志并排除反抗的所有机会，不管它是基于什么原因”（韦伯，1997：13），布劳则在韦伯的基础上，将权力的定义进一步扩展为“它是个人或群体将其意志强加于其他人的能力，尽管有反抗。这些个人或群体也可以通过威慑这样做，威慑的形式是：撤销有规律的被提供的报酬或惩罚，因为事实上前者与后者都构成了一种消极的惩罚。”（布劳，1988：137）就这样，在社会交换过程中，交换的参与者由于资源地位和交换地位的不平等，产生了权力的分化。

此外，集体赞同某种权力，可以促成权力的合法化，使得权力升格为权威。用布劳的话说，如果“人们认为，在一位上级行使权力时，他们从中得到的好处，在价值上超过了他们因服从他的要求而给他们带来的困苦，那么他们就会互相交流对统治者的赞同……形成一致意见。这种一致意见表现成群体的压力，又促使人们服从统治者的指令，……使他的权力合法化。”（布劳，1988：26）这种合法的权威，就构成了组织的基础，使人们可以组织集体的努力以实现各种目标。等到在已经形成权力结构的正式组织中，个人的权威就不再与其拥有的权力挂钩，而是直接取决于他在组织结构中所处的位置了。

以上布劳有关“权力与交换”的理论，可以适用于社区内部个体互动与集体活动的分析，也适用于公共物品提供结构中的博弈分析。不过，在农村的丧葬仪式中，围绕着仪式的规范与其象征体系，也体现着一定的权力关系。这种权力关系，更多体现是福柯“微观物理学”意义上的权力。

福柯十分关注权力的生产性，并富有创见地指出了权力与知识之间的内在关系。在他看来，权力与知识之间存在着共生关系，权力主要通过生成知识研究对象与研究方法来影响知识的发展，而知识则以真理身份，作为权力干预和控制社会的基本手段，起着规范化与法制正当化的功能。福柯指出，把握权力问题的关键，并不在于谁掌握了权力，而在于权力是如何运作的，这就是权力的技术和权力的机制问题。而在权力的运作过程中，知识就发挥着极为重要的作用，用福柯的话来说，就是“权力与知识直接就是相互包含的。没有构建一个相关的知识领域就不可能建立起权力关系，与此同时，离开权力关系的设定和建立也不会产生知识。”（福柯，1999：29）权力与知识的共生关系，成为福柯微观权力学的结构性特征。这对本研究的启示，就是去重视仪式中的知识和符号体系所隐含的权力关系。

2. 农村权力结构研究

行使权力需要一定的行为者主体，不同的行为者主体行使权力又会形成不同的权力结构。对农村权力结构的研究，可以分为两种类型，第一种是从国家与农村、农民关系视角展开的分析，比如吴玉刚（2015）为了突破国家—社会二元对立的分析范式，提出将村级组织作为权力主体，建立“国家—村级组织—农民”的三重权力分析框架。张娟（2006）则从农村公共权力出发，讨论各级农村权力主体之间的博弈。还有张等文、呼连焦（2014）根据国家与农村的权力博弈，分析了农村权力结构变化对农村公共品供给的影响。

另一种类型则是从农村内部出发，讨论农村之中精英的阶层。早在费孝通（2013）的《乡土中国》以及费孝通、吴晗等人（2012）合著的《皇权和绅权》中，就已经有相关的讨论，研究了中国乡村士绅阶层在传统中国社会结构中的作用。国外则有孔飞力关于“农村名流”的研究，黄宗智关于乡村“权要人物”的研究，杜赞奇关于“赢利型经纪人”的研究等。

关于农村精英的更为精细的分类研究，则主要聚焦于村民自治和农村治理的研究中。贺雪峰、仝志辉（2002）曾把当代乡村精英分为传统型和现代型两大类。传统型精英是指那些以名望、地位等为前提而形成的乡村精英。构成此类精英的人物往往具有既定的身份和品质，比如党员身份、在外当过兵见过世面、曾参与村务决策的村民等。所谓现代型精英是指在市场经济中脱颖而出的经济能人，如种养大户、私营企业主等。

而目前国内学术界比较流行的，则是把乡村精英分为体制内与体制外或治理与非治理两大类。金太军（2004）、贺雪峰（2003）等人认为体制内精英指的是国家权力序列之内或得到国家基层政权认可的乡村精英，主要是村党支部书记和村委会干部；体制外精英是各种以乡绅和宗族家族势力为主导、国家权力序列之外的精英，主要包括宗族精英、宗教精英、宗派势力、经济能人，以及一些民间知识丰富、懂得乡间礼仪、能主持乡间仪式的文化精英，和有威望的乡村中学教师、医药师等等。

笔者基本认同金太军、贺雪峰等人提出的体制外精英与体制内精英这一分类模式。而在实际调查中，笔者则发现，在L村的当今，村里丧葬仪式的权力，原本由体制外的文化精英垄断的权力，已经变成体制外精英与体制内精英共享。笔者将这种现象，称为体制内外精英的“共谋”。

而“共谋”一词在此的意义，则与以往的相关研究差别很大，因此下面对其进行一些简要的辨析。

四、关于“共谋”的研究

关于“共谋”的社会学研究，多集中于我国政府的行政体系内部。其中代表性的研究主要有应星（2001）关于“变通”的研究以及周雪光（2008）对基层政府“共谋”现象的研究。应星将“变通”解释为基层干部通过运用非正式关系执行国家政策和上级指示的行动策略。周雪光则将“共谋”总结为政策制定和政策执行的分离偏差行为，他对“共谋”行为的具体定义是：基层政府与其直接的上级政府相互配合，采取各种策略应对更上级政府的政策法令和监督检查。周的关注点在于基层政府（代理方）、其直接上级政府（监督方）和更上级政府（委托方）三者之间关系，特别是基层上下级政府针对其更上一级政府的共谋行为。但是，以上关于“共谋”行为的概念界定，都不太适合应用于本研究中的案例。原因有两个：

第一个原因，是L村村委在筹备红白理事会的时候，乡镇政府以及上级领导并没有做出关于红白公事的政策规定和具体指示。当时相关决策的制定和执行，都是由村委完成的。上级政府其实直到2015年才制定相关规定。L村的上级政府，原夏家庄镇，现在的城东街道在目前《城东街道移风易俗工作考核办法》中也未对红白理事会的人员构成做出严格限制，只做出如下规定：

> “红白理事会由群众推举德高望重、热心服务、公平公正、崇尚节俭、有一定礼仪特长的人士组成。红白理事会在符合本社区风土人情、尊重社情民意、遵守婚姻和殡葬等相关法律规章的基础上，制定理事会活动章程，确定办事程序、服务规范、参加人数、车辆使用等具体规定，写入村规民约并公示上墙，确保依法依规办事。”

据城东街道民政办工作人员王某介绍：

“其实好多村子，比如A村和L村这些村人家很早就成立红白理事会，也执行的挺好了。我们（城东）街道也就是进一步规范它，加强监督。”（case01，男，47岁）

因此，在2015年之前，L村白公事牵涉的行为主体实际只有村民、村委、理事会三方，乡镇以及上级政府并没有介入进来；不存在基层政府（代理方）、其直接上级政府（监督方）和更上级政府（委托方）三者之间的关系，也就不存在基层上下级政府针对其更上一级政府的共谋行为。

第二个原因，则是村支两委并不属于基层政府的范畴。在乡村治理过程中，村干部是游离于国家行政干部体系之外的特殊群体。根据我国政府的规定，最基层的政府是乡镇政府。村干部则是通过村民自治机制选举产生的。而红白理事会也不属于政府行政体系的组成部分。因此，从严格意义上讲，本研究所讨论的村委和红白理事会并不属于政府科层体系，所以也就不能从科层组织内部的角度去分析二者的行为。

由于上述原因的限制，我无法直接采用周雪光等人对“共谋”行为的概念界定。我结合本研究中的案例，将村里体制外精英与体制内精英的“共谋”定义为——两者在乡村治理实践过程中相互配合以实施目标的行动策略。

不过，虽然我在概念上并没有接受周雪光等人的定义，但其分析思路对我启发很大——共谋行为通常建立在深厚的非正式关系基础上。所谓非正式关系和特殊性关系，与科层制度的基本特征——非人格化（照章办事，不徇私情）关系恰好相反，指的是人缘化和关系网络（周雪光，2008）。实际上，在农村里，很多政策和决策的实际运行，都是通过村干部在村里的人缘和关系网络得以实现的。换言之，村干部在执行决策的具体过程中，往往是利用农村的熟人社会来实现村级治理的目标。我认为，正是熟人社会的存在，为L村体制内外的精英的共谋提供了基础。这一点，也与奥斯特罗姆关于社区内部自主治理的研究具有一定的相通性。

第三章 研究设计

一、研究框架

本研究关注的重点是：（1）针对村庄社区内存在的丧葬仪式大操大办以及社区内社区人情“异化”的不良风气，社区成员是如何通过自我治理来改革仪式、扭转风气的；（2）在这一过程中，有关社区仪式活动的权力结构的变化。

笔者借助公共物品提供制度的相关研究与奥斯特罗姆的公共资源自治理论,将有关丧葬仪式的制度规范视为村庄社区中的一种公共物品(或者说公共服务),将村庄中的人情资源系统视为社区集体成员占有的公共资源系统（或者说“公共池塘资源系统”）。二者关联紧密，依据“镶嵌式博弈”的说法，作为公共物品的关于丧葬仪式的制度的提供结构，是镶嵌于作为公共资源系统的人情资源系统的治理结构中的。进一步的，根据布劳的交换理论,作为公共物品的有关丧葬仪式的制度规范的提供，以及对作为公共资源系统的人情资源系统的治理结构“新制度的供给”，在社区中经过社会交换，可以获取社区成员的服从，继而得到权力。这样一来，对权力的追求，就成为仪式改革中推动仪式变迁和“新制度的供给”的基本动力，笔者的分析思路因此可以表述为：

村庄社区内不同的行动者主体，为了获取权力而提供不同的关于丧葬仪式的制度规范以及对村庄人情资源系统的治理制度，这两种不同的服务和治理制度，在村庄社区的集体行动中构成竞争关系，最终更符合集体行动效益的“新制度”胜出，“新制度”的供给者也将通过社会交换机制获取集体成员的服从和领导集体行动的权力。

循着上述的分析思路，本研究将尝试解答两个问题：（1）在没有外部力量（特别是国家权力）推动的情况下，L 村村庄内部是如何实现丧葬仪式的变革与仪式权力的转化？该现象的背后究竟有什么机制在起作用？（2）为什么仪式改革对权力结构形成的变化，是村庄社区内的文化精英与政治精英共同分享仪式权力，而不是其他的情况？

对这两个问题的解答，将通过后续的访谈调查与理论分析来完成。

最后，本研究的分析思路，其实是有选择地对奥斯特罗姆的自治理论进行了“修正”，将奥斯特罗姆对占有和使用公共资源系统的“一组”进行“自主治理”的“当事人”的“地位相对平等”的假设修改为“一组”相互之间存在社会地位差异的“当事人”的假设。并结合布劳的社会交换理论，将自治行动中“新制度的提供”与集体成员之间社会交换地位的差异联系起来，构成了本文基本的研究框架。

二、研究方法

本研究在理论上以布劳的社会交换理论和奥斯特罗姆的自主治理理论等相关理论为基础，在方法上以社会学传统的研究方法——质性研究为基础，综合使用访谈调查和文献研究等方法，对仪式变迁的现象背后蕴含的制度逻辑进行解读。循着“现象—理论—对象访谈—总结归纳”的研究路径，探寻农村民间仪式变迁与公共事务自主治理之间的深度联系。

文献法：主要是通过文献资料检索，收集了有关山东地区和博山区传统丧葬仪式的资料，以及对丧葬仪式和丧葬改革的学术研究、对社区内部公共物品提供结构和公共事务自主治理的理论研究等学术成果，通过对二手资料进行筛选和引用，提出本研究的研究思路和分析框架。

访谈法：访谈时采用了结构式访谈的方法，对 L 村的两名村干部，一名 L 村上级单位的工作人员，五名红白理事会成员，22 名村民进行了深度的访谈。两名村干部的职务都与推进丧葬仪式改革的工作密切相关，其中一名干部还兼任了村里红白理事会的会长，另外五名红白理事会成员则拥有主持传统丧葬仪式的经验，可以为本研究提供紧密相关的第一手资料，可以保证信息的准确性。

三、研究过程

1. 田野调查地点介绍：L 村概况

本研究以山东省淄博市博山区的一个行政村 L 村范围内的村庄社区作为田野调查点。L 村位于山东省淄博市博山区城区东四华里处，夏家庄镇东南部，东邻淄川区西河镇辛庄村，西接本镇珑山一角社区，北连本镇后峪村，南靠本镇五龙村，占地面积约两平方公里，共有居民 1200 户，3600 人，建有党总支、下设两个支部，党员 85 名。L 村自 2005 年起成立了红白理事会，并取得较好成效。先后被国家及各级党委政府及有关部门分别授予："省级文明社区"、山东省"移风易俗示范村"等主要荣誉称号。

2. 访谈经过与访谈对象

笔者从 2017 年 1 月 2 日进入田野，到 2017 年 1 月 12 日结束调查。具体的访谈经历了两个阶段，第一阶段访谈调查从 1 月 2 日持续到 1 月 5 日，访谈了 14 名对象，了解有关 L 村丧葬改革和红白理事会的概况；1 月 6 日到 1 月 8 日整理第一阶段的访谈资料，初步梳理出关于 L 村丧葬改革的基本脉络，并反思此前调查中存在遗漏和忽视的问题。第二阶段的访谈从 1 月 9 日持续到 1 月 12 日，结合第一阶段的调查资料，深入了解仪式改革组织调整过程中的更多细节，访谈了 16 名对象。两个阶段在田野中调查的时间总计为 8 天。

在调查的具体过程中，为了开展研究，笔者经熟人介绍找到 L 村村委与其书记薛某和副书记刘某，以及负责管辖 L 村红白公事工作的城东街道民政办人员王某进行深度访谈，了解红白理事会的成立始末。随后，在村委副书记、同时也是如今 L 村红白理事会会长的刘某的带领下，对 5 名理事会的其他成员以及 22 名 L 村村民分别进行了入户访谈（其中，村民中的访谈对象的选取主要是根据“方便原则”，由刘某帮忙介绍来接触的)。了解他们对于红白理事会成立前后的村里丧葬仪式的体验与感受。不过，由于作为村干部和理事会领导的刘某在场的缘故，村民的谈话可能有所保留。通过以上方式，本研究共收集到访谈资料 30 份。

第四章　传统仪式与人情异化

一、L 村改革前白公事的仪式流程

山东人习惯将丧事称为“白公事”，“白公事”一词，往往指代的就是有关丧葬活动的全部事宜。“白公事”中的“公事”，也恰好强调了其中丧葬仪式的公共性和前台表演性。整个仪式从筹备到结束，都是一个公共事件，不是丧事事主（事主，指去世死者的直系家属）自己一个人就能办的事，必须依靠集体的力量来完成。因此，丧葬仪式更类似于村庄社区中的一项公共事务或公共物品。

根据淄博市博山区政协委员会编著的《博山民俗》一书，可以将博山区传统的丧葬仪式习俗分为“成殓习俗”、“出殡习俗”和“殡后祭扫习俗”。而民间所说的“白公事”，即由集体参与的仪式，主要指的是“出殡”这一部分。这一部分的仪式，又可以细分为报丧、设账房、迎灵、开丧、发丧、祭拜等环节。其中前三个环节可以归为准备工作，是“后台工作”，而后三个环节则是“白公事”的“前台活动”，是“正式表演”。下面，我结合相关文献和访谈所获资料，将整个仪式的各个环节在此做一个简要的介绍。由于丧葬仪式在不同历史时期表现形式不一样，所以我此处所介绍的，只是 L 村从改革开放以来到红白理事会成立前的白公事概况。

第一个环节：报丧。孝子贤孙（事主）必须到外祖家门口哭拜，如果用捎口信或打电话的方式就是失礼。外祖家的女性长辈在门口应哭，并给予孝子黄表纸，令其拿回家门口焚烧。其他亲友则不必孝子出面报丧。

第二个环节：设账房。所有来给丧事主家帮忙的人，统一由大总安排。所谓大总——

“（大总）就是办公事的协调人。”（case02，男，43 岁）

同时，还要设立外账房和内账房两个职务。其中——

“外账房负责迎宾，内账房负责花销。外账房管收钱，内账房管支出。”（case06，男，55 岁）

此外，外账房除了负责迎接前来吊唁的客人并收随礼钱之外，有时还要负责撰写祭文、挽联并打出门幡（即在长条纸上写上死者的身份之类）。

第三个环节：迎灵。去世的死者如果早有丧偶，孝子贤孙应在夜间到其坟前哭迎回家，在灵房外祭桌上准备一个红牌位，一并祭祀。

第四个环节：开丧。当准备工作结束后，由大总率领前来给事主帮忙的众人在祭桌前三鞠躬，宣布公事正式开始。并且在所有门框上贴上白纸条，称为“封门”。而我询问了 L 村现存的唯一的长期主持传统白公事的“大总”田爷爷，得知了更多关于开丧的细节：

第一个细节，是关于开丧的时间，在这个时间安排上，男性死者与女性死者的待遇有着明显区别。

“这个白公事啊，就是以前家里人去世以后，按照时辰出殡。我们一般就说男人不过晌，女人到后晌。就是头午男人做公事，下午女人做公事。但是男人坚决不能过十二点，女人是十二点以后再做公事。女的有些是两三点出去，有些是四五点出去。有些晚上出去，都黑天了。”

（case05，男，76 岁）

从这里可以看出，男性出殡的时间要求比女性要严格，而且比女性更受重视。

第二个细节，则是死者遗体摆放的位置，在开丧时也有着严格的要求。

“然后去世的人，如果死在家里，就摆在家里，不能出去。如果死在外头，比如死在医院的，就不能进，不能进到（自家）院墙里头。一般（来说），去世的人在北屋是头朝西，在东屋是头朝南，在南屋是头朝东，在西屋是头朝北，这些是摆遗体的摆法。然后就是‘炼棺’，在出殡之前，要把棺材板盖上，叫木工把它定位，这个时候，孝子贤孙就都得跪下。然后就是出（门）去，开始做公事。”（同上）

从以上两个细节可以看出，传统丧葬仪式蕴含有十分复杂的有关时间和空间的规则。而这种规则在仪式的执行中也受到高度重视。

第五个环节：发丧。这个环节又称为“指路发丧”或“指路送葬”。所谓“指路”，指的是由死者子女为死者“指出”前往“死后世界（即阴间）”的路。据田爷爷说：

“这个时候，一般长子就负责指路。指路的时候要靠纸扎，男的是（纸）马，女的是（纸）牛。长子给父亲指路，得喊‘爸爸，你快上马啊！你可上西天大路啊！’要连喊三次，（声音）一次比一次高，（语调）一次比一次哀。然后旁边准备一个倒头幡，底下放一只饭碗，碗里（放）一双筷子，一只刀，这意思就是“一刀两断”，从此（死者）不吃阳间饭，只吃阴间饭。”（case05，男，76 岁）

第六个环节：祭拜。这是整个仪式之中参与人数最多的环节，也是丧事主家最忙碌的环节。

“弄完这个（指第五个环节：发丧），就到村外面，找地方摆上灵堂，然后雇的吹手就开始吹。这时候村里人都可以来拜，一般先是乡亲拜，然后是好友拜，然后是内亲拜，内亲就是主家的女儿的女婿还有长子的丈人，女婿和丈人都叫内亲。内亲后面，是至亲，一般咱这里所有的老亲戚都叫至亲。然后就是族人，比如说孙家办事，就是孙家的长辈和晚辈挨个出来拜。这就是拜祭的程序。一共四个程序：乡亲、内亲、至亲、族人。办完这个以后，就送到墓地，入土为安了。”（同上）

最后的一个环节：公事席。这个环节，是关于丧葬仪式的文献上没有介绍的，因为它其实应该算作是第六个环节的附属环节。当村里人都祭拜完死者之后，丧事主家就开始宴请前来拜祭的宾客，以及为自己家丧事帮忙的人。由于这个宴请往往办的很隆重，花费很多，所以导致“白公事”也经常被村里人叫做“吃公事”。据L村委薛书记回忆，办“公事席”的地点经历了从事主自己家里到饭店的转移：

“原先（公事席）排场特别大。好多是在家里做的。不过从九十年代最后，差不多99年的时候，办公事席就介于饭店和家里做之间了。我结婚是在99年，我当时摆席还是在自己家里。”（case02，男，43岁）

其中，办公事席的成本，与每一席的成本以及坐席人数有关。通过请吃公事席和收送礼金、接受劳务帮忙等方式，丧葬仪式沟通了丧事主家与其他村庄成员之间的人情来往和循环。

二、传统仪式的组织安排：公事班子与文化精英

L村在红白理事会成立之前，就有专门负责组织白公事的人。负责这种事务的人，被村民们称为“大总”。L村现任分管红白理事会事务的

村委副书记刘大爷是这样向我解释什么是“大总”的：

“（大总）就是一个大家族里头，或者这一片（村民）里，比如咱这样一个社区里，就有一个人负责红白事，这个人就叫“大总”。以前还没有红白理事会的时候，办红白事的时候就得“请大总”去帮忙主持办事。以前大家都在家里做这些事，“大总”也是直接到（事主）家里去。那些大家族里头，一般人家自己家里就有一个大总了。你看我们L村，以前的刘家、李家、王家，这三个家族，基本上都有一个大总，专门管这块事，谁家有红白公事，就直接请大总去。”（case03，男，52岁）

村民赵叔叔也佐证了刘大爷提供的信息，他说：

“以前（找的大总）那都是不确定的。以前那就像民间组织一样，每个大家族自己都有大总，小门小户的，就得到大家族去请人家的大总和账房了。咱们这边小家小户的，就是那种一个姓只有几户的人不多，而大家族，就是一个姓几百户的那种，他们就自己组织了大总和账房。”（case04，男，48岁）

所以，在白公事改革之前，丧葬仪式的操持都是由“大总”这类专门人士负责的。而大总在L村一般是出身于人多势众的大家族，当那些小家族要办白公事的时候，则需要向大家族求助，请大家族出身的大总来帮自己家主持丧葬仪式。

由此可见，传统丧葬仪式在L村作为一种公共服务的提供结构，类似于王水雄（2009）所谓的“智猪博弈”，也就是村庄社区中地位比较高、拥有社会资源比较多的人，站出来去解决大家共有的问题，让地位比较低、拥有资源比较少的人搭了便车。在此，“地位比较高、拥有资源比较多”的人，主要是人多势众的“大家族”，而“小门小户”的“小家族”则搭了便车。但是，作为代价，“小家族”也要向“大家族”付出一定的服从，遵循“大家族”提供的一整套仪式规范，使其获得一定的权力。并且，对于具体操持仪式的“大总”，事主也要在仪式中付出几乎是绝对性的服从，使其获得控制丧葬仪式的权力。如布劳所指出，由于资源地位与交换地位的不平等，产生了权力的分化。“小家族”在仪式文化中服从“大家族”的权力，丧事“事主”在仪式活动中服从“大总”的权力。

除了正式的丧葬仪式之外，当主家专门去请大总为自己家主持白公事的时候，也有一套彰显“权力与服从”关系的特定规矩需要遵守，首先，请大总之前，

“要戴上孝章，穿上布鞋，鞋上还要贴上白布，只能拖拉着鞋走，还不能提上鞋。然后让一个人领着他去。”（case03，男，52岁）

此外，等主家到了大总家门以后——

“他（主家）还不能进人家大总的家门。得在人门口等着，等大总出来以后，再请大总到自己家里去。”（同上）

请大总的时候，为了表示对大总的尊崇，主家往往还要给大总下跪磕头，如村民所说：

“（联系大总的时候）反正就是有人帮忙，邻居百家都帮忙，就领着主家找到大总了。以前大总都要单独（去）请。（请的时候）就是主家这个儿子给人跪下磕头，这是请人家帮忙的一个礼节。”（case25，男，49岁）

至于请大总的时候，还要由别人领着主家上门去请这个习俗，则可能是为了确保有人见证主家对大总权力的服从。

要办丧事的事主家在请到大总之后，就可以不用管接下来的事了，

只需要筹备丧葬活动所需的费用即可。因为接下来的具体事务都由大总接管了。对于“大家族”以外的事主，大总一般会从前来给主家帮忙的“忙人”里面选人任命，组建一个自己领导的“小班子”。大总拥有丧葬仪式中的人事大权，而仪式中的财务大权，则分别由外账房和内账房两人分担。据老“大总”田爷爷说，两人的分工是：

“外账房是在大门外头，在路口管着灵堂，管着收钱，收着乡亲邻居照应的钱，内账房管着支出，管着买东西的钱。”（case05，男，76岁）

而这内外两个账房，都是由大总指派人担任的。

当我询问田爷爷在担任“大总”时指派选人的标准时，他表示是主要根据三条标准从前来帮忙的人选出自己的班子：

“（选人）就是从来帮忙的老百姓里挑的，比如你吧，（你）有文化，又常（和我）来往，常参与村里公事的，这样（我）心里就清楚了。”（case05，男，76岁）

由此可见，大总在挑选自己的班子成员的时候，第一看他的文化程度，第二看他与自己的亲疏程度，第三则是看他对村里公共事务的参与程度。如果三种标准都达标，就会成为他领导下的公事班子的一员。

白公事班子组建完成之后，众人就各司其职，帮助主家组织整个丧葬仪式的流程。其中，购买殡仪用品，寻找坟地，搬运棺材，摆祭桌，设灵堂等各种杂务，都由大总领导下的公事班子来完成。主家的“孝子贤孙”则是什么都不用做。村委薛书记这样向我解释说：

“因为主家老人去世了，还在悲痛当中，你要买东西，买烟酒什么的，叫他们（自已）去不合适，就有大总找人去给主家买东西，整桌子。

还有吃饭和订饭店的事，都是大总牵头去办。”（case02，男，43 岁）

这样的一种文化传统，使得整个丧葬仪式的控制权都落入大总的手中，并且以此象征着主家“孝子贤孙”孝心浓厚——因老人去世而悲痛得不问世事。据 L 村附近殡仪用品店的老板冯爷爷讲述，以前甚至还有一种出殡期间给主家孝子使用的“耳朵槌子”，

“耳朵槌子给主家那个儿戴上，就是拿两个棉布做的圆圈，弄上线，挂在耳朵上，耷拉着。这是一个表示。就表示一切我都不管了，你找我，我也听不见了。一切都听大总的安排。”（case07，男，74 岁）

这种借助于具体工具表达的象征意义，强调了主家对大总的信任，更加突显了大总支配丧葬仪式活动的权威。

大总的权力，不仅体现在作为仪式“后台”的组织过程中，还表现在丧葬仪式的“前台”表演中。在仪式的第五个环节，也就是参与人数最多的祭拜环节，往往要求主家的孝子跪谢上自己家死者灵堂来祭拜的人，这种跪谢方式被村里人称为“请人”。村委副书记刘大爷向我介绍时说：

“主家得拄着哀杖去请人。人进去（灵堂）一次，你就得出来请一次，要是（来祭拜的人）一起来还好，要是一个个的来，就得一次一次的请。请完乡亲，再请至亲，请完至亲，再请内亲。请完内亲，再请母族家，请完母族，最后请族人。”（case03，男，52 岁）

而在这一过程之中，负责监督主家的就是大总。其他人的话也佐证了这一点：

“主家得拄着哀杖迎出去，来一个人就跪下，跪完了以后拖进去，

再来了人再拖出去跪下。老大（主家大儿子）不行了，再换老二（二儿子）上。”（case02，男，43 岁）

大总权力更集中的体现，则在于主家“请人”时拄着的“哀杖”。所谓“哀杖”，一般是“使向日葵杆子做的，用刀把头上剁了，然后再缠上棉花”。（ase05，男，76 岁）是丧礼祭拜仪式时专用的工具。这个“哀杖”，虽然握在主家的手上，但却可以成为大总“惩罚”主家的“武器”。据刘大爷介绍：

“这个哀杖，是给孝顺的人做的长，给不孝顺的人做的短，那些特别短的，（让人）不想跪下也得跪下。”（case03，男，52 岁）

而这“哀杖”在仪式准备时，正是由大总拍板设计的。

“大总看谁不孝顺，平时没法治你，就在这个时候治你。老的没了以后，你必须拄着哀杖去请人，不跪不行。”（同上）

在此时，主家子女的社会地位与日常状态不同。

“死了老人以后，儿女的膝盖就不值钱了。不管是雪窝、泥窝，都得往下跪。看见来帮忙的，就得赶紧下跪。”（case05，男，76 岁）

因此，为了遵守仪式，不管是受多大罪，主家都要承担下来。“不孝子”对于大总给予的“惩罚”，也只能默默承受。这样来看，在 L 村白公事中，由大总设计“哀杖”的这一非正式制度的安排，就将大总抬到了维护孝道、惩治不孝的村庄文化秩序权威的地位。

综上所述，大总在白公事过程中享有极大地几乎是控制一切的权力。这种权力来自于其为人们提供仪式性的公共服务所得的报酬。作为反例，如果大总不能满足人们对仪式服务的需要，那人们就不会提供相应的服从作为报酬，他就有着丧失权力的危险。这种危险，也是现实存在的。据村里的老“大总”田爷爷回忆，以前曾有一位大总，在给人发丧的时候，忘了“指路”这一环节，

“主家就不让了，说自家老人一生就走这一回，结果（你）忘了指路，让自家去世的老人迷路了。”（case05，男，76 岁）

无独有偶，据 L 村附近的殡仪用品商店老板冯爷爷回忆，以前做公事之前，主家要与大总商量——

“主家拿多少钱，比方说我拿出五千来，你得给我列出明细来，这五千块钱上哪用。但是有一点，钱不够行，钱花不了不行。以前的有钱人家做白公事，谁家那个老了，就得花够了钱来做公事。以前就有这么一回事，一家人做公事，本来一千块钱就行，结果塞给大总两千块钱，花不出去，那家人就（对大总）说，你不行，我（要）另请个大总。”（case07，男，74 岁）

在这个例子中，所谓“一千块钱”就行，指的是当时完成丧葬仪式基本需要的基础成本，但是“有钱人”想要在基础成本之外追加花费，用以追求基本需要之外的“面子”，如果大总不能满足这种需要，那么这户“有钱人”就拒绝对大总回报服从。

虽然大总的权力是来自于人们为报答其仪式服务而提供的服从，但是这种权力的具体运作，还要依赖于一套关于仪式规范的“知识”。这也算福柯意义上“权力运作的技术”。

这套“知识”主要分为两个层次，三个方面。第一个层次，指的是大总自身的文化程度。在 L 村里，如果是没有受过教育的人，是无法担任主持仪式的重任的。担任大总的人，一般是村民口中所说的“文化人”。

第二个层次，则是关于仪式的具体知识。这一层次的知识，又可以分为两个方面。第一个方面，是关于传统丧葬仪式的规则的知识。第二个方面，则是关于仪式具体运作的实践经验。我对村委的薛书记曾经问到，既然村里以前的大家族自己就有一套组织丧葬仪式的小班子，那么他们是不是自己就掌握着关于丧葬仪式的规矩。薛书记给出了肯定的回答：

“那时候也没有啥（规定）文件，就是默认的一套（关于公事的）规则。都是上头传承下来的规则，那些年纪大的都懂得这一套。”（case02，男，43 岁）

由此可以推测，关于仪式规则的知识，在 L 村的大家族之中保存传承得比较好，也因此使得明白丧礼规矩的大总多出身于大家族。

另一方面，也有大总并非出身于一姓上百户的大家族，而是出身于小家族之中，但是，其习得的仪式知识，也是与大家族那一套仪式规范相符的。L 村的“老大总”田爷爷就是从小户出身的大总。据他回顾，自己关于丧葬仪式的知识，多是在参与村里其他人公事，给主家帮忙的时候学习的。他说，他第一次担任白公事的大总的时候，

“没人找（我），是（我）自己去帮忙，人家就叫我干了（大总），慢慢来，就慢慢学上了。当时我没寻思我能干这个，就是以前一直去帮忙，看着别人弄，后来老大总不干了，就成我来干了。（我）也是靠从小跟着别人干活帮忙，才熟悉这套规矩的。”（case05，男，76 岁）

而大总除了学习上一代传承下来的知识，也在相互之间展开学习。用田爷爷的话说，

“咱们这边都是我学你、你学他，学的过程中有不少走调的，就像学太极拳似的。要说标准的（仪式），还是曲阜的公事最标准，咱们这的

公事都是学人家的。”（同上）

总的来说，大总所拥有的知识，就是围绕着仪式象征体系和话语体系所产生的的一系列惯例和操作经验。这一套知识，类似于吉尔兹所谓“地方性知识”（Local Knowledge），是吉尔兹在论文集《地方性知识》一书中提出来的，倡导以观察、移情、认知、自觉地追随地方“文化持有者的内部眼界”去阐释地方文化，尊重多样性与异质性（吉尔兹，2000）。其实这种“地方性知识”，也可以理解为地方性的文化传统。

其实，不只是大总获取权力需要通过“地方性知识”这一层门槛，白公事班子中的账房一职也有着较高的门槛。据实践经验丰富的“老账房”冯大爷回忆，做白公事的时候——

“以前记账都得用毛笔，写毛笔字，有时候外账房还得负责写悼词，写祭文，还有挽联之类的。还得打出门幡来，门幡你知道不？就是用一张长条纸，在上头写上去世那个人的身份。所以账房也不是随便都能干的，以前得会写（毛笔）字的人，才能当账房。”（case06，男，55 岁）

由此可知，公事班子中的账房，除了会算数之外，还必须会识字，会书法。

由于主持传统仪式的大总和账房是一群民间知识丰富、懂得乡间礼仪、能主持乡间仪式的人，而且其仪式权力的运作，依赖于与丧葬仪式有关的知识传承，因此我将他们称为村庄社区中体制外的文化精英。这些文化精英，过去在 L 村的丧葬活动中起着领导作用，为村民提供与村庄文化规范相符的仪式服务，从而获取村民作为报酬提供的服从，因而获得了相应的权力，可以称之为“文化权力”。然而，这些文化精英，不但很多出身于村庄的“大家族”，其自身拥有的关于仪式服务这一套“地方性知识”的文化资源，也往往来自于人多势众的“大家族”的传承，因此他们在行使“文化权力”的时候，也需要依靠“大家族”的支持，这就使得L村“白公事”文化成为以“大家族”为中心，向“小门小户”辐射的格局，这也为后来村民在“白公事”中追求面子而导致仪式中人情的异化埋下了隐患。导致改革前村民在传统仪式中的博弈陷入了互相追求面子、竞争面子的囚徒困境中。

三、传统仪式的制度困境：人情异化与名实分离

贺雪峰曾将中国农村社会分为三大区域类型，并将北方农村社会称为“北方分裂型村庄”。他认为，“北方分裂型村庄”是在村庄内部存在很多不同的派系，而且不同派系之间缺少自己人的认同，并互相构成竞争性关系。也就是说，北方农村社会内部虽然是熟人社会，但这个熟人社会并非是一个“自己人”的社会，而是由若干“自己人”群体构成的社会。北方农村多分裂型村庄的典型特征，是村庄内部存在若干小亲族（贺雪峰，2011）。

贺雪峰对北方分裂型村庄社会特征的总结，与本研究中笔者所观察到的L村的实际情况大致吻合。即村庄社区中不存在统一的宗族势力，而是存在着几个不同的派系，并且其相互之间构成竞争性关系。举例来说，在问及L村有哪些大家族时，我得到的几乎都是不同的答案，比如村委副书记刘大爷就对我这么说，

“那些大家族里头，……以前的刘家、李家、王家，这三个家族，基本上都有一个大总……”（case03，男，52岁）

而村民冯阿姨则在接受访谈时，表示村里比较大的家族，

“就是刘家、孙家和金家……”（case15，女，49岁）

上述的这些不同的家族，就构成了村庄内部不同的派系，并进而在举行白公事时互相攀比，展开竞争。

据L村党委书记薛大爷介绍：

“村上（指村支两委）那时候（指2005年之前）也没想着介入（白公事）。为啥后来介入了，就是因为有些富裕家庭能做那一套大通套——大坟，大（棺）材，大操大办，吃喝一点不少。要是收入低的那些就承受不了。但是还得照着办，因为不照着办，（村里人）就要说你不孝顺，不孝顺是为人子女的大忌！”（case02，男，43岁）

对村民访谈所获，也支持了薛书记说的这番话。

“现在怎么说也是省。省了太多了。而且主家也不用操心了，以前主家全部公事都得操心，有时候还负担不起费用。有些家里兄弟们少了，没法摊钱，要是摊在一个人两个人身上，根本负担不起。就像旁边的W村、H村，他们就是没有理事会，跟以前我们这里一样。”（case17，女，52岁）

当问及过去大操大办的风气是怎么形成的时候，徐阿姨则表示：

“反正是小户随着大户走，都是那么一个风俗。不管家里人多人少，都想办好点，互相攀（比）啊。”（同上）

从上述的言论可以推测，在村委介入白公事之前，村民形成了通过操办白公事来互相攀比的不良风气，而徐阿姨“小户跟着大户走”一言，则形象生动地展示了当时村里不良风气的传导机制。具体来说，就是“大户”依靠自身“人多势众”，掌握的丰富社会资源大操大办，利用丧葬仪式这个演出前台彰显其社会地位，获取声望等价值；小户则在仪式文化和村里舆论的压力下对“大户”的“表演”进行模仿。然而，小户的资源地位毕竟不如大户，模仿大户大操大办的结果，就是背负上严重的经济负担。

在过去村委还没有介入村庄仪式活动的时候，村民分属于不同的“自己人”群体。据田爷爷回忆：

“以前（做白公事）还是交叉的，这个干这家，那个干那家。后来成立了理事会，我们就成一伙的了。”（case05，男，76岁）

“……没成立理事会的时候，那是跟谁关系近就去谁家。因为那时候村里有好几个大总，关系近的都凑在一起。现在的大总就剩我了。”（同上）

一方面，过去L村文化精英在仪式活动中行使的权力，受到“自己人”小圈子的局限，权力的影响范围总是在“关系近”的几家之内；另一方面，小门小户获取仪式服务的范围，也被限制在与自己“关系近”的“大家族”之内，在仪式文化中被动接受其影响。

上文已经提到，由于资源地位与交换地位的不平等，产生了权力的分化。根据“镶嵌式博弈”的表述，就是“大家族”将为“小家族”提供仪式服务的行为镶嵌到“小家族”在仪式文化中服从“大家族”权力的博弈之中。此处，这种权力的体现，就是小门小户在丧葬仪式中，要服从于人多势众的“大家族”对仪式的偏好，遵循“大家族”确立的制度规范，在仪式中被动地追求面子，并追随着不同“大家族”之间围绕“面子”展开的竞争。其后果，就是丧葬仪式中人情的异化与仪式中“名”与“实”的分离。

所谓“人情”的异化，主要体现在仪式中的人情参与者越来越多，用于人情的酒席支出和随礼金额越来越高。原本互助互惠的人情往来，现在沾染上更多功利的色彩，被面子的竞争异化为“人情负担”。据村民冯阿姨介绍，去年（2016年）她父亲去世的时候，给父亲办丧事花费总共三千多块钱，但要是按照以前（2005年以前）的办法来做的话：

“那可不得花六七千。以前与现在比，差不多要翻一倍还多。”（case15，女，49岁）

村委副书记刘大爷也表示：

“原来咱们做公事，钱一般都不够，现在都是剩下钱。”（case03，男，52岁）

另据不少村民反映，在仪式改革之前，每次仪式举办之后要做两天公事席，如果一天做十席，两天就是二十席，每席包含烟酒在内约三、四百块钱，总计要花费六千甚至七、八千块钱。

所谓“名实分离”，就是丧葬仪式文化中所体现的“孝”名，主要由仪式的场面、花费多少，死者棺材与坟地的大小以及价格高低来体现，与丧事主家是否真正孝敬地奉养去世的老人，有几分真正孝心的实际状况关联越来越小。村庄中的舆论或“说闲话”的机制则为这种对“孝”的名实分离的评价体系提供了支持。如果丧事事主不在仪式的场面、花费多少，死者棺材与坟地的大小以及价格高低方面上心，就会被说成是“不孝顺”，所以只得参与有关仪式中面子的竞争。

根据上面的论述，L村整个丧葬仪式在改革之前的提供结构与村庄社区内人情系统自主治理结构的关联逻辑已经展现得比较清晰了：丧葬仪式的服务由村中的“文化精英”们依托于“大家族”的支持，向关系比较近的“小门小户”提供，作为交换仪式服务的回报，以“小门小户”为代表的普通村民服从于“大家族”在传统仪式的制度规范中进行支配的权力（包括服从于以“大家族”仪式偏好为中心的评价体系和舆论体系）；在这种权力支配结构之下，村庄中人情往来、人情循环的系统，也以“大家族”为中心进行运转，并随着“大家族”对声望、面子的竞争，卷入了“人情异化”的陷阱，这种“人情异化”的最终恶果，可能是村庄人情系统的枯竭与崩溃。

在这个人情系统自我治理的情境之中，主要的矛盾不是所谓“搭便车”的问题，而是一个“上了车下不来”的问题。因为人情在村庄内的循环来往并不是单向的汲取，还需要每个参与者根据其自身在现实中拥有的资源对人情系统注入人情（包括劳务帮助和物资货币等多方面的人情资源）。丧葬仪式中的“面子”竞争，不但需要从人情系统中汲取资源（比如请人帮忙、收人礼金），还需要向其中注入资源（比如表示感谢，请吃酒席）。在此竞争过程中，资源地位比较高的人可以保持汲取资源与注入资源的平衡，然而资源地位比较低的人却无法保证。可是，由“大家族”和“文化精英”主导的丧葬仪式，却要求资源地位高低不同的人都要参与到面子的竞争与相关的人情往来之中。

可惜的是，通过“镶嵌式博弈”的类似策略，人多势众、拥有丰富资源的“大家族”已经将资源地位比较低的小门小户陪绑到自己的战车上。在仪式活动中，这种由“大家族”和“文化精英”主导的“智猪博弈”提供结构，只保障了参与者“竞争面子”的权利，却没有保障参与者“免于竞争”的权利。这也意味着参与者都有从人情系统中汲取人情的权利，而且缺乏合理的限制。

在这样一种权利缺乏合理限制的“下不了车”的“面子”竞争中，沟通人情资源系统的丧葬仪式，对村民们来说，预期成本会越来越高，而预期收益会越来越低，贴现率则会随着对现有制度评价走低而提高。根据奥斯特罗姆（2016）的自主治理理论，这样的状况，就为社区成员改变原有制度，选择新制度提供了动力。然而，由于传统仪式规范中舆论机制，即“说闲话”机制对仪式偏好的限制，所以村民要改变偏好（主要是关于“面子竞争”的偏好），寻找出一套能够提高预期收益的、关于白公事的“新制度”，还面临着一定的困难。因此，这种僵局，并不是那么容易被打破的。

第五章　仪式改革与权力共谋

尽管传统仪式中人情异化与“名实分离”的制度困境，好似一种难以改变的僵局，但L村的社区成员最终还是依靠自己的力量（没有受到国家权力的干预）将这种困境扭转了过来。而这种转变更多地是依靠村庄之中体制内的政治精英与体制外的文化精英的“权力共谋”来实现的。这种“权力共谋”，可以说是村庄仪式变迁能够“自治式达成”的关键机制。本章内容，就是对这种机制的详细呈现。

一、改革过程（A）：事实描述

L村丧葬仪式改革，或者说对白公事的改革，是从2005年开始的。改革的发起者，是L村村党委。而L村村党委之所以在当时介入村里的白公事，如前文中村党委书记薛大爷所说，主要原因在于当时村里人办白公事过度铺张造成的经济负担问题。这一问题，因为与民生息息相关，而民生状况又与村委的执政绩效密切相关，所以引起了村里体制内政治精英的注意，由此开始介入白公事并对相关仪式进行改革。

正是因为过去白公事给村民造成严重的经济负担，所以村委介入白公事的时候，也是主要从其中花费较大的几个环节入手。

L村的红白理事会成立于2005年年初。其前身是“喜事新办，丧事简办”的工作小组，由村委组织领导。据薛书记表示：

“（村里）从05年两委开始开居民代表大会，针对这些（白公事不良风气的）情况，表示坚决杜绝，实行‘七不准、六提倡’，成立‘喜事新办，丧事简办’的工作小组。当时（由）书记担任组长，后续党委成员各自分管开了。”（case02，男，43岁）

这标志着L村体制内的政治精英正式对村里丧葬活动的介入。

当时村委工作小组提出的“七不准”的规定，集中体现了村委对白公事改革的要求，据薛书记介绍，分别是：

“（一）是不准土葬，必须火化；（二是）不准使用棺材，必须使用骨灰盒，当然骨灰盒也有好的，但是坚决不能用大棺材；（三是）不准使用大坟。咱们村上有土工，基建队的人，咱就雇着他来专门干这活。别人不得介入。林地可以在公墓，也可以进老林。（四是）不准另选墓地，比如说赵家王家已经买了墓地，还想另选个地方，那是坚决不允许，除非你到外头的公墓去。（五）再就是不准在祭丧期间使用各种迷信纸扎，但允许送花圈。包括纸扎的牛、马、羊、家电、房子、车啥的。现在别的社区里还有纸扎的手机、电脑。（六）还有就是不允许穿白色的孝服，不允许九跪一叩的那些繁琐祭拜……然后就是不准吹喇叭之类的。……（七）最后是殡葬期间，不准喝酒，招待一律便饭。”（同上）

其中，针对“大坟，大（棺）材，大操大办，大吃大喝”这些花费较大的传统丧礼“大通套”，在“七不准”之外，还有更为具体的规定，记载于《L村社区移风易俗工作进展情况和具体措施》之中。

“原有个人墓地建坟，包括待起的新寿坟，必须按统一的尺寸标准，即长1米，宽0.6米，对原来已经建成的寿坟，原则不动。”

这是针对死者坟地的建设规定，与村委指派本村土工“专门干这活”“别人不得介入”的规定结合起来，将村民建坟的花费控制在一个固定的标准上。针对寿材和操办流程的花费，村委则规定——

“一律不允许购置棺材、包括已经建成的寿材在内，统一使用骨灰盒。殡葬期间允许用花圈或花幡作为悼念品，但不允许搞牛、马、灵楼、佣人等纸扎，更不允许雇佣吹手喇叭。”

最后，是对吃喝方面花费的规定：

“殡葬期间，提倡一家有事大家支援的互助精神，在人力、物力上给予帮助，但丧主招待一律便饭，坚决禁止喝酒。在家中做饭招待的标准为四菜一汤。在饭店招待的，每席标准为四菜一汤，招待烟执行最低价。”

制度的执行需要组织和具体的个人来负责。村支两委自身人手不多，面对千头万绪的基层事务，需要村庄民间力量的支持，这也就为作为村中体制内精英的村委干部，与作为村中体制外精英的大总等人展开合作，提供了契机。

这种合作的体现，就是正式成立红白理事会的时候，当我询问村委薛书记理事会成立初期是如何选择红白理事会成员的时候，他简单地告诉我：

“主要靠（村里的）一些知名人士。因为写个挽联啥的，得有点文化，会写点才能行。当时先是靠村民推荐选出来一些人，再经过村委会研究决定，最终确定理事会组成人员。”（case02，男，43 岁）

这个选择过程，先经过村民对自己所熟悉的“有点文化”的“知名人士”的推荐，使得村里被“熟人社会”所认可的文化精英被选出来；再经过村委的确认，确定最终的人选。理事会成立之后，六个成员之中，除了村委分管红白事务、担任理事会会长的村委副书记刘某之外，其余五个人都是组织过传统红白公事的“大总”或“账房”。

而这五个人，既不是党员，也没有担任过村支两委的工作职务，可以说都是 L 村社区体制外的民间人士。L 村理事会的六位成员的基本情况如表 1：

表 1　L 村红白理事会成员基本情况

姓名	理事会职务	传统经验	年龄	性别	党员身份
刘某	会长	无	52 岁	男	有
田某	副会长	大总	76 岁	男	无
冯某	理事	账房	55 岁	男	无
金某	理事	账房	53 岁	男	无
李某	理事	账房	65 岁	男	无
张某	理事	账房	57 岁	男	无

在吸收体制外文化精英进入红白理事会之外，L 村还特地找来村里的“知名人士”进行谈话，通过他们来推动民间丧葬风气的转变，用薛书记的话说：

“就是一开始先和知名人士探讨，让他们接受，然后让他们去和老百姓去说。比我们和老百姓说有用的多。”（case02，男，43 岁）

而这些“知名人士”，也就是村里的精英人士，

“居民代表，老党员。从这些人里找。还有大家（族）的大总和族长都找过来聊聊。”（同上）

同时，村委还通过各居民小组的小组长，将红白理事会成立的消息通知到每一户村民。经过这些知名人士的努力，以及村委的宣传，村民很快接受了红白理事会对丧葬活动的指导，从 2005 年下半年开始，风气就逐渐好转，白公事带给村民的经济负担迅速减轻。

二、改革成果：新时期的 L 村白公事基本流程与组织概况

据村委领导和一些村民的介绍，截止到 2016 年底，L 村白公事的仪式已经简化为以下三个步骤：默哀三分钟；向遗体（遗像）三鞠躬，致

悼词；指路送葬。

办白公事的具体组织过程也分为三个步骤：接到丧主的报告后，理事会派两到三人上门与主家或主家委托的代理人共同商量，决定公事的各项事宜（与事主商议决定林地（即墓地）的位置，葬礼时间等事宜，并签订红白公事协议书）；理事会负责操办白公事整个流程；监督当事人执行“七不准”的规定，对违反规定者给予处罚。

然而，据L村村委副书记，也是分管红白公事的理事会会长刘大爷说，白公事的仪式基本上都是另外五个人，也就是具有传统白公事组织经验的五位理事操办，他本人则主要负责组织过程的第一步和第三步。他说：

“我的电话，基本上村里人都知道，谁家有事，要么直接打我电话，要么上家里来找我，然后我就安排下去，理事会就直接介入了。一般都是我先进去，前期的买墓地，殡仪服务和火化这些，基本上我都安排好了。”（case03，男，52岁）

村民也表示联系理事会比以前联系大总要方便：

“（联系理事会）就是直接打座机，打到刘书记家里去，他负责理事会这一块。然后他就安排理事会过来了。他们都挺随和，不拿架子。”（case15，女，49岁）

组织白公事的前两个步骤都比以前大为简化，对于红白理事会来说，唯一繁琐的工作是第三个步骤，也就是监督主家在办公事的时候，有没有违反规定的行为，并对相应行为作出处罚。具体的处罚措施则包括四点：

（1）在原有个人墓地建坟，超出统一尺寸标准的，每超一平方米收费500元。

（2）应进公墓而不进，私自找地方埋葬的，每次罚款5000元，并按占用面积每平方米收费1000元。

（3）丧事超出便饭开支标准的，每席罚款50元，喝酒的按每人罚款20元。

（4）违反丧事简办规定两条以上者，除罚款外，取消村委规定的所有丧补待遇；去世者的第一继承人如果享受村老保待遇，取消其老保待遇；其子女在村办企业工作的一律辞退。

从上述惩罚措施可以看出，村委最为关注的中心，还是在于减轻传统丧葬活动带给村民的经济负担，确保村级治理的民生问题不出差错。而村委控制丧葬仪式的手段，也是集中在物质层面，以经济处罚为主要手段。但是，这样一来，作为日前媒体宣传口径中的“民间组织”的“红白理事会”，却获得了类似政府职能部门的行使罚款的权力。

而近两年，为了减少红白理事会的监督成本，村委又出台了一个新规定，要求每一家办白事的时候，事先向理事会交三百块钱的押金，等着办完以后看是否有违背规定，再决定是否返还回去；如果违背规定，就不再返还。留下来的这部分钱，则称为理事会的福利资金。

据村委薛书记介绍，

理事会的成员“多少有点小补贴”，主要是“（帮忙组织白公事）一天二十块钱。……然后就是年终村里分点东西，给点福利。也就是一桶油，一袋面。”（case02，男，43岁）

而且，这些福利，都是“村上出的”。如此一来，过去民间的“大总”和“账房”，如今变成理事会的“理事”之后，不仅没有失去主持白公事仪式的权力，还获得了村委额外给予的福利。

三、改革过程（B）：机制分析

从上一部分的介绍，我们可以看到，在L村的当今，白公事是由村委领导下的红白理事会操持运转的。而相应的仪式权力，原本由体制外的文化精英垄断，现在变成由体制外精英与体制内精英共享。并且，在具体操作新式仪式的过程中，仍然是由过去的文化精英在执行仪式。那么，这又是如何实现的呢？

笔者认为，这种权力结构的转变，首先与丧葬仪式作为村庄公共物品的提供结构的转变有关。在改革之前，仪式主要由村庄资源地位比较高的人，主要是人多势众、人力和财力比较丰富的“大家族”，以及与其关系密切，掌握仪式文化传承的文化精英来提供。在改革之后，则由以前的文化精英与掌握村庄行政资源的政治精英们合作提供。从本质上来看，不论是改革之前，还是改革之后，仪式的提供结构都是资源地位比较高的人站出来主持，由资源地位比较低的人搭便车的“智猪博弈”结构。但是，改革后的主要变化，是将公共服务的提供结构扩充了，将民间资源与行政资源两个系统沟通起来，使公共物品提供者的资源地位更加强势。提供者依靠这种资源地位的优势，向村民提供仪式服务，获取作为报酬的服从与权力。

其次，对人情系统的自我治理结构的转变，也是这种权力结构转变的基础。在改革之前，对人情资源的汲取在“面子竞争”的刺激下缺乏有效的限制，而改革后的措施有效地将村民对人情资源的利用控制在一个比较低的水平。这种转变，是借助政治精英们掌握的行政资源实现的。其中关键的要素，就是保障了村民免于竞争的权利，限制了“大家族”竞争面子的权利，并且转变了人们在丧葬活动中竞争面子、名声的偏好。

具体来讲，村委的介入，使得村庄人情资源系统的自我治理，具有了关联博弈的特性。也就是将人们在人情资源系统的博弈与村庄行政系统的博弈联系起来。如前文所述，村委在制定了关于丧葬仪式的新规定之外，又配套制定了一系列相应的惩罚措施，以罚款手段为主，针对为了追求面子而过度利用人情资源的行为进行了限制。特别是，对违反丧事简办规定达到两条以上者，除了罚款外，还要——“取消村委规定的所有丧补待遇；去世者的第一继承人如果享受村老保待遇，取消其老保待遇；其子女在村办企业工作的，一律辞退。”这就是利用村委控制的行政资源，将村民在人情资源系统的集体行动，镶嵌在村庄行政管理范围的博弈中去，从而达成对村民汲取人情资源的权利的控制。

更进一步的，这种镶嵌式的博弈，使得针对人情资源过度利用的惩罚成为一种“可置信威胁”，也被村民加以利用来保障自身免于面子竞争的权利。据村委副书记刘大爷介绍：

“有些人啊，他平时就不孝顺，也就给老人办公事的时候多花两个钱来显孝心。现在有了规定以后，他一看，正好咧，多花钱以后，还得多交（罚款）钱，那干脆就不大操大办了。”（case03，男，52岁）

这种村庄行政管理系统的惩罚措施作为一种“可置信威胁”，与原有的仪式文化中的舆论机制、也就是“说闲话”机制相比更具有“刚性”，可以促使那些村中的“不孝子”率先借助“可置信威胁”来抵制舆论的压力，为自己的行为——放弃对仪式中名实分离的“孝顺”名声的偏好、以及对面子的偏好的行为——提供自我合法化的依据。换言之，这种惩罚措施的引入，使得仪式活动中参与者之间博弈的相对价格发生了改变。村民在仪式中坚持大操大办所要支付的成本提高了，而借机表达对传统仪式不满和否定的成本则降低了（可以拿村委规定的“惩罚”作为规避大操大办的有效借口），这构成了仪式变迁的重要动因。

根据谢林（Thomas C.Schelling，2013）有关从微观动机到宏观行为的集体行动演化理论，村民中与“不孝子”类似的对仪式中面子竞争偏好较弱的人，就很可能受到“不孝子”行为的吸引，被卷入到放弃原有偏好的行动中来。这种潜移默化的偏好的改变，用村民的话来描述，就是：

“（理事会）甭做啥思想工作，（仪式改革）自然而然就行了。老百姓挺受益，就是一上来有几家觉得不大方便，人家都摆酒席，突然到我们这里，就改成四菜一汤。不过后来看到别人家（仪式简化）的好处，慢慢形成习惯以后，大家都觉得满意了。”（case20，女，50岁）

因此，村民为了借助上述的这种“可置信威胁”，来保障自身免于被卷入面子竞争的权利，也有动力支持村委对仪式的领导，向政治精英给予服从作为报酬。

不过，上述这种扭转村民在仪式活动中的偏好的机制，可能依赖于丧葬仪式的特性——这是一种为死者举行的仪式，而不是为活人举办的仪式，所以其公共性的成分比红喜事更多。作为例证，可以参考L村红白理事会在改变村民红公事偏好时的失败。当我问及村里红白理事会对红公事是怎么管理的时候，村委刘大爷说：

“现在理事会对村里头红公事管不了，因为现在每一家都是只有一两个子女，都想给儿女办得好点，让儿女有面子，这个咱们也不好管。”（case03，男，52岁）

所谓“都想给儿女办得好点，让儿女有面子”，其实体现了村民对红公事的偏好，被镶嵌到了父母与子女的长期博弈之中。因为儿女都是“活人”（而且很可能是父母未来养老的依靠），父母对仪式的偏好会影响到儿女以后的“面子”，而这又有很大可能性，影响到子女以后对父母的态度；对比白公事的话，由于举办仪式的事主的尊长已经去世，所以事主的偏好主要受到村中文化和舆论机制（即“说闲话”机制）的影响，而不是自家人的看法的影响。

这一差异所反映出的问题实质，可能是由于在红喜事中潜藏的父母与子女在未来的长期博弈，使得红喜事对L村的村民来说更类似于私人物品，而其公共性较之白公事要少。故而刘大爷会发出红公事“不好管”的感叹。因此，L村村民在红公事中对面子的偏好，就不如白公事之中那么容易被转变了。

四、权力共谋：权力共享何以成为可能

改革制度涉及到相关参与者权利的调整，而任何权利的调整都需要

涉及一系列的人际关系磨合或摩擦的过程，这个过程需要耗费一定的成本。科斯定理认为，在交易成本为零的情况下，权利的初始配置，不会影响资源的使用效率（刘伟、李风圣，1998）。巴泽尔（1997）却指出，这本身属于自相矛盾或者是同义反复，因为权利的初始配置或者说权利界定的本身就需要成本，而且这是构成交易成本的很大一部分内容。在白公事改革的过程中，同样涉及到这种问题：

村民在人情资源系统中汲取人情的权利受到了一定的限制，大家族追求面子，利用人情进行社会竞争的权利受到了压制，而小门小户“免于竞争”的权利得到了保护。在这种情况下，原先的文化精英们可以凭借自身拥有的文化资源、声望地位和关系网络，利用地方性知识变通性地推动仪式改革中的权利调整，降低权利调整过程中的交易成本。

结合访谈资料，笔者整理出了一个与此相关的具体事例：

在仪式改革之后，某个大户人家要办丧事，该事主比较富裕，想要为去世的老人大操大办，并坚持要买个贵重的大棺材（不符合村委规定的仪式要求）来装老人的骨灰。村委副书记刘大爷对其进行劝告，但事主却不接受。于是，过去的老牌“大总”，现任理事会副会长的田爷爷就对事主说，“过去棺材有大的有小的，现在骨灰盒也有好的有孬的，别人买个骨灰盒，（花费）一百（块钱）；你买个五百（块钱）的，（如果）还不行，再买个更贵的，不就行了？”主家商量了一下，觉得“还行”，就同意了。（case05，男，76岁）

根据我在L村中了解的大体情况，无论是一百块、还是五百块的骨灰盒，在价值上都不如过去动辄上千元的“大寿材”（大棺材）。但是，田爷爷灵活利用地方性知识，使得主家在感受上仍然拥有利用其资源地位的优势进行社会竞争，获取“面子”的权利，因此最终让主家同意遵循理事会的规定，使用骨灰盒而非大棺材来装老人的骨灰。

在上面的这个例子中，体现出了村庄精英（政治精英与文化精英）

结构运作中的彼此镶嵌，并作用于第三方（村民）；在作用于第三方时，精英所运作的结构又在互相镶嵌，并表达出对彼此的需要，以及对彼此利益的尊重。最终经过彼此协调，三方在博弈中达到了一个“聚点”(focus point)。此处的“聚点”，是谢林（1980）在《冲突的战略》中提出的，指的是现实中博弈的参与人可利用自身的威胁、承诺等策略来铸造出“有所偏向”的博弈结果。此处展示的这样一种三方博弈，是值得深思的，可能具有一般性意义。如果存在外界压力（比如国家权力的介入来强行推动仪式改革），可能导致这种博弈的聚点发生改变。

还有，当我问及村里人关于推荐理事会成员的时候心里有什么标准，有村民这样答道：

“要想管这事，得了解这方面的知识，还得认识各家的人，谁是谁家亲戚，都姓啥叫啥，这都得清楚才行。”（case27，男，56 岁）

而要“认识各家的人”，熟悉“谁是谁家亲戚，都姓啥叫啥”，仅仅在一般意义上的“熟人社会”范围内，是很难做到的，我认为，要达到这种标准，只能在“自己人”群体这种小范围圈子里才能实现。这从侧面说明，文化精英在自己原本所处的“自己人”群体中的关系网络，成为自己加入红白理事会的重要资格。而村委恰好需要借助于文化精英的关系网络，去推行关于白公事仪式的新规则，降低新规定推行过程中的交易成本。这种策略，用村委薛书记的话来说，

“让他们接受，然后让他们去和老百姓去说。比我们和老百姓说有用的多。”（case02，男，43 岁）

以上说明，L 村仪式改革过程中，政治精英在获取和行使权力等环节，对文化精英的需要。而在另一方面，文化精英在改革变化中想要延续甚至扩张自己的权力，也需要政治精英的支持。

首先，如前文所述，过去文化精英在村里主持丧葬仪式等仪式活动，要依托于“大家族”行使仪式权力。受到以“大家族”为中心的“自己人”小圈子的局限，权力的影响范围总是在“关系近”的几家之内，无法扩展到全村。要使自己的权力突破“自己人”群体的限制，就需要寻找这种小圈子之外的、不局限于“自己人”群体的力量的帮助。而在L村之中，这种力量，主要就是体制内的村委所代表的政治精英的力量。所以，文化精英通过将自身在仪式服务中的行动镶嵌到与政治精英的合作之中,可以跻身于红白理事会这样在村庄社区中比较稳定的组织之中,摆脱对在过去相互之间竞争“大家族”的依赖，利用自己在自治组织中的位置提供服务并获取权力。

其次，改革后的白公事仪式中也保留了部分传统仪式的残余，保留下来的部分，主要是与铺张浪费追求面子的社会竞争无关的仪式文化，村民对这种仪式文化依然比较信服。文化精英与政治精英的合作，导致改革后的新规定没有取消这种仪式文化。这就使得L村目前指导仪式的新规则、新知识之中，还存留着“地方性知识”的成分，为文化精英利用“地方性知识”操持仪式活动提供了支持。这一点，在本案例中最主要的体现，就是改革后仪式仍有“指路送葬”这一程序。

所谓“指路送葬”，如前文所述，就是在“大总”，即民间文化精英的指导下，由死者子女为死者“指出”前往“死后世界（即阴间）”的路，确保逝者稳妥前往死后的世界。这一仪式环节，沟通了现实生活的世界与人们对死后未知的想象世界。而文化精英对这一仪式的控制，则体现了其在“沟通死后世界”领域所垄断的知识和占有的权力。即使在白公事仪式改革之后，也仍然是由过去主持仪式的民间精英来操作这一“指路送葬”的程序。这就类似于福柯所说的“不相应地建构一种知识领域就不可能有权力关系，不同时预设和建构权力关系就不会有任何知识。”（福柯，1999：29）文化精英们借助地方性知识行使仪式权力的行为，也就依照类似的逻辑镶嵌在与政治精英的合作之中。

在仪式改革之后，仪式服务的提供需要文化精英与政治精英合作实现，包括通过一系列“镶嵌式博弈”策略而完成的组织结构和自治结构的转变。在此改革过程中，文化精英和政治精英所代表的的“文化资源”占有者与“行政资源”占有者，并不是任意一方能够凭借其资源地位的优势，向社区成员提供单独的服务或帮助，从而获取相应的服从于权力，而是需要通过合作来保障仪式活动的自主治理。因此，从布劳社会交换的意义上来讲，文化精英与政治精英只有相互配合才能为村民提供这样一种“新制度”——比改革前更为妥善的仪式服务与人情资源系统的治理安排，所以村民作为报酬提供给他们的服从，也是对二者合作治理结构的服从，由此导致的权力结构的转变，就是笔者在本案例中所展示的，“文化权力”与“行政权力”的共谋了。

如果进一步将本研究中的微观案例结合宏观的社会背景来看，这种村庄社区中精英的“共谋”，也反映了一种社会理性化的发展趋势。即负责公共事务的组织者由非正式组织形态转化为更贴近于正式组织的形态。而这种组织形态的“理性化”，其实是与村民对仪式活动的观念的理性化相配合的。所谓村民观念的“理性化”，是指村民更注重在仪式活动中节省时间和金钱。如村委刘大爷说：

“以前办公事一弄就是好几天，现在这家里头小孩得上学，大人得上班，少上一天班，就少挣一份钱，哪有那么多功夫去忙公事啊。”(case03，男，52岁)

而在去年（2016年）年底自己父亲去世了的村民冯阿姨，则在表达自己对目前简化后的丧葬活动的看法时说：

“（现在）就是时代变化了，儿女图省事，也不是不孝敬，就是图方便。”（case19，女，49岁）

并且，不只是子女有这种“理性化”的观念，老一辈的村民的观念也发生了转变。比如，当我问及冯阿姨的父亲，在生前对身后事有什么想法或要求时，冯阿姨回答说：

“我们家这些老人，我看是都想开了，平时都不考虑这些事，他们也不想大操大办，让儿女去费那个钱。除非是像LYC那种大户，家里钱多，姊妹兄弟也多，老人就有想法。”（同上）

由此可见，村民观念的理性化变化趋势，使得村民对繁琐而铺张的传统仪式越发不认同，所以，传统的仪式文化，也难以保持原有的权威。村中的文化精英，作为传统仪式文化的代表，其权威也在很大程度上依赖于文化传统。当这种传统的权威面临认同的危机时，选择与村支两委合作，跻身于红白理事会这样更加正式的组织形态，通过获得在这种更加正式的组织结构中的位置来获取权威，就成了维持自身权威的较优解。

此外，制度供给的相互需要为权力共谋提供了基础，而熟人社会的关系网络则为权力共谋提供了保障。据笔者田野调查所得，L村现任红白理事会的四名理事，一名副会长，几乎都可以算作是理事会的会长——也就是村委副书记刘大爷的“自己人”。其中一名副会长，也就是目前L村硕果仅存的唯一一位老牌“大总”田爷爷，是刘大爷的老熟人，据刘大爷回忆：

“不过老大总都走的差不多了。现在还干着的，就是咱理事会的老田了，他就是咱村里最老的大总了。当初我结婚那会，就是他给我主持（婚礼）的。”（case03，男，52岁）

而我在由刘大爷介绍，进入田爷爷家中做访谈时，也见到刘大爷仔细查看田爷爷家中出故障的洗浴热水器并表示稍后找人来帮忙一事，可见两人之间的非正式关系十分密切。而其他四位理事，也与刘大爷以及田爷爷有着比较熟悉的交情。这样一来，一个由密切的非正式关系维系的“自己人”圈子构成的“红白理事会”，就为村委与村里原先组织仪式活动的文化精英的合作交流降低了成本，为二者进行共谋提供了保障。

这种权力共谋的熟人网络，在更大的范围内看，是镶嵌在整个社区内部成员关系中的。这意味着，作为仪式改革的相关新制度的提供者，文化精英与政治精英也是村庄人情来往系统中的成员，与普通村民们一样会感受到社区人情资源系统的消长变化，也受限制于仪式规范对汲取人情资源的权利的安排。也就是说，丧葬仪式这种公共服务或者说公共物品的提供结构，是镶嵌在村庄社区人情资源系统的网络中的。接受仪式服务的村民，与提供仪式服务的精英们，都是这一社区公共资源系统的占有者和使用者。从这种角度来看，借助于博弈结构的更改，调整人情系统中的权利，获取作为回报的服从与权力，这一系列推动村庄集体选择制度改变的动力，实际上，也可以说是来源于村庄人情系统的“自我平衡”。

第五章　总结与讨论

一、研究结论与问题的解答

本研究以L村白公事改革为案例，讨论了改革前后丧葬仪式的组织问题以及仪式变迁过程中新制度如何提供等一系列问题。

第一个问题是，在没有外部力量（特别是国家权力）推动的情况下，L村村庄内部是如何实现丧葬仪式的变革与仪式权力的转化？该现象的背后究竟有哪些机制在起作用？笔者认为，仪式改革之前，L村的村民由于在与丧葬仪式活动密切相关的人情资源系统中的权利未得到妥善的安排，导致其对于权利调整的需求很强；而改变仪式规则的、新制度的提供者为了追求村庄社区中的权力，利用自身拥有的资源，来改变相关行动中的博弈框架，调整了村民在人情资源系统中的权利安排，满足了村民们的需求，进而获得了作为报酬的服从与权力。该现象背后所反映的机制，可以表述为：社区成员对集体占有和使用的公共资源系统的自主治理，可以通过引入新的博弈结构，调整权利结构，并通过集体行动中的互动与交换，进而引起权力结构的改变和自治制度的变迁。

第二个问题是，为什么仪式改革对权力结构变化形成的影响，是村庄社区内的文化精英与政治精英共同分享仪式权力，而不是其他的情况？笔者认为，一方面，两者都有对权力的追求，这也是推动仪式改革的动力；另一方面，降低仪式改革过程中交易成本的需求，以及熟人社会关系网络的联系，使得“新制度”的提供无法由单独的某一方完成，因此文化精英和政治精英在仪式改革中互相需要，紧密配合，形成了权力的“共谋”。

二、思考：对奥斯特罗姆自治理论的补充

本研究借助奥斯特罗姆有关社区自治的理论，分析了一个人造的公共资源系统——村庄社区内的人情往来、人情循环系统——的自主治理问题。这个问题可谓是本案例所代表的的仪式改革行动中的核心问题，即针对农村社区内部人情功能的两面性——互助互惠性与社会竞争性，如何妥善处理仪式性人情中的利己性与利他性。此处的“人情”，类似于社会学意义上的“社会资本”，社区内部的人情资源系统，也可以说是一种人为维持的社会资源系统。奥斯特罗姆（2016）主要以自然资源系统的社区自治案例为基础进行分析，本研究则证明其关于社区自治集体行动的理论模型，也可以应用于对社会资源系统的分析。占有社会资源的集体成员，也可以保障相关集体行动的合作，达成对公共资源系统的自主治理。

此外，本研究中所选取的案例，体现出与奥斯特罗姆理论的假定条件不太一致的特征，似乎可以将更加贴近现实的一般性机制补充到奥斯特罗姆的自治理论中去。这里主要涉及自治行动在两方面的现实特征：

第一个特征，是参与自治行动中的集体成员之间，在社会交换地位

中存在着差异，不同成员在集体行动中的社会交换可能对自主治理的结果产生重要影响；而奥斯特罗姆的假定则更倾向于一种集体成员相对平等的同质性假设，不同成员在身份、地位上的差异没有纳入到理论模型中仔细考量。第二个特征，是自治行动所在的社区的封闭程度不是那么极端化，而是相对处于一种半封闭、半开放的状态，其中以L村村支两委为代表的政治精英，属于党组织系统中的成员，所以与外界政党保持着比较密切的联系；而奥斯特罗姆所讨论的社区是有着相对封闭的假定的，其书中所举的自治成功的案例所出自偏远山区这类封闭社区，对外界的交流和开放程度非常有限；有鉴于此，可以将自治理论的社区假设进一步扩充，分为三种类型——处于完全封闭化的社区中的自治行动，处于完全开放化的社区的自治行动，以及本案例中所呈现的社区（半开放化或半封闭化社区）中的自主治理。以上三种类型的差异，类似于经济学中完全垄断市场模型、完全竞争市场模型、垄断竞争市场模型的差异；其中，最具有贴近现实的基础性的，当属垄断竞争市场模型。所以，笔者认为，本研究中所体现的这两种特征，比奥斯特罗姆自治理论中的原有假定更具有现实基础性，可以对其理论模型形成一定的补充。

还有，奥斯特罗姆在她的自治理论模型中，存在着一个虽然有考虑到但没有突出来进行分析的问题，而这个问题在本研究案例中体现得很明显。这个问题就是，集体行动涉及到集体成员相互之间权利的协调，而在集体行动的合作之中，往往会产生某一部分成员或某一方成员权利受到损失的情况。其中，具体到本案例来讲，在仪式改革之前，权利受损的就是那些如前文所说的“上了车下不来”的“小门小户”，本身资源地位不足以支撑在仪式中竞争面子的行动，却不得不被陪绑到大户社会竞争的行动中，自身“免于竞争”的权利受到了损害；而在仪式改革之后，则是资源地位比较高的“大家族”利用仪式追求面子、展开社会竞争的权利受到了抑制。

科斯认为（Ronald Coase, 1960），虽然甲的某种行为被认为对乙有“侵害”，但如果为了保障乙“免于侵害的权利”，去制止或限制甲的这种行为，却同样可能强加出对甲的“侵害”，损害甲的“侵害的权利”。所以，如果不是仅仅从个体的角度出发，而是站在社会的立场来思考，问题的关键或出发点应该是：尽可能避免大的“侵害”，以尽可能实现社会总产值的最大化；而不是简单地去制止或否弃相关的“侵害”行为。科斯所讨论的“侵害的权利”与“免于侵害的权利”和本案例中“竞争的权利”与“免于竞争的权利”，这两组具有相互性影响的权利，在字面和现实意义上都具有很多相似性。不同的是，科斯所讨论的一对关于“侵害相互性”的权利，可以由政府立法来调整，而本案例中的这对“权利”却是依靠社区内部集体成员来调整。

这种调整的机制，类似于“镶嵌式博弈”所表述的内容，即集体行动中的参与者通过“引入”或“呈现”另外一个层面的博弈空间，将原标准博弈镶嵌到新的博弈空间（通常其层次会更高一些或更宏大一些）中去，以实现自我支持的博弈结果。就是说，参与人可以引入新的博弈框架（比如采取关联博弈），形成一定的可置信威胁或承诺，利用这种可置信威胁或承诺来为那些不符合原有的集体行动偏好的选择“自我合法化”，以此影响其他的参与者，从而逐步改变集体行动参与者的偏好，最终改变原有集体行动的方式，这种调整的力量，则在于调整权利的新制度提供者对一种强制力的追求，也就是对权力的追求。这种权力，从集体成员之间的互动和交换中产生，具体而言，是部分成员借助于自身在群体中的资源地位优势，置换集体行动中的博弈框架，满足弱势者对权利调整的需求，作为回报，弱势者向优势者献上服从，使优势者获得权力。从这样的意义上来讲，弱势者对权利调整的需求，与强势者对权力的追求，这两种来自公共资源占有者和集体行动参与者的需要，构成了调整集体行动博弈框架（也就是奥斯特罗姆所说的“新制度供给”）和公共资源自治结构变迁的内在动力。

参考文献

奥斯特罗姆，2016，《公共事务的治理之道》，上海译文出版社

巴泽尔，1997，《产权的经济分析》，上海人民出版社

布劳，1988，《社会生活中的交换与权力》，华夏出版社

陈柏峰，2012，《火化政策的实施与丧葬仪式的变迁——基于江西安远县的调查》，《南京农业大学学报（社会科学版）》，第 3 期

狄金华，2013，《民间仪式与权力意志》，《南通大学学报（社会科学版）》，第 3 期

福柯，1999，《规训与惩罚》，生活·读书·新知三联书店

戈夫曼，2008，《日常生活中的自我呈现》，北京大学出版社

高丙中，2000，《民间的仪式与国家的在场》，《北京大学学报哲社版》，第一期

郭于华，2000，《仪式与社会变迁》，社会科学文献出版社

韩恒，2007，《法规的运行——以 G 村的殡葬改革为例》，《中国农业大学学报（社会科学版）》，第 3 期

贺雪峰、仝志辉，2002，《论村庄社会关联》，《中国社会科学》，第 4 期

贺雪峰，2003，《新乡土中国》，广西师范大学出版社

———，2011，《论熟人社会的人情》，《南京师大学报（社会科学版）》，第 4 期

胡艳华，2013，《社会变迁视野下的民间仪式记忆与认同危机"》，《天中学刊》，第 3 期

吉尔兹，2000，《地方性知识》，中央编译出版社

金太军，2004，《村庄权力结构研究综述》，《文史哲》，第 1 期

李德珠，2010《，中国农村殡葬改革实践》，《南通大学学报（社会科学版）》，第 4 期

刘伟、李风圣，1998，《产权通论》，北京出版社

诺思，1994，《制度、制度变迁与经济绩效》，上海三联书店出版社

潘俊强，2016，《成立8.6万余个红白理事会移风易俗——山东：乡风民风美起来，《人民日报》》，11月29日第004版
青木昌彦，2001，《比较制度分析》，上海远东出版社
萨缪尔森、诺德豪斯，1997，《经济学（第十四版）》，首都经济贸易大学出版社
——————，2004，《经济学（第十七版）》，人民邮电出版社
史婷婷，2011，《丧葬仪式研究文献综述》，《思想战线人文社会科学专辑》，第37卷
涂尔干，2011，《宗教生活的基本形式》，商务印书馆
王水雄，2007，《镶嵌式博弈——对转型社会市场秩序的剖析》，上海人民出版社
———，2009，《镶嵌式博弈与公共品提供结构——以王村为例》，《社会》，第3期
韦伯，1997，《经济与社会》，商务印书馆
吴玉刚，2015，《1949年以来我国农村权力结构变迁问题考论》，《理论导刊》，第1期
谢林，2013，《微观动机与宏观行为》，中国人民大学出版社
赵秋丽、李志臣，2016，《山东：移风易俗新风来》，《光明日报》，11月30日第003版
张娟，2006，《从单向到多元控制—村庄多重权力运作中的博弈困境及路径选择》，《云南社会科学》，第4期
张等文、呼连焦，2014，《农村权力结构嬗变过程中乡村公共产品供给制度变迁》，《天津行政学院学报》，第5期
周雪光，2008，《基层政府间的“共谋现象——一个政府行为的制度逻辑” 》，《社会学研究》，第6期
应星，2001，《大河移民上访的故事》，生活·读书·新知三联书店
淄博市博山区政协委员会主编，2013，博山民俗，淄博信通印务有限公司

Coase, Ronald, 1960， The Problem of Social Cost.*Journal of Law and Economics*.Vol.3:1-44

Schelling, Thomas, 1980， *The Strategy of Conflict.Massachusetts:* Harvard University.

校园空间与同校异性情侣的恋爱日常

潘荣桂　中国人民大学社会学系 2015 级
指导教师　黄盈盈

第一章　导论：问题、文献及方法

一、问题的提出

1.研究缘起

本研究主要缘起于两门社会学课程：性社会学和城市社会学。我在成为“性学研究生”①之后，无论是在阅读积累，还是在自身实践，抑或是在对社会现象的关注方面，都会特别去注意“全性”②相关的内容。在“全性”的视角下，同性恋、亲密关系等都是具体的研究主题，行动者与社会结构、行动者与文化等则是基础的命题。在这些丰富的研究领域之中，我对恋爱问题有比较多的兴趣点。在之前的研究经历中，我特意找到自己的 6 位朋友，通过访谈的形式与他们讨论在恋爱关系中身体语言的意义。这也是本研究的最初起点。随后我接触到了城市社会学的课程。对于城市社会学而言，空间是非常重要的研究主题，与之直接相关的议题比如说城市化、城市区位的发展、个体在空间中的体验等。我对

① 类似的称呼是我本科阶段的室友对我的戏称。他们的专业背景是物理学和应用心理学。

② “全性”对应的英文是 sexuality。“全性”的译法最初由潘绥铭教授提出。

于空间的社会学思想非常感兴趣，课程期间选读了空间相关的阅读材料，接触到包括福柯、列斐伏尔等人的思想。

基于以上两方面的个人兴趣点，我萌生出研究空间中的恋爱实践，或者是恋爱关系中空间实践的想法。与之直接相关的研究成果是魏伟研究成都男同性恋的博士论文。这一研究为我们展现了成都男同性恋群体在城市空间中的“公开”经历，同时也是对社会中存在的异性恋规范最强有力的挑战。

不过，本研究关注的是在校园空间中的异性情侣。由于历史和社会的原因，校园空间无论在物理设施配套还是在社会氛围上对于生活在其中的情侣都存在某种特殊的规定。如果与同性恋群体在城市空间中的体验进行比较，异性情侣在校园空间中的恋爱会不会也存在着相似体验？本文希望通过具体的研究材料，尝试去理解校园空间、异性情侣关系以及恋爱日常的联系。

大学校园空间的发展与我国的城市化，以及与我国的社会制度密切相关。从历史角度来看，我国校园空间规划经历过西方模式、苏联模式、八十年代的恢复期等不同阶段。而在20世纪末，由于大学扩招的影响，已有的大学校园面临办学空间不足的问题，许多高校也都在寻求新的办学空间。对此，有研究者就已经关注到新的办学空间之下，女性大学生存在的性侵忧虑的问题（周培勤，2016）。至于大学生异性情侣这个群体，潘绥铭在2001年针对全国大学生的性调查显示，在校大学生中男生有过恋人的占50.8%，接过吻的占44.5%，女生有过恋人的占55.%，接过吻的占47.2%；其中，对于男生而言，36.3%的人与恋人在同校，14.5%的人与恋人在同一个城市；对于女生而言，33.8%的人与恋人在同校，19.7%的人与恋人在同一城市（潘绥铭、杨蕊，2004）。潘绥铭于2015年完成的最新调查表明，对于所有18岁到23岁之间的男女大学生来说，他们在有过恋人、接过吻、性爱抚、性交、双方同居等方面的比例都远低于同年龄段的其他人。[①]

在已有的研究中，研究校园空间的很少关注到校园中的情侣，研究大学生恋爱的又很少关注到校园空间。已有研究的局限很大程度是由于缺少一种新的研究视角，研究者专业背景的差异也是重要原因。

本研究主要采用了空间社会学的研究视角。

2.研究问题

本研究主要关注处在同一校园中的异性情侣在恋爱日常中对校园空间的使用，重点关注以下三个问题：

(1)同校异性情侣在开始一段恋爱的过程中，校园空间有什么影响，又是如何产生影响？

(2)校园空间与同校异性情侣的不同恋爱实践之间的关系如何？具体而言，校园空间如何影响了异性情侣在校内的恋爱实践？以及异性情侣是如何能动性地使用校园空间？

(3)哪些其他因素参与到同校异性情侣在校园空间中的恋爱实践？

二、文献综述与核心概念

1．空间的理论脉络和经验研究

（1）空间研究的理论脉络

20 世纪中后期以来，西方学术界出现了空间转向的特点，国内学者如郑震（2010）、文军和黄锐（2012）都对此学术转向进行了详细的梳理。在本小节中，本文逐一梳理列斐伏尔、福柯和德塞托这三位学者的空间思想。

古典社会学理论更多地是将空间理解为客观的物理环境（郑震，2010）。列斐伏尔则区分了社会空间[②]的三个层次：第一个层次是社会空间当中被感知的维度，这部分的空间主要指物质层次的维度，比如住宅、

① 资料来源于潘绥铭教授的个人新浪博客。

② 在这里，本文所借用的是社会空间这个表达，它所传达的意思与以往我们通常所认为的空间内涵并不相同，社会空间强调的是一种带有社会性的空间，而不仅仅是物质性。

商业街区、铁路、高速公路、机场等；第二个层次是社会空间中被构想的维度。这部分的空间与生产关系以及秩序存在关联，更具体的说，这部分的空间是服务于科学家、城市规划专家、技术统治官僚和社会工程师等处在一定社会阶层的群体利益的空间。第二层次的空间体现了统治群体所掌握的知识和意识形态的表象化作用；第三个层次的空间则属于一种亲身体验的空间，并且具有对第二层次空间的批判和反抗意义。

郑震（2010）将上面三个层次的空间概念分别翻译为“空间实践”、“空间表象”和“表现的空间”。而在文军和黄锐的文章中，这三个层次的空间分别被表述为“被感知的物质空间”、“作为空间表象物的认知空间”、“亲历空间”（文军，黄锐，2012）。本文认为文军和黄锐的表达方式更有助于我们去理解列斐伏尔的社会空间思想。围绕着社会空间的三个层次，列斐伏尔展开了对资本主义的社会空间的反思和批判，这一社会空间被列斐伏尔称作抽象空间（郑震，2010）。对于空间的抽象化的理解就是蕴含于空间中的身体和物质被抽离，空间本身越来越被作为空洞的容器、中立的科学对象来思考（路程，2015）。

在福柯的思想中，关于空间的内容没有经过系统的理论化，但是其对现代身体的解释和批判基本上是在空间为主导框架的视域中进行的（郑震，2010）。福柯论述的权力与知识正是在空间中联系在一起，权力只有在空间中才能够生产知识并通过知识去发挥效能，通过建构起一个特定的空间，权力和知识才能作为一个关系的整体去建构身体。福柯在《规训与惩罚》中对纪律有过非常详细的讨论。在实现纪律的原则上，首先就是要从对人的空间分配入手，其次包括对活动的控制、对时间的积累和使用以及对力量的组合（福柯，2007）。郑震认为福柯论述的纪律权力在本体论上是不外在于社会空间的，这种具有一种混合了物理性和观念性的空间特点的社会空间构成了权力的本体论维度。权力总是可以有其特定的空间姿态去表现，而我们所熟知的边沁的全景式监狱就被福柯认为是纪律权力的空间原型。

德塞托是列斐伏尔的学生，他的日常生活实践理论一方面沿袭了列斐伏尔亲历空间的思想，另一方面也是与福柯关于规训的研究对话。德塞托区分了“场所（place）”和“空间（space）”这两个概念。前者是不具有生命性的客观的物质存在，后者则是具有主观性的抽象概念。此外，德塞托还提出了行动者的两种行动逻辑，这两种行动逻辑分别为策略（也有被翻译为“战略”）和战术。策略的行动逻辑假定了一个被限定的专有场所，行动者可以对权力关系进行计算。我们可以将其理解为强者的行动逻辑。战术的行动逻辑则没有专门的属于自己的场所，他只能以他者的场所作为自己的场所。战术不能完全把握他者的空间，又不能远离这个空间。“战术由于自己不能拥有空间，它便依赖于时间，细致的‘捕捉’机遇的‘翅膀’。”（德塞托，2015：39）我们可以将战术理解为弱者的行动逻辑。而在德塞托看来，许多日常实践，无论是言说、阅读、行走，还是购物、烹饪等，都属于战术的行动逻辑。“更广义的来讲，大多数‘实践的方式’也都是战术类别的：‘弱者’战胜最‘强者’（权贵、疾病、事物或秩序的暴力等）的胜利……”（德塞托，2015：40）

在德塞托的理论中，日常生活实践是指行动者在具有特定的机制权力、特定环境之下，通过自身的主体性去能动性的经营自己的日常生活与环境之间的平衡。这是一种既具有场所性特征，又具有主体性特征的运作。而空间实践是日常生活实践理论中的一个重要概念和核心主题(吴飞，2009)。空间实践是行动者在场所中加入自己的主观性，并且利用可能的资源所创造出来的新的空间形态——一种不同于福柯规训的制度化的空间形态。

德塞托的理论可以说是道出了大部分人的生活状态——无法完全掌握某个空间，也无法逃离这个空间，与此同时，它还为我们提供了批判日常生活的理论指导——战术式的经营日常生活。

（2）空间的经验研究

叶丹和张京祥（2015）借用德塞托的“战略—战术”理论概念去研究城市中非正规空间的生产。研究者通过搜集书面资料和实地调查宁波市孔浦街区发现：一方面，自上而下的城市大规模开发战略的空间生产过程导致街区居民的日常生活空间受到过度挤压。另一方面，外来流动人口以自下而上的形式采取巧妙的战术参与到非正规空间生产过程，并在居住和就业等日常生活实践中进行着空间抗争。

任焰和潘毅关注到了“宿舍劳动体制”下工人们的空间抗争。研究者把工厂大量使用外来工，并且利用工厂宿舍暂时性安置外来劳动力，承担劳动力日常再生产的现象概念化为“宿舍劳动体制”。通过对一家位于深圳的粤港合资电子厂的调查，研究阐述了宿舍劳动体制这一另类社会空间的特点以及工人对宿舍空间的使用（任焰、潘毅，2006）。

魏伟研究了成都男同性恋群体在城市中的空间实践。透过他的研究，我们可以知道城市中存在着不同的同志空间以及不同的空间对同性恋群体存在不同意义（魏伟，2012）。研究者分析了成都公共浴室、同志商业酒吧、健身房这几个具体的空间。比如城市中公共浴室可以成为满足男同志之间性需求的空间，男同志们在浴室中的交往形式更多的是沉默的注视和身体的接触与爱抚，而同志商业酒吧则通常是同性恋社会化的开始。富晓星则研究调查了沈阳的男同性恋群体。她从空间—文化的角度对该群体进行了分析。富晓星认为工程活动已成为建构社会的一种积极元素，它通过构筑城市空间而影响着人类的基本生存活动，其中便包括“性”在内的城市化的生活方式（富晓星、吴振，2010）。

周培勤关注到中国过去二三十年间新出现的低人口密度，通常位于城郊大学城中的校园空间。研究者分析了在低密度新校园中女性对于性侵忧虑的日常体验，包括从自然时间、社会时间角度，对图书馆、食堂，以及荒凉偏僻、结构复杂和阴暗地方的空间角度的分析。在描述了在校女大学生的性侵忧虑之后，研究者还分析了受访女生在校园环境中培养出来的应对忧虑的方式，比如有女生会具体到选择白天和晚上不同的走路路线来确保安全感，比如有女生会通过结伴而行的方式来应对性侵忧虑（周培勤，2016）。

Moss 和 Richter 的研究也特别关注到校园空间，他们从空间和时间的理论角度研究了大学生如何在大学宿舍中实现个人的转变（Moss &

Richter，2010）。研究者认为这种转变过程既是个人的，同时也是团体协作的项目。他们借用了列斐伏尔的“惯例（routine）”、“表征（representation）”和“节奏（rhythm）”三个概念以及源自社会人类学的“仪式（ritual）”概念。

目前在关于校园空间的研究中，通过对中国期刊全文数据库的搜索和梳理，笔者发现主要集中在研究校园空间认知（葛现玲、张媛媛，2017；周文智等，2013）、空间相关的心理体验（周培勤，2016；郑婕、赵建波、张玉坤，2015）、在校学生的行为轨迹（朱寿佳等，2016）、校园空间的设计和改造（赵景伟、彭建、彭芳乐，2016）、校园空间的变迁史（吴恽，Funito,2013；岳志铁，2014）、校园的整体规划（王彦玲，2016）等方面。专门从空间实践的角度研究校园空间的不多，更多的研究者关注到的是被 Moss 和 Richter 界定的地图式记录轨迹与日志式记录时间，通常忽视了行动者同时进行的行动实践以及他们对空间与时间所赋予的社会价值（Moss & Richter，2010）。

2.恋爱活动的研究

（1）高校异性情侣的研究

“恋爱”这个词最早是由留日学者在 19 世纪末 20 世纪初从日本引进而来。杨联芬认为“恋爱”这个词汇的出现，不仅仅是对已有现象称呼的变换，而是命名了一种男女之间隐含着自由、平等、自主等内涵的新的情感态度和生活方式（杨联芬，2014）。

在五四运动之后，大学男女同校的禁忌被打破，男女社交的公开化也由一种思潮转变为一种社会风尚。在当时，文学上对恋爱的描绘所采用的空间意象也基本都是自然环境、学校、公园等公共空间，而这些公共空间隐喻着自由（杨联芬，2014）。从 1980 年代以后，伴随着中国改革开放以及现代化发展，自主和公开的恋爱成为一般现象。对于高校大学生而言，国内教育部曾在 1983 年出台《全日制普通高等学校学生学籍管理办理办法》，其中明确规定严禁大学生结婚。但这一禁令自从 1998 年我国高校扩张之后逐渐得以松动。在社会氛围上，从 1990 年代开始，高校中恋爱现象的比例就已经急速上升。2005年，教育部取消了大学生结婚禁令，各个高校也随之取消了大学生婚恋的限制之后，高校学生的恋爱才得到制度上的允许（朱安新、风笑天，2016）。

搜索并梳理了以恋爱为主题的研究之后，发现目前国内现有的针对高校学生恋爱的研究相当丰富。比如有研究者关注恋爱观（林聪，2016；王存同，2011）、大学生择偶现象（李龙珠、徐琛、王磊，2016；徐安琪、李煜，2004）、恋爱暴力（王向贤，2007）、大学生恋爱消费（赵虎，2011；李永华、鄢庆丰，2000）、恋爱情景之下女性气质（马雪娇，2014）。此外，潘绥铭教授曾经对全国本科生的恋爱行为进行过抽样调查（潘绥铭、杨蕊，2004）。

至于国外相关研究，本研究以 intimate relationship、romantic relationship 等为主题词进行搜索和整理，发现对高校学生恋爱的研究主题集中在以下几个方面：从文化的角度分析大学生恋爱中的幸福感与苦楚（Park&오세일，2016）；讨论社交软件与恋爱（Fox,Warber & Makstaller，2013）、恋爱中不同的沟通形式（Morey et.al，2013）；约会、恋爱和搭讪等行为间的关系（Siebenbruner，2013；Kuperberg & Padgett，2016）；大学生情侣中的亲密关系暴力（Lopez-Cepero et.al，2015）；从解释现象学角度分析恋爱中的大学生对性行为意义的理解（Cho，조승희，2012），等等。

尽管目前国内外对高校学生恋爱的研究成果非常多，但是综观已有的研究，很少有研究者关注到高校情侣恋爱活动的空间维度，尤其是以专题的形式去研究和讨论高校学生恋爱活动的空间性。在潘绥铭的调查中，其中有部分是关注到恋人之间的地域分布。调查发现男生中有36.3％的恋人在同校，14.5％的男生与恋人在同一个城市；女生中有33.8％的恋人在同校，19.7％的恋人在同城市（潘绥铭、杨蕊，2004）；Strully 关注到在一个种族多样化的校园中，来自不同种族的学生是如何去选择交往对象的。作者的研究结果发现学生在种族多样化的校园中时，黑人女性和白人男性仍然会去校园外面寻找同一种族的潜在对象，而西班牙裔的男性和女性则会更倾向于在同一个校园中与来自其他不同种族的学生形成交往关系（Strully，2014）。这些研究尽管包含了对空间的关注，但对于恋爱活动的空间维度的讨论并不是它们的研究主题。

（2）恋爱与空间的研究

尽管针对高校情侣的研究中缺乏对空间的关注，但是在针对其他群体的研究中，恋爱与空间这两个主题可以产生紧密的联系。

魏伟曾经对成都的同性恋群体做过深入研究，其中就有涉及同志伴侣在空间实践方面的具体内容（魏伟、蔡思庆，2012）。同志伴侣通过与对方家庭成员之间建立良性深厚的情感，从而让自己在伴侣的家庭中得到合适的位置，并且让同志伴侣双方在生活层面上达到了共同相处的目的。通过这种家庭空间内部的实践，同志伴侣可以得到来自双方家人对伴侣关系的社会性认同；同志伴侣之间通过在日常工作上的探访与照顾从而也潜在的达到一定程度上两个人同志伴侣关系公开化的效用。从魏伟对同志伴侣的研究中，我们可以感受到同志伴侣的日常生活实践突出了私人空间与公共空间界定的问题，以及突出了社会文化背景对同性恋群体的价值判断。

目前为止，来自同性恋的研究成果会更多关注到恋爱与空间之间的关系。而在城市社会学的研究领域，社会学家们很早就提出过城市性对于孕育新的亚文化的作用（Wirth，1938）。Rosenfeld 和 Kim 也借鉴了同性恋伴侣以及城市社会学相关的研究成果，去探索更多形式的恋爱关系，尤其是从代际之间独立的角度出发，采用了美国人口调查的微观数据，数据涵盖的年代最早可以追溯到 1880 年。他们的研究发现非传统的伴侣——特指跨种族与同性之间的伴侣关系——更多表现出地理上的移动性，无论他们是生活在城市、郊区还是农村地区，离开生活长大的社区或者进入到大城市中心，都可能会带来更多非传统形式的伴侣关系（Rosefeld & Kim，2005）。

以上来自于同性恋以及其他少数群体的研究成果，虽然与校园空间以及异性情侣之间没有直接联系，但是他们的研究思路和分析过程却可以为本研究提供重要参考。此外，已有研究在关于异性情侣的恋爱日常与校园空间之间讨论的欠缺让本研究具有了一定的创新性。

3.概念界定

（1）校园空间

我国的校园空间至少存在着三种类型。第一种是本身区域位于城市主要商圈，但是校园自身有明显的围墙作为边界，从而与外在的城市形成隔离的独立空间。并且，校园内部有独立提供包括住宿、教学和饮食等主要生活设施的能力。比如清华大学、中国人民大学等。第二种是区别于第一种的开放式校园。这种校园空间没有清晰的围墙边界，校园空间中的建筑以“见缝插针”的发展模式与城市规划融合在一起，从而形成一种城市中开放性的校园空间。比如湖南师范大学本部（周文智等，2013)。第三种是低人口密度的新校园空间。这种校园空间是中国城市化进程中的空间产物（周培勤，2016)。一般而言，校园离市中心距离较远，有清晰的围墙界限、校园面积广大、人口密度低、空间规划功能分区明显，且校园中教学和生活配套服务设施完备。

本文关注到的是第一种校园空间，即指拥有具体的围墙区隔、地理位置在主城区之中、且校园能够提供完备的教学和生活配套设施的校园空间。具体而言，本文对校园空间的界定是人民大学主校区由明显的围墙区隔出来的围墙内的校园空间。

（2）空间实践

本文的空间实践概念取自于前文介绍的德塞托的日常生活实践理论。在作者看来，虽然日常生活存在隐含的规划、模式等的限制，但是日常生活空间仍然是一个能够有机会利用潜在的资源去创造的场所。消费者的行动实践是在统治精英提供的场所当中进行改写，将原先符号化的、制度化的空间改成另外一种形态。

借用德塞托的空间实践理论，本文所说的空间实践就是行动者在静态客观的场所上加入了自己的主观性，并且通过自身的行动营造出新的不同形态的空间。

（3）恋爱日常

在本研究中，恋爱日常是指异性情侣双方在确定关系以及确定关系之后，在日常生活中两人共同参与的行动，比如两人的表白过程、成为情侣之后一起相约吃饭、学习、看电影、接吻拥抱以及做爱等。但是两人在确定关系之后所进行的各自独立的行动则不在研究范围内，比如独自吃饭、独自上课学习以及和室友朋友的共同活动等。

三、研究方法与分析框架

1.研究地点及其空间分布

本研究将中国人民大学作为研究地点。第一，笔者从本科的时候就已经在人民大学上学，而且期间在人民大学不同的宿舍区都有过住宿体验。事实上，居住在不同宿舍区的住宿体验对于笔者去认识人民大学校园空间，以及在日常生活轨迹与活动选择上都有很大的影响。第二，本研究主要采用访谈方法，而选择人民大学作为研究地点可以比较方便地找到访谈对象。相比于寻找一个新的校园空间，选择人民大学是有更多的便利条件。第三，人民大学和其他所有高校一样，在校园空间方面有着自己的特殊性和一般性。它的一般性在于校园中有明显的物理围墙设置，校园中配备有包括教学楼、图书馆等教学配套设施以及诸如基本大伙食堂、运动场、学生集体宿舍楼等生活相关配套设施。它的一般性还体现在是一所寄宿制的全日制综合性大学；但在校园中不同功能的空间划分、校园的文化氛围、校园中植被覆盖面积、建筑设计、景观设计等方面存在特殊性。

人民大学主校区位于北京市海淀区中关村商圈。在校园周边方圆一公里的范围内分布着较多的百货商店、购物中心以及电影院，比如有当代商城、双安商场、新中关购物中心、欧美汇购物中心以及华星国际影城等。学校校园土地面积不足 900 亩，占地面积为“985 高校”平均占地面积的三分之一（林建荣，2010）。根据人民大学官网上的记录，截至 2015 年 12 月，学校共有全日制在校生 24776 人，其中本科生 11199 人，硕士研究生 8537 人，博士研究生 3658 人，外国留学生 1383 人。从上世纪开始，学校就存在着校园办学面积不足的问题，在 2011 年 12 月，教育部批准人民大学在北京市通州区征地 2400 亩用于建设新校区。

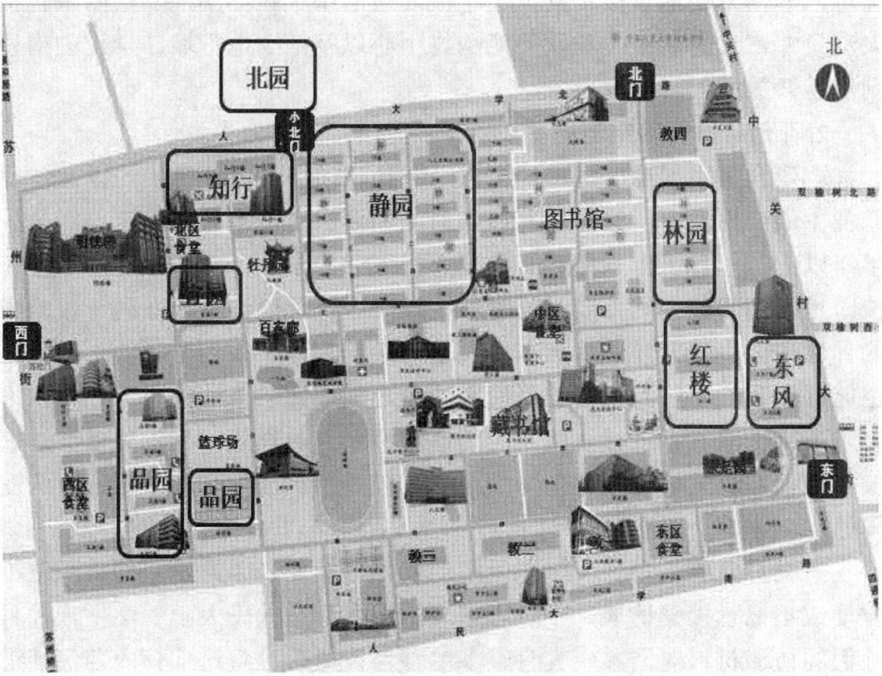

图 1　中国人民大学校园平面图

由于历史原因，如图 1 所示，学校主校区的整体规划设计比较混乱。学校在校生的公寓主要以楼群的形分布在校园的外围，其中主要包括东风区、红楼区、北园区、知行区、品园区。此外，学校里还有两块主要为在校职工配置的公寓楼群，分别为林园区和静园区。宜园区楼群有部分由教职工家属居住，有部分公寓楼是由在校学生居住。上述所说的楼群区的具体位置都已经在校园平面图上进行标注。学校有两个主要的大门，分别为东门和西门。这两个大门分别面向繁华的中关村大街和苏州街。此外，学校在北边有两个小门，分别为北门和小北门。这两个北门面向人民大学北路，这条路基本上没有什么行人，给人一种非常安静的感觉。小北门是连接主校区与旁边的北校区（北园所在地）的通道入口，两个校区之间隔着人民大学北路。学生无论是从北园还是从北门出发，都可以非常方便地直接走到位于学校北边的中关村商圈——商圈中包括人流量非常大的新中关和欧美汇购物中心以及两个电影城。学校的南边则没有开放的大门通道。

2.研究对象的确定与招募

本研究采用了深度访谈的方法，共访谈了 7 对异性情侣，以及 3 位恋爱中的女性。本研究对所有访谈对象的要求是两人关系确定已经至少半年以上，并且情侣双方都必须是人民大学的学生，主要生活时间都在校园里。由于他们的主要相处时间在校园中，所以选择处在同一校园中的异性情侣去研究异性情侣在校园空间中的实践是最为恰当的。同时这也能够让我们了解到空间与行动者两者之间细致的互动关系。之所以偏向于选择情侣双方进行访谈是因为透过两个人的表述，我们可以了解到关于他们在恋爱日常中更全面的信息，以及情侣双方在这个过程中的差异性。

研究对象包括另外 3 位恋爱中的女生，主要是因为她们的男朋友不方便或不愿意接受访谈，不过考虑到男朋友都是人民大学的学生，并且她们的访谈材料对于本研究有较多的参考价值，也将这部分内容包括进来的。访谈对象的招募源自三个渠道：校园网络论坛的公开招募，笔者的朋友，朋友的介绍。

受访者的具体信息请参考表 1，其中除了 1 位受访者刚刚毕业参加工作之外，其余受访者都还是在校生。所有访谈对象的年龄在 20 岁至 25 岁之间，恋爱相处时间从 12 个月到 52 个月不等。由于招募方式的原因，受访对象在接受访谈的时候大部分是硕士研究生。尽管如此，在访谈对象的选取上，本研究尽量考虑到背景信息的多样性，比如考虑到受访者恋爱相处的时长、情侣双方在校园中居住的宿舍区域和距离、包括受访者的年级差别。此外，受访者 M07 和 F07 都是中央财经大学的本科生，并且两人在本科阶段就确定为情侣关系，接受访谈的时候两人都是人民大学的硕士研究生；M02 和 F02 本科的时候都在人民大学，不过由于男生比女生大两届，所以男生在本科毕业之后去清华大学读研究生，而女生则继续在人民大学就读本科。这些都为本研究提供了内容上的多样性。

表 1　访谈对象基本信息表

编号	性别	年龄	教育程度	宿舍区位	专业	相处时间
M01	男	23 岁	研二	品园区	经济学	23 个月
F01	女	23 岁	研二	知行区	心理学	
M02	男	25 岁	研三	东风区	法学	33 个月
F02	女	22 岁	本科毕业	知行区	经济学	
M03	男	23 岁	研二	品园区	计算机	29 个月
F03	女	22 岁	研一	知行区	俄语	
M04	男	23 岁	研二	品园区	法学	12 个月
F04	女	21 岁	大四	品园区	城市管理	
M05	男	23 岁	研二	东风区	计算机	52 个月
F05	女	23 岁	研二	知行区	计算机	
M06	男	22 岁	本科延毕	知行区	商学	34 个月
F06	女	22 岁	研一	知行区	社会学	
M07	男	23 岁	研二	东风区	法学	16 个月
F07	女	23 岁	研一	北园区	法学	
F08	女	23 岁	研二	红楼区	古典文学	28 个月
F09	女	20 岁	大三	东风区	法学	18 个月
F10	女	21 岁	大四	品园区	商学	30 个月

3.资料收集与分析方法

本研究的资料搜集过程完成于 2016 年 10 月 3 日至 2016 年 12 月 27

日。资料搜集结束的标志主要依据信息饱和的原则，即在笔者认为衡量了投入的时间与金钱成本之后没有更多新的具有差异性的访谈信息时候，即结束对访谈对象的进一步招募。在访谈过程中，本研究采用了半结构化的深度访谈方法。

采用深度访谈方法的主要原因在于，异性情侣的恋爱实践应该是多层面以及动态的，包含着行动者自身复杂的选择、判断、情感体验，受到现场的氛围环境等因素的影响。在访谈过程中，笔者主要是按照预先设计的访谈提纲进行。不过在访谈过程中，如果受访者的回应有呈现出笔者之前没有预想到的且对研究主题有分析意义的内容，笔者会暂时跳出提纲内容，随后再继续沿着访谈大纲进行访谈。在每次访谈中，笔者都会先简单向受访者告知研究的主题——校园空间与两人的恋爱关系，然后以“两人昨天是怎么度过的”这个问题过渡到事先设计好的访谈提纲中。访谈提纲的第一部分是关于两人如何确定恋爱关系的过程；第二部分是关于受访者对于人民大学校园空间的认知，这部分内容可以反映出受访者对于人民大学校园的整体印象，同时可以有意的去加强受访者在接下来的访谈过程中对校园空间的敏感性；第三部分主要是关于受访者在确定恋爱关系后，两人在校园空间中的饮食、学习、接吻拥抱、消费等方面的活动内容；第四部分则重点关注两人成为情侣之后在校园周边的活动，最后是关于其他情况——如假期——两人在校园中的相处活动。

在征得受访者同意的前提下，本研究会对访谈内容进行录音，并在后期将录音整理为逐字稿。在所有受访者中，只有 1 位受访者在讲到去宾馆开房的经历过程中表示拒绝录音。因此该位受访者的该部分内容的记录，主要根据笔者在访谈结束之后的回忆进行记录。其他所有受访者以及访谈内容都通过录音进行了记录，每次的访谈时间在 1 小时到 2.5 个小时之间。

在研究过程中，情侣两人被分开单独进行访谈。因为这可以保证情侣两人都有说话的机会，而且避免了情侣两人面对一位陌生人讲述自己恋爱经历的尴尬。在完成和情侣其中一方的访谈之后，笔者都会根据访谈内容重新检验是否有必要对访谈提纲进行小的调整，然后再完成和另一方的访谈。情侣双方的访谈间隔最短的是两者之间相隔 10 分钟，最长的是两次访谈之间相隔了 62 天。不过超过半数以上的访谈间隔是在 1-3 天之间。访谈时间间隔在 1-3 天是最合适的，因为笔者对其中一方的访谈内容有足够时间整理而且访谈印象深刻。不过太长或者太短的访谈经历都是因为考虑到受访者自身时间安排的影响。除了针对每对情侣双方的访谈提纲会稍作调整之外，在每次新的访谈开始前，笔者也会根据已经积累的材料所反映出来的内容重新微调访谈提纲。

在访谈地点上，绝大部分访谈在咖啡厅里进行，并且每次笔者都会提前过去以选择一个相对安静的位置。此外，对 M02 的访谈是在清华大学教学三楼前面的空旷广场上进行，因为受访者当时已经是清华大学的研究生，广场上有现成的石板凳和石板桌椅而且不会有旁人来打扰。对 M04 的访谈是在人民大学明德法学楼 6 层（教师办公室楼层）休息区的沙发上进行。这个特殊的地点是受访者自己主动提出的。F02 因为刚刚毕业，已经离开北京工作，所以我们通过微信视频完成访谈。F03 人在国外，而到约好的访谈时间的时候，她又面部皮肤过敏，所以在她的要求下，我们主要通过微信语音完成访谈。

针对访谈材料的分析，本研究主要采用了主题式分析的方法，并辅助以个案式的分析。对于主题式分析，具体而言可以被分为几个步骤。首先，笔者通读了几遍所有受访者的访谈逐字稿，并从中提炼出了十几个关键词，比如相识和表白、日常活动、散步、学校社区等。其次，笔者用提炼出的十几个关键词对每位受访者的访谈逐字稿进行编码。比如受访者的某一段材料内容在讲述表白的过程，这段材料就被归入到相识和表白的关键词之下；如果某一段材料内容虽然在讲述表白的过程，但是同时也讲到了学校社区相关的信息，这段材料就同时被标注到相识和表白与学校社区两个关键词之下。然后，笔者以关键词建立文档，将所有受访者中被标注为相同关键词的内容集中到同一个文档中，从而形成了十几个文档文件。最后，在分析过程中，笔者主要对十几个关键词文档文件进行反复阅读。同时，本研究还有建立每一位受访者完整的个案访谈材料的文件，也会根据分析需要将关键词下的材料内容放入到完整的个案访谈材料的前后文中去理解。此外，对于双方都接受访谈的7对情侣而言，本研究会就访谈提纲中涉及到的同一个部分，互相对照双方的访谈内容，结合两人的回答进行分析。

4. 分析框架

本文的分析框架如图2所示。所有分析主要围绕着空间实践这一核心内容。具体而言，尝试去呈现在异性情侣的恋爱日常中，校园空间中不同场所的分布特点，以及异性情侣的行动逻辑。此外，本文根据受访者的关系进展情况分为两个阶段——恋爱关系确定的阶段和成为情侣后关系发展的阶段，对第二个阶段，本文又具体地从饮食、学习、性爱、散步四个主题去分析异性情侣在校园空间中的恋爱日常。除此之外，本文分析了可能影响到异性情侣在校园空间中的恋爱日常的因素，这些因素也影响到他们对于校园空间的使用。需要强调的是，对于异性情侣而言，无论是校园空间中的其他人以及他们在这个空间中的社会关系，还是时间方面的信息，都在一定程度上构成了两人空间实践的一部分。本文为了分析的清晰性，在正文部分侧重展示空间偏向物理性的场所特征，而将参与构建空间的个体、群体、社区以及时间因素作为影响因素加以探讨。

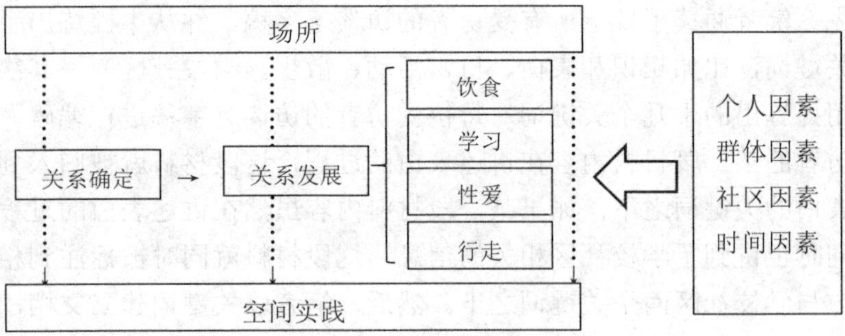

图2 分析框架图

第二章 校园空间与恋爱关系的确定

在这章中，本文主要完成三个方面的分析。首先，呈现受访者确定关系时候的地点分布图，从分布图我们可以知道，两人如果在校园内确定关系，女生宿舍楼的附近区域可以是一个特别的地点。其次，从受访者主动使用校园空间的角度出发，具体呈现了四个特定的空间——教室、游泳馆、学生活动中心和静园家属区。最后，分析情侣双方对于两人确定关系这一过程理解上可能存在的差异。

一、关系确定的地点分布

图 3 和表 2 呈现了所有受访情侣在两人确定关系时候的地点分布。其中在图 2 中，本文画了两个椭圆形，其中里面的椭圆形表示校园围墙范围内的空间，而两个椭圆形之间主要表示距离校园中心方圆约 1.5 千米以内的校园周边区域，而需要注意的是校园围墙内的东西长度约 1 千米，而南北长度约 600 多米。所以，两个椭圆之间的区域可以说是在合理的步行范围之内，而且这块区域里面有城市中完善的商业配套设施，包括餐厅、购物中心、娱乐场所等。从有些情侣的日常生活体验出发，校园围墙的设置并不具有明显的校园内外界限隔离的感觉。虚线椭圆形的外面表示距离校园中心方圆 1.5 千米以外的地方。而在表 2 中，本文描述了情侣两人在确定关系时候具体的地点、具体的时间点以及现场情况。

表 2　受访者确定情侣关系的时间地点分布表

编号	表白成功的地点	表白时间	表白场景
1	山东某实验学校	——	——
2	北区食堂旁边	21 点之后	在明德楼自习结束之后，两人回宿舍的路上，男生抱住女生并表白女生。
3	从校外的麦当劳走回学校的路上	晚上比较晚	在回来的路上，男生牵手女生并进行了简短的表白。
4	“大书房”咖啡厅	24 点前后	两人深夜在咖啡厅聊了很多，后来牵手确定了关系。
5	男：送女生回宿舍的路上 女：西门外面的奶茶店	24 点左右	——
6	天津	——	——
7	中央财经大学校内	凌晨四五点	在临毕业回家的前天晚上，两人看完电影后回到校内闲逛，然后男生一冲动表白了。
8	静园的小路	24 点左右	在女生做手术的前天晚上，两人从校外吃饭后回宿舍的路上第一次接吻。
9	图书馆前的路上	晚上	女生寒假结束回校当天，男生去接女生，晚上一起吃饭后回宿舍的路上，男生表白成功。
10	宿舍	24 点之后	两人某天照常在微信上聊天到深夜，后来女生在微信上跟男生表白成功。

图 3　受访者确定情侣关系的地点分布图

透过图 2，我们可以知道大部分受访者是在校园空间内或者校园周边确定了情侣关系。在图中位于两个椭圆形外面的情侣分别为情侣 1、6 和 7。其中第 7 对情侣因为两人都是另外一所大学的本科生，目前是人民大学的硕士研究生，所以他们确定关系的地点没有被标注在校园的平面地图上，尽管两人在本科的时候也是在校园里面确定了关系；而第 1 对情侣是同班同学，他们两人是在去山东某实验学校进行专业实习的时候确定了关系；对于第 6 对情侣而言，两人在去天津之前已经是培养出暧昧而心知肚明的情感，不过在某次一起去天津玩的时候，趁着一起外出的机会完成了相对来说具有仪式性的表白，进而正式确立了情侣关系。

在图 3 中，我们还需要注意的是，对于第 5 对情侣而言，两人都清楚确定成为情侣的大概的时间范围，以及两人在正式成为情侣前，已经是各自心领神会地以情侣的状态相处了。但是两人对于更确切关系确定的某一场景时刻的描述并不一致。对于男生而言，两人是在某天自习结束后回宿舍的路上，对于女生来说是某天听完校园里的露天音乐表演之后在西门外的奶茶店，尽管两人说的时间点其实都在那场露天音乐表演的前后几天之内。所以，在图 3 中，本文标注了两个编号为 5 的地点。

“好像也没有什么行动。哦，那天结束之后就比较晚了，大概11点了。他就说要不要出去聊聊。在西门外面那儿有个奶茶店，然后就在那个奶茶店里面聊了好久的天。……就感觉两个人什么三观都比较合，然后就在一块了。那时候大概是6月初。”（F05）

“肯定有一个确定的时候吧。大概我觉得是，要说行为上的确定，大概是某一天自习结束，我送他回宿舍，就拉手了。然后我送她回去，就亲脸了一下。大概我觉得那时候应该是确定男女朋友了。”（M05）

在图3中，本文还在部分编号上标注了有方向的箭头。其中的箭头表示受访者在当时的场景之下行走的方向。其中对于情侣2、3、5、8、9而言，他们都是在男生送女生回宿舍的路上发起表白以及确定关系。所以上述的箭头实际上都指向了女生宿舍。

综上所述，我们可以将受访情侣在确定关系时候的地点分布情况大致分为三类，分别是在校园空间内部、校园周边区域、剩余的其他地方。其中对于在校园空间内部确定的受访者来说，女生宿舍在空间上具有非常特别的意义。两人确定关系的地点更多地分布在女生宿舍附近。在受访者中，有比较多的情况是男生在送女生回宿舍的路上表白。而我们在平常社会新闻的报道中，也不难见到男生在女生宿舍楼下公开表白的现象。这体现出在异性情侣当中，由于性别差异的原因而产生的校园内空间分布的差异。女生宿舍及其附近不仅仅表示一种性别划分意义上的空间，同时也可以是恋爱空间的意象。

此外，从关系确定的时间上来说，几乎所有的受访者都是在晚上表白成功，并且大部分是在23点之后的时间里。对于这一点，夜深人静的时候可能更容易让双方有表白的勇气，两人的情绪也更加浓厚。不过，如果我们考虑到校园空间中的时间作息安排，我们也可以进一步理解受访者中有较多的情况是在男生送女生回宿舍的路上确定关系。因为人民大学的本科生宿舍是由学校统一在23点熄灯，而校园中白天的时候又到处有人。所以，只有等到了晚上，大部分学生都集中到各自的宿舍楼之后，借着夜晚的昏暗，平常的大路才有安静的氛围，能够成为受访者表述情意的场所。

二、关系确定中对空间的使用

根据德塞托的空间实践概念，场所是不存在生命性质的物质性存在，而空间是通过行动者的主观性，以及通过行动者的行动或者作为（movement or act）而产生的。行动者在空间的使用中加入自己的目的和欲望的过程是一种关于使用和享用的艺术，因为这可以让环境变得适宜居住。德塞托区分出战略和战术两种行动逻辑，其中战术是对各种战略环境中可能性的创造性利用（吴飞，2009；德塞托等，2014）。上一小节分析了受访者在关系确定的时候的场所分布，本节将要分析受访者在关系确定这个过程中对于空间的主动使用。

从访谈材料出发，笔者发现并不是所有受访者在两人确定关系的过程中特别强调场所的特点，或者是表达出某种主观上的利用。不过，也有部分受访者表达了对于校园空间中不同地点的主观性利用。这些地点分别是学校里的教室、学校里的游泳馆、学校里的学生活动中心以及静园家属楼区的小路。

M02、F02 两人感情逐渐深升温是在临近期末的那一段时间。F02 每天都会在教室里自习备考。M02 就借这个机会，每天去教室里陪着 F02 一起自习，并且会给 F02 带吃的零食、帮她打水、帮她背书包等。对于 F02 来说，她觉得自己是一个比较依赖的人，而 M02 对她的照顾让她慢慢形成依赖和好感。对于 M02 来说，原先应该被学校设定为学生上课和学习的教室，也同样变成了两人相处培养感情以及他去追求 F02 的空间。

（你觉得教室对你们两个人关系发展是一个什么作用？）

“（停顿一下）作用很大。因为我刚追她的时候，她那时候在准备期末考，她每天在明德上自习，那我就每天去她上自习的地方，去看她，坐在她边上学习，我也学习。然后每天带一点吃的给她。然后就这样慢

慢好上了。”（M02）

“就是在一起自习，他帮我打水嘛，然后再帮我背书包，我觉得有一个人可以使唤还挺好。因为在学校的话，除了教室还有哪儿呢。”（F02）

此外，对于 M02 来说，游泳馆也是帮助两人培养感情的另一处空间。人民大学的校园内有一个对外开放的游泳馆，并且无论在春夏秋冬，它都可以开放。在两人刚在一块的时候，M02 对于两人情侣关系的维持常常是存在着担忧，尽管现在两人已经相处了 33 个月。为了促进关系的稳定，M02 特意约了 F02 每周去游泳一次。后来等到夏天的时候以及两人以后的相处中，两人反而基本上不太去游泳馆了。

“最开始，两个人不太熟悉。那我想你看游泳，两个人穿的少，还可以身体接触，还可以有一些共同记忆。这我就一开始我就有意创造一些共同的东西，这样我们就不容易分手嘛。”（M02）

而这段经历对于 F02 而言，也确实培养出了她对于 M02 更多的好感。

“就当时我不敢游泳嘛，不敢把头放到水里，犹豫了蛮久，然后他就教我怎么做动作。我是比较喜欢像老师一样的男生，很有学问很博学，然后又会教我很多东西的那种。所以他教我就稍微契合一点我心中的男朋友的形象。”（F02）

在 M03、F03 从朋友成为情侣的过程中，学校内学生活动中心的空间布局和物理设施则起到一定的作用。根据 M03 的描述，当时两人碰巧一起去参加了在学生活动中心举办的音乐会。由于学生活动中心的舞台是一个非常简易的空间，没有固定的座位。当时两个人也就可以随意地站着，比较自由的聊天。两人在那场音乐会中聊得非常开心。结束之后，两人就互留联系方式，在接下来的一周内又去参加了学校中举办的其他文艺演出。

“那天遇到了也是打招呼，因为两个人都是一个人，就站在那儿等音乐会开始，就聊了起来。相当于是一起听完了音乐会，发现了很多共同的兴趣爱好，聊得来，觉得蛮开心。”（F03）

之后差不多一周的时间，某次M03去校园周边接F03回学校，两人在回学校的路上正式成为了情侣关系。

对于M03、F03来说，被实践的场所是相对比较意外和具有偶然性的，而不是像M02、F02两人经历中的教室或者游泳馆那样，可以是一个常态的相处空间。对于F08来说，学校中静园家属区的小路也是以一种偶然而随机的方式参与到两人确定为情侣的过程中。根据F08的描述，她男朋友认为两人成为情侣的标志是发生在某天夜里两人回宿舍的路上，因为那次两人第一次接吻并且男生进行了正式表白。

“现在水果超市的那个位置，离那个有一栋最靠近外面大路的居民楼还隔了一栋楼的位置，就在那个即将要走出去的地方是我们第一次接吻的地方。原因是当时我们从林园往这个地方走，因为要送我回宿舍。如果再不发生点什么的话，大家就要走到光明正大的地区了。”（F08）

F08所说的“光明正大的地区”实际上是指那条路前面的一个公园，当时他们两人其实正好是在两条路的交叉口区域。在F08对我的描述中，当时两人是处在一个非常尴尬的状态，她自己主动在那个地点停下来，但是却不知道要做什么，同时她在等待着男生能够说点什么，以至于两人在那个处在两条路的交叉口，并且通过居民楼形成的天然的黑暗空间中原地不动地待了近两个小时。那一次的经历也是两人时间比较长、印象比较深的接吻经历。

三、关系确定的主体建构视角

在这章的最后部分，本文想谈谈在一对情侣之间，两人在理解确定关系这件事情上的差异。因为在访谈过程中，部分受访者对于这部分的回应会让笔者非常意外。

在对 F08 的访谈过程中，笔者对恋爱关系有许多新的认识。F08 对于恋爱、性的理解有着自己独立的想法，例如在性方面，她有明确的追求，即她希望自己在性生活方面能够达到自理的程度。在对于什么时候确定与男朋友的情侣关系方面，F08 认为没有办法给出一个具体时刻或者标志表示两个人已经成为情侣了。不过，她可以确定的就是在 2014 年的 6 月到 8 月之间。在笔者的再三追问之下，她跟笔者分享了她和男朋友第一次接吻的经历来勉强回应我的追问。那次的接吻经历就是本文在上一小节中呈现的内容。

（那你为什么觉得这不是两个人关系确定的标志呢？）

“因为那个时候我内心是抗拒的。我不觉得这是在一起的标志，但是他觉得是。然后我们后来还进行了开房活动，但即便到那时候我的内心还是抗拒的。就是这些东西都不能让我视为一个关系的开端。”（F08）

……

（你自己认为两个人关系确定是在什么时候呢？）

“我自己认为关系确定是在 8 月份。就是第一次接吻是在 5 月份，开房这件事发生在 6 月份。然后我认定关系的开端是在 8 月份。就后来大家接触会更多一些。然后我整个人对普通人民群众是怎么谈恋爱也有了了解。”（F08）

在这里，笔者需要另外说明的是 F08 对于自己与男生发生的接吻、包括出去开房这些行为都并不反对，而且这也是她自己所期待的。只是在她认为，这些身体上的接触都不能作为关系确定的开始。她的解释在于身体接触可以带来一种很好的感觉，然而如果要承认两个人的情侣关系，那是另外一件需要考虑的事情。

“就是拥抱和接吻的话身体上感觉很好啊。但是你跟这个人要谈恋爱的话，远不止这些东西。”（F08）

潘绥铭和黄盈盈在2007年的时候提出了性社会学中主体建构的研究视角。“主体”视角的一个重要方面就是强调在研究者与被研究者的相互关系中，研究者的研究应该要以实践者的感受和体验为主，而不是以研究者的设计为主（潘绥铭，黄盈盈，2007）。F08的例子很好地反映了被研究者的主体性。

“主体”视角强调，一项社会学研究中，研究者与被研究者之间是互为主体的关系（潘绥铭，黄盈盈，2007）。这表示访谈的过程也是一种人际互动和互为建构的过程。在笔者结束了与F08的访谈之后，在进行其他的访谈中会有特别地去强调和确认受访者对于两个人关系确定的判断。对于F04来说，她和M04的情侣关系进展可以说是从某天晚上两人在校园里咖啡厅的经历开始。那天晚上M04表白了，而且两人牵手和接吻了。笔者首先询问F04，问她是不是也觉得那天晚上是两人关系在一起的开始。F04的回答是没错。然后，笔者跟她分享了自己与F08访谈的经历来跟她说明之所以这样问的原因。令笔者意想不到的是，F04紧接着就表示了其实自己也有相似的感觉。

“其实我也是这样的，一开始我们在一起，包括一直到年底要出去一起玩了，我都其实就感觉前几个月都是单方面的付出，就特别好，我觉得很依赖，然后就是发生了很多很多事情之后，我才觉得这就是，我就是他女朋友，就是这种感觉。”（F04）

F04后来透露，那天晚上她其实觉得M04非常的奇怪，以及当时M04的态度非常强硬，从而让她觉得两人莫名其妙地就成为了情侣。M04比

F04 高了两个年级，并且他曾经是 F04 在学校会组织中的部长。所以，在两人最开始的相处中，F04 其实一直是持有对待师兄的态度。而从上面这段话中我们可以知道，在参与访谈之前，F04 认为那次在咖啡厅交流的经历就确认了两人的情侣关系，而在笔者介绍了其他受访者的经历之后，她却改变了曾经的想法。

第三章　恋爱中异性情侣对校园空间的使用

本章呈现的是异性情侣在平时校园生活中的空间实践。以不同活动形式为线索，展现对于同校异性情侣而言，校园中不同的空间形态，以及异性情侣们在校园中的行动。这些活动主题包括琐碎而常见的吃饭和学习，也包括带有性色彩的接吻拥抱活动，以及异性情侣在校园空间中的行走。

一、饮食空间

图 4 是人民大学校园空间中所有餐厅的大致分布图，图中标注了 32 家正规的餐厅位置，其中有基本大伙食堂 5 个、风味餐厅 9 个、正规的小吃店 2 家、聚餐宴会性质的餐厅 9 家、咖啡厅 6 家、西饼屋 1 家。结合校园占地面积的数据，我们可以知道人民大学在对校园中饮食方面的投入是非常多的。由于人民大学的校园几乎每年都会进行局部的翻新，所以校园里面的部分餐厅也会有所更换，比如原先接近东区大伙食堂的一家聚餐性质的餐厅就因为校园翻新而被拆除了。不过，校园中餐厅的整体布局以及餐厅数量并不会有非常明显的变化。在下图中，本文还标注了受访者的住宿地点，这样就可以结合校园中的餐厅分布图更好地去分析受访异性情侣的饮食空间。

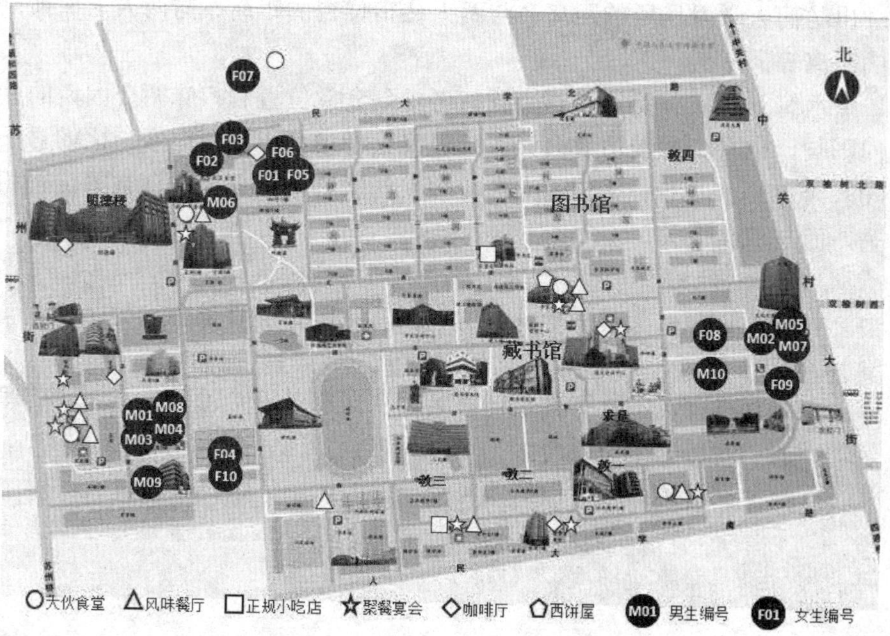

图 4　人民大学校园餐厅分布图

在访谈中，笔者首先询问了受访者两人是否会一起在学校里吃饭。通常情况之下，两人每天都会一起吃饭，并且两人大部分情况下是会在校园中一起吃午餐和晚餐两顿正餐。除此之外，对于 F07、M07 而言，从图 4 中我们知道，两人一个住在北园，一个住在东风，距离相距较远，所以他们两人通常每天一起吃一顿正餐。对于 M06、F06 而言，两人在相处的 34 个月中更多是去校外就餐，即使是在校内，两人也多是去非基本大伙食堂之外的餐厅。

其次，笔者询问了受访者在情侣关系的相处过程中，通常会去校园里的哪几个食堂吃饭，以及除了基本大伙食堂之外通常还去校园中哪些地方吃饭。从访谈材料出发，受访者在校园中的饮食空间主要取决于食堂的位置（或和食堂的距离）以及食堂的口味两个维度。几乎所有人都会同时考虑这两个因素。而在食堂的位置维度上，具体而言又可以被区分出与两人学习场所的距离、与两人住宿位置的距离、与两人上课地点的距离等。

尽管几乎所有受访者都会同时考虑到食堂位置和口味两个因素的共同影响，也有少数受访者会强调自己仅仅考虑其中某个因素。比如对于F08、M08两人来说，他们两人在校园里的饮食空间更多与食堂的位置相关，而与口味无关。

（去的这些地方跟食堂特色有关，还是跟你们打游击式的时间调整有关？）

“跟后者有关。或者跟空间有关。空间就是一般看其他同学在哪里活动，我们就避开他们活动的区域。还有我们离哪儿近。”

（食堂里面的特色一般是不重要吗？）

“不重要，因为都很难吃。一般可能会去东区比较多吧，毕竟离自习的地方求是楼更近一些。”（F08）

F08、M08的相处模式比较特殊。在接受访谈的时候，两人已经在校园里相处了28个月，并且两人同属于一个学院，但是同学院的同学还没有人知晓两人的情侣关系。根据F08的描述，她们学院的价值观就是恋爱的目的在于结婚，而她明确知道自己不会与M08结婚，加上M08之前与同专业的另一个女生谈过恋爱，所以他们两人在成为情侣之后就一直隐藏着两人的关系。平时在校园里的相处中，两人会不停躲避可能被同院学生看到的场合。所以对于F08而言，两人选择在校园中的就餐地点更多与食堂的位置有关。

而对于F10而言，她更在意的是食堂的口味，并且两人相处过程中，基本上所有东西的选择都是由F10的喜好决定。所以，两人在就餐地点上会更多选择F10喜欢的东区基本大伙食堂。

“恩，就是喜欢东区。他不在的话，我也会去东区，我会穿过校园去东区。因为东区特别好吃。……西红柿炒鸡蛋。这只有东区的是甜的，其他食堂有的时候是甜的有的时候是咸的。我差不多会两天吃一次西红柿鸡蛋吧。”（F10）

在饮食空间中，我们还需要去分析不同类型的餐厅与异性情侣恋爱实践的关系。比如基本大伙食堂与聚餐宴会式餐厅的差别，还有比如校园中咖啡厅等的存在对情侣恋爱日常的影响。

对于F09和她的男朋友来说，非大伙食堂有一个重要的作用，就是为两人的交流提供了非常好的场所。F09与男朋友相处18个月了，在此期间，两人在学校里有一半的时间是在大伙食堂就餐，一半的时间在宴会聚餐式的餐厅就餐。

“就餐环境。这个环境感觉也蛮重要的。像这几个地方（学子居、西区全日、北区三层）环境相对好多了。然后两个人聊天什么的，吃饭的氛围感觉好些。可能这个也会有影响那比如说两个人吵了架什么的，就可能去这些地方吃饭，好好解决解决。”（F09）

在访谈中，F09透露他们之所以会更多去非大伙食堂也跟他们大部分交流的时间发生在吃饭的时候有关。他们两人平时在上课、一起自习、健身的时候都不会有太多的交流，而且两人也不太在校园中散步，所以通常就是在吃饭的时候或者在微信上进行交流。学校中的聚餐式餐厅通常会有包厢，而大厅里的位置则通常是由容纳四人的桌椅形成明显区隔。聚餐式餐厅中更好的就餐环境，相比基本大伙食堂更少的人流，以及在餐厅中相对来说隔离出来的就餐空间，比较好地满足了两人交流的需求。

与基本大伙食堂相比，聚餐宴会式的餐厅也由于菜品口味的原因吸引情侣两人前去就餐，而受访者也会因为处在恋爱关系中而更频繁地去聚餐宴会式餐厅。

“以前吃饭我一般就在食堂吃，因为就一个人嘛。跟室友也是一起去食堂吃。在一块之后，就想改善伙食，一般就会去学子居啊，然后去留食啊，就是不去食堂吃饭，经常会去小饭馆吃饭。”（F05）

“如果是一个人的话呢，就是再不想吃食堂还是去了食堂，或者是点了外卖。如果是两个人的话，那就自然而然地就可以去了呗。可能就是说有一个人陪吧，有人陪伴最好。”（M04）

上面两段话说明两人的情侣关系让受访者理所当然地增加了去宴会聚餐式餐厅就餐的情况。

人民大学中有 6 家咖啡厅，对有些受访者来说，咖啡厅是情侣两人在校园中很好的相处空间。咖啡厅虽然也承担着提供饮食的功能，但是除此之外，它还可以是一个休闲空间，或者是一个娱乐空间。

M01、F01 有一段时间就经常光顾位于北区的一家叫做阳光地带的多功能咖啡娱乐厅。从图 5 中，我们可以知道 F02 的宿舍楼就在这家咖啡娱乐厅旁边，这也让两人会花更多的时间在这里。

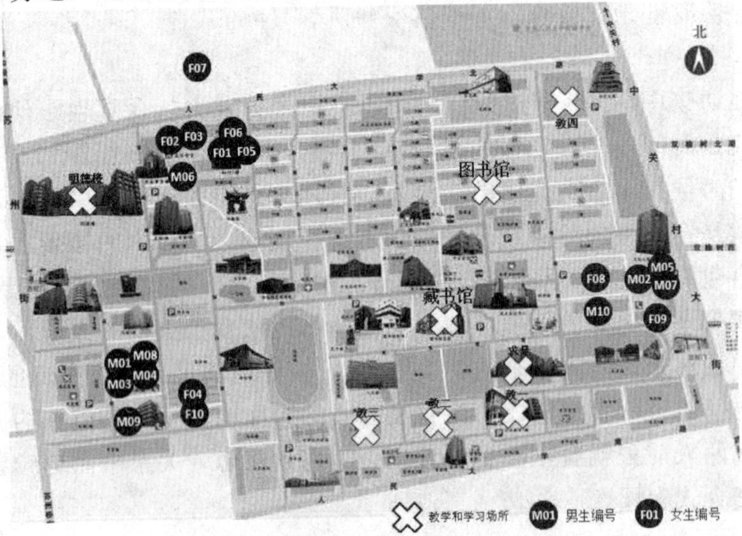

图 5 人民大学校园教学、自习场所分布地图

“之前蛮多（上学期以前），在那儿（阳光地带）就一天，有时候闲一点的一天就在那儿。一直在看剧。我比较喜欢里面有沙发的地方，比较暖和。要不然就外面有沙发的地方，女生就比较喜欢沙发嘛。”（M01）

不像其他餐厅，咖啡厅的营业时间通常是从中午一直持续到深夜，而且里面的空间布局、环境氛围更加的完善与温馨。M01、F01 可以在阳光地带舒服地坐在沙发上，可以靠在一起看剧或者玩单机游戏，而且两人可以直接在这里解决一顿正餐。

M04、F04 也是常去学校里咖啡厅的情侣。学校里的 6 家咖啡厅他们都去过，并且他们认为在所有咖啡厅中，位于学校南区的“大书房”咖啡厅是综合环境最好的一家。他们两人会在那边点两杯热饮，然后坐在一起看电影。

“主要活动就是看电影，坐在一起看电影，喝一杯热饮，很舒服。”（M04）

二、学习空间

参与访谈的情侣有一个特点：两个人一起自习是一个非常常见的活动，并且往往是占据了两个人生活中的大部分时间。

“基本上没事就去自习。一般她早晨 8 点就到图书馆，但是我可能起的迟一点，可能 10 点半我过去。我一过去立马就吃中午饭。吃我的早饭（笑）。那从那个时候开始，然后吃完饭差不多 12 点钟吧，然后一直到图书馆晚上闭馆。”（M02）

“以前就基本待在自习室，即使没有学习，就看看剧什么的，也基本上是在自习室。就是周末有时候不想学习的时候也待在那边。”（F05）

当然，也有受访者认为自习是一个不应该发生在两人谈恋爱过程中的活动，又或者是对于两个人一起自习的活动表示强烈的厌恶。尽管如此，在他们的相处过程中，有时候也会遇到不得不进行自习的时候，比如两个人当中某个人要准备考研，或者是要准备司法考试，有时候则是共同准备期末考试。不过对于情侣而言，相比于饮食空间，学习空间上的可选择性就显得非常少。

图 5 标注了校园中常规的教学和学习场所分布图。其中，图中的明德楼、教一、教二、教三、教四、求是属于教学楼，也就是说平时除了承担学生自修的功能之外，主要功能还在于教学。所以，学生在这几个地方常常找不到稳定的自习场所，尤其是在工作日。学校里的新图书馆于 2011 年正式投入使用，约可以提供 1800 余个常规座位，藏书馆可以提供 448 个固定座位。根据访谈资料，受访者选择最多的自习场所是位于校园东北角的图书馆，其次是求是楼和藏书馆。求是楼里有两个通宵自习室，所以受访者通常会是在晚上选择去求是楼。

情侣两人在选择学习空间的时候还会有另外两个考虑。一方面是两人在长时间处在同一空间的学习过程中，会有交流或者表达亲密的需求，因此受访者会考虑到如何去避免成为他人眼中的“情侣狗”。“情侣狗”主要是指在图书馆、自习室或者其他公共场合下由于亲密举动而给周边在场的其他同学造成困扰的情侣。比如 F08 提到：“假期是情侣狗被吐槽的高峰期，无论因为是行为奇葩还是两人硬要抢别人座位之类。”另一方面是情侣两人会权衡一起学习过程中学习效率的问题。比如 M01、F01 如果有要紧的学习任务，两人就会干脆分开各干各的事情。因为如果两人在一起学习的话，就会忍不住一起看剧或者一起玩游戏。

“首先就是，在旁边的话，选的环境就不太适合学习。所以我比较喜欢在宿舍，效率特别高。然后另一种就是两个人如果都在学习的话，就插不上话，就是各干各的嘛。那其实对于我来说，如果各干各的话，那我在宿舍我干我的，你在宿舍干你的，不是也一样嘛，然后环境也好，也干的下去。”（F01）

由于以上两方面原因，异性情侣会有意识地去在现有的学习场所中发展出更适合两人学习环境的空间。从访谈材料出发，异性情侣至少可以采取三种不同的行动方式。

第一种行动方式强调的是在学习室内部的安排。对于F09、M09来说，两人既希望能够在一块自习，并且在自习结束之后可以一起吃饭和交流，又希望不会因为两人一起自习时学习效率不好而困扰。于是，两人如果去教室里学习的话，就会习惯性地女生坐在教室的前面，男生坐在教室的后面，然后两人各自学习，等到饭点的时候再通过微信互相通知。

“他也觉得我们一起自习的时候不要坐的太靠近了。因为他会觉得坐在一起自习的话我太烦他了。因为我一个人自习的话还挺好的，但是跟他坐在一块自习的时候，我就喜欢去惹惹他。总是碰一下他之类的。”（F09）

M05、F05两人也会通过刻意地选择教室里的位置来营造两人的学习空间。对此，F05比较形象地描述了他们对于学习场所中物质性的主动使用：

“原来周末的时候一般都坐在第一排。因为那个时候周末教二人不多，所以大家找自习室的时候一般就看哪个教室没有人就进去。如果我们俩坐在最后一排的话，大家就会以为里面没有人。然后会打开门看一眼，发现里面有人，就又会关上门去其他地方。这样就会很烦，但是如果坐在第一排的话，别人在走廊里面透过教室门的玻璃就可以看到里面有人，然后就不会进来了。”（F05）

第二种行动方式强调的是学习室周边的安排，尤其是情侣两人对于教学楼中的走廊和楼梯间的使用。尽管“情侣狗”的描述很好地表达了学校里其他人对于情侣间不适宜的亲密行为的厌恶，但是情投意合的两人长时间相处在同一空间之下，两人偶尔表达下互相的好感和亲密感是很常见的。M05 在访谈中就跟笔者说道，刚和 F05 在一起的时候无时无刻不想接吻，无论是在教室里学习，还是走在路上。从访谈中，笔者发现教学楼里的走廊以及部分教学楼的楼梯间就成为学习场所中非常重要的空间。

“如果想要聊天的话，我就比较多去走廊。我是特别不喜欢在教室里，有时候她想跟我聊，我就说在自习呢。有时候我们真要互动的话就会去教室外了。可能接近一个小时会出去一次吧。她不喜欢老是坐在那儿，她喜欢出去打个水走走，或者看电脑时间太久了，休息一下。……（出去）有的时候在楼梯间，因为楼道里可能也会吵到别人，或者有的时候出去买点什么就回来。主要还是聊天吧。因为没有别的地方了，走廊会打扰到别人。而且楼梯间有的时候会有坐的地方。比如明德商学楼 6 楼还是 7 楼就有坐的地方。或者比如说我们一块看爸爸去哪儿就会去找那边。”（M03）

“偶尔就是一块出去休息一会儿，比较少。那就是到走廊上走走，在楼梯间走走。藏书馆的楼梯间就是那个，然后明德新闻楼的话，楼梯间一般人比较少。通常出去待个 10 到 15 分钟，然后就回来了。最大的可能还是找一个没有人的地方抱一抱，然后交流一会儿。”（M04）

教学楼里的走廊以及楼梯间此时是异性情侣在学习空间基础上的休闲娱乐空间，有时候还是性的空间。不过，尽管这两个地方由于人比较少，相对来说比较清静和隐私，但是如果情侣做出更为亲密的举动仍然会破坏掉公共空间的某种秩序与规则。

“他（男朋友）对明德楼有阴影。他在明德楼梯间里面默默地看书，然后不知道从什么地方传来奇怪的响声，他整个人都很尴尬。他不想自己给别人造成这种尴尬。”（F09）

以上是 F09 在说明两人在校园空间中接吻经历的一段话。她想表达的意思是明德楼的楼梯间已经落下了非常不好的名声，所以她和男朋友从来不会在那儿接吻。

第三种行动方式强调的是学习室的地理位置。由于学校图书馆数量有限，受访者对此没有太多的选择。不过，在公共教学楼中，受访者的可选择空间相对会比较大。从图 6 中，我们也可以知道，人民大学校园中的东南边、东北边以及西北边都分布着教学楼。对于异性情侣而言，选择距离两人居住空间范围更近的教学楼是比较常见的方式。比如 M03、F03 除了图书馆之外，最常去的是明德楼，因为明德楼离两人的距离最近；M04、F04 有一段时间也比较喜欢去明德楼，除了距离近，那边教室有坐着比较软的椅子。此外，有时候异性情侣也会特意选择某些特别安静的教室区域；有时候两人则会选择咖啡厅或者其他非常规的地方，因为那些地方可以自由地聊天讨论。

“原来经常去教二的时候，会经常往三楼或者四楼尽头的那个几个教室，因为人比较少，而且也比较安静，有时候教二会有人周末搞活动什么的。”（F05）

“感觉本科的时候我们俩曾经在教二找到教师休息室，就偷偷潜进去，在里面自习。这样就可以边聊天边自习，因为就只有我们两个人。”（M05）

三、亲密的私人空间

在访谈中，笔者询问了受访者在校园中曾经接吻、拥抱过的地方，以及发生在校园中印象比较深的接吻拥抱经历。此外，笔者还让受访者从两人的经历出发，给校园中不同地方的私密性程度进行评价。

从访谈材料出发，异性情侣普遍认为人民大学校园中缺少属于两人的私密性空间。他们会将这个缺失归因到人民大学校园的面积太小，人口密度太大，或者是校园中缺少适合情侣休憩的公园椅子，有的认为人

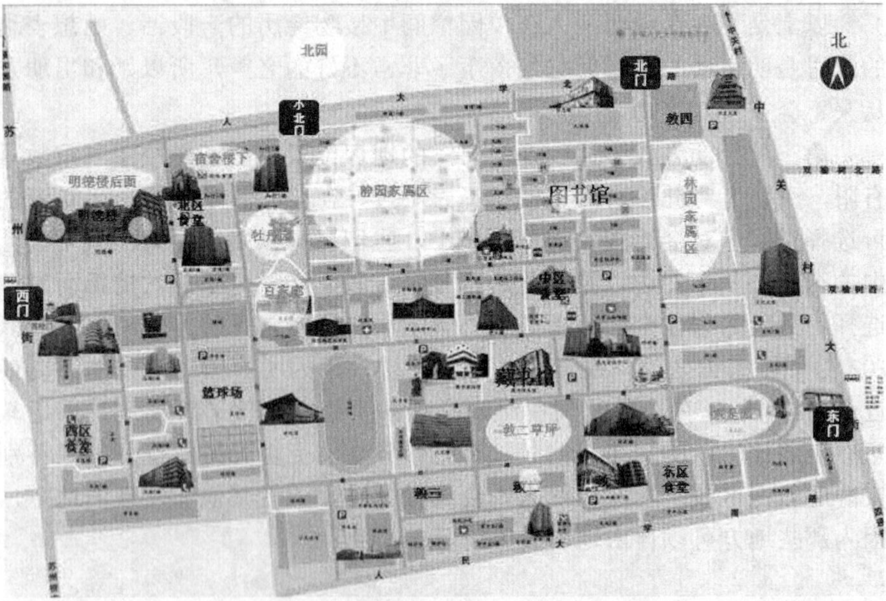

图 6　人民大学校园私密空间分布图（圆圈部分）

民大学校园中缺少其他有些校园中的小树林。尽管如此，异性情侣在相处过程中仍然会有亲密接触的需求，最常见的如接吻和拥抱，此外还有如伴随着接吻的性爱抚。当然对于异性情侣来说，去校外开房的行为更适合满足两人的亲密以及性需求。不过从访谈中，笔者发现绝大部分的受访者会以大约每月 1 次的频率出去开房，对于有些受访者来说，两人还会因为考虑到宾馆价位的原因，而选择跑到城市的郊区去开房。所以，对于在校的异性情侣来说，分析两人平时在校园内相处过程的每日生活（daily life）①是非常重要的内容。

与饮食空间、学习空间不同的是，亲密行为的私人空间通常情况下是没有固定的场所属性的。对于受访者来说，属于两人的可以进行诸如接吻拥抱等行为的私密空间，是由他们的主观认知、校园里不同地方的

① 刘怀玉在他的文章中区分了“日常生活（everyday life）”和“每日生活（daily life）”的差别。前者是特指异化的、枯燥、日复一日的生活特性；后者指不好分类的、习惯性的、充满具体而丰富意味的生活特性（刘怀玉，2003）。

物质属性、有没有人在场、天是否足够黑、有没有其他情侣在场的影响等共同决定的。一个典型的例子是受访者对于宿舍楼下的不同解读。但宿舍楼下会被认为是一个适合发生接吻的地方，比如说在晚上人比较少、有其他异性情侣在场的情况下；有时候，但宿舍楼也会被有些受访者认为是不应该发生接吻的地方，尤其是同一栋楼里住着许多认识的熟人，而受访者又特别介意这件事情的时候。

上页图 6 标示了对于受访者而言，校园中可能存在着私密性的地方。对于大部分受访者来说，私密性的空间也是两人最常发生亲密行为的地方。本文标注了能够明确定位的地方，而像类似于“僻静的小路”、“林园和国学院之间的一条路”、“24 点从求是楼出来之后除了大路的其他地方”的表达则没有进行标注。

从图 6 中可知，对于异性情侣而言，校园里的私密空间主要包括了花园、家属区、教学楼里、图书馆里和宿舍楼下。其中家属区的私密空间主要有各种僻静的小路以及建筑楼的一层门洞；教学楼里的私密空间主要是楼道和楼梯间；图书馆里的私密空间主要是个人学习室[①]。

异性情侣在校园空间中展开接吻、爱抚等与性相关的行为有着很强烈的“战术”性色彩。不过受访者的访谈也显示这种“战术”性的行动也与两人相处的时间有关，尤其是两人在最开始成为情侣的那段时间中是最为强烈。因为那时候两人的荷尔蒙分泌比较旺盛，而且由于刚刚进入新的恋爱关系，两人也更在意周围人的评价。下面这段 F06 的描述可以说非常细致地体现了异性情侣在校园中“战术性”实践亲密行为的状态。

（怎么判断绝对不会有人的情况？）

“（笑）我觉得绝对不会有人。就比如说教二那边肯定有人，一般会局促一点（接吻）。但是像图书馆那边，就是一条道，你前面不来人后面

① 个人学习室是需要学生自己通过校园网络账号提前预约的空间，它拥有独立的小包间，并且通常至多可以容纳两个人。

不来人，就是绝对没有人的状态。如果突然听到脚步声就是有人了。但是有些地方你是不能判断有没有人的，比如静园的话，它四通八达，随时都可能来人。然后静园那边你不知道什么时候会有个人从门洞里面出来。对，其实还可以躲到门洞里边（接吻）。就是你进去，不要把灯弄亮。那是初期的选择，现在已经无所谓了。”（F06）

四、行走于校园

德塞托在《日常生活实践》中曾经以“行走于城市”为主题针对走路进行过专题式的分析。通过对行走脚步的阐述，作者希望能够让我们注意到真实存在的城市生活，挖掘出区别于模型式存在的隐喻上的城市，并进而去展现一种从使用者角度出发的城市。在这小节中，本文主要是受到德塞托的启发，对处在校园空间中的异性情侣的“行走脚步”做一个探索式的研究。

在受访者中，除了 F09 之外，其他人都会选择在校园里面散步。对于部分受访者来说，情侣的关系也增加了两人在校园中行走的过程，而且在这个过程中受访者加深了对于校园空间的认识。

“其实静园那边，女生自己其实一个人不是很敢走那边。然后在一起之后，一个大的改变就是非常喜欢挑小路走，但是也不是说要干什么，但是就喜欢那种两个人独处的感觉。就是从静园的各个角落走，我觉得对静园的探索还是变多了一些。再就是教二草坪周围那一块了，我要是没有和他在一起之前，自己肯定不去那儿的。”（F06）

下页图 7 中标注了受访者在校园空间中主要的散步范围，图中标注的路线主要是笔者通过受访者的口述而描绘出来。受访者主要的散步空间集中在校园的北边，尤其是静园家属区和图书馆周围，这些地方是校园里的非教学区，相对来说比较僻静；也有受访者会围绕着藏书馆、教二草坪这两个明显的建筑或者校园景观进行散步。图中笔者还标注了几个引导受访者散步的重要节点，也就是图中带有编号的圆形注明。其中标注 1、2 两个地方表示异性情侣中女生所在的宿舍，两人在校园中散步的路线通常会是以女生宿舍为终点，因为男生要送女生回宿舍。标注 3 表示快递收发点。在人民大学校园中，主要的校园快递收发中心坐落在节点 3 的位置。所以对于部分受访者而言，两人也会借着拿快递的时候一起走到那里。标注 4 表示的是水果商店，部分受访者会一起散步经过水果店顺便买点水果，所以这也是引导受访者较多经过这里的原因。节点 5 所在的位置有一个非常不起眼的小铁门，这个门只能容纳一个人经过。这是 F06 提到的和男朋友经常会散步经过的一个地方。她自己之前也不知道这个门。在男朋友的带领下，两人经常会从这个门出校外，因为从这个门出来前往校外的一家奶茶店会非常方便。

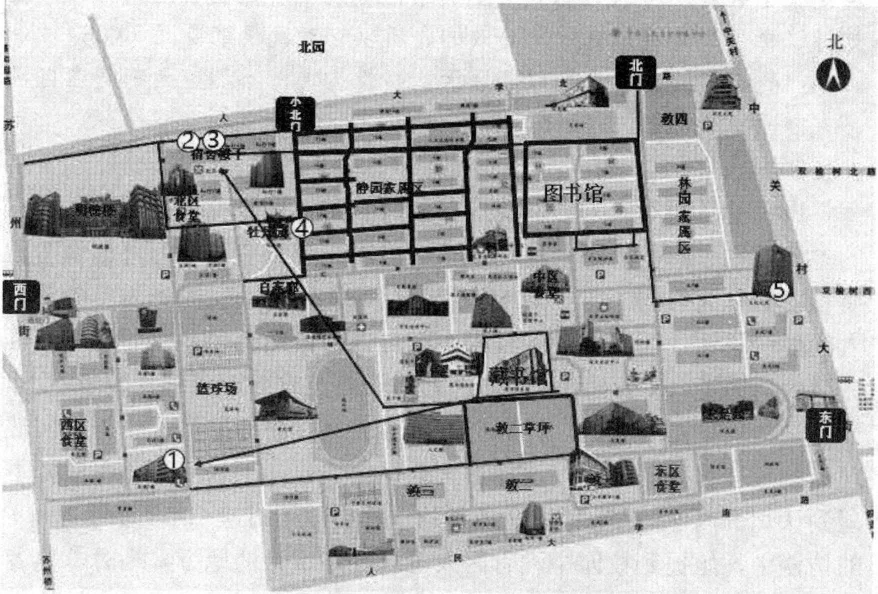

图 7　异性情侣在校园内的散步路线图

在访谈中，步行在校园中对于两人交流沟通的意义是被提到较多的角度。在上文的分析中，我们可以知道校园空间中没有比较合适的属于异性情侣两人的私人空间，而且受访者通常在自习这项活动上耗费较多时间。因此，在校园空间中散步就成为了两人互相交流的不错机会。

“因为散散步可以更好地沟通，边散步边说话，你学生的话主要时间要么在教室和图书馆，不方便说话。其他时间散散步，了解更多，两个人说说话。”（F02）

“就是两个人可以不像在自习那样什么话还得悄悄，就可以很自然的，撒娇、生气之类的。”（F04）

“我觉得意义或者作用和效果都很重要吧。我是一个不是很喜欢通过社交软件交流的人，我觉得这样子很没有意思。就是彼此的很多情绪你捕捉不到。但是她倒不是很在意。她很喜欢社交工具这样子的交流。但是我不喜欢，所以只要我有空的话，我就拉着她出去溜达。……我是觉得这样子的交流是有效，高效的。所以它对我很重要。”（M06）

“还挺有的，就是可以聊聊天，良性沟通，不然整天都是在自习，没有时间交流感情。”（F10）

步行的活动形式为异性情侣在校园空间中好好说话提供了一个不错的方式。通过脚步的不断移动，两人可以在校园空间中为自己创造出不断移动的私人空间。对于 F04 来说，自习室里面的交流是需要顾及到他人的悄悄说话，而在散步的过程中就可以去自然表达自己的情绪，可以去撒娇、生气。对于 F10 来说，两人每天晚上吃完饭后都会散步一小时，而且是一直在走的状态。她和男朋友会去选择静园家属区作为校园散步地点的最佳选择。之所以选择那一片区主要也是因为人少，不需要不断碰到认识的同学，两人可以在走路的过程中时不时接个吻。在笔者与 F10 的访谈中，她提到校园中没有两人可以好好说话的地方。当时，笔者反问她我们两人现在在咖啡厅进行的访谈不就是在好好说话嘛。她给出的回答是“你在这边接个吻什么的，不会觉得尴尬吗（F10）”。于是，笔者才明白她所认为的两人之间好好说话的内涵其实还包括情侣之间的肢体接触和情绪的表达。

冯珠娣在《饕餮之欲》中曾经提到过一段1980年代早期作者在广州某科研单位工作的经历。在作者工作的地方，晚饭后散步曾是人们的习惯。在散步的老年人和家人之间，常常有几个大学生混杂在其中，他们警觉地与他人保持着距离，又佯装漫不经心地与人交谈。作者认为那时她所看到的一定是集体主义的特殊社会背景之下大学生们的精心安排。虽然集体主义式的社会氛围已经没有作者描述的那分强烈，但是受限于北京市高昂的房价以及校园中集体宿舍的居住方式，校园中的异性情侣也会借助散步去满足一些肢体接触的需求。

“平时在教室里边我们不说话，可能也就是在散步的时候，包括一些肢体接触也更多是在散步的时候，我在教室里是很不喜欢肢体接触这些，在散步的时候会。散步相对来说，也更私密一些吧。因为我们走的地方人也不多。”（M03）

“散步的时候还可以抱抱。”（F04）

“但是你们两个走在一起的话，你们会手挽一下，拽一下，或者搂一下，其实这个有的时候感觉还可以。坐着的话大多数情况下还真的是直挺挺地坐着。”（F06）

对于M03而言，自己对于在教室中的言行举止有比较强的自律，本身也不喜欢在教室中破坏自习室需要安静的要求。而在散步的过程中，两人就可以比较自然。对于F06和男朋友来说，散步的活动形式在身体接触方面与坐着相比也更加方便和多样。

当异性情侣们不喜欢校园空间的时候，两人还可以通过在校园外道路上散步的方式去短暂的离开不愉快的空间。M02、F02走的最远的一次经历就是发生在F02心情不愉快的时候。

“有一次散步我们走的很远，那时候她说她压力大，她不喜欢学校。

那次就是从东门出来，走到三环，然后往双安商场那边走，一直往前走，走到那个好像科学院南路，再沿着科学院南路往四环方向走，走到四环后再从四环和中关村交界处，然后又从那儿走回来。我们最远散步的就是那次。”（M02）

第四章　影响异性情侣空间实践的因素

一、个体因素

在个体层面，本文主要分析消费能力和个性差异两方面的影响。

在吃饭活动的空间实践中，M01、F01 最开始也是经常会去聚餐宴会式餐厅就餐，不过两人在以这种模式相处了一段时间之后发现钱不够了，所以后来就增加了去基本大伙食堂吃饭的次数。不过对于 M06、F06 而言，由于两人的消费能力比较高，所以两人可以选择大部分时间都在校内的聚餐宴会式餐厅吃饭，不太受到消费能力的限制。

除了消费能力差别之外，情侣之间的个性差异则会对他们的空间实践产生更多的影响。

“我想想我们之所以几乎从来不会在知五楼下停留，我觉得碰到认识的人很尴尬，碰到不认识的人我也觉得尴尬。”（F06）

“我不喜欢咖啡厅。因为咖啡厅会放音乐。能让我听到不停的音乐，我就会很烦躁。我也不喜欢戴耳机听东西。所以我不经常去咖啡厅。”（M06）

“应该跟在财大也差不多，因为一个人的个性和性格是在那儿，无论在哪儿，在这种环境里就是比较拘谨的。就是无论是在哪种公共的场合之下，我都不太会做比较亲密的举动。”（M07）

在 F06 和 M06 的表述中，我们可以知道两人的个性和喜好的特点直接影响了他们在校园空间中活动的范围。而在M07的经历中，他会认为自己的个性和性格是最重要的影响，无论是在中央财经大学，还是在人民大学，他都不愿意在校园环境之下进行亲密的肢体接触。在所有受访者中，M07在肢体接触方面是一个特别的案例，无论是在校园外还是校园内，他都不情愿包括牵手在内的亲密的肢体接触。对他而言，最能够接受发生肢体接触的空间就是两人出去开房的情况之下。只有在那种完全隐私的情况下，他才喜欢情侣之间的肢体接触。

二、群体因素

在群体层面的影响中，访谈资料中呈现出来的最普遍的是熟人对于受访者的影响。除此之外，校园里的老年家属、校园中的非校内人士以及不同年龄群的学生都会影响到异性情侣的空间实践。

笔者在访谈过程中询问受访者，两人在校园周边的相处和在学校内相处有什么差别，几乎所有的受访者都提到了“熟人”的影响。

“因为学校里面抬头低头都是熟人，就是觉得放不开嘛。学校外面别人都不认识我们，就很放肆。比如说勾肩搭背啊，我会对他特别不好之类，我会打他啊，踢他啊怎样。在学校里比较熟了也会这样，但是在外面就会更放肆一点。”（F02）

“可能在学校里边，认识的人太多，受拘束一点。出去之后感觉终于反正谁也不认识，就放松一点。”（M02）

“（新中关购物中心）那边的话一般也不会有同学啊这些，不太会碰到熟人。因为在熟人面前表现一些东西对我来说还是有点尴尬，当身边有熟人的时候，我不会去说拥抱啊或者接吻，顶多就是牵手……做的事情可能没有什么差别的，但是放松程度上可能不一样。就是同样在人多的地方，感觉还是不一样。在学校里可能会遇到熟人，在新中关遇到熟人的概率就比较小。”（M03）

“初期有一个非常重要的点，就是在学校外不太容易碰到熟人。在行为上，语言上，整个感觉上我有更像是陷入恋爱中女生的感觉。比如说我初期有个点是碰到我认识的人，我就会下意识地把手松开。他就觉得很不爽，你怎么这样，你这么怕人知道吗。其实我不是怕人知道，我只是单纯地不想在别人面前以一个非常亲昵的姿态去面对他们而已。包括现在我也有点，但是我不会撒手了。”（F06）

对于受访者来说，校园里面熟人关系对于两人恋爱活动的心理体验以及行为举止都有较大的影响。对于F02来说，校园外面由于没有人认识他们，她在与M02的相处过程中就会有更多的行为表现，比如勾肩搭背，甚至其他更加放肆的表现。M02也觉得在校外两人的相处会更加的放松，因为没有人认识他们。这种放松的感觉，对于M03也同样适用。F06提到，如果是在校外的话，自己在行为上、语言上，整个感觉上都像是陷入恋爱中的女生的感觉。F06自认为不是一个小女生的形象。而M06在访谈中则跟我指出，实际上F06在内心深处是一个小女生，因为她其实蛮喜欢各种粉嫩的东西。至于为什么熟人会在受访者的经历中有这么普遍的影响，笔者认为需要从表演的角度去理解熟人在这里的影响。一方面，受访者在与熟人的相处过程中，可能是处在一种角色表演的状态，而与亲密的恋人之间的相处则是遵循真实的自己，比如F02提到的更加放得开。另一方面，异性情侣可能在恋爱关系中表演成为女朋友或者男朋友的角色。比如F06提到：“毕竟是一个妹子，在谈恋爱的时候，也会稍微表现的跟在同学面前不太一样（F06）”。无论是哪种情况，异性情侣希望能够避免在恋爱情境与熟人交往情境之间行为的不一致与冲突，而这种冲突会让受访者体验到精神上的紧张。

对于熟人和陌生人之间的关系，F08的一段话比较好地表达了两者之间的差别：

“躲开熟人是怕被认出来这两个人在进行谈恋爱活动。躲开陌生人是觉得被对方看到这样的事情(接吻拥抱)可能会给对方带来困扰。……在学校里是对熟人和陌生人。但是在学校里我们已经避开了熟人的那关,但是陌生人有时候可以忽略他们的感受。”(F08)

F08 和男朋友的恋情是比较特殊的。因为两人虽然已经以恋人关系相处了 28 个月，但是两人的关系一直是处在身边没有人知道的“地下状态”。他们两人在校园中的恋爱就跟打游击战一样——计算着同学院同学可能出现的场合与时间，寻找两人不被发现的时间与地点。更加神奇的是他们两人恋爱的秘密可以一直维持到现在。对于 F08 而言，熟人的影响是会暴露两人的行踪和关系，陌生人的影响是公共场合之下亲密行为给对方造成的困扰。这一对于陌生人和熟人的影响的描述对于部分其他受访者也适合。不过，对于他们而言，熟人的影响在于担心暴露自己在谈恋爱的行为状态，而不是两人的恋爱关系。

在校园空间中，除了熟人这一因素影响到异性情侣的空间实践之外，校园里的老年家属、来自校外的社会人以及不同年龄的学生群体也会存在影响。

“如果大家愿意往深里跑，跑到静园里边或者林园里边的话，又有老大爷老大妈在散步，人家对风纪的要求会高一些，你又不想招惹他们。”(F08)

“我感觉（求是楼教室）后边坐的基本上都是社会上的人。我不喜欢那些，那些社会上的人看着感觉就是层次特别低的那种，而且长相我感觉也忍受不了。求是就是那样的人多。”(M02)

“尤其是知五这种年轻姑娘扎堆的地方，搂在一起的人实在是太多了，根本不在意谁是谁。如果在红三楼下有这么干的人一定会被大家围观，因为人太少了。”(F08)

对于 F08 来说，居住在校园中的老年家属的影响表现在他们与情侣之间在校园空间中活动范围与时间的部分重叠，以及他们对于亲密行为的可接受程度。“老头老太太”这个群体的表述在笔者与F01的访谈中也有听到。不过在跟F01的访谈中，她提到“老头老太太”的语境是会注意两人在校外逛街时候的公共形象，她怕过于亲密的行为会被“老头老太太”打。这个“老头老太太”的意象或许跟北京这个城市的气氛有关，而不仅仅是人民大学校园中特有的现象。在M02的表述中，我们可以看到的是校园外社会人的在场对他和女朋友的影响。最后，在F08的第二段话中，我们可以看到的是本科生群体与研究生群体之间的差别。知行五楼是本科生的宿舍楼，也是F08本科期间住宿的地方，红三楼则是研究生楼，也是F08目前住的地方。

三、社区因素

这部分，将人民大学作为一个整体——基于校园围墙内的地域范围为基础要素的校园作为分析单位。因此从社区层面来说，本文的分析可以包括社区中的人、社区的区域要素、社区的结构、社区的物质要素等。在上文分析群体差异的时候，校园内外有没有熟人之间的差别也是一种社区层面的影响。除此之外，社区层面的其他要素也会影响到异性情侣的空间实践。

“你各自回宿舍，比如说你肯定就没办法洗澡了，然后眼睛就被舍友看到，舍友会问东问西的这种。就是有过这种情况。但是有时候吵架了各自回自己宿舍也有，吵架了不想理人，然后她也不想理我，她也在宿舍待着，就完全不理我这种。但有的时候也是吵架了，眼睛哭肿了，就出去调整下自己的状态。”（M01）

“有一次（开房）是去动物园，有一次（开房）是跟他好朋友一块吃完饭，然后玩了会儿牌，然后一想回来肯定洗不了澡了，那还不如在外面住呢。还有是我刚来的时候，一般我要想出去住的，都是想着啊我回来没办法洗澡了。”（F07）

上面两段话反映的主要是校园中集体宿舍的居住方式对于异性情侣的影响。在两位受访者的主体表述中，天晚了不能在校园中洗澡是他们合理化两人出去开房的一个原因。人民大学是采用学生集体宿舍的居住方式，校园里规定了提供热水洗澡的时间，也规定了学生宿舍楼的门禁时间以及本科生晚上 23：00 统一熄灯等。根据校园的规定，学校里的公共浴室在 23:00 就会关闭，而有些本身配有洗澡间的宿舍楼，它们也会在 23:00 停止供应洗澡热水。对于 M01、F01 和 M07、F07 这两对情侣来说，学校的这个规定导致了两人晚上出去开房的选择。此外，对于 F01 来说，集体宿舍的室友也影响了两人的空间实践。对她而言，如果和男朋友吵架吵哭了，她并不想让室友发现这一点，以至于她会选择在那个晚上逃避宿舍。而在 F02 的讲述中，如果和男朋友吵架了不想让室友看到，她会等到晚上宿舍熄灯且室友都睡着了之后再回去。

“然后在外面可以干的事情更多。就是互动的方式也更多。就比如说在学校里没有这种两个人一起看电影的交流[①],没有逛街说看一看这个衣服好不好看的这种交流，可能交流的方式和内容会更多样一点。再就是吃的非常开心，吃的开心，人就会开心，如果真的吃的很开心的话，两个人的关系都会变得更好。吃的不好，两个人的关系真的会变差。比如说他想吃川菜，我不想吃，他就可能生气。……外面的世界活动上毕竟是比学校里更多样一点，然后体验上就不会那么局限于说没事干，那我们接个吻吧这种。在外面是有事儿干的，大概是这个意思（笑）。”（F06）

上面这段话反映的是学校社区中配套设施对异性情侣带来的影响。异性情侣在校外可以进行更多的活动，比如有更多看电影的选择、可以逛商城、玩抓娃娃、有更多吃饭的选择等等，这些都是校园空间无法提

① 事实上，从 2014 年开始，由于校园电影院线的兴起，人民大学的在校生可以在学校里的两个礼堂中观看到同期在市场上映的电影。学生可以用低于市场上传统院线销售的票价购到电影票，但是通常上校园电影院线的电影上映时间相比市场上的院线有延迟以及影片档期安排更少。

供的。在很多时候，校园外的空间实践就成为了异性情侣在校园中相处之外丰富两人生活的补充——双方大部分的相处时间仍然还是在校内。

最后，笔者想呈现的是校园空间中的气氛对于异性情侣的影响。

“那边（新中关购物中心）就是相当于去放松去干嘛，在学校里有的时候是因为学累了去放松。那边是因为谈恋爱了再去逛一些。”（M03）

“在学校里的话给我感觉我一直在学生会干活，然后在学校每个地方都感觉像吃了屎一样的记忆。给我感觉这个地方是工作的地方，或者这个地方是学习的地方，那个地方是玩的地方，这种放松的差别。”（M06）

校园空间中学习的氛围，包括对于M06而言学生工作的氛围影响到异性情侣相处过程中的心情。所以，对于他们来说，两人在校外的相处会更加的放松。不过，同样是校园氛围的影响，在F10的眼中，两人在校园里面会有更多谈恋爱的感觉。因为对于她而言，两人在校外的活动，比如说看电影、爬山等，都像是一种“打卡”行为。不过，两人如果在校园中什么也不做就随意地走路，这种感觉对她而言更加的自在、轻松。

四、时间因素

普罗诺沃斯特曾经整理过社会时间的类型：从纵轴上来说，社会时间包括宏观社会时间、各种组织的时间和微观社会时间三个层次。这三个层次的时间分别指具有极大普遍性分析层次的时间尺度，如社区和社会层面；各种组织机构制定的时间；一星期或者一天之内的跨度较短的时间；从横轴上来说，日常生活中的社会时间有多重的时间框架。作者为我们提出了看待时间的社会学角度（普罗诺沃斯特，1987）。

前文已经提到时间性因素对于异性情侣空间实践的影响。F06、M06在相处半年之后，对于校园空间中接吻地点的选择不会再像初期时候的那样去周到考虑；由于期末考试的安排，M02、F02一起在教室里复习准备，并且教室这个平台促成了两人情侣关系的确定；每年毕业季的时候，校园中会有许多音乐演出和话剧表演，F05、M05 的关系确定就在某次毕业季的露天音乐表演前后。因为有这样一个纪念的意义，两人在接下来的几年中每年都会去观看毕业季的露天音乐演出；在周末的时候，F05、M05 也会趁机去占领位于教学二楼楼层里的教室休息室，从而可以创造一个属于两人学习的私密空间。上述的几个时间性因素主要涉及到异性情侣相处的时间长短，以及学校中每周、每年的作息日程安排。

接下来，本文主要去分析另外两个跟时间相关的因素。其中一个是夜晚的时间，另外一个是与在校生学制安排相关的时间。

在上文中，我们可以知道几乎所有的受访者都是在晚上表白成功，并且大部分是在 23 点之后的时间里。此外，关于校园中不同地方私密性排序的回答，有受访者也会特意地强调出时间的影响。

“最私密的就是那些楼道。就是他带我去那个他们学院的办公的那些楼道。就是晚上（11 点之后）不是没有人了嘛，那些楼道，然后大家也不会去。就比较私密。”（F04）

“静园及其楼洞非常高，尤其是在深夜。排第一位。第二就是从求是出来之后那个时间段（24:00 之后）的除了大路的其他一切。然后林园和国学馆之间的有一条路，排第三位。”（F06）

异性情侣如果想要有更多以及更长时间的肢体接触，那么夜晚的时间就是比较好的选择。校园中图书馆的闭馆时间在 22:00，而本科生宿舍熄灯的时间在 23:00，以及校园大路上的路灯会在 24:00 的时候关掉。所以，晚上 11 点之后，乃至于晚上 12 点之后，校园空间便可以作为异性情侣展开情欲实践的私密空间。

除了夜晚的时间之外，在校生的学制安排相关的时间会对异性情侣的空间实践存在着较大的影响。比如由于研二开始学习的事情比较多，M01、F01 就减少了原本待在阳光地带的时间。因为两个人如果一起学习的话，效率会非常低，这样就影响到正常的学业；而对于 M05、F05 来说，开始读研究生之后，两个人平时基本上就待在了学院的实验室；对于M04、F04来说，刚在一起的时候两人常常去校园外面玩。不过在参与访谈的那个学期，因为F04要准备考研，所以两个人在那个学期基本上就待在藏书馆学习；对于F03、M03来说，在他们相处了约5个月之后，F03去国外进行交换学习了约8个月。虽然在F03交换期间，两人每天都会联系和分享信息，但是等F03回来之后，她感觉像是重新进入热恋一样。

“但是真的感觉不一样。本来也觉得没有什么不一样，但是感觉再次见到面之后还是有很多不一样的感觉。感觉是重新进入热恋的感觉。刚回来几天觉得在一起有点不好意思，然后过了几天之后就觉得又更亲密了一些。”（F03）

以上的内容都反映出与学生的学制相关的时间安排对于异性情侣空间实践的影响。

第五章　总结与讨论

一、异性情侣在校园中的空间实践

在本研究中，对于在校内确定关系的同校异性情侣而言，女生宿舍在空间上不仅具有性别划分的意义，同时还存在着恋爱空间的意象特点。此外，在关系确定的过程中，通过行动者的主动利用，校园空间中的设施可以参与到两人恋爱关系的建构中。在本研究中，这些特殊的空间包括教学楼里的教室、学校里的游泳馆、学生活动中心以及校园家属区里面的一条小路。这些特殊空间有时候是以一种常态的、固定的方式存在，有时候具有非常大的偶然性和随机性。

在校园中的日常生活方面，本研究发现情侣主要依据双方对于餐厅所在的位置、餐厅里的口味以及不同餐厅类型的选择，从而形成两人在校园中的饮食空间。其中，校园中聚餐宴会式的餐厅、咖啡厅满足了部分异性情侣交流的需求，或者是在饮食的基础上为他们创造了休闲娱乐的空间。在本研究中，情侣在校园中因为学业的原因常常会需要两人进行自习的活动。在两人长时间的处在同一空间学习的过程中，两人会考虑到双方共同相处、学习效率和表达亲密等多方面需求。对此，在局限的校园学习空间之下，异性情侣会通过多种方式创造更适宜的学习空间，包括对于学习室内部座位的安排、对于学习室周边的安排、以及对于学习室所处的地理位置的安排。

至于校园中属于两人的私密空间，在本研究中，异性情侣普遍反映现有的校园无法提供满足需求的私密空间。在这种背景之下，亲密的、与性相关的私人空间相比于饮食空间或学习空间而言会表现出更多的不确定性和流动性，它会与异性情侣的判断、天色情况、周围有没有人等多种因素联系在一起。而在人民大学校园中，花园、家属区的小路和一层的门洞、教学楼里的楼梯间与楼道、图书馆里的个人学习室以及宿舍楼下就是具体的发生亲密行为的地点。

最后，对于本研究中所访谈的大部分异性情侣来说，在校园中散步是一个常常会进行的活动。在本研究中，异性情侣的散步路线主要集中在校园中的北边，主要原因在于这个区域是学校里的非教学区，所以相对而言比较僻静。此外，校园中诸如女生宿舍楼、快递收发点、小侧门和特定的商店（水果店）都可以成为引导异性情侣行走于校园的空间节点。对于异性情侣来说，散步的意义还在于弥补了两人因为学习时间过长而缺乏交流的缺憾，以及对于部分异性情侣来说，通过在校园中不断移动脚步的形式，两人可以为彼此创造出一种移动的私人空间，满足了两人进行亲密交流和亲密的肢体接触的需求。

在影响异性情侣空间实践的因素中，本文分析了异性情侣个体层面因素、校园中不同群体的因素、校园作为社区的因素以及时间性的因素。具体而言，在个体层面，异性情侣的个人消费能力以及自身的个性差异会影响到两人在饮食空间上的选择，或者影响到两人展开亲密行为的恋爱实践；在群体层面，校园中熟人的在场是一个非常重要的因素。除此之外，人民大学校园中的老年家属群体、不属于校内人士的其他无关群体、校园中本科生和研究生群体之间的差别都会影响到异性情侣在校园内的恋爱日常；在社区层面，学校的集体宿舍的居住方式、校园里的配套设施，乃至于学校作为一个社区的抽象的环境氛围都会影响到异性情侣在校园空间中的相处；在时间性因素中，既有校园的每日作息时间影响，也有异性情侣自身相处时间长短以及伴随着他们学业经历相关的时间上的影响。

二、空间实践中的战术的意义

从访谈材料出发，本文有意将异性情侣放置在弱势者的位置。因为无论是从饮食空间、学习空间出发，还是从两人亲密相处的私人空间出发，本文所研究的人民大学校园都是无法充分满足受访者的需求的。而在分析中，本文也有意呈现出受访者在两人的恋爱日常中能动性去利用校园空间的一面。因此，笔者觉得需要去讨论异性情侣在校园中“战术”式行动逻辑的成效与意义。

在已有与空间实践相关的研究中，笔者认为有些行动者的行动是具有强烈的抵抗权势者以创造真正生活实践艺术的，比如任焰和潘毅所呈现的宿舍中的工人借助集体居住形式实现某次劳工权益保障的经历（任焰，潘毅，2006）；而有些战术的行动逻辑仅仅是行动者在委屈中的妥协，比如叶丹和张京祥研究的非正规街区空间的生产（叶丹，张京祥，2015）。在本研究中，从受访者访谈材料出发，异性情侣既有行动者的能动性，也有作为行动者的无奈与无力。他们的能动性主要表现在对于学习空间的营造，以及对于两人在校园中亲密的私人空间的营造方面，此外还表现在部分受访者保持着两人在经济条件改善之后可以租个房子的幻想。他们的无奈与无力表现在部分受访者认为校园空间显然无法提供私密空间，思考这件事情也没有任何意义。

本文研究主题在于校园空间。如果将异性情侣的行动区域放置在校园所处的城市背景之下，我们可以发现两人就可以有更多的行动选择，尤其是在饮食空间以及亲密的私人空间方面，前者如大型商场里面的各种餐厅，后者如城市中的宾馆。不过，对于同校的异性情侣而言，两人大部分的相处时间仍然是校园里面，在校园空间中战术式的行动逻辑依然是主要的方式。从这个意义上来讲，本文认为我们需要去发掘出更多使用校园空间的方式，更多体现出战术式行动逻辑的意义。另一方面，这也让我们去反思对于校园空间规划的定义与主导话语权，尤其是拥有资源的决策者、精英和建筑规划师在设计规划过程中的考虑。

三、研究的不足

本研究仅仅是选择了人民大学作为田野点。但是还有其他不同形式的校园空间，比如像清华大学，它的校内学生的主要交通工具是自行车，学校的面积也远远大于人民大学，此外校内的诸如教室和图书馆等配套设施也与人民大学有许多区别；比如位于郊区的校园，他们的校园空间由于是坐落在城市的郊区，异性情侣会被剥夺掉许多去校园外行动的权利，由此导致的在校园空间的相处可能又会是另一种状态。鉴于笔者研究能力的局限，本研究只关注到一个校园的空间使用案例，并且是尽可能的详细展现这个案例中的研究结果。这样的处理方式虽然可以为其他研究提供思考上的一般性借鉴，同时研究结果也具有一定程度上外推的意义。但是如果有更多的个案研究资料，本研究就可以更加的丰富。

在访谈过程中，笔者没有准备一张校园地图从而让受访者可以在地图上直接描绘出重要的点或路线，尤其是在访谈行走于校园的部分中。这导致了受访者在访谈过程中的描述会比较的抽象，以及在表述某个具体的地点过程中存在一些困难。此外，笔者没有注意到以情侣相处的不同时间为框架来讨论他们对空间使用的差异。在本文当中，笔者也仅仅是区分了异性情侣关系确定与确定关系之后这两个不同的阶段，而对于关系确定之后的不同相处阶段则没有进行更细致的区分。不过对于这点，也有现实的一些困难。因为这需要受访者对于记忆中发生的事情能够比较明晰，自身可以准确地区分出不同的相处阶段，以及不同相处阶段之下两人在校园中相处的具体行为。

参考文献

德塞托，1984/2015，《日常生活实践：1.实践的艺术》，南京大学出版社

德塞托、贾尔、梅约尔，1998/2014，《日常生活实践：2.居住与烹饪》，南京大学出版社

冯珠娣，2002/2009，《饕餮之欲：当代中国的食与色》，江苏人民出版社

福柯，1975/2007，《规训与惩罚》，三联书店

富晓星，2012，《空间-文化-表演：东北A市男同性恋群体的人类学观察》，光明日报出版社

富晓星、吴振，2010，《男同性恋群体的城市空间分布及文化生产：以沈阳为例》，《工程研究-跨学科视野中的工程》，第1期

葛现玲、张媛媛，2017，《重庆文理学院星湖校园认知地图研究》，《产业与科技论坛》，第1期

李龙珠、徐琛、王磊，2016，《男性择偶决策的线索偏好及信息加工方式》，《青年研究》，第1期

李永华、鄢庆丰，2000，《大学生活奢侈吗？——武汉高校大学生“特殊”消费情况调查》，《青年研究》，第6期

林聪，2016，《“怀旧风潮”影响下的大学生恋爱观》，《当代青年研究》，第5期

林建荣，2010，《拓展办学空间的实践与思考——以中国人民大学校园置换分析》，《大学（学术版）》第2期

刘怀玉，2003，《西方学界关于列斐伏尔思想研究现状综述》，《哲学动态》，第5期

路程，2015，《列斐伏尔空间生产理论中的身体问题》，《江西社会科

学》，第4期
卢晖临、李雪，2007，《如何走出个案——从个案研究到扩展个案研究》，《中国社会科学》，第 1 期
马雪娇，2014，《恋爱情境下女研究生群体女性气质的社会学分析》，华中师范大学硕士论文
潘绥铭、黄盈盈，2007，《“主体建构”：性社会学研究视角的革命及本土发展空间》，《社会学研究》，第3期
潘绥铭、杨蕊，2004，《性爱十年：全国大学生性行为的追踪调查》，社会科学文献出版社
普罗诺沃斯特，1987，《导论：从社会学和历史学的角度看时间》，《国际社会科学杂志（中文版）》，第1期
任焰、潘毅，2006，《宿舍劳动体制：劳动控制与抗争的另类空间》，《开放时代》，第3期
王存同，2011，《当代在校大学生恋爱认同及行为选择的实证研究》，《青年研究》，第3期
王向贤，2007，《大学生恋爱暴力初步调查——以某高校1035名大学生为例》，《青年研究》，第8期
王彦玲，2016，《基于空间布局调整的宁波大学校园建设指标分析》，《山西建筑》，第31期
魏伟，2012，《公开：当代成都“同志”空间的形成和变迁》，上海三联书店
魏伟、蔡思庆，2012，《探索新的关系和生活模式：关于成都男同性恋伴侣关系和生活实践的研究》，《社会》，第 6 期
文军、黄锐，2012，《“空间”的思想谱系与理想图景：一种开放性实践空间的建构》，《社会学研究》，第2期
吴飞，2009，《“空间实践”与诗意的抵抗——解读米歇尔·德塞图的日常生活实践理论》，《社会学研究》，第2期
吴恽、Funito Miyamoto，2013，《城市空间和大学校园——以日本国立

大学校园空间变迁为例》，《学术探索》，第12期

徐安琪、李煜，2004，《青年择偶过程》，《青年研发》第1期

杨联芬，2014，《“恋爱”之发生与现代文学观念变迁》，《中国社会科学》，第1期

叶丹、张京祥，2015，《日常生活实践视角下的非正规空间生产研究——以宁波市孔浦街区为例》，《人文地理》，第5期

岳志铁，2014，《同济大学周边餐饮空间演变浅析》，《住宅科技》，第10期

赵虎，2011，《高校本科生恋爱消费的社会学分析》，吉林大学硕士论文

赵景伟、彭建、彭芳乐，2016，《论高校校园地下空间的综合利用——一种可持续的校园空间发展模式》，《国际城市规划》，第6期

郑婕、赵建波、张玉坤，2015，《女生心理体验与大学校园外部公共空间的相关性分析》，《天津大学学报（社会科学版）》，第6期

郑震，2010，《空间：一个社会学的概念》，《社会学研究》，第5期

周培勤，2016，《隐形的宵禁：性侵忧虑和女大学生的校园空间使用》，《妇女研究论丛》，第6期

周文智等，2013，《社会化校园与单位式校园空间的环境认知》，《热带地理》，第5期

朱安新，风笑天，2016，《“90后”大学生异性交往观念——以婚前性行为接受度为分析重点》，《青年探索》，第2期

朱寿佳等，2016，《基于智能手机移动调查的校园活动空间评价》，《规划师》，第12期

Cho,A., 조 승 희 .2012.A Hermeneutics Phenomenological Study on University Students' Dating and Sexual Behavior.*Korean Journal of Youth Studies*.19（5）

Moss,D.& Richter,I.2010.Understanding young people ’ s transitions in

university halls through space and time.*Young*.18（2）
Fox,J., Warber,K.M.&Makstaller,D.C.2013.The role of Facebook in romantic relationship development： An exploration of Knapp's relational stage model.*Journal of Social and Personal Relationships*.30（6）
Kuperberg,A. & Padgett,J.E.2016.The role of culture in explaining college students' selection into hookups, dates, and long-term romantic relationships.*Journal of Social and Personal Relationships*. 33（8）
Lopez-Cepero,J.,et al.2015.Perception and description of violent experience in youth dating relationships. *Gaceta Sanitaria*.29（1）
Morey,J.N.,et al.2013.Young adults' use of communication technology within their romantic relationships and associations with attachment style.*Computers in Human Behavior*.29（4）
Park,T. & 오세일.2016.Cultural Study on University Students' Love Repertoires and Happiness. *Korean Journal of Social Theory*（50）
Rosenfeld,M.J. & Kim,B.2005.The Independence of Young Adults and the Rise of Interracial and Same-Sex Unions.*American Sociology Review*. 70（4）
Siebenbruner,J.2013.Are College Students Replacing Dating and Romantic Relationships With Hooking Up？ *Journal of College Student Development*.54（4）
Strully,K.2014.Racially and Ethnically Diverse Schools and Adolescent Romantic Relationships.*American Journal of Sociology*.120（3）
Wirth,L.1938.Urbanism as a Way of Life.*American Journal of Sociology*.44（01）

寻找定位与秩序生成

唐元超　北京大学社会学系 2014 级
指导教师　马戎

绪　论

选择凉山彝族作为研究对象，很大程度上源于互联网时代的信息推送。自去年开始，“最悲伤的作文”、“我的凉山兄弟”、“悬崖村”等相继出现在公众视野，人们关注、评议、讨论，急切地想要知道——“凉山为什么依然那么贫穷？”同时，与“贫穷”相伴的是大量社会失序的报道，毒品、艾滋病、失依儿童、黑社会等社会问题像梦靥一样缠绕着人们的头脑。作为社会科学学习者和研究者，自然希望探讨这些现象背后的原因。对这一问题的最直接回答莫过于罗列出一系列统计数据，如当地的产业结构、职业结构、资源的人均占有情况、劳动素质、受教育程度等，评估众多影响因素的显著性，或者通过绩效评估的方法，检验政府在扶贫方面的效度，最终得出一个改善贫困状况的方案——事实上大多数的研究都着眼于此。但，也有研究者并不满足于这些数据的平面展示，而是继续纵深研究，从历史变迁的角度来分析凉山彝区社会如何发展到了今天，试图通过发展历程的梳理来总结凉山彝族在现代化进程中的得失。

然而，无论是数据的排铺，还是历史的梳理，都可能使人迷失在单个事件或者某一具体现象的层面，纠结于“环境中的个人困扰”（the personal troubles of milieu），从而丧失了“社会学的想象力”。本研究的出发点虽然是关心彝族社会的“贫困”（远非经济意义上的缺乏），但绝不只是停留在对该问题的现象、原因等的罗列和考证，而是希望通过其社会结构的变迁来探究更深层次的原因。本文将“家支”作为观测彝族社会结构的主线，置入彝族社会发展变迁史中，分析这一社会结构的支柱及与其他构成社会秩序的要素之间的关联，从而探讨“社会结构中的公共论题”（the public issues of social structure）。简言之，要从历史和结构变迁的角度认识一个“完整的”彝族社会。

本文所要关注的主要问题是，（1）凉山彝族传统的社会结构是什么，其基本特征、运行规则、价值伦理是什么？（2）自民国到当代，这一社会结构在政权、市场、族群关系等因素的影响下，其功能和意义发生了哪些变化，趋势是什么？（3）塑造这一社会秩序的主流人群是什么，哪些人丧失了“主流”地位，哪些人又将逐渐变得“主流”，这对于当代彝族的社会秩序有何影响？（4）进而尝试回答，一个从半封闭的、生产力后进的、内部支系纷争的民族，应该如何更好地走向现代社会；在这一转变中，其传统文化/社会组织中的哪些因素终要消亡了，哪些还保留着，哪些依然具有生命力但根据具体的社会环境而加以改进？（5）需要附带处理的问题是，作为其中的行动者是如何应对这些影响的，个体在家支组织是如何被塑造？

凉山彝族，其自称“诺苏”，是彝族众多支系中人口最多的一支，属于彝族六大方言区中的北方方言人群，人口约为 264.39 万（“六普”数据）①。诺苏聚居地——凉山，是大小凉山的合称，主体部分位于四川西南部，涵盖了现在凉山彝族自治州 17 个县市及其边缘地带，该区域大部属于横断山区，大小凉山稍有区别，大凉山平均海拔较高，山势相

① 我国人口普查中并没有对民族内部支系的人数统计，这里使用的是四川省彝族人口数据，其范围与“诺苏”的分布大致一致，数据较全部“诺苏”人口为少，不完全准确，仅供参考。

对平缓，其间河流、平坝交杂；小凉山平均海拔较低，山势陡峭、河谷幽深。

这片区域长期交通不便，人口流动率低，在新中国成立前的相当长时期内较少受到中央政权的直接影响，内部也未形成统一的政权组织。这里简要介绍一下彝族的历史和概况①：

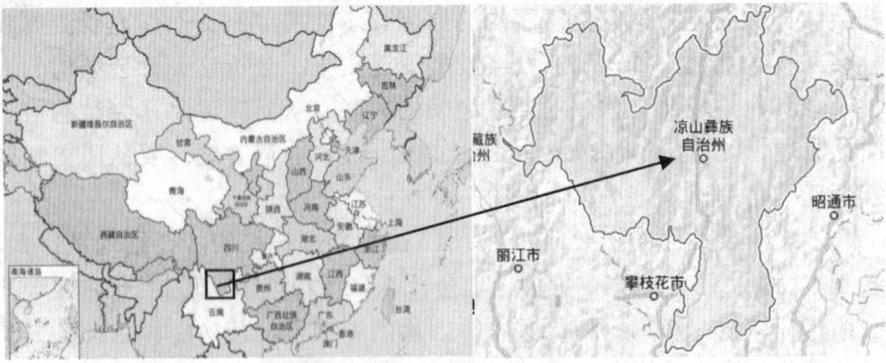

图 1　“诺苏”彝人大致分部区域

对于彝族的族源，至今聚讼纷纭。这里采用大多数学者共同接受的看法：彝族是以从“旄牛徼外”南下的古羌人这个人们共同体为基础，南下到金沙江南北两岸以后，融合了当地众多的土著部落、部族，随着社会经济的发展而形成发展起来的。汉文史书中记载，彝族的先民历经了“羌”—“叟”、“昆明”—“乌蛮”、“白蛮”—“罗罗”等演变。彝族先人在古蜀失国以后，迁居云南洛尼山，并育有六子，后来这六子演变成六支彝人，分别率领族人向四周迁徙，成为川、滇、黔、桂四省大部分彝族先祖，史称“彝族六祖”，其中的“恒”、“糯”二部迁徙进入今天凉山地区，就是彝族传说中的古侯、曲聂两位先祖。

至少在汉代，中央政府就对当地维持了一定的间接管辖，此后直到元明清时期，中原王朝册封了当地一些有势力的彝族土司，土司制度的

① 以下三段关于彝族历史的概述，主要参看了《彝族简史》编写组（2009），易谋远（2000），方国瑜（1984），胡庆钧（1985），周自强（1983）。

建立改变了当地的政治生态。但随着中央政府在西南地区推行改土归流以及彝族中诺伙（黑彝）等级的崛起，土司势力不断衰落，原来土司的区域由黑彝势力取代；一直到了近代，凉山腹心地带“黑骨头为贵种，白骨头执赋役”，以及“夷族分数百支，不相统属”的社会状况，没有发生根本改变。

传统时期的凉山地区没有建立起统一的政权，其社会秩序的维持主要依靠家支及其连带的习惯法。民主改革时期，家支被定性为彝族奴隶社会的“三大支柱”之一，是奴隶主维持奴隶制度的工具，因而受到严厉批判和取缔。改革开放以后，随着经济体制的改革和民族政策的恢复调整，彝区各地又逐步开始了家支聚会，家支组织又重新活跃起来。有人认为增强家族凝聚是一种非常自然的情感，既是彝族传统文化在现代社会的延续，也是新时期彝族人的情感寄托和心理需求；有人认为通过家支的规章制度，增强对家支成员的约束力，有利于抵御社会不良风气（如吸毒等）、加强成员间的相互帮助（蔡富莲，2008；刘正发，2007）；还有人认为家支活跃产生了很多“家支问题”，如以血缘为基础的等级观念沉渣泛起、习惯法干预司法和干预个人自由、血亲复仇、冤家械斗等（四川省民族研究学会，1985：13）。那么，应该如何看待家支在传统和现代彝族社会中的性质、地位和作用？对于一个彝人来讲，随着时代的变迁，家支对于其意义在哪些方面发生了改变，而哪些方面没有改变，其中起关键作用的因素是什么？整体而言，家支与个体的关系是更加紧密了还是疏远了，家支的发展方向是什么，这对于凉山彝人的现代化而言有何影响？这些都需要通过实地调查和深入研究才能回答。

第一章　什么是家支：家支概念的知识社会学考察

凉山彝族人口超过 200 万，但却只有几十个大家支，可见每个家支的势力范围着实惊人。家支是否相当于宗族？如果二者本质相同，为何没有采用同一个名词？其区分是学术性的还是政治性的？如果二者不一样，其区别在于何处？“家支”一词最早在何时被用于彝族社会组织的标准表达？其确立的过程背后是出于怎样的考虑？家支（lineages）与其他类似的组织，如氏族（clan）、种姓（caste）、部落（tribe）等有何异同？本部分试图通过对“家支”概念的知识社会学考察来回答上述问题。

一、知识的社会性：汉文化知识分子对“家支”的认知

直到新中国成立前，用“家支”来指称凉山彝族这一社会组织形态还是较为少见的，到了 1950 年代，“家支”成为指称彝族社会组织的固定词汇并一直延续至今，但其内涵也随着时代发生了一定改变。

彝族的社会组织被人们广泛知晓并讨论应当始于抗战时期①。大小凉山因其“夷患”重重，民族矛盾尖锐，而备受学人关注，这一时期涌现出大量调研报告和学术论文。事实上，就所见文献而言，民国时期对于凉山彝族的调查报告中大多用“部族”、“宗族”、“氏族”等来描述彝族社会组织情况，或偶尔使用“家”、“支”两个概念。

例如，徐益棠说“倮㑩族系极为复杂”，有“家”和“支”两个概念，他认为“氏族”即相当于“家”（彝语中的“慈为”），而“支”则可能是边区汉人所拟词汇，用以说明彝族内部支系所在的地理范围和居住区域；此前，他更是直接说“实际上家与支为同一之组织，并非为两个单位”（徐益棠、杨国栋，[1942]2014：819），“以余私意，此或系汉人所定之名辞，为我边区官吏所拟之政治单位，如西文中之部族（Tribe），用以为儸民之地理的分布上指示位置或区域之称谓也”（徐益棠，1944：7）。李景汉根据江应樑在凉山所做的调查手稿（当时并未出版），写了《凉山罗罗之氏族组织》一文，以介绍这一研究成果，他认为由于彝族居住区域“山岭险阻”，没有较大平原地区，使得住户不能聚族而居，保留了原

① 虽然早在 1930 年代初期前后即有学者进入凉山做调查，并发表了一些调查报告，但其数量较小，也不系统，没有引起社会的广泛关注。

始民族社会的组织形态和家族制度；彝族的“家族就是一个部落”，包含了黑彝家族及其所统治的白彝家族两个部分，并且以“房”—“支”—“家”等概念分别概括血缘亲疏组成的各个单位，并指出其“分裂”是常态，而“组合”是面对威胁时候的临时现象（李景汉，1941）。马长寿曾以“典型的宗法社会”来概括彝族的社会组织，他指出虽然“家庭”（faminy）是彝族社会生活中的基本经济单位，但是其最重要的组织是“宗族”(clans)，它规定了家庭的行动意志、通婚范围以及救济义务（马长寿，[1939]2006：257-258）。林耀华在其书以“氏族”（clans）/“家”称之，其书名《凉山夷家》中的“夷家”即有双关意义，广义指整个倮倮社会，狭义则指倮倮的家族组织，从其描述中看到“氏族”与“部落”不同，前者是基于血缘的，而后者则具有政治联盟属性；同时，他专门罗列了势力较大的“氏族”，并将其限定为专指黑彝势力，“因白夷或白罗罗都是追随黑夷主人，自己不成系统的”(林耀华，1947：16-17；27)。

以上几个例子看出，民国学人在使用“宗族”、“氏族”、“家族”等概念比较随意，但基本对应英文中 clans 一词。根据维基百科释义，“氏族是被真实可感的亲属关系和血缘世系所组成的一群人；尽管血统的详情不甚明了，但氏族成员可以围绕一个共同的祖先而组织起来。基于亲属关系的联盟可能是一个象征，这种象征靠着氏族所共享的、‘特定的’共同祖先来组织”、“氏族在本土社会中倾向于指一个不能通婚的单位群体”、“氏族先于集权形式的社群组织和政府并存在于各个国家。内部成员以盾形文身或其他象征作为识别以显示其是一个单独的氏族”①。这个词基本概括了彝族家支所展现出来的特点：（1）共同的父系祖先；（2）围绕血缘关系等象征组成；（3）相互间不通婚的群体；（4）非集权性的、原生性群体，具有政治功能。这四个特征对于汉人的“宗族”也成立，何以除了马长寿使用该词指称彝族社会组织外，其他人基本不用，而大多使用“氏族”？二者的差别在哪里呢？

汉人的“宗族”是“宗”与“族”的合称，其所谓“宗”是指亲族

① 文段内容是作者根据 clans 维基百科的释义而翻译的。

之中奉一人为主，而“族”则指凡有血缘关系的人。一般而言，宗亲关系以“九族”为界，九族之内为内亲，九族之外的亲属无男系血缘关系为外亲，而所谓“九族”是从己身向上推至四世高祖，下推至四世玄孙，旁系可从己身推至族兄弟（王沪宁，1991：14），因而，“宗族”不仅包含了上述四个特征，还有一套严格的宗法体系，规定了“嫡长子”的特别权威及其血缘“九族”的范围限定；事实上，汉族传统社会是一个“差序格局”的社会，其中的奥妙在于以亲属关系所联系成的社会关系网络都是个别的，每个网络都由“己”为中心“推”出来的（费孝通，[1937]2004：33），甚至在儒家思想之中，这个“推”的力量可以一直从“我”到“天下”，即直接将个人、家庭和国家贯通起来；同时，汉族的宗族是在家庭“结合特性”展开而来，成员资格以父系网络相联系，没有在组织上建立任何形式的制度，表现为“有关系而无组织”（王崧兴，1991：13）。这些特点并不同等地表现在彝族社会组织之中，一是它并没有“嫡长子”的说法和规定，家支中何人可以成为统率人物（苏易/德古）与宗族中由嫡长子任“族长”的产生机制大不相同；二是它的范围延伸更广，现实中如果没有举行“分家仪式”，几十代也算作一个家支；三是它的动员能力和资源整合能力强（这与其“分枝型”的社会结构有关，详见第二章）；最为重要的是，彝族社会中的亲属关系并非以“己”为中心的差序，而是以谱系来计算，“己”相对而言不重要——也就是说，谱系是以共同祖先为起点，以历代男性先人为节点，每一个单独个体在其中的位置一出生就已经确定无疑，在确认和别人的社会关系时，同家支的人只需要对比谱系的代数即可，不同家支的人则只需看谱系上的人是否有过通婚、冤家之类的先例即可。因此，马长寿在随后发表的文章中也不再使用“宗族”而换成了“氏族”，并认为彝族社会虽然具有“宗法系统的基础”，但终未形成如中国周代的封建制度，其原因在于没有适合封建社会的经济条件，即氏族权威不建立在共有的经济、产业之上，而建立在“血统和传统的道德和感情上”（马长寿，1947）。

可见，以“宗族”来指称彝族中的社会组织确实不够准确。这一时期具有代表性的学者虽接受了西方民族学、人类学的理论（如功能主义和文化学派），但本身也保留了中国传统知识分子的一些特点，因而在其研究中体现较强的“边政”色彩，无意识中会将边疆各民族的历史和社会文化与汉文化相勾连，强调其受到汉文化的影响，试图将汉文史书的记载与对当地民族的考察结合起来，塑造一个首尾连贯的民族历史。这里对于彝族社会组织的认识也是如此，学人们的基本参照就是汉族社会，大多数以“氏族”来指称的原因在于他们认为此时的彝族还是“野蛮”、“初民社会”的，或者说不如汉族发达的社会。

1950 年代以后，苏联历史学/民族学中关于社会进化的五个阶段论述深深影响了国内学界和社会。这一时期的所有文献全部使用“家支”，虽然我没有看到这种转变的标志性事件/文案是什么，但可推测有两点原因：其一，“家”或“支”在民国时期的边区汉人和行政官员即已经使用，是彝区周边汉人使用频繁的口语词汇；其二，解放后，随着大量汉族干部和军队进入凉山，其文化知识水平普遍不高，“氏族”等十分书面的语言用起来不很方便，而在此后的民主改革、应对叛乱中，“家支”势力是他们经常遇到的一个问题，在描述这些不同支系的势力时，最方便的词汇就是以往被人们广泛使用的口语——家支。人民政府进入凉山以后，广泛开展统战工作，吸收了不少彝族上层，该词应该就在这一过程中经过协商翻译而来。

这时期对于凉山彝族的社会性质成为讨论的热点话题，全国范围开展的社会历史调查直接服务于社会发展阶段论，依据社会生产力和生产关系，凉山彝区被认为是“中国唯一保留的奴隶制社会”。家支被认为是原始氏族社会的遗存，但主要是为奴隶制服务的，是奴隶主进行阶级压迫的工具，当时的大量文献通过调查资料分析了家支在社会中的“反动”作用：等级社会长期存在的血缘障碍、冤家械斗的挑起者、诺伙（黑彝）反动力量的依仗者等；也顺带指出家支对于维护白彝等级利益等正向功能（参见全国人大民族委员会四川省少数民族社会历史调查组，1957：22；中国科学院民族研究所等，1963：16；伍精华，1959）。

1980年代以后，阶级斗争的意识形态不再主流，“把社会带回来”成为新的社会思潮，人们希望“全能国家”之外有一个“独立的社会”。此时，彝族的家支被赋予了“社会自组织”的想象，认为彝族有传统的“家支”组织，因而可以与政府权力“讨价还价”，避免了公权力对私人权利的过度侵蚀；也正是因为家支，可以使得彝人个体不完全“脱嵌”于社会，不会变成劳动力的“单子”进入市场经济而深受剥削；还有人走得更远，正在呼吁希望可以通过家支来加强彝区的社会治理。

以上简要地梳理了三个历史时期，汉文化知识分子对于彝族“家支”的认识，一个明显的特征是，人们似乎从未纠结过家支概念本身，而更加关注家支所发挥的社会功能，因对其功能的认识不同，而产生了不同的想象。

二、当地人的观点：有关“家支”的传说、民俗与禁忌

在调查中，当我问“什么是家支”这一问题时，一般人会告诉我，家支就相当于一棵树，每棵树都是从同一个根长出来的，然后上面会分出树干，树干上有树枝，树枝上还有树叶，这样一以贯之，家支就是这个。如果接着问“这个一以贯之的东西是什么呢？”“根骨，或者说家谱”。正如上面已经讲到“*Cyvi*”中的“*Vi*”表示“骨”，因为与汉族将“血”表示“亲”的概念不同，彝人认为是“骨”的传递而带来了“亲”（朱文旭，2016）。这个比喻说明了家支在普通彝人心目中就是以“骨”为核心的父系亲缘群体，这个群体的团结度和相互之间的权益义务胜过别的团体。

彝人传说当中充满了对世界万物的追根溯源，然后从源头一直往下细分，这与家支谱系的结构是相通的，这种叙述方式一直影响到当代人的思维方式，集中表现在其辩论“克智”这一活动中。典型代表者如彝族史诗《勒俄特依》对世间万物的描述。当地人相信，凉山所有的彝族都可以追溯到古候、曲聂两个始祖，相传这两支部落从昭通渡过金沙江进入凉山；古候和曲聂两兄弟“为疆界而争，为牛羊越栏而争，为你高

我卑而争，嚷嚷不休，混战多年”，经过椎牛喝血酒通婚而达成和解，在竹核坝子停留多时以后，分道扬镳，“左边是曲聂路，右边是古候路，曲聂、古候二路走”（马长寿，1987：20），从此形成了曲聂后代的家支主要分布在凉山西部，古候后代的家支主要分布在凉山东部（具体分布见：全国人大民族委员会四川省少数民族社会历史调查组，1957：24-25）。

在当地的传说故事中，彝族很早之前是没有“等级”的，而只有基于社会分工而形成“兹、莫、毕、革、卓”等不同角色，其中“兹”是君主，掌管政治；“莫”是智者，协助君主管理，相当于丞相；“毕”是巫师，掌管祭祀；“革”是武士，掌管军事；“卓”是平民，负责耕作和放牧。马长寿根据彝族古典文献的记载：“仲牟由生三子，长子念经咒人，是毕摩之祖；次子专以打仗为业，是诺合之祖；第三子专以耕田为业，是曲伙之祖”（马长寿主编，2008：66）。

古时，有个野猪吃人，一看见烧人时，就赶来将烧人者连同尸体一并吃掉。这时，有兄弟七人听到了这个消息，就想去打死这个吃人的野猪，他们商议道：谁打死野猪，谁就是统治者，其余人就得服从其管辖。于是他们前往森林打野猪，结果野猪被大哥一箭射死。因之，大哥当了土司，二哥跑在后面，当了黑彝，其余人也依次排列，分成了各等级。（中国科学院民族研究所，1963：55）

上述故事版本虽有不同①，但基本原型是“兄为土司，弟为黑彝”，说明二者之间存在的亲缘关系。当地人认为等级地位的高低与其是否拥有“纯正”的彝族血统相关。这种“纯正”是彝族人基于“骨头”的理解，如有部分白彝家支是这样描述自己为何是白彝的：

① 事实上，有关彝族为什么会有家支，以及等级是如何产生的，传说的版本很多，都不统一，而这正是传说的原貌，追求统一版本的愿望是与现实不符合的。

沙马土司祖先雅古署布娶妻时，新娘子因禁食时间太长，在路上饿死了。这时，送嫁人很为难，又怕沙马家，怎么办呢？没有办法中想出一个冒名顶替的办法，从陪嫁丫头中选了一个做新娘。后来，她生了一个儿子，有一次，她和陪嫁丫头吵架，丫头说：“你又不是我主娘子，为什么来骂我？”这句话被署布听见，觉得这句话中有含义，于是进行追问，这个丫头说出了实情。因之，沙马家就不要这母子两人，并派人将母子送到一个很远的地方。后来将这个新生儿取名为“马恩”（即“不是”的意思），马恩就是现在沙马曲比、沙马切结、沙马孙兹等三支白彝的祖先。（访谈沙马曲比家）

认为自己是从诺伙中分出来的曲诺不在少数，如吉克、勒耳、窝其曲比、结吾、结火、阿地等，这些说法在诺伙等级中也得到承认，相互以兄弟相称。需要注意的是，这里的“白彝”准确的说应该仅包括曲诺，不包括安家和呷西（对于这些等级的具体含义见第二章内容）。

围绕“骨头”，彝族社会不仅形成了不同等级，兹莫（彝语中“掌权者”）等级在元代以后受到中原王朝的册封而一部分人成为了土司，但他们不能与同出自于黑彝家支系统的诺伙等级构成统治与被统治的关系，冤家械斗之后，不能将“黑骨头”作为娃子。被统治阶级的曲诺、阿加、呷西三个等级被称为节伙，按照彝人传统社会的解释，节伙之所以被统治，是因为其血统和骨头混杂而地位较低。节伙内等级低的可以上升为节伙内的较高等级，但永远不能上升为“高贵”的诺伙和兹莫等级。而就在等级内部也存在区分，如诺伙中分为“诺伯”（骨头最硬的黑彝）、“诺底”（稍次的黑彝）、“诺比”（黑白彝私通的后代或降为白彝的家支）。“诺比”虽然与黑彝家支名称相同，但已不被认为是真正的黑彝，因而诺伙一般不与之通婚，不承认他们是家门。骨头好坏是诺伙内部相互歧视的标志，现实中没有人自称是“诺底”或“诺比”，都会认为自己的好骨头。而对于同样是呷西或安家等级的人，内部也区分“彝根”和“汉根”，“汉根”在通婚中更容易遭到歧视。调查中，我问一些白彝什么是

“好骨头”，人们都没有告诉我一个十分明确的判断标准，很多时候是“只可意会不可言传”的，并且不能当面议论人家的“骨头”好坏，这极易引起打冤家。总之，在彝人的观点中，基于“骨”形成了一条歧视链条：彝根血缘（好于）＞汉根血缘＞汉人血缘。这种观念并不完全基于经济和政治势力，已经内化为一种民族心理和思维，目前依广泛存在彝人之中。

三、小结：对彝人传统社会定位的话语之争

作为一种历史叙述的方式，“奴隶社会”已经成为凉山彝族历史的标准范式。1950 年代的社会历史调查和民主改革作为重要的学术和政治事件而积累了大量奴隶社会的资料，并在学界掀起了广泛争论。当时有人提出，彝族社会的等级意味着各等级的社会地位不同，及其享有不同程度的婚配自主权和对待子女的亲权，并不表现为对生产资料的不同占有，因而等级不是阶级。但当时的主流观点将等级关系看作是不同社会集团在生产中的地位及其相互关系，也即生产关系（四川省编写组，1987a：本书说明），这直接促成了将各等级对应于奴隶主和奴隶等各阶级。1960 年代对于彝族社会性质的讨论被“文革”中断，1970 年代末重新开启的讨论已经无法吸引更多人参与其中，因而到了 1980 年代初三本彝族奴隶社会的专著“终结”了这一争论，可以说这一“终结”并非是在充分的学术讨论之下完成的。正如郝瑞发现的那样，1949 年后关于彝族的研究强调奴隶制度残酷，奴隶们经常发动起义，这与 1949 年前林耀华和曾昭抡的研究形成对照：在林和曾的著作中，凉山奴隶的状况与汉族佃户的状况相比要好；其原因在于，中国的马克思主义者关于历史发展五个阶段的观念中蕴含着一个道德标尺，在这个标尺中，因奴隶制的建立是人类社会的第一个阶级社会，人们的境况最差，而在继之而起的封建社会、资本主义社会和社会主义社会，人们的境况逐渐得到改善（郝瑞，2000：81）。客观地说，“奴隶社会”的历史叙述在新中国成立初期是为了叙说社会主义和民主改革对彝族地区带来的“解放”、“进步”意义，

以指导当时的政治实践，解除彝族传统社会中的人身依附，使大多数人获得人身自由；但目前的情形是，这套由社会进化论与经济决定论的叠加话语给彝族社会带来了“歧视性”困扰，人们习惯性地将其作为解释彝族社会目前发展滞后、社会失序的重要原因。

也有学者指出，作为官方的权威表述，马克思主义意识形态对诺苏人过去的表达并没有取代诺苏人自己对奴隶制的表述，这是一种根据日常生活和经验发展起来的对情感和意识形态的认知（马克安，2000：136-146），以往一直遭到批判的“家支”并没有从彝人生活中消失。不少彝族学者和我私下谈论，他们认为彝族传统社会虽然有奴隶，但并不是奴隶社会，而应该是“家支等级社会”，他们认为这种社会形态是与凉山的地理环境相适应的，以家支作为社会组织成功地使彝族在当地生存繁衍。一些人指出1950年代国家派出的学术精英将所有的白彝都视为奴隶是不符合彝族社会事实的，因为“曲诺是等级制社会的自由民，不是奴隶”、“阿加不是一个独立的血缘等级，而是因经济原因形成的阶级”、“呷西才是严格意义上的奴隶，但不都是汉根”（朱建新，2010）。还有学者从彝人传统习俗入手，认为诺苏家庭中奴隶和主人之间的关系亲密、奴隶也没有明显的生理标记（如文身等），以及主人与奴隶通婚的倾向——所有的这些习俗都使得奴隶可以融入诺苏社会；尽管呷西和阿加没有被视为“真正的”诺苏，但他们的外来地位并没有使他们及其后代永远处于边缘地位（Hill, 2001）。一种越来越强的声音希望以“家支”来概括彝族传统社会，因为阶级社会中“奴隶社会”话语带来的“解放意义”正在被“野蛮、落后”的文化话语所消解——现在一般人听到彝族是奴隶社会时，想象中便会认为彝族全是奴隶，这既“野蛮”（文化上）又“落后”（经济上），因而很多彝人对此极为反感。

然而，“家支社会”的话语叙述依然面临很多问题。上面提到，“家支”是彝人基于“根骨”的一种身份认同，里面必然包含对于不同“根骨”的区分，进而内部的歧视也随之而来。最近两篇分别名为《你的血统，到底值几碗白酒》《求求彝族同胞们不要再意淫血统了》的微信文章在彝人圈子中引起了不小“震动”。文章基本对彝人社会中基于血缘的区分持否定态度。文后留言超过八十条，篇幅大大超过了正文，这些留言大致可归为两派：一方坚决支持彝族的血统和根骨，认为民改后的彝族解除了内部的等级差别，血统不具备特权和贵贱的含义，而是彝族文化的一部分，是“根基”，否定“血统”就是否定“自己”；另一方坚决反对血统论，认为自由平等是世界大势，沉浸在血统论的彝族已落后于众多民族，坚持血统论只是彝族故步自封、自娱自乐的游戏而已，面对现代社会应该以发展来获得自身权益的保障，提倡取消内部隔阂，团结一致。

从该案例看出，“家支”正在被很多彝人作为身份认同的最重要标志之一，但因其内部的分化和随之而来的消极功能可能会遭到一部分知识精英的反对。对彝人传统社会定位的话语，我在此无意裁决，作为维系彝族社会上千年的“家支”是否能解开这个争论的局？目前似乎仍不明朗。但可以明确的是，家支本身也在发生较大变化，并对彝人的生活产生不同的影响。

第二章　运行机制：家支构成的社会意义和行为规则

理论上，可将家支看作彝族社会中“运行良好”的一整套社会体系，身在其中的成员必须理解这一套体系的社会意义，并遵循其行为规则。传统社会中对于个人和社会之关系的理解区别于现代社会，我们暂且将这种理解称之为传统心态，该心态认为个人是某一社会群体中的一员并从属于这个群体，社会群体存在的意义不是为了实现个人利益的最大化，而是恰恰相反，个人是为了社会群体而存在；与之相对，现代社会的人则认为社会是基于单独个体之间的契约所组成，每个个体即包含了社会

（抽象意义上的）最为基本的特征，是社会的具象化。按照“理想型”原则，前一种可称为“整体主义”，后一种可称为“个体主义”。一般而言，人们往往会认为“个体主义”是现代社会的“发明”，是晚近的产物；而传统社会中的主导逻辑是“整体主义”，本章也采用这一说法。本部分将主要依据传统社会①中的材料，分别从血统观念（父系）、经济联结（尔普）、社会风尚（共享）、行为规则（习惯法）等几个方面分析家支在彝族社会中如何运行；同时，这套行动逻辑也随着时代而变迁，为了方便讨论，变迁部分将放在下一章。

一、父系与谱系：彝人的交往圈与关系轴

根据彝族古典长诗《勒俄特依》所载：雪子施纳是彝族神话传说中的第一个始祖母，其后经历了八代“生子不见父”的母系时代，传到第九代“石尔俄特”，他决定外出买父寻父，历经千辛万苦，后遇到姑娘“滋尼施色”告诉他两件事，其一要供奉祖先，即“起灵之后插在屋壁上，念经之后供在神位上，超度之后送到山岩下”，其二要“娶妻成配偶”，做了这两件事，“生子即可见父亲”（冯元蔚译，1986：69-76）；可见，祭祀和娶妻的礼仪是彝族父系社会成立的重要条件，而这两者又通过父子相连的系谱而统一在了一起，彝谚中有所谓“亲还子债在娶媳，子还亲债在迁祢”（马长寿，［1939］2006：555）的说法。彝族社会中最基本的三类社会关系就是围绕祭祀和通婚而形成，即家门、亲戚和冤家。

祭祀的根本意义在于将先辈的灵魂送归祖界，从而保证人鬼两不相害。凉山彝族最大的祭祀仪式，在彝语中称“播叠”—“马都牒”—“撮毕”，分别表示丧葬仪式、安放灵位和迁灵送魂（马学良等，1993：305-353）。彝族的宗教观念为“三生三死”，人在死后必须经过“火化—安灵—送魂”三个环节，否则死者无所归依且生者易受鬼侵，这会直接影响到子孙后

① 彝族社会虽在清末民初即有现代性进入，如传教士、现代教育等因素，但大体而言，这些现代性的因素在当时并非社会主导，只有到了民主改革以后，凉山彝族才逐渐进入现代社会。因此，“传统社会”大体相当于民主改革前。

代的幸福安康；“送魂”环节需要毕摩念《指路经》，根据每个人不同的家支谱系，将死者灵魂一站站地送到祖宗所在的地方；换句话说，如果一个人没有完整的家支谱系，或者被开除家支，那么其灵魂则无法善终而只能做“鬼”，因而，家支在神圣层面也具有重要意义。同时，在现实生活不断展演的仪式中也处处都是家支的身影：仪式的操办、来凭吊者、献祭等环节都是以家支为单位进行，娱乐中的比赛内容是家支的历史和荣耀。彝人重视葬礼，且以人多热闹为贵，这要求其在日常生活中需要有一套维系人际关系的机制，而这很大程度上体现在家支的力量上，当地人称这类具有共同父系血缘的人为“家门”。

父系社会的第二个重要基础是彝族的婚姻制度。在彝族的观念中，家支是具有共同男性祖先的血缘群体，只要没有举行分家仪式，则无论隔了多少代人，都不能通婚。等级内婚、家支外婚、平表不婚、交表优先婚是彝族社会中较为通行的通婚规则（林耀华，1995：49-53）。一经通婚，彝人的社会关系得以扩展，在社会生活中缔结了众多的“亲戚”关系，很多家支之间常常互为婚姻，从而形成家支联姻，保证了其家支势力。同时，家支外婚和等级内婚的原则还促使了彝族家支的内部裂变，由于诺伙人口较少，约占其总人口的7%，为了便于通婚，更早时候诺伙一般在七代以后就举行分家仪式，以保证其有足够的通婚对象。

“冤家”是彝人日常生活第三类常见的社会关系。在解放前，凉山彝族社会频繁的“打冤家”现象被众多学者所观察（徐益棠、杨国栋，[1942]2006；林耀华，1947；马长寿，[1393]2006）。根据1956-1957年四川民族调查组在凉山五个地方的调查，对68件较大的“打冤家”事件的比较分析，这些频繁的冤家械斗虽然背后都有实在的利益动机，如争夺土地或娃子，占将近50%，但其战果很多时候“并不经济”，彝人打冤家行动的逻辑主要基于其血族复仇和集体负责制的社会传统（参见李绍明，1987）。这种集体负责制的原则使得个人在冤家纠纷中并不处于重要地位，大家在叙述冤家纠纷事例时，可以很快地记忆起某几个家支的名称，但都不易记起引起纠纷的某个人的名字[①]（全国人大民族委员会四川省少数民族社会历史调查组，1957：32）。虽然新中国成立以后的各类报告中均指出打冤家对于彝族社会生产力的破坏、人口的减少等社会危害，但从客观上讲，冤家械斗已经成为彝族社会团结的维护机制，正是由于频繁的冤家械斗，使得维持家支内部的团结极为重要，同时在一次次的组织动员中，进一步增强了家支内部的团结。如果没有超越于家支权威的社会组织进入，这一冤家械斗的状态基本很难得到根本改变。

在父系谱系中获得确定的位置，不仅可以使人获得确定的社会关系和社会资源，也是其等级地位的重要前提。传统社会中的彝人倾向于将等级现象与血缘联系在一起，正是由于“血”、“根”的不同而被划分到了不同的等级：在彝族传统观念中，黑彝代表血统纯正的彝人，是“彝根”，在其神话传说中不同的黑彝家支都可以追溯到同一个父系的祖源，即古侯和曲聂；而白彝家支则来源于不同的群体，等级越低，其血统就越“不纯”，很多还是“汉根”。家支与等级的关系体现在：（1）一般而言，诺伙、曲诺都有对应的家支，而阿加和呷西等级则没有家支；（2）等级是以血缘关系而存在的，各等级间实行严格的等级内婚；（3）传统社会中，诺伙家支是自成一体的，而曲诺家支则分属于不同的诺伙家支，因而，诺伙家支团结的紧密程度强于曲诺家支；（4）阿加等级可以通过挂靠等方式进入曲诺家支，成为家支中的成员，从而提高自己的社会地位。从整体来看，通过家支的吸纳，奴隶等级有了上升的渠道和空间，因而成为其努力工作的动力，这在本质上更加巩固了原有的等级制度。

归纳起来，以父系为纵轴的家支谱系联结了彝族社会中最为重要的几类社会关系，同时它作为等级划分的根基性因素，是等级社会得以维持的重要支柱。

---

① 正是在这种集体负责制的逻辑之下，在外人看来，与彝族相关的冲突很容易扩大化，一件很小的事就容易发生命案，其根本的原因也在于个人在纠纷冲突中微不足道，彝人通常认为这些纠纷并非是只针对个人，而是针对其家支。

二、“尔普”与“赶礼”：彝人生活中的经济互动

事实上，彝族社会中的财产（土地、奴隶和金银等）是以核心家庭为基本占有单位的，并没有类似于汉族“族田”的共同经济。彝族社会中的经济互动是以“礼物的流动”为主要形式存在的，在彝语中有两个词来表述——“尔普”和“赶礼”。

“尔普”，是彝语音译，“尔”意为“交换”，“普”则表示价钱，两个字连在一起即表示“交换的价钱”。传统上，“尔普”仅指家支成员在遇到丧事、命金、纠纷赔偿等事项中凑的“份子钱”，而结婚或者其他社会关系中的随礼，一般直接用汉语“赶礼”。每个家支都按照一定的居住区域和血缘亲疏组成大小不等的“尔普群”，并制定相应的负担标准，以分担家支成员应急时的经济责任。“尔普”和“赶礼”是彝人社会生活中最为经常的两项开支，随着城市化的推进和与外界交往增多，“尔普”出现了“跨宗族”、“跨族群”等新的形式（巫达，2004；刘正发，2007：171），其用途也新增了教育等，很多家支开始建起了本家支的“教育基金会”（蔡富莲、米伍作，2014：51-60）。

礼物标识了赶礼人与当事人的不同关系，礼物选择的标准很大程度上是个人在亲属关系中的位置，而非个人自身特质，遵循的主要是“集体性原则和不可逾越原则”（黄玉琴，2002）。同时，这些物品并非“维生物品”，而是一种“声誉性物品”：展示它们为赠送它们的人带来声誉（曼，2002：83），这一看似“浪费”而不合经济理性的行为，在其社会生活中具有其“道德的合理性”，换言之，不这样做，将会被人指责和鄙视。

除了葬礼需要负担较沉重的“尔普”外，“娶妻”的聘金和婚礼上的“赶礼”也越来越多。调查中，很多彝人表示自己经济负担很重，一些工薪阶层的年轻人表示自己每月的尔普和赶礼超过工资收入的70%，但同时也表示“没有办法，必须要给”，也有人说“就相当于买保险”或者“存银行”。一方面是人们“叫苦不迭”，另一方面为什么这样的经济互动依然“持续不断”，甚至“愈演愈烈”？在调查中，虽然大多数人都和

我说现在的聘礼太重了，但我从其神情和语气中并未感到他们内心真正的“担忧”，反而往往呈现出“光荣”的炫耀色彩，也没有听说过有人因为高聘礼而娶不起媳妇的案例，后来我才知道，“高彩礼”是男性所在家支有能力、讲团结的象征，是受到社会称赞的。彝彦中有“男儿不失尔普”的说法，作为一个成年男子（以成家为主要标志），生活在彝区，必须要参与到彝人的社会和经济活动当中，承担相应的义务和责任，参加“尔普群”和“赶礼”都是必须的，尽管这些表面看上去都是“自愿”的，并且这正像一场“发动了就难以结束的游戏”一般，一代代人都被深深卷入其中。

这种现象是人类学中关于“礼物”研究的现实写照。莫斯对原始人礼物交换的研究表明，礼物的交换表面上是自愿的，但实质上“送礼和回礼都是义务性的（obligatoire）”，他甚至说：“所谓的自愿的呈献，表面上都是自由的和无偿的，但实际上却是强制的和重利的”（莫斯，[1925]2002：3-4）。这种“强制性的义务”正是“社会”得以持存的重要动力，因为在莫斯看来，社会是关系的、内在的、连续的、切近的，礼物交换是一种以时间延展的方式存在的，“要完成任何回献都需要‘时间’”，而“礼物必然导致信用的观念”，因为“接受了馈赠就有义务回报”。礼物交换呈现为不可逆关系，一旦发动，“赠礼者和受礼者就会卷入连续往还的链条，双方要根据互动的状况相继做出恰当的反应，于是礼物交换就很难有真正的终结”（莫斯，2002：66，67，4）。礼物同时存在着“分享”和“债务”双重性质，一方面拉近了人与人之间的距离，另一方面又增加了两者的社会距离，而这二者都使得人与人被紧紧地绑缚在一套社会关系之中，从而维持了一个“集体化”的社会，这是彝人社会传统的经济纽带。

三、“德古”与“节威”：彝人社会中的领袖与法规

彝彦：“彝地德古大，汉地官员大，藏地喇嘛大”。

彝族社会中家支的领袖人物，一般被称为家支头人，这包含了两种

人："苏易"和"德古"。"苏易"是指在兹莫、诺伙中财大气粗、有一定影响力的奴隶主，所谓"一房一苏易"、"生小孩就是长辈，留有发髻就是苏易"，家支中的人一般到了一定年龄，有一定的道德修养和处理问题的能力就成为苏易，其影响力一般本家本支内，或者一村一寨之中。而"德古"，则是指彝族社会中的足智多谋、能言善辩，遇到纠纷能够明晰事理且敢于仗义执言、以理服人者称为"德古"。

苏易或德古的产生均不以世袭，或者兹莫、诺伙委任，也不以选举，而是在处理事情中自然形成的。苏易和德古不受等级、性别的限制①，只要具备上述能力并受众人拥戴即可。传统上，苏易的主要职责是带领家支的人打仗或参加生产、生活、宗教等集体活动，而德古更多是调解纠纷、判决案子。现实生活中，很多人既是苏易又是德古。苏易和德古是彝族社会中的道德权威，其合法性来源于"对彝族历史、习惯、天文、地理等知识的拥有和运用"，以及他们"对正常社会秩序的维护和关注"（杨洪林，2008）。因此，苏易和德古是传统彝族社会的精英分子，是理想人格的体现。

在调解纠纷时依据彝族社会中的"习惯法"，彝语称"节威"（*Jievi*），即道路、制度的意思，彝人认为事情错了可以通过金钱的补偿来治理（马尔子，2009：201）。彝族习惯法依据纠纷案件的性质和程度分为"阿诺"（黑案）、"阿则"（花案）、"阿曲"（白案）三种类型，其中黑案最重，白案最轻，以此来确定赔偿的方式和数目。习惯法中条目广泛，从1950年代的社会历史调查资料来看，这些规则广泛涉及了土地财产的所有和继承、等级关系、租佃关系、债务、投保、刑法、婚姻、司法、人身占有等10多个方面，基本涵盖了旧凉山彝人社会生活的主要方面（周星，1997）。习惯法都是约定俗成、逐渐累积的，德古在解决纠纷时常常援引以往的判例作为依据。

彝族社会中纠纷的解决方式采取多人协商，参与者包括几名德古、

---

① 虽然苏易和德古不受等级出身的限制，但实际上，阿加和呷西等级中基本不可能出现，并且在人们观念中也往往会觉得诺伙等级的德古比曲诺等级的更可靠、更讲信义。

纠纷有关方的家支成员。德古的言行都在公众的监督之下，德古不仅要说服当事人，也要说服众人，这就需要德古具有公正、无私以及宽宏大度和人性化的德性，而纠纷解决的结果只有“说好或者说不好”，不存在某个人充任法官强行判决。德古参与纠纷调解没有固定的薪水酬劳，其酬金一般按照习俗为纠纷赔偿金的10%抽成；在当事人家庭经济太困难的情况下，则不收取酬金，算是帮忙。

毫无疑问，习惯法的标准区别于现代法律的“个体主义”和“平等原则”，它是基于一套以亲属网络（kinship）为核心的“社会秩序规则”（social ordering），明显表现出“内外有别”的原则，因此有学者指出“习惯法最公平的层面在家支内部，因为家支内部，社会生活的各个方面都保留着传统的、极为浓厚的部落民主制色彩”（巴且日火、陈国光，2012：16）。另一方面，如果纠纷一旦发生在不同家支之间，其法律主体不是直接引起纠纷的个人，而多数都是其所在的家支。如彝族习惯法中的“赔羊案”提到了两个家支间原有的纠纷，说明了“偷公赔十一，偷母赔十二”的来由，这暗示了习惯法的重要意义在于确立了家支间的互动规则，规则一旦确立，就不能只根据家支势力来判断对错，这对于“家支林立”的彝族传统社会意义非凡，是生成社会秩序的重要基础。

四、宴饮和共享：作为一种社会风尚及其伦理基础

几乎所有去过彝区的人都会对当地人热情待客而印象深刻，自民国到现在很多的民族志报告也多会提及这一点。按照客人的尊贵程度和主人家的经济实力，彝人待客的最高规格为杀牛，其次为羊，再次为猪，再次为鸡。林耀华谈到，彝人平日的饮食只有谷物和蔬菜，但其吃肉的机会并不少，一年之中各种节期（羊毛会、新年、送菩萨等节），婚庆丧葬等礼，以及遇到疾病、送鬼、旱年、祈雨等举行的宗教仪式，都会宰牲，聚会共享肉食大餐（林耀华，1995：65）。我将在下文详细描述自己参加过的一次聚餐：

（2016 年）7 月，我在凉山做调研，正值彝族火把节。当地朋友邀请我去她家一同过节。从西昌去她家冕宁大约需要一个小时半的车程，在去的路上又增添了几位新朋友，一行五人中，除了我一个汉族，其余都是彝族；半路上，朋友不停地接到家里的电话，问我们到哪里了，她说家人对我们去很欢迎、很高兴、很兴奋，不一会儿就来电话催我们。车快到村子的时候，在一家小卖部停了下来，大家下车抬了五箱啤酒作为礼物；加上之前朋友在西昌已经买好的两瓶白酒。这个朋友告诉我，白酒是送给老人的，啤酒待会儿可以一起喝。

不一会儿，车便开到了那朋友的家门口，这是一家很典型的普通彝族家庭：房子由围墙围成一个院子，院子中间是晒坝，北面是三间正屋，中间为主屋，放着电视机和沙发，自然也有锅庄和火塘；正屋两侧分别为厨房和畜圈，厨房那里还安装了自来水[①]。一进门，看见一个五十多岁的长者正在晾晒毕摩的用具和彝文经文。他便是朋友的父亲，家里的主人了。见我们来到，他立马起身，对我们表示欢迎，把我们迎进正屋坐下。今天很热闹，除了我们一行人以外，这里已经有十来个朋友了；这时我才发现，大家来都买了酒，以至于门前的啤酒堆成了一座小山。坐下不久，朋友的弟弟（26 岁）拿起啤酒走过来，我知道，我们的宴饮开始了。朋友的弟弟先是给每人开一瓶啤酒，然后他自己一手拿酒，一手拿着两个玻璃杯，按照长幼和客人的尊贵程度，依次走到每个人的面前，把杯子斟满，简单寒暄，一一敬酒，一饮而尽。敬完一圈以后，他说要去准备杀猪，一会儿再来作陪。作为主人的他敬酒以后，朋友又开始重复刚才的敬酒；敬完酒，自然需要回敬，大家都极为爽快，如此一来，啤酒如水。

由于自己酒量有限，我喝完主人的敬酒后就跑到院子里看杀猪了，他们由于我是汉族和远道客人的缘故，貌似也很能理解。朋友告诉我，过节的猪是很早就专门预备的，这是一只黑猪。待猪从圈里出来，几个

① 显然，这一家的布局已经很现代化了，传统的彝族民居一般人畜没有分居，没有自来水，但院子和围墙一直都有。

年轻人一拥而上，把猪摁住，朋友的弟弟快刀一闪，鲜血就飚出来——传统上彝人宰牲是不用刀，而是用钝器将其毙命。剖开猪肚，首先取出猪胆察颜色、卜凶吉；然后朋友的弟弟按照彝族传统的切肉方式，如庖丁解牛一般，游刃有余，很快就将整只猪分成了固定块数，这就是做坨坨肉的准备工作。与此同时，朋友的父亲还杀了一只鸡。做完这些工作，男人们又去喝酒了，大家再一次碰杯、饮酒。

下午三点多，菜已经做好，桌上摆了一盆坨坨肉、一盆鸡肉、一盆煮熟的洋芋、一盆连渣菜，菜肴烹调都采取简单粗犷的方式，尽量保留食材本来的样貌。主人叫我们上桌吃饭，其他人却没有一同前来。我感到有点为难，觉得应该大家一起吃，后来才想起这是彝家的风俗——待客时，客人应该先吃，此时只有主人一个人来陪坐吃饭。其他人都在别处，等我们吃完以后，他们才来吃饭。

吃完饭以后，主人已经给我们准备了火把。这些火把是用艾蒿杆儿扎成的，长约 2 米。等到天快黑时，我们一起点燃火把，走到村里一个空坝上，这里已经聚集了很多乡亲了。大家男男女女、老老少少聚在这里，或站或立，大人围在一起，每人一口，喝着转转酒；小孩儿拿着火把追逐嬉闹。还有人负责分发瓜子、花生等零食。朋友告诉我，火把节在这边是一个很大的节日，仅次于彝族年。早上的时候，按照传统，村民们会自发凑钱，共同杀一头猪，然后每家每户分一点，这些钱还用了买酒和零食。我身旁就是一位五十来岁的彝族妇女，戴着彝式头巾，一边吃的花生，一边喝啤酒，神态怡然。夜幕降临，坝子中央升起了篝火，音乐也响起来了，大家围成一个圈，不分男女老少，都跳起舞来。舞蹈一开始是围成圆圈，此后分为两队，大家鱼贯而立，两队之间相互拉人，场面十分活跃。

到了晚上九点多，火把逐渐熄灭，乡亲们慢慢散去，我们也再次回到朋友家，这时候家里更热闹了，周围邻居也来到这里，坐在正屋，此时估计三十多人，有说有笑，酒依然在众人中间穿梭。到晚上十一点左右，我和另一个朋友起身告别，主人坚持要按照彝人传统给我们每人装上坨坨肉，让我们带回家中。

虽然这家人在房屋居住、布局等方面已经很大程度上现代化了，但是其宴饮和待客的方式依然维持着传统，其根本的特质就在于共享性。共同的吃饭和喝酒，乃至共同参与仪式，并通过歌舞等形式集体欢腾，都足以唤起一致性，营造共同感，进而变成族群归属和社会地位的标志。在凉山地区，经常可以看到，一群彝人围成一圈，蹲在那里，中间放着啤酒，大家轮流喝起来，然后随意聊天。酒在聚餐、调解、仪式、求助等各类社交活动中具有重要的作用。

虽然传统的彝人社会是有等级的，但在宴饮上不分等级，黑彝和娃子一同进餐，每次待客，所有人的饮食都是一样的；平日里的饮食也并无差别。可以说，“共享”的原则被推及到彝族社会中的所有人（曾昭抡，[1947]2012：218）。在这个社会中，宴饮共享作为社会风尚而被成员所共同遵守，拒绝分享或者拒绝喝酒会被理解为一种冒犯，这可能会导致关系的破裂；同时，这种共享的风尚要求人们必须经常参与聚餐，因为如果自己多次拒绝聚餐，便是给他人一种拒绝分享的信号——人际关系的互动往往都需要在聚餐中进行。

对于此种共享的风尚，林耀华从功能论的角度予以解释，认为“凉山区域一片荒野，人口稀少，没有近代旅馆茶店设备，行旅自感困难，村民招待生人以便旅行，他日村民出外也一样的接受别支别村的招待”（林耀华，1995：66-67）。然而，该解释将共享的动机归结为人们为了自身行旅的方便，但行旅或流动对于单个传统彝人而言本是少见的，人们本身缺乏这一动机；同时，这一说法还无法解释为何彝人对待周围的熟人也如此热情。招待客人，宰杀牲畜需要所有人前来共享，其动力可能源于彝人的宗教观念：彝人土司岭光电在回忆自己小时候的经历，提到土司家中有病人时，百姓要拿着猪羊来祭送鬼神，其中一条规矩是：

“不论用多大的牲畜来祭送鬼神，牲畜肉必须一顿吃完，锅里剩点汤也要舀起来泼到门外，边泼边念‘没有肉了，没有汤了，一点也不剩了！’认为还剩有东西，鬼神妖怪就会恋着不走，使病情加重。”（岭光电，

1988：17）

以宗教神话的方式来强迫人们必须分享食物，也许这可以解释为什么在聚餐以后，所有客人都应该再把剩下的肉分着带回自己家中。这一行为逐渐演化成为一种习惯，并成为人们公所遵守的行为规则。

五、小结："地势"和"生境"中的血缘规则和集体主义

从前面对凉山区域特点的描述以及人们的想象中，该区域环境恶劣似乎不宜居住；然而，实际情况并非如此！凉山虽然山高坡陡，但河谷也夹杂其间，山间多有小盆地分布，山区还有较大面积的林木和草场，为区域内的多样化经营提供了得天独厚的条件。从50年代的调查报告来看，越是靠近腹心的区域，其人均土地占有量就越多，大大超过同时期四川省平均水平，也大都超过相邻的汉族地区①（见表1）。

和周围平坝的旱作、稻作区相比，凉山地区呈现两个显著特点：（1）广阔而多样的土地类型；（2）随垂直海拔而不断变化的雨热配合。这种生态条件下适宜的生产方式是游耕，游耕往往需要很少的劳动力，而由于土地的单位生产力有限，因而需要更多的土地，这直接造成了人口的分散居住。这一区域内，人口相对稀少，土地获得和开发相对容易，使得土地并不是生产必须的稀缺资源，更为重要的是"可别控制和安排用于生产和利用的人力"，因此，站在统治的角度，莱曼指出，对这一区域统治的重点就在于"如何控制人民，防止他们为寻求新的土地以摆脱沉重的政权压力而逃亡"（莱曼，1998：194）。1957年2月，在"有关凉山彝族社会历史的若干情况"座谈会中，问到黑彝主子在自己的"财产"中究竟看重土地，还是看重娃子？对于这个问题参加座谈会的黑彝代表

---

① 1949年四川省总人口5730万，其中农业人口5239万，共有耕地10459万亩，人均土地占有量为1.82亩（四川省地方志编纂委员会，1996，20）；与之相邻的宜宾县在民国三十三年总人口为616453人，耕地1430877亩，人均耕地2.32亩，到了1949年，总人口为662618人，耕地1377006亩，人均耕地2.08亩（四川省宜宾县志编纂委员会，1991，123）。

中只有极个别认为“土地为重”，而大多数人认为“娃子比土地更重要”，他们给的理由是“（1）占有土地多、荒山多，只要能有人力开发出来，收入也就会增多；（2）人多势大，可以在打冤家时进行掠夺”；而彝族社会中的“人口”是分不同等级的，其中呷西最为黑彝所看重，其财富价值更高（参见全国人大民族委员会四川省少数民族社会历史调查组，1957：10）。这说明，对人口的绝对控制优先于对土地的占有，如何建立起对人口流动性的有效管理成为彝族传统社会的统治重点。

表1　各地区土地占有情况　1958.4.8

区域类型	乡别	户数（户）	人口（人）	每户占有土地数（亩/户）	每人占有土地数（亩/人）
腹心区域	布拖县则洛乡	1042	4186	13.875	3.45
	昭觉县滥坝乡	416	1895	40.47	8.88
	昭觉县城南乡甲骨村	120	384	9.508	2.971
	美姑县巴普乡（两个行政村）	321	1251	8.66	2.23
	普雄县瓦吉木乡*	215	910	6.87	1.62
	普雄县瓦曲曲乡	187	816	11.3	2.59
边缘区域	甘洛县阿尔乡（八个自然村）	142	577	14.61	3.59
	雷波县拉里沟乡**	271	1191	3.36	0.76
	雷波县上田坝（独立白彝区）	51	252	13.25	2.68

附注：*相较于其他地区，普雄县瓦吉木乡因其阿加等级比例高，其户数占总户数的49.31%，人数占总人口的43.67%，故其人均土地占有量偏低。**雷波县拉里沟乡的统计中，由于其佃入土地未算作在内，加上该乡半奴隶阶级占总人口的56.9%，因而人均土地占有量很低。（资料来源：四川省编写组，1987c，34，254）

如何有效地控制人口？凉山彝族采用的是依靠严密的血缘组织，从血缘角度来看其呈现的等级可以发现，其所属血缘组织越强大，其自身在社会中的地位就越高，黑彝因其“古老而纯正”的血缘，因而地位高；呷西没有血缘组织，因而地位最低，只要经过婚配、安家，呷西的地位可以逐渐提高，这是因为拥有血缘这根链条就可以保证其难以“逃逸”，将每个人统统编制进入一条条历史来源清晰、现世运行等第的血缘关系谱系之中。然而，这个社会没有进一步形成更为严密的政权统治形式，其家支的存在也是经常裂变的，内部支系越分越多，头人的数量和权威也因时而定。与之非常类似的是游牧社会的社会组织，王明珂用“分枝型结构体系”对此加以概括，各氏族以根据“现实需要”而以“共同祖先”来凝聚或大或小的群体，以与其他部落人群对抗；而采用这种看似矛盾的社会组织形态根源于游牧社会中生存资源的矛盾性：游牧社会既面临着生产资料稀薄、气候变动的“不稳定性”，需要以家庭或牧团这一最小的人群单位来灵活应对，同时又面临着严峻的生存资源竞争，需要结成更大的团体来争夺和保护资源（王明珂，2008：54-57）。从凉山彝族的历史来看，虽然有“北来”、“西来”等各类说法，但彝族是后来迁入凉山地区这一点是毫无疑问的，其长期迁徙不定的历史与凉山地区的自然环境共同造就了彝族以血缘为纽带的社会团结状态。

据此，我们可以重新分析彝族家支的形成和发展。很多研究已经指出，凉山彝族地区传统上有大小不等的十几个兹莫统治，元代以后，中央王朝册封了一些势力较大的兹莫成为土司（方国瑜，1984：555）；明代中期中原王朝对凉山用兵；雍正年间，推行改土归流；到了嘉庆十年，受到长江以北白莲教叛乱的影响，先后有四十二万汉民进入安宁河流域（马长寿，1987：112）。这说明，凉山地区虽然地形封闭，但彝族从来就不是生活在一片真空之中，而是与周围其他民族存在广泛而深刻的互动。彝族“家”的形成和黑彝势力的兴起，正好是中原王朝对当地用兵征伐最为激烈的时候，清中叶以后高产农作物（如土豆、玉米等）传入凉山，人口增殖加快，进一步促进了“家”的分化而形成了不同的“支”

（秦和平，1990）；近代以来对于彝人的记录都强调其“凶悍”、“野蛮”和黑彝家支组织严密，这与近代以来开启的国家化进程和汉人的大量进入有密切关系，在某种程度上，彝人近代以来的家支组织是随着外力的加强而不断提高其组织能力和权威性的，这种血缘规则是不断加强的。

另一方面，家支内部的经济互助和社会中的共享风尚也根源于彝族社会的“不稳定性”：对内而言，裂变性的血缘组织在内部资源竞争时，经常发生家支与家支之间，或者支系内部的“打冤家”活动；对外而言，历代中原王朝的用兵和周边汉人的大量涌入，彝人的生存空间需要在集体的形式之下得到保障。在此情况下，内部社会变动不居，外来挑战又源源不断，如果将财富完全集中在个人手中，这不但有被打劫的风险，还可能面临着无人帮忙的孤独境地，在一个“家支林立、械斗频繁、人人自危”的环境之中，依靠个人力量对抗天灾人祸显然是不明智的，因此“互助”和“共享”本质上是彝族积累财富、加强集体团结的一种生活方式。在一个缺乏一个安定的社会环境中，“与其积累财富而得罪同家支或友邻的成员从而使自己在冤家械斗中因孤立而处于必败之地，还不如仗义疏财来得划算；长期演变以后，热情待客变成了社会公德”（林耀华，1995：172）。

以往对彝人家支社会的认识和叙述往往陷入两种“想象”之中：一种将凉山看作一个完全封闭的社会，认为彝人“家支林立”、内部混战不已，缺乏权威和秩序，其发展变迁都源于内部势力的消长，而与外部世界鲜有关联；一种又将凉山完全看成王朝边政的一部分，强调凉山彝族作为一个整体与中原王朝的关系演变，塑造了一个“土司治下的彝人社会”，而将此后诺伙（黑彝）势力的兴起看作是中原王朝“力有未逮”的产物，进而将其定性为彝族“野蛮化”、“退化”的证据，往往带有“悲情”的笔调。然而，通过以上分析，理解彝族的家支社会需要破除这两种“想象”，从以下两方面入手可能更接近事实：凉山分割的地理单元和多样的土地类型是彝人形成裂变性社会结构——家支社会的重要“地势”，而与中原王朝和周边民族的互动，以及彝族内部对生活资源的竞争则是其必须面对的“生境”，表现为明显的“组合性”。在这双重背景之下，通过血缘纽带建立集体主义的共享原则是其存续的必要条件和重要基础；简言之，传统社会中的个体无法通过“靠自己”而获得良好的生活，必须“靠家支”。

如上所述，虽然我们对于其宴饮和共享的社会风尚做了“理解性”阐释，但不得不指出，这种社会风尚与现代社会的发展主义逻辑不相符合，人们虽然以“存银行”、“买保险”的心态继续着这一传统，个人在其中大致可以获得“等额性回报”，是均衡互惠的经济社会活动，但大量的资金、物品是以集体的方式消费掉了，对于彝族整体社会的生产性积累有不利影响，不利于彝族整个民族的进步与发展。分析此种社会风尚的自然历史和社会条件，就是为了避免将其做“本质主义”的理解，进而可以推论的是，一旦这种“组合性”的自然、历史、社会环境发生变化，其建立在血缘基础上的集体主义和共享原则也会逐渐发生变化。

第三章　结构变迁：时代激变中的家支及其应对

所谓结构变迁是指组成整体的各部分间权力关系的变化，换句话说，这种变迁是“结构性”而非“常规性”的。第二章从“地势”和“生境”两方面分析了彝族家支社会的“静态”运行，但这两方面都基于传统社会这一前提条件，一旦这一前提发生改变，家支社会也会随之变迁。近代以来，（1）科技不断发展，人们改造环境的能力增强，生态环境和交通环境对人类活动的限制越来越小；（2）中国由“天下王朝”进入“民族国家”，具有追求国内民族一致性和加强政权建设的迫切愿望；（3）彝人在追求现代教育、寻求工作机会等动力之下开始逐渐走出凉山，进入到一个更加多元的社会世界，如此等等，这些都改变了彝人家支社会原有的社会条件。有文献指出，彝族社会内部步入近代以来，因财产拥有的不同或社会声望的高低而发生了一定程度的社会分层，其上中下三层根据其占有的土地、呷西、牲畜和白银数量分别被称为“耶莫”、“耶都”、“耶沙”（四川省编写组，1987a：40-44），但这依然没有完全改变其内部的血缘家支等级，本章试图从政治和市场两个角度检视彝人家支社会近代以来面临的挑战与发生的变迁。①

一、四十八甲和政治指导区：改“血缘”为“地缘”的初步尝试

“四十八甲”是20世纪二三十年代出现在安宁河及其支流沿岸彝族地区的基层政权，其范围大致包括西昌北门至冕宁拖乌、喜德两河口、小相岭，以及昭觉和越西部分地区。该区域历来是川滇交通咽喉，因其地势险要、曲折狭长，时常有盗匪出没；清代中叶以来凉山腹心区的彝人因人口滋生、内部打冤家、官兵征讨等原因四处迁移，这一区域也逐渐聚居了大量彝人，新迁入者与原住民之间摩擦不断，经常发生劫持、抢夺，甚至抓娃子等事件。为维持秩序，清政府曾调集军队惩处肇事者，并根据彝族社会的特点采取“分段保路”、“轮班坐质”、“清晰边界”等管理措施，一度有所控制。但辛亥革命以后，这一套做法难以施行、基本废弃。到了1920年代后期，全国局势稍微稳定，在宁属境内也兴起了地方势力，位于安宁河谷流域的邓秀廷、孙子文是其中最重要的一支力量，他们在保路护商的行动中，逐渐恢复了西昌至冕宁、越西等地的交通，建立起了相对良好的社会秩序，得到了沿线地段汉彝民众的拥护，一些民众前来投靠，寻求庇护；邓、孙二人将其收编，以保甲形式加以管理，任命头人，形成了“四十八甲”雏形②。邓秀廷在处理夷务的过

① 需要申明的是，本章内容虽是对历史的叙述，但我不想过多纠结于历史细节的考证，一方面因这方面作品颇多，李绍明、秦和平等做了很好的梳理，另一方面本章的主要目的在于勾勒家支社会所遭遇的政治和社会力量及对其产生的影响，着重指出其结构上的变化。同时，本章主要从外部力量的角度写彝族社会近百年的变迁，事实上，彝族社会内部的民族精英也在整个变迁中做出了自己的贡献，如民国时期的曲木藏尧、岭光电、王济民、李仕安等，积极推动着彝人社会的变革（赵铮，2014；岭光电，1988；李仕安，2014），因其不在本文讨论之列，故而暂时舍弃。

② 对于“四十八甲”最初的来源说法不一，其故事的基本模型可参见吴恒（2005：454）。

程中逐渐形成了一套“分化夷人的策略”，即“一方面挑起娃子对黑彝革命，另一方面则设法使黑夷中间自己冲突”（曾昭抡，2012：43）。他经常借处理抢案、维护治安之名，驱赶与之作对的黑彝家支，挽留或招回所属白彝，按照原来支系，编联保甲，形成“四十八甲”。

邓秀廷的“治夷策略”不仅只是武力征讨或羁縻政策，更重要的是改变了彝人社会中的人身依附关系，将彝人从家支和等级的传统社会秩序中“拔”出来，而直接置于现代国家的统治秩序之下，取缔黑彝的特权，废除白彝对黑彝的人身依附，确立了彝人与汉人同等的纳税和当兵义务。生活在“四十八甲”的居民，通称佃户或租户，除履行纳税和当兵的义务外，其他劳役不是经常和普遍的，更重要的是，邓秀廷不抽其子女做呷西，不放“杂谷达”①，不“吃绝业”等，辖区内甲民“安全、平等与少受剥削”，恢复了财产权和亲权（秦和平，2016），这与黑彝的统治有很大区别。在其军事压力之下，西昌至冕宁、越西交通线地段的各黑彝家支，或选择归附，转为甲民，或无力反抗，逃亡迁徙；同时这一做法对周边地区产生了示范和辐射效果，部分白彝逃离住地，投奔四十八甲，一些地区外来者高达 80%，而最少也有 5%（吴恒，2005：456）。四十八甲所辖人口一万一千多户，单独编为十个联保，并组成自己的武装，包括三个夷务大队，一个营和八个连，成为夷区当时一支重要的社会军事力量（白芝，1990：78）。

1939 年西康建省后，凉山地区被划归西康称为“宁属”，时任西康省主席的刘文辉对西康有长远经营的打算，不完全赞成邓秀廷等地方武装对彝民以武力征伐为主的策略，而倡导“德化、同化、进化”三化政策，制定了六大具体办法：“不收见面礼”、“不取投诚费”、“不准打冤家”、“不轻用武力”、“汉倮平等”、“黑白（指黑夷和白夷）平等”。刘在当地设立了宁属屯垦委员会（以下简称“屯委会”）专事“夷务问题”，并制定了《西康省政府治理宁属边务方案》，在其开篇的总原则中即表明了民族国家的立场，以“中华民族宗支论”说明民族平等的原则性和必要性，

① “杂谷达”，彝语音译，意为“粮滚利”。

并表明“政府应从政治文化经济各方面促进其进化”的立场，按照其设想制定了“宣剿”—“组训”—“建设”三步骤逐步完成彝区的开发建设任务，其中最为核心的是将彝区纳入国家政权之中，具体操作就是分批次建立各类“政治指导区”，用于组织管理流散彝民，希望借此化边地为内地，作为广大彝区建立县制的过渡机构。

根据屯委会的设想，政治指导区内按照“管”、“教”、“养”、“卫”四大原则进行治理（转引自秦和平，2014）。时人认为实现“三化政策”的关键是如何使“黑白平等”，彝民内部的“黑白”阶级是造成边患和彝民难以进步的重要原因，因而建议：（1）加强政府权力，制止打冤家行为，保障所有黑彝和白彝安全，解除白彝对黑彝的人身依附关系；（2）分配土地，实行“耕者有其田”（西康省训练团，[1946]2010：525）。据1945年的粗略统计，指导区内彝民6.67万余户、27万余人，约占宁属人口的1/5强（秦和平，2014），到1949年，宁属除了9县外，还包括3个设治局和24个政治指导区（凉山彝族自治州地方志编纂委员会编，2002：86）。政治指导区的设置，流动分散的彝民被政权机构组织起来，通过征税和当兵将其与地方政权联系了起来，避免了黑彝的抢掠，保障了交通线的畅通，促进了彝人和外界的交流与联系，也有效避免了大小家支之间的弱肉强食，提供了超越家支间的权威，一定程度上化解了彝汉之间的猜忌心理，有利于民族交往和团结。

另一方面，在政权力量进入当地以试图改造家支时，家支力量也呈现出不同的样态：一些家支面临强大政治军事压力或寻找新的生存发展空间而搬离原来住地，如罗洪、补约、瓦渣家、倮伍和尔恩家等（四川省编写组a，1987：148），其在原住地的影响力有所下降。而另外一些腹心区的家支，面临强大压力的同时也变得更为团结，动员能力大为增长；加上当时鸦片广泛种植，大量白银流入凉山，很多家支得以购买更多枪支，“民主改革时仅部分彝区就收缴各类枪支六万多条，彝族各家支的武装配备比较齐全，足以抗击国民党正规军的进攻”（伍精华，2002：29），而这又加剧了对奴隶的需求以及家支间的冤家械斗。地方军阀势力以挑逗家支之间的矛盾来达到“以夷制夷”的目的，加剧了家支内部和家支之间的分化。

以上简略地叙述了“四十八甲”和“政治指导区”建立的时代背景、基本情况和社会影响等。虽然其中存在种种问题，但就其管理体制而言，“四十八甲”和“政治指导区”都是改彝族传统社会“血缘纽带”为现代政权“地缘纽带”的初步尝试，以编联保甲取代家支的约束，以土地租佃取代人身依附，这是民族国家政权建设的必然趋势，为凉山彝区建立现代政权做了较好的组织铺垫，其军队和政权组织在新中国建立以后直接并入了新政权。

二、进入民族国家：党、人民公社和计划经济

1950年初，解放军进入西昌及凉山地区，建立起人民政府，并按照民族区域自治的原则，分别建立了西康省彝族自治区和四川省凉山彝族自治区。领导当地工作的主要干部对当时彝区家支有明确定性，认为它是“维护奴隶制社会，长期捆绑在广大奴隶身上的一条恶毒链，也是凉山开展民族工作的一个巨大障碍”（王维训，2015：39）。这一时期，政府通过宣传党的民族政策、开展冤家调解、安排民族贸易、组织上层内地参观、组派中央民族访问团等，一定程度上赢得了彝区人民的信任；另一方面，彝区原有的种植鸦片、贩卖毒品，以及捆绑人口、抢掠财物等社会问题依然比较突出，甚至有个别家支急速扩张，抢占土地，勒索群众，征收保护费。

1953年，民族地区以土地为核心的社会改革开始，军队和政府进驻凉山腹心地区，通过并执行了《关于加强大小凉山工作的决议》①。1955年12月，凉山州制定了《民主改革实施办法》②，提出要“废除奴隶制

① 云南省档案馆藏：1953年3月15日四川省委关于凉山地区民族工作会议情况的报告。（转引自秦和平，2011，45）

② 该办法于1956年2月9日凉山彝族自治州第三届一次人代会通过，四川省人民委员会批准公布施行。

度，解放奴隶，实行人民的人身自由和政治平等；废除奴隶主阶级的土地所有制，实行劳动人民的土地所有制，解放生产力，发展生产力，为实现社会主义改造、开展合作化运动创造条件”（秦和平编，2008：120-25）。

这些举动加深了彝人上层的疑虑，部分家支头人开始以“民族”为口号进行动员，声称“如要改革就干”、“我们黑彝劳动不起，改了就没办法了”，并对百姓娃子说：“人民政府是水，黑彝是石头，水有张有落，水流不回头，但是石头是不动的”（韦清风等，1981：119），积极组织反抗力量。1955年12月，阿候、果基家少数奴隶主在普雄等地纠集2000余人，发动叛乱，围攻工作队，杀害彝汉干部和积极分子，抢掠财物，并进而攻打普雄县城。四川省及凉山州委调集兵力，对数千名叛乱分子实行歼灭，稳定了局势，并趁势利导，加快了改革进程，将原本在三年的改革压缩在一年之内完成。次年8月，根据中央要求，彝区各地开始执行“更加宽大”的政策，实行停战和谈，争取叛乱者放下武器。此后一年多，经过政策调整，大规模叛乱终于得以平息。

除军事打击以外，民主改革中还大力发动人民群众，从思想和政治上展开攻势。凉山州委以“争取人身自由”、“争取减少劳役”、“争取减轻负担”为发动口号，以治安自卫队武装和劳动者协会为组织，发动和团结百分之九十以上的人积极投入奴隶解放运动中（参见韦清风等，1981：295）。1957年大规模平叛以后开展“复查补课”，通过支持群众要求，从而将叛乱者和奴隶主的气焰压下去，本次运动以“反叛乱、反抢劫、反违法”为口号，开展诉苦教育和社会主义前途教育，开展打击不法奴隶主的违法破坏活动和肃清残余叛乱势力。1958年3月，四川彝区的民主改革基本结束，完成了对生产资料的改造，建立起了人民公社。

民主改革对彝族的家支社会产生了深远影响：其一，从军事上直接打击了参与叛乱的诺伙家支，诺伙等级的人数大为下降。据当时初步统计，凉山奴隶主总户数10735户，截止到1956年10月，参加叛乱总数4759人，毙××××人①，俘539人，投诚1356人，仍在叛乱

① 原文虽然没有写出具体数据，但是可以通过计算得出1870人，约占这时期叛乱总人数的40%。

的为 994 人；逃亡的总数 1686 人，已回 856 人，在逃 830 人；自杀 42 人[①]。其二，人民群众在“争取自由”、“人人平等”意识形态的动员下，诺伙家支所附属的曲诺、安家和呷西群体也一并剥离，其动员社会团体的力量大为减小，其作为政治集团的形态被消灭，诺伙家支的等级统治宣告结束，土地和财产均被没收，政治经济地位一落千丈，并且在群众运动中遭受了非常严厉的批斗[②]。最为重要的是，国家进入和党组织的建立为凉山彝族社会提供了一个超越性的政治权威，颠覆了传统社会中的家支政治和习惯法权威。《凉山奴隶社会的变革资料摘编》中记述了大量中央政府如何介入地方社会冲突的案例，从中很明显地看到国家权威是如何一步步建立起来的。如在《关于处理杀害干部之凶犯马起作的情况报告》（中共昭通分工委，1954 年 4 月 2 日）这一案例表明，共产党进入彝区以后，政府拒绝按照彝人传统习惯法中“自杀抵命”的方式处理，也不愿意将其看成是一件“小事”，而是将其定性为“国法与家法的矛盾”，通过群众动员、大会发言等技术化的方式在彝区树立起新的统治权威，这对以往的家支社会传统具有很强的颠覆（韦清风等，1981：66-67）。

然而，吊诡的是，家支在民主改革后并非就此销声匿迹，而是与新的政权组织具有更加复杂的关联，是政权建设的“非预期后果”。民主改革的基本策略是孤立黑彝，团结白彝和娃子，依据占有土地和娃子数量来划分阶级，使得彝族社会原有的等级与阶级划分基本重合。从当时的抽样数据中，黑彝总户数中 88.47％的被划为奴隶主，其余为劳动者；曲诺中有 54.68％被划为劳动者，41.16％被划为奴隶，4.16％被划为奴隶主；安家中 81.10％被划为奴隶，18.32％被划为劳动者，0.59％被划为奴隶主；所有呷西均被划为奴隶（四川省编写组，1987a：48）。阶级斗争的表现是消灭彝族社会中的奴隶制等级，但其实际运作的过程则是

① 数据参见中共凉山州委办公室：《叛乱、改革以来奴隶主情况》1956 年 10 月，（韦清风等，1981：125-26）。

② 凉山州三届二次人代会小组讨论情况，1956 年 9 月 14 日，（韦清风等，1981：127）。

将等级内的地位颠倒过来，即扶持曲诺家支而打压诺伙家支，本质上却没有完全废除等级在实际生活中的影子；更甚者，阶级斗争的年代，一些地方发生了硬斗、吊打、捆绑等行为，发生了多起命案，这为改革开放后彝区的冤家械斗埋下了伏笔。政权在彝区建立起来，并以党组织、农协及人民公社等现代型的组织为载体和呈现，家支在其中是否发挥作用？谁在这些组织中占有领导地位？时任昭觉县第一书记的伍精华（1959）发文认为家支依然在彝区人民中具有深厚的影响，并指出一些人依然利用家支来反对改革、反对共产党领导，煽动民族矛盾，必须坚决反对。民主改革中为了孤立黑彝奴隶主，把大部分“骨头好”、富裕的曲伙也都划入了被解放的奴隶之列，其政治和经济地位没有受到动摇，并且由于曲伙在人数上占优势，其进入政权的比例比安家和呷西等级多得多，并且可以凭借其众多的家支谱系来建构自己的关系网络，从而在政治和经济地位上好于安家和呷西等级，使得曲伙依然“看不起”低等级者。因此，在阶级斗争的意识形态下，国家政权消灭了旧社会中处于支配地位的诺伙等级家支，但未能消灭家支的权力支配方式，同时还在客观上破除了曲伙家支分割从属于不同诺伙家支的局面，使其更容易走向整一而扩大势力。有调查表明，原来一些十分富裕的曲伙在民改时并没有因其占有更多的土地和奴隶而被划入“奴隶主”阶级，而是被划为了“劳动者”，其原因很大程度上在于村里基本上都是其同一个家支的社员，包括干部在内。

这时期另一个与家支相关的重要问题也应予以关注——婚姻改革。民主改革基本完成后，人民获得了人身自由和平等的政治身份，新的观念进入当地社会，原有婚姻制度和新的社会秩序之间发生错位，旧社会中因强行婚配、包办婚姻等而结合的家庭出现了矛盾，提出离婚者骤然增多；个别地区还出现了黑白彝恋爱事件，一些黑彝上层希望政府可以出面禁止，因为“黑白彝不通婚对社会主义建设没有影响”①；

① 中央凉山州委办公室：《关于召开凉山彝族各阶层人士座谈会中上层代表思想情况及劳动人民代表在会议中所起作用的简报》1957 年 1 月 15 日（韦清风等，1981：355）。

在白彝中，不同等级的男女恋爱通婚仍然受到家支势力强烈阻止，一些青年男女甚至因此而自杀殉情。为解决以上问题，凉山州委于1960年开始推行第一次婚改，提出实行婚姻自主、结婚不给聘金、禁止早婚等。整体而言，这次婚改实际效果并不理想，根据四川省民委1964年在昭觉县跃进乡的统计，虽然包办、买卖婚姻的比例从1956-1959年间的77.64％下降到了1962-1964年间的69.41％，但婚姻中的“身价钱”依然没有减少，甚至连自主婚姻也不例外；婚姻中讲骨头讲等级的风气也十分严重，不仅曲诺不愿与安家、呷西通婚，就连被抢来彝区较早的汉根娃子也不愿与抢来较晚的汉族娃子结婚；此外，广大青年男奴隶不容易讨老婆，转房、早婚、离婚率高等现象普遍存在①。1965年，凉山州开始推行第二次婚姻改革，在保留原有婚政策主张之下，特别强调了阶级斗争，指出“彝汉不通婚、黑白彝不通婚，是奴隶社会婚姻制度的一个重要组成部分，必须随着奴隶社会制度的废除而废除”，因而特别提到，对于彝汉通婚，政府“不宣传、不提倡；如有自愿通婚的，给予支持，别人不得干涉”；对于黑白通婚，则要求“严格划清阶级界限”：若男女双方均系劳动人民，可同意其结婚；若一方是奴隶主，应教育劳动人民提高阶级觉悟。在奴隶主未得到彻底改造以前，不要与他们结婚。对于已结婚的就算了；如一方是黑彝奴隶主，一方是白彝劳动人民，现在提出离婚，应予支持。②这无疑在传统婚姻限制等级通婚的基础上又增加了新的“阶级因素”，因而此后跨越等级通婚更为少见。第二次婚改开始不久即因“文革”而陷于停顿，凉山彝区中的等级内婚、包办买卖婚姻、转房、重婚等现象依然十分普遍。

一项旨在婚姻自主的婚姻改革为何失败？潘蛟认为应从两方面看待这一问题：其一，婚姻法的目标和原则不一致。虽然婚姻法旨在废除凉

---

① 四川省民族事务委员会婚姻调查组：《关于昭觉县跃进乡婚姻问题调查报告》，1964年7月28日（韦清风等，1981：364）。

② 凉山州婚改办公室：《关于彝族婚姻问题若干具体政策的意见（草稿）》，1965年7月（韦清风等，1981：365-68）。

山彝族旧有婚姻制度，但其根据是婚姻自主的原则，因此，婚姻改革能够做到的只是“禁止习惯势力强迫人们去遵循旧式婚姻制度，而不能禁止人们自愿去遵循这些制度”；其二，婚姻改革的习惯性思路是将旧式婚姻制度看成是彝族奴隶社会上层建筑的一部分，是奴隶主维护自身统治的一部分，只强调习惯势力强迫人们遵循旧有婚姻习俗的一面，而忽视了人们自愿的一面。他认为这种“自愿”来源于旧式婚姻习俗与凉山彝区的适应性：1）等级内婚的“合理性”在于人们试图通过婚姻关系建立家支间的互惠关系，而所谓“等级”或“骨头”相同的人，则意味着其家支势力和家支地位大致相同，这更有利于人们实际利益的保障；2）转房婚、婚姻不能自主、自杀殉情、被迫逃婚等都是由婚姻买卖（身价钱）派生出来的——而这种买卖婚姻在于构筑家支间稳定的婚姻关系，因为只有稳定的婚姻关系，才能保证家支人口的稳定增长，而在当地的生态和社会环境之下，人口（男性人口）正是家支势力的最终体现（潘蛟，1994：150-165）。这种对稳定家支关系和人口增殖的诉求在现实社会中往往被置换成“面子”等话语。

在彝区，一个人所在的家支“骨头硬”则意味着可调动和利用的社会资源多，因为各类活动（婚丧嫁娶以及各类纠纷处理、日常救济等）中“人多”是占有优势的。这就解释了为什么突破以上的婚姻规则是困难的，因为“牵一发而动全身”，如果一个人不遵守传统的通婚规则，那么其所在的家支势力就会受到影响，以后家支内再有人去缔结婚姻也会受到影响。换句话说，个人深深“嵌入”于家支谱系之中，才是旧式婚姻存在的土壤，而这与凉山彝人在传统社会中择业迁徙有限、社会流动率不高相关。

三、政府“收缩”与市场“扩张”：家支面临的新挑战

1978 年，凉山彝族自治州与西昌地区合并，州政府从昭觉迁到西昌，其初衷在于整合大小凉山地区和安宁河流域的各项资源，帮助凉山尽快摆脱贫困。毫无疑问，“西凉合并”以来，凉山彝族自治州获得了更大的

发展空间，安宁河流域良好的自然地理条件和工业基础为凉山地区的发展提供了更为广阔的腹地，在经济发展上取得了较大成绩①。然而，州府的搬迁导致所在地的资源也随之迁走，政府以往对凉山腹心区的辐射和带动力也大为下降。政府在“收缩”——并非说政府的权威不再，而是其调控资源和承担公共服务的范围不如从前了。计划经济时期建立的学校、卫生院等公共服务设施也不断削减。以学校为例，虽然凉山州人口增长率一直较快（表2），其适龄儿童的上学需求也一直在增加，但小学的数量在全国撤点并校的风潮下（2005年始）迅速减少，昭觉、美姑最为明显，小学的师资配比长期处于低水平（表3）。学校减少的速度直到近几年才有所放缓，公共服务的投入问题才逐渐被正视起来，但囿于人才和资金等问题，效果并不理想。

表2 凉山彝族自治州人口统计（1953-2015）

指标 年份	年末常住人口（万人）	出生率（‰）	死亡率（‰）	自然增长率（‰）	城镇化率（%）	人口密度（人/平方公里）
1953	204.6	14.67	5.22	9.45	4.45	34
1964	197.6	50.97	22.40	28.57	9.68	33
1982	323.9	27.17	11.10	16.07	10.57	54
1990	360.7	23.90	7.80	16.10	10.67	61
1995	378.1	17.90	7.30	10.60	11.24	63*
2000	402.4	6.70	2.90	16.80	11.87	67
2005	428.6	17.60	7.40	10.20	24.50	71
2010	453.3	14.44	5.91	8.53	27.52	76
2015	468.0	19.30	6.10	13.20	32.44	78

数据来源：1953、1964、1982年的数据分别来源于凉山彝族自治州地方志编纂委员会（2002，243；249；252）；此后年份的数据来源于四川省统计局编（1991,1996,2001,2006,2016），*1995年因年鉴中未统计人口密度，此处数据是作者用

① 事实上，如果从GDP总量来看，凉山彝族自治州近几年来一直在四川21个地州中排名靠前，基本保持第8名的位置，不仅远高于四川省内的其他民族地区，也好于很多丘陵的汉族地区。

年末常住人口除以凉山州面积计算所得。

表 3 凉山彝族自治州三个县市教育情况

指标 年份	小学学校个数（个）	小学在校学生（人）	小学专任教师（人）	小学师生比（%）**	普通中学校数（个）	普通中学在校人数（人）	普通中学专任教师（人）	中学师生比（%）**
昭觉								
2000	315	26331	985	3.74	5	1993	212	10.64
2005	264	27141	1265	4.66	10	4479	290	6.47
2010	253	34861	1452	4.17	9	10598	452	4.26
2015	62	36439	1579	4.33	9	10934	501	4.58
美姑								
2000	193	12699	667	5.25	4	805	140	17.39
2005	191	20795	907	4.36	1	1764	119	6.75
2010	169	26321	1155	4.39	6	6590	411	6.24
2015	150	35235	1343	3.81	6	6771	498	7.35
西昌								
2000	201	61352	3119	5.08	37	27134	2279	8.40
2005	182	71826	3257	4.53	36	44518	2475	5.56
2010	164	67141	3166	4.72	35	54984	2862	5.21
2015	149	76773	3630	4.73	31	54098	3317	6.13

数据来源：四川省统计局编（1991,1996,2001,2006,2016）；**小学师生比和中学师生比是笔者用专任教师除以在校学生计算所得）

除了学校减少，医疗卫生事业、交通通讯运输等基础设施的投入呈现出相同的趋势，这表明政府在彝区的公共服务供给能力下降。1980 年代以后，农村实行包产到户，人们开始有了自己的支配时间和迁徙自由。这一时期，凉山彝区出现了三个值得注意的变化：

其一，当地集市与商业活动的兴起。彝族传统社会中商业交易极少，在计划经济时代的交易也主要依靠国家和集体经营的供销社，交易规模小、频率低。直到80年代中期，仍有调查显示彝族农民农产品商品率远低于当地居住的汉族农民（潘蛟，楚小娟，1991：196）。此后，一些“半边户”开始经营牛羊皮货、山草药等本地商品，在这些人的带动之下，交易越来越呈现多样化，餐饮、现代服装等不断发展①；凉山各地区也广泛兴起了集市，一般每10天1-3次不等，人们在集市上买卖物品、交换信息，这不仅带来了经济上的交易，还重塑了人们的身份认同，交易还使传统的互惠关系逐渐淡化，理性的价值观念成为人们的主要行动逻辑（刘绍华，2010）。进入新世纪，有调查表明，家支的凝聚力随着企业家阶层的出现而不断弱化，一种超越家支的意识正在形成，大部分企业家表示相比于村落社会中的家支关系，同学和以前的同事关系在事业发展中发挥着越来越重要的作用（海贝勒，2001）。

其二，人口的自发迁居，居住区域发生很大变化。传统彝人大多聚居在二半山区和高山区，随着现代化和城镇化进程的推进，很多彝人以各种方式从凉山腹心区向凉山周边城市扩展，其中以攀枝花、西昌为代表（侯远高等，2007）；近十几年来，为了追求生活环境的改善和方便孩子上学，从各彝族聚居县自主迁入安宁河流域（西昌市周边）的彝族农村人口约17万人（凉山州决策咨询委员会社会发展课题组，2017）。这两个调查具有典型性，表明彝人不断“下山”，虽然其生计方式依然是农业或“半农半工”，但其对现代化采取了更为主动的策略，“送孩子上学”和“交通便利”成为自发迁徙的最主要原因。

其三，外出务工人员和“三无”盲流②人员不断增多。这里包括两部分群体，前一类务工人员主要基于经济目的而进城务工作，这始于80

① 信息来源于对当地彝汉商人的访谈。

② “三无”是指没有合法身份证件、没有正当职业、没有合法收入；而“盲流”是指为逃荒、避难或谋生，从农村常住地迁徙到城市、无稳定职业和常住居所的人们。该词显然是站在城市管理者角度来指称的，具有强烈的歧视色彩和历史遗痕，但也比较精确地描述了这类群体的基本特征。

年代，并主要在州内各县城；90年代中期以来，大量彝人离开传统彝区进入省内其他城市；到2014年底，凉山州登记在册的彝族务工人员达47.1万人，占当年打工总人数的49.5%①。后一类进入城市并非具有明确的经济目的，而是为“耍”、“见世面”、“开眼界”，有学者形容这是一种展示“男子气概”的“成年礼”（刘绍华，2015：69-99），他们建立帮派等社会网络来获得在城市边缘的生存（周如南，2013）。

以上三点，是市场扩张的结果和体现，与所有民族一样，彝人进入以市场为支配力量的社会中实际上是进入了一个“风险社会”，如何应对这些风险成为迫切需要解决的问题。“家支”作为传统的组织资源被再次调用，一时间凉山地区的“家支聚会”（蔡富莲，2008）、“编修谱牒”（叶康杰，2013）、“制定家规”等现象越来越热，家支还作为动员工具，与基层民主选举相渗透等（许恒，2010），有时甚至成为贩毒集体行动的保护工具②（周如南，2015：181）；同时，在城市流入地也常常能看到家支的影子，无论是务工经商还是“三无”盲流都习惯借用家支以建立自己的社会关系网络，或分享机会信息，或展开族群政治。很多学人将其称为“家支复兴”，但“家支”的实质可能已经发生了变化，一些研究已经看到，“家支”在现代彝人的社会生活中经常是被策略性地调用，充满了工具动机，传统的家支是集体为上，个体是集体的组成部分，需要服从集体；而现在的家支则是由个体组成的集体，集体存在的意义在于对个体有用。所以调查中就有人向我抱怨：

现在家支不如以前那么团结，遇到了可以给自己撑面子的事情，他就会很积极；但遇到需要帮忙的时候，他又不一定那么积极。我的一个感觉是，家支虽然号称自己团结、力量大，但并没有把该帮助的人帮助到，那些留守儿童、孤儿等。如果家支的力量真正发挥了积极作用，这

---

① 以上数据为凉山州劳务开发暨农民工工作领导小组办公室提供，转引自张明（2015：8）。

② 有意思的是，对于是否有“家支成为贩毒集团的保护工具”，家支头人们都坚决表示不可能；而当地一些政府官员（主要是汉族）则给我了一些这方面的例子。

些社会问题是可以不存在的；但家支力量的体现往往就只是向其他人说起，我是这个家支的，我们家支很厉害，力量很强，而在面对这些社会问题时，又没有说我们是同一个家支的，要互帮互助，把这些困难的人扶起来。（访谈阿芝嫫，时间 2016-1-25）

另外，刘东旭通过对珠三角彝族劳工的研究，指出其家支并非传统的家支，而是一种“新的创造”：珠三角作为“世界工厂”的前沿阵地，对临时工的需求巨大，彝人劳工因其语言、技能、习俗上的差异导致的劣势而被迫选择了以整体方式进入“领工制”模式，在这过程中，家支关系如同汉族社会中的亲属、老乡关系一样，作为社会资源而被策略性地运用；随着劳动力市场内部竞争越来越激烈，彝族群体内部秩序混乱，家支作为一种能够提供更高层面的社会关系网络被再一次调用，一方面使彝族个体受到庇护，另一方面对劳务市场进行再次切割，从而抵制劳动力的彻底市场化（刘东旭，2016：257-318）。换句话说，“家支”之所以被借用，根源不在于彝人的传统，而在于彝人进入现代化面临的新情况、新风险，而这种情况和风险与我国广大农民工的处境基本一致。

调查也发现家支的如下变化：其一，组织的范围越来越广。很多家支在最近几年内召开了全国性的家支会议，将分散在各地的家支成员汇聚起来；通过家支会议，大家决定合写家谱，将系谱向更远追溯；以前城乡分开的家支，现在也统合起来。其二，组织越来越标准化，并向官方的话语和行为模式靠拢。很多家支会议一般都打上“禁毒协会”的标语，以获得官方的鼓励和支持，其“头人”一般都被称为家支协会“会长”。很多家支还设计了统一的徽标、服装，其入场仪式也与现代各类大型运动会的入场仪式一般；一些家支也模仿官方会议的组织模式，选择风景名胜区召开家支会议等。其三，家支领导者的资质发生了变化，传统社会的“头人”需要的是个人品德、掌握传统习俗等能力，而现在家支协会的“会长”则偏向于热心组织联络工作、有个人成就等方面能力，传统社会的“头人”是兼具“家父长制的传统支配型”和“卡里斯玛权威”，而现代社会的“会长”具有的基于“事务性的职权”的权威越来越明显。在流动社会中，家支虽依旧试图将每个个体成员编织在统一的谱系之中，并依照传统的方式运行，但已显力不从心，因为：（1）现代化的生活方式成为年轻人的追求目标，传统文化在年轻彝人中的影响力有所下降；（2）只掌握彝族传统文化的人在激变的时代之中，逐渐丧失了良好的应对能力而显得落伍。这种情况下，兼通彝族传统和现代化生活的人成为凝聚的核心。

与“流动”相伴的是，彝族社会被毒品、艾滋病以及相关的“失依儿童”等问题困扰，表现出一定程度的“社会失序”，很多问题令人“触目惊心”。当代对于凉山彝族的研究大都集中在这些社会问题上，很多数据表明了其问题的严重性（典型者如周如南，2015；刘绍华，2016）。以我去的昭觉某乡为例，截止 2013 年末，该乡共有 5850 人，其中政府登记在册的吸毒人员有 475 人，约占总人口的 8.12%；从其年龄构成来看，超过 70%的吸毒人员为 20-40 岁之间的年轻人①，这说明肇始于 1990 年代的毒品问题，在经过 20 年的治理以后，依然未能遏止其向年轻一代蔓延，这与当地政府和家支头人们引以为傲的“支部＋家支＋协会”禁毒模式成效似有抵牾。实际上，伴随吸毒、艾滋病感染而来的年轻人死亡、家庭残破、村庄社会结构残缺等，家支整体性受到了最严重的冲击，集体性的活动受到严重影响。另一方面，凉山彝人在面临如此严重的冲击下依然在其原居住区维持着一定的社会秩序，不得不承认，这是家支组织对当地社会秩序“勉强维持”的结果。

传统社会的家支组织是彝族人相互救济、庇护的重要组织，现代社会中这一功能不断下降，但它作为彝族的认同功能逐渐凸显。很多人认为只有能够背诵出自己家支谱系的才算是“真彝族”。因此，对家支的认识呈现两头强化的趋势：偏远地区缺乏其他社会保障的人因其救济的需要，家支势力依然很强，它可以规范家支成员的社会行为，在外出流动

① 数据为当地政府内部统计材料，由当地乡政府工作人员提供，如果考虑到行政登记上的不准确性，可能现状比数据显示得还要严重一些。

等方面也发挥着重要作用；受过教育的新兴知识分子出于民族认同的需要也强调家支对于民族“荣耀、尊严”等而显得较为活跃。

四、小结：族群、政权与市场三种力量的不同影响

凉山彝人虽然在近代被一些外国传教士称为“独立倮倮”（Independent Lolo），但实际上凉山彝族并非与外界隔绝，而是恰恰相反，凉山处于以汉族为主要势力的包围之中，并且与之互动频繁；中原王朝对其的“羁縻”与“征伐”也不同程度地进行。传统上，彝族社会内部没有形成统一的政权组织，而是以家支为单位的族群认同，诺伙家支相对聚居，而曲诺家支则被各隶属诺伙家支所分割，因此，作为政治势力的家支应该是指某一诺伙家支及其所属的多个、被切割的曲诺家支集团。凉山的社会政治形态既是“高度分割和碎片”的，又是以诺伙家支为核心而凝聚的，这造成了凉山彝族频繁的“冤家械斗”。

近代以来，“民族—国家”建设不断向边疆扩展，其核心目标是以统一的国家权威替代地方性权威。民国时期，以邓秀廷为代表的地方势力试图以“四十八甲”改变彝人家支组织，但因其采取“以夷制夷”的民族压迫政策而未能改变其传统社会结构。新中国成立以后，中央政府经过民主改革和婚姻改革等民族-国家建设工程的努力，建立起了党组织、人民政府和计划经济，沉重打击了诺伙家支，提供了超越性的政治权威，基本消灭了家支械斗的社会环境，家支保障个体安全的社会功能已趋于瓦解；但在新政权和新体制之中，以家支为单位来争取资源分配和话语权力依然显得尤为必要，家支并没有在新政权的强力下完全消失，而是从前台转向幕后。改革开放后，政府对彝区的公共服务大为下降，彝人以三种不同形式进入流动社会，家支面临严峻挑战，彝人社会中的个体化和“再集体化”同时呈现，能动的个体以“实践性的亲属关系”来处理自身与家支之间的关系，表现为“身份认同”和“工具运用”两个层面。

第四章　行动者的能动：家支与个人的关系演变

本部分的重点在于通过个案的口述，在微观层面展示行动者的能动。本章选取了三个个案：妇女、娃子、黑彝，他们分别代表了彝族社会中的不同面向，从后文的描述中马上可以看到，他们都已经不是完全生活在“理想意义”上的家支规则之中，或是作为一个“边缘人”，或是作为一个“中间人”，从他们的故事当中，我希望回答，在面临家支这一行动规则的时候，不同性别、等级的人会赋予自己行动哪些意义，他们又采取了哪些行动来应对这一套变迁，从这些应对中是否可以看到彝族深刻的社会变革的到来？

一、个案一：传统与现代之间的妇女

对于社会变迁的研究中，女性群体无疑是重要的观察对象之一，因为如果这一群体都发生了变化，足以说明整个社会也发生了重大变化。本部分将以报道人阿芝嫫[①]为个案，展示处于传统与现代之间的妇女如何在家支之中行动。

三十多岁的阿芝嫫是我在凉山做调查时认识的第一位报道人，她成长于凉山腹心区的美姑县。美姑地理交通不便，彝族占总人口90%以上，被看成是彝族传统文化保留最完整的区域之一，在旅游开发带动之下，美姑被称为“毕摩之乡”。阿芝嫫家共三个孩子，自己是老大，她还有一个妹妹和一个弟弟，父亲在其小时候就去世了，一家人在叔叔的帮助下艰难度日，好在她读书很好，一路从凉山考上了北京某知名大学。她说自己和当地农村的小孩儿一样，上学很晚，“虽然我比身边的同伴们学习要好，但是我知道自己基础很差，和你们外面的同龄人没法比”。我见到她时，她已经硕士研究生毕业，回到凉山州某研究所从事研究性工作2

① 文中所有名字都依照学术伦理，采用化名。

年左右。她首先给我介绍了自己所在的家支：

我属于吉什惹古家。在当地算是中等的家支，不算特别好，但肯定也不差。评价一个家支的好坏，不按现在的当官人数什么来评价，比如我们家住得比较偏远，当官的、读书的都不多，一直都处于传统中，但是别人提起我们家，还是觉得我们家很厉害，这主要是看我们家的历史。听长辈说由于我们第五代的阿普（爷爷）有一把弓箭，功夫了得，当时抗击政府的进兵很勇敢，因而在当地很有威望。以前评价家支主要看它的历史功绩，现在则主要看这个家支的人是否有钱，发展得怎样。我们这个家支的人，现在有很多发展得很好，你知道的巴莫××也是这个家支。

她虽年小失祜，但因生活的地方彝族传统文化浓郁，经常参加集体性的仪式活动，在社会化过程中对家支的接触并不少，并且可以说是深浸其间。同时，她又常年在外读书，高等教育的知识背景使其对外界有更多的了解，她说自己是一个“处于传统与现代之间的人”，这种身份使其对彝族传统文化既有“祛魅”、“反思”的一面，又有对本民族文化高度“自觉”的一面——当然，这也可能与其主修的文化类专业有关。可以说，她是一个非常典型的对本民族文化抱有强烈责任感的彝族知识分子。

作为女性，她向我谈论最多的是家支对彝人婚姻的影响。除了为人所熟知的等级不婚、家支外婚等彝族通婚规则以外，她特别讲到了同一等级的家支内部的“骨头”也具有“软”、“硬”之分。然而，所谓某某家支“硬”，似乎没有特别明确而固定的标准，这些区分更多的是以观念形式存在于彝人的潜意识当中，很多时候是不能或不便当面言说的；如果非要列出一些标准，大致可以包括：（1）家支的代数，代数越长则历史越长，则说明其彝人的“血统越纯正”；（2）人数多，特指其男性成员多，并且团结，成员间可以相互帮助；（3）家支成员中在政治权力、经济能力和社会地位等方面出众的人数多——不过这个没有特别完整的统计，一般存在于人们日常的所见所闻之中。因此，那些被认为“软”的家支，则是指代数短、等级低或者不团结，以及在各方面的表现不突出的家支。然而，实际上在我访谈过的众多人当中，几乎没有说自己家支差的，往往都对自己家支有一个更为积极的评价。

家支制度使得每个人从一出生即有了确定的家支，这一制度与“从夫居”的婚姻制度相交杂后，使得妇女成为不同家支之间的联结带，有时又可能“左右为难”。婚姻关系中的个人冲突又可能引发家支间的冲突，或者个人容易将其归因于家支间的“不对等”。随着我们越来越熟识，她告诉我更多有关自己婚姻的事。

我现在的老公是我自己找的，谈恋爱时我并不知道他的家支不如我的家支，结婚时没有人直接出来反对，我也想着反正过好自己的日子就好了，不用去理会别人怎么说。可是结了婚以后，他总会对此耿耿于怀，老觉得我们家看不起他，很敏感，一吵架就会说到这个事情上，我因为这个事儿过得比较痛苦。

阿芝嫫的想法经历了一个转变过程。她刚开始觉得只要对方“人好”、“对自己好”，就值得托付终身，无需在意别人的看法，这是典型的“个体主义”的思维，其基本理想是组建“核心家庭”；但在结婚之前，她依然按照彝人传统托人打听过对方的家支情况。因为男方是另外一个县的，相距较远，于是“我们通过一个表弟打听，我问他这个人怎么样？”这句话的意思是说他的家支怎样；但她告诉我，表弟只谈论了他本人的品格之类，并没有说到其家支情况——“现在想起，就是这个表弟没给我说实话，他不可能不知道我那句话的真正意思”。为保险起见，她找到自己具有德古身份的伯父询问了男方的家支，其伯父依照美姑县同样名称的家支，认为应该是很好的，此后她也没有太执着于此。她还告诉我，男方第一次去自己家时，因其能说会道，懂得很多彝族传统文化、习俗和谚语，受到了自己母亲的喜爱，而被认为是一个“根骨好”、“家风正”的人①。但结婚以后，她才知道对方家支的真相，“他们家代数很短，原来给我说的谱系都是断断续续的，连不起来”。令我不解的是，家支真的有那么重要吗？

我嫁的这个人，人又不怎么样，家支也不怎么样，亲戚中没有一个干事的，然后还每天和我吵架。我内心有这样一种自卑，每次同事问我老公是哪儿人，哪个家支的，这样我就不敢说得太细，自己内心压力很大。……现在很多问题，如果他本人好的话，这些问题也可以解决，但是他本人又这样子。我不仅在乎个人与个人的感情，也很在乎周围人的看法，以及两个家庭之间的关系。如果在凉山以外生活，那就主要看能力，很多事情都可以依靠钱去摆平；而且离自己的亲戚比较远，姻亲之间也没有多大联系，这样矛盾就小很多。嫁到外面去就一年回来一两次，不用管这些亲戚朋友。而我这里（西昌）就不一样，我本身还寄托着很多亲戚、家支的期望和责任，家里面的亲戚过来看病都找我。我在这边，人家可能不认识我，但是我说自己是哪个家支的，家支有哪些人，人家就知道我了。我的交际就靠着家支给我撑起，家支就是我内心的寄托，也是我自尊的体现。在凉山这边，就是需要融入这种圈子，很多东西你需要去在乎。

今年 2 月份我弟弟结婚，彝俗需要亲人去接亲，需要给钱，我们家没钱，我老公问我要给多少钱，我说按照当地的习惯，应该给 5 万，但是我们家现在也没钱，所以也顾不上那么多了，就借一点，拿 2 万过去……接亲那天，我们坐车回娘家，他就在车上说，只有家支不一样的人才拿那么多钱去。他的意思是，大家（家支）都是一样大的，我们拿 2 万太多了。……如果是家支好一点的人家，每户凑一点，很轻松就把

---

① 我后来在北京和阿芝嫫的丈夫见过面，当时一起的还有一个回族和土家族同学，他非常自豪地向我们展示他的彝族身份，并说了很多有关彝族家谱保存和传统文化方面的事，其中一个细节是，他告诉我，他们家的家谱都是历代祖先用彝文写在牛皮上，然后一张张摞起来放在一个鼓里面。这极有可能是他展示的一种策略（对于低等级的身份策略将在本章第二节详细探讨）。

这 2 万凑齐，但是他这边家支不行，所以这 2 万就是我们两个人自己拿，是我贷的款。

她非常清楚，自己目前婚姻的不幸福不能完全归因于家支，因为如果个人能力强的话，很多问题也可以解决；或者她不生活在彝人的圈子里的话，很多事情她也可以不去在乎。然而，以上两点，她都不具备。在她目前的日常生活中，家支的重要性主要体现在两方面：其一是社会压力，生活在凉山的范围内，每个彝人都对家支有一定敏感性，每个家支在当地都有其相应的政治经济文化价值的阶序，家支是人们评价一个人的重要标准，哪怕这仅仅是刻板印象，个体也很难摆脱；其二，更为深层次的是家支代表资源动员与整合的能力，尤其在彝人传统习俗之中体现的更为明显，比如她在上面提到的“接亲凑钱”，如果家支人多，自然凑钱就很容易，而家支人少，凑钱就十分困难，就意味着个体的小家庭面临着更加沉重的负担。当然，这种资源的动员是与彝人婚丧嫁娶等传统礼仪紧密相连的，这些活动都需要大额的人力物力投入。可以说，彝族传统的各类仪式、习俗活动都是以家支为集体单位来参与的，其中家支的实力很大程度体现在人数上，人多意味着“团结”，意味着“可以集齐更多的物力财力”，也就更容易获得社会的认可，即“有面子”。

阿芝嫫将自己婚姻的这种不幸归因于自己是一个“传统与现代之间的人”，既想自由恋爱，又无法接受跨民族通婚。她不止一次告诉我，她内心很痛苦。这些关于家支“面子”、“尊严”的争吵和相互抱怨有时还会演化成家庭暴力，这使阿芝嫫感觉自己的婚姻很难再继续下去，而她最初会觉得“如果离婚，自己就一切都完了”，因为离婚将意味着孩子不属于自己，按照彝族习惯法，孩子是父亲家支的成员，一般都会判给父亲那边，这事关父系家支的尊严和男性自身的“面子”，很难妥协；同时，如果一个妇女带着孩子，也很难再婚。

从她对自己女儿成长轨迹的期盼，可以看出她对自己深陷“传统与现代”的泥淖而疲惫不堪；但显然，她生活上的困顿并不来自于她自身的“二重性”，而来自于她现实生活与传统社会之间紧密而深刻的联系，回到凉山生活就意味着要处理各类错综复杂的亲缘关系，本质而言，这并不算是凉山彝族所特有，而应该是所有民族传统社会共有特征。回到北京后，我通过微信了解到她已经离婚，她还告诉我，现在因为孩子的父亲没有找到合适的工作，一切都不安定，孩子暂时由她抚养；不过她依然担心，因为这一离婚协议是他们俩人之间达成的，男方出于种种原因并没有和自己的家支说明情况，以后极有可能因此引发家支间的冲突，她的未来依然十分艰难。

二、个案二：阿加的适应策略

在认识龙末之前，我就多次听人提起过他，我对他选择回到西昌某事业单位工作表示好奇，希望能够认识他，但是一直不凑巧，都没找到合适的机会。在我调研基本结束，临走的当晚，他和另一个朋友来到我的住处和我聊天，他第一句话就问我，“听说你是来研究彝族家支的，我这里提供一个你不知道的信息，有关彝族社会的等级。”我听了这话感觉好笑，研究彝族怎么能不知道等级呢？结果，出人意料的是，他小声告诉我，“我是彝族社会中的阿加”。在之前，我曾多次找人帮忙推荐阿加和呷西等级的访谈对象，但都没有成功，因为在彝族社会中，低等级的人一般都避讳提及自己的身世，别人也不能当着人家的面谈论其家支的等级，这本是一件心照不宣的事，是属于彝人内心的敏感地带。他研究生毕业以后在北京工作了大半年，后来决定回到西昌工作，他首先给我介绍了自己的身世：

我爷爷的父亲这一代是一个孤儿，当时他很小，可能一两岁或几个月的样子就被抓来当奴隶了，据说是放在鸡窝里面养大的。长大以后就成为沙马曲比家××支的奴隶，等他长大以后，这家也给他修了房子娶了媳妇，就安家了，一直到现在已经四代人了。因为我们家是他们家的奴隶，我爷爷也跟着他们姓××。当时奴隶和奴隶主一般都是认亲，比如我爷爷叫他的主人为“叔叔”，那么我爷爷和他的儿子就是兄弟关系；再往下，主人的孙子就应该叫我爷爷为“叔叔”了。所以其实从这个亲戚关系来说，大家关系还是很亲的，只是不能通婚，因为我们和他们不是同等级的。我爷爷在外面犯了什么事，遇到了什么，主人家会替他出头的，就像你打了我家的牛，我就要维护我的牛！所以，奴隶本质上有剥削的关系，但是在社会生活中也有相互依存的一面。因此，旧社会时期，逢年过节也会去给主人拜年，就像是亲戚一样，就像是奴隶主家的一个儿子，只是这个儿子的地位比较低而已。

民主改革以后，我们家就和奴隶主家分开了，奴隶主家被打倒了，经常被批斗，但当时我爷爷比较感恩，因为小时候主人没怎么欺负过他，而且还给他安了个家，所以他们被批斗的时候，我爷爷他们没有参与这些事。因此，奴隶主家和我们家的关系一直都很好，有困难的时候还可以相互帮助。后来不知道哪一年[①]，他们要成立家族会，当时有人来找到我爸和两个堂哥，邀请我们参加这个家族协会正式成立的会议。这个正式的家族会是以知识分子和体制内的人为主，农民基本没有参与，有的话都是那些具备一定经济实力的人。当时我们纠结过一段时间，我老爸问我要不要参加，那时我还在读大学，我觉得现在大家都成立了这么一个有体系的协会，如果不参加就把自己孤立了，所以我说，参加就参加吧，相当于买一个保险。

应该说，以上有关奴隶和奴隶主相互关系的历史叙述，虽然区别于民主改革时期塑造的“阶级剥削论”，但却是基本符合事实的：奴隶与奴隶主是以“认亲”为主要方式建立起血亲拟制认同，因而相互之间的关系并非以往描述的那样“血淋淋”、“赤裸裸”，反而还有几分“温情”蕴含其中。但此后他选择加入已经成立的家族协会，并不是出于这“温情”，历史遗留下来的“温情”顶多只是现在加入协会的“润滑”，其真正的原因还是基于工具性的考虑，如他所言，“不加入就容易受到排斥，加入了

① 按照后面他说自己当时正在读大学，可以推测时间应该为2009-2013年间。

相当于买个保险”。我顺势追问，“保险是保哪方面的险呢？”他说：“谁家出了什么事，大家每家凑一点钱过去，这不就是保险吗？现在明文规定的主要是婚丧嫁娶这些事情。”这里面有很强的利益考量，与之类似的还有小凉山“农场彝人”对自己姓氏的选择（嘉日姆几，2010）。事实上，除了低等级的行动者策略性地选择加入正式成立的家族协会或选择姓氏等这些“家支活动”，高等级者的选择也是充满策略和利益动机的。龙末告诉我：

因为家族之间经常相互攀比，他们也是冲着我们家比较厉害，所以把我们拉进去，比如他们向外吹的时候，我们县的彝族，目前为止是我们家支最厉害，当官的中，我们家有个高官，在外面挣钱的也有一个代表，论学历就会把我凑上——我算是目前学历最高的。他们在吹牛的时候都会这么吹，我们家的人在哪哪，我们家的人怎样怎样……

所以，龙末凭借其学历已经获得了家支社会的部分认可，甚至被作为可供炫耀的一个代表，他甚至还告诉我一件十分有趣的事，沙马××家成立了整个凉山州的家族协会，其会长是一个很成功的商人，但“我听说他的身份和我是一样的，不是真正的沙马××；虽然不知真假，但已经有两个人这么和我说过了”。从这两个例子貌似可以推断出，彝族传统社会的家支制度在现代化进程中有所松动，“根骨”、“等级”似乎已经让位于“个人成就”而成为社会评价的重要标准，人们对于这一变化并没有旗帜鲜明地表示反对，而是采用“选择性记忆”的方式，遗忘其根骨出身，而放大其个人成就。然而，吊诡的是，在婚姻问题上，又出现了复杂的一面：

对于通婚，现在的观念都还存在，我倒是无所谓，但是对方会觉得有影响，所以我现在娶媳妇还面临一个尴尬的境地，如果娶和我同样等级的人，这种人数非常非常少；找彝族的话，就会有等级方面的隔阂，跨越起来难度比较大。我亲堂哥，是一个小学老师，当年娶了一个高等级的白彝，他们之间平时生活没事儿，但是吵吵闹闹的时候总会把这些事情拿出来说事儿，对方总会说当年如何如何，你们家如何如何。后来他们俩离婚了，当然离婚的因素错综复杂，这只是其中一个因素。我亲哥娶的也是白彝，比较搞笑的是，开始定亲的时候，因为他们不知道我家的身份，所以就定了；但后来知道了以后，对方说要加钱。那个时候比较早，起初定的是 4 万，后来又加了 2 万。加钱可能也只是一个对方的由头，她家可能也有考虑，因为当时 4 万确实算比较少的。现在黑彝和白彝通婚的也有，但不是很多，黑彝的规矩守的最严。家里对我没有要求，找彝族汉族都可以，无所谓，但他们更倾向于我找个彝族。

这种“复杂”一方面体现为人们依然对于等级很看重，但同时却并不采用十分激烈的方式加以禁止，而是换成了类似于“经济制裁”的方式。他当时还提到自己前两天遭遇的一件与“婚姻”相关的事。他说自己受邀去看一个学妹的演出，当时对方希望可以在演出之后得到鲜花，于是他就手捧鲜花进入演出场地，在观看演出的时候，他旁边正好坐着这个学妹的母亲。也许这个母亲误会了他俩的关系，起初就问了他的工作、学历之类的，感觉很高兴，然后又旁敲侧击地来打听他的家庭身世，问到最后，她母亲突然正色道：“我们家可能是比较讲传统文化的彝族人家，年轻人也应当要遵守才好。”这就是暗示他二人等级不匹配，是不可能通婚的。从他的例子可以发现，当地人对于跨越等级通婚依然保持较高戒心，尤其是不愿意和阿加和呷西两个等级的人通婚；但现实中并不是没有这样的例子。

他对于彝族等级有一个态度的转变，起初他刚上大学就把名字改了，去掉了前面的姓，而直接用了两个字的名，“当时很幼稚，感觉自己考上大学多牛啊，终于出人头地了；那个姓氏对自己就是一种束缚，不想带着”。当时他在成都某高校念本科，出于对自己身份的“自卑”，他选择尽量少与彝族圈子打交道，希望不要被别的彝族注意到自己；到了北京以后，他说自己身边的彝族多了起来，也就慢慢开始在彝族圈子里混，“彝族本来就有同样的文化背景，所以在一起聊天生活有一种天然的亲切感，这是一直都存在的”。他的这种转变一方面和他对彝族的认识发生变化有关，另一方面是他也慢慢意识到彝族的圈子很重要，这是一种社会活动的资源，他也充满了策略性：

别人问我什么姓氏，我一般以沙马曲比来回答，其实我这个回答也是对的，用不着给每个人都说我是“真真的”沙马曲比；如果遇到同一个家支的，要和我理谱系，我也会适当忽悠，一般都能糊弄过去。只有真正严格的、真正懂这个的才会知道；然而，大部分年轻人都不懂。

对于凉山这种讲究等级的社会风气，很多低等级的人可能面临两个选项：一是隐瞒自身真实身份，然后以挂靠等方式获得社会认可；二是直接选择“逃逸”，去到一个不存在等级社会排斥规则的地方，如超过7000人的“汉根”彝人直接搬迁到了邻近大凉山的眉山地区长期生活（季涛，2016；2017）。然而，龙末自己的故事又提供了更加复杂的可能。他作为中国高等学府毕业的研究生，其专业在就业市场上也占优势，但他在北京工作一年半后，选择回到西昌某事业单位，这一点令我诧异——既然他以前如何在意自己的身世，而且自己的身世又确实会受到社会不同程度的排斥，为什么还愿意选择回到凉山呢？他从两方面回答了我：

一方面是，我们知道农村（不只是彝族，有很多农村都如此）其实都是一个熟人社会，这种亲戚关系都会形成一个集团，然后有人带头做各种各样的事儿。之前我还有几个哥哥在凉山，前几年我有一个比较得力的哥哥去世以后，我感觉我们家比较亲的这些人在凉山没有什么地位，所以我回来更多的是一种责任，因为之前我读书的时候，亲人给予了方方面面的帮助。如果我一直在外面工作的话，他们没有什么好处，他们现在凉山州生活着，生活在最下层，我觉得自己回来工作的话，就能够帮上一些忙。另一个方面，我们彝族在外面很难融入，一旦我在外成家，我虽然可以融入，但我父母老了怎么办，他们很难融入，所以回到当地便于照顾他们。

他这里提到的自己家人在凉山州有很多困难，我问他是指经济方面还是社会排斥的困难，他说目前经济发展方面的困难不是直接的，也不是主要方面，更主要的困难体现在“公共事务的参与上”，在这方面阿加等级依然会受到排斥。换句话说，他虽然也清楚地看到彝人社会中基于等级身份的社会排斥，但他没有选择以上可能的两条路——“逃避”或者“隐瞒”，而是采用了更为积极的行动，主动回到凉山，利用自己在学历上的成功为本家族的人争取一定发言权。他对自己的这一选择有清醒的认识，他知道自己面临一些困难，其一就是没有更多的家支亲戚作为“帮手”，只能单打独斗；其二是可能受到其他高等级的排斥，缺乏可资利用的人脉。但他依然对自己的前途充满信心，他十分肯定地告诉我，彝人社会中目前这种讲究家支的风气，会随着市场化的不断推进，再过几十年，肯定会越来越淡化，“这都是发展规律”，而对于家支会议也是如此，“以后我有权有势了，肯定会有人来请我的”。他对于家支演化趋势的判断和对于自身家庭的责任使其有勇气选择回到当地工作，这本身构成了他利用家支运行的逻辑而积极建构自己身份的努力。

三、个案三：流动社会中的黑彝

瓦扎木乃是我无意间通过同学去北京工地上认识的。初次见面时，我问他怎么称呼，他犹豫了下，然后回答说自己姓王，但我更希望知道他的彝语名字，于是用彝语接着问了句“楚西”（彝语“姓”），他立马十分惊讶地看着我，以为我懂彝语，便和我说起彝语来，但实际上我只听懂了一个词——“诺苏”，于是立马告诉他，我只懂简单的词汇。他仍然十分高兴，然后切换成汉语对我说自己姓瓦扎，因为彝语的第一个音和汉语的“王”的发音相似，“在外面我一般都说自己姓王，这样简单方便”。

我知道“瓦扎”是冕宁附近有名的黑彝家支，于是问了一句“你是黑彝”？他很是自豪地应到，“我就是黑彝！住在漫水湾。”但他立马补充道：“以前听老人们说黑彝是主子，白彝是奴隶，但是我没有经历过，也不知道，现在大家也都平等了，没什么差别”。也许是因为第一次见面，他还比较有戒心，不愿更多地谈起彝族内的等级问题。接着，他带着我们进入自己所在工地的集体宿舍里，这是个建筑工地的宿舍，每间屋子有6张高低床，与学生宿舍无异；这里住着几十个彝族劳工，大都来自喜德，有瓦扎、巴且、阿西等八个姓氏，这些人基本都是同乡或亲戚。他向工人们介绍了我们几个人，然后我们就在这里开始了第一次访谈。

木乃①自述小时候家里条件不好，住在山上，上学很不方便，当时学的是一类模式②，教的都是彝语彝文，汉语汉字基本不会。上到初二时（1996年），他已经17岁了，感觉上学不怎么好，就跟着老乡一起，从家里偷跑出来打工。最先是到了东莞工厂，他还记得当时的工资是1.9元/小时，没干多久就去了东北沈阳，在东北干了四五年，但他说当时在那边打工不容易拿到工钱，拖欠时间比较久，“干活的时候很辛苦，拿钱的时候更要命”，几乎每个工地要工钱都要打架；2004年以后，辗转到了北京，认识了一些劳务公司老板，自己开始带工人出来干活，不再做一般工人，这样平常不需要干活。他现在管着两个工地，一个在大兴，另一个在昌平，手下有几十个工人，全部都是彝族老乡。他每年负责回

① 首先要指出的是，书写木乃的完整经历是困难的，与前两个个案不同，木乃因其教育程度和所处阶层等原因而在表述时总显得断断续续、支离破碎，虽然我和他建立了良好的关系，并先后两次试图对他做更深入的访谈，但效果并不理想。每次访谈，他都习惯叫上自己的朋友一起，三三两两，就像在凉山招待远方来的客人一般，一定要场面比较大，让大家在一起分享，随意聊天。以下关于他的经历是我根据这些碎片化的描述组合而成的，为了避免过分解读，我尽量将所知的细节描述清楚，并在细节的基础上加以适当分析。

② 四川省彝族地区的双语教学有两种形式，称为“一类模式”和“二类模式”。一类模式是把汉语文作为一门主科开设，其余各门学科均用彝语文教学。二类模式是把彝语作为一门主科开设，其余各门学科均用汉语文教学。1984年，凉山州政府印发了《凉山州中小学彝文教学发展规划》，并于当年在全州10个县25个乡开办一类模式小学；1985年四川省委、省政府《关于加强民族教育工作的决定》正式确定了我省彝、藏文中小学积极稳步建立两种模式的双语教学方针（参见罗边木果，1999）。

家招工人，然后由这边负责介绍活儿干，他表现得十分仗义，对我说：“工人能够挣到钱回家，我就很高兴；我自己挣不挣钱无所谓，关键要有个好名声”。我起初认为这是他在唱高调，没有在意；但我对他的带工身份很感兴趣。

有文献将彝族外出务工的这类模式称为“领工制”，即由工头带着彝族工人与劳务公司签订合约，然后由劳务公司与工人单位衔接，彝族工人日常管理全部由劳务公司负责，而与用人单位无关。部分调查表明，当前凉山州少数民族农民工外出务工90%都是以劳务公司的方式进行输出。以往媒体多将“领工制”与彝族传统社会的“奴隶制”联系起来，将其看作是一种强烈人身依附关系的剥削方式，因而“包工头”社会形象很差；然而，一些学者的研究表明，这种“领工制”是临时工需求与彝族相对“自由”与“群居”的生活惯习所结合的产物，也是彝族在劳工权益维护机制不完善情况下的“自我反抗与保护”（韩波，2012；刘东旭，2016）。木乃给我提供了一个更为鲜活的“包工头”形象，他既区别于普通工人，不用干繁重的体力劳动，也担负着较大的责任，“有人从老家来北京找自己，如果不能为他找到工作，就需要给报销车费；只有找到工作了，才可以从人家的工资里扣除这部分钱，所以有时候是贴钱的”。他的这种责任，一方面是基于对“自己人”负责的态度，因为来找到自己的大多是亲戚、老乡等熟人关系，传统伦理要求熟人之间有不可推卸的责任和义务；另一方面是基于自己黑彝“讲义气”的社会身份：

黑彝是能够说到做到，以前说啥子就能够做啥子，现在也一样；白彝有些是说到但做不到。黑彝必须讲义气，比如我们两个约定见面，所以就必须到位！这就是骨气。只要我不到位，就面子丢了。白彝就不一定这样，有些也讲义气，但有些就不是。比如哪天闹事闹大了，我们两个死也一起，活也一起，但白彝可能刚开始人多，事情来了就见不到人了。

虽然他一再和我说黑彝和白彝，“人人平等了”，但是他对于黑彝这种注重信誉、说一不二的精神气质还是极为认可，这符合传统社会对于黑彝本身的期待。而这种意识几乎是内在的，对他而言，似乎并非是通过某人教授的，而是“自然而然”的，他告诉我这是祖祖辈辈传下来的，“我那小孩儿，不需要人教他，他自然而然也会这样”，我故意问他为什么要这样，他无法给出个所以然，最后回答我说：“不这样就不行！”他的这种意识也表现在他对于彝族传统婚俗的遵守，他无法说出黑彝与其他等级或民族通婚有什么不好，但他却非常肯定地说这个当然不好，因为“这是历史传下来的，如果找了一个白彝的话，家人就会看不起，其他黑彝也都看不起你了”，因而他希望这种婚俗“还是不要改变的好”。

在外打工、四处流动的经历使得他变得多面而复杂。一方面，他视野扩展，学会了很多以往不会的知识，结交了众多朋友。他说自己刚开始汉语汉字都不会，是这么些年在外面闯荡自己一个字一个字地学的，从他微信朋友圈的状态可以看出，他的汉语文水平可以达到基本阅读；他广泛结交朋友，赢得了众多好评，就连北京籍的面包车师傅也说他诚实可靠；他可以很心平气和地看待彝族劳工在外面临的歧视，“我们彝族虽然没有技术，但是干活都是实实在在的，接触过我们的公司就会觉得我们好，没有接触的那些公司也没办法”。同时，他也深受消费主义的影响，经常出入各类消费场所，和本民族的务工人员一起唱K、喝酒、赌博等，他们尤其喜好约在一起打台球，和我见面他主动约我去上岛咖啡等；另一方面，他依然保持原有的彝族生活习惯，每年回家要“干迷信”①，“干迷信必须要到位，这个必须要做”，也许正是由于其流动的状态增加了其生活的不确定性，使得他将自身的安全保障更加诉诸传统宗教信仰。他甚至还表示自己担心孩子不懂彝族文化，“他们现在普通话说得太标准了，都跟着电视里学的，但彝文化懂得少了，我也没有能力教他们”。他每年彝族年（11月左右）回到家中，也非常自然地承担其应有

① “干迷信”一词是“文革”中对于当地彝人毕摩宗教信仰的称呼，将其归类为“迷信”行列，具有贬斥的意义，但现在成为人们的日常用语，这也是个有趣的话语转换。

的尔普和赶礼义务，这是他生活最大的开支。他说今年过年，远在美姑的堂弟结婚，他专门开车过去送上彩礼的钱15万。我问他，这是他借给堂弟的吗？他连连表示，不能算借，就是直接给。通过他的朋友圈也可以看到他的喜好，他分享了大量彝族歌手的歌曲、晚会，尤其以打工类题材居多，同时，还有和孩子们在一起玩耍的照片，以及过彝族年中杀年猪、吃彝餐的习俗等。

2003年，24岁的他已经结婚，其父亲在几年前就去世了，他决定把家搬到了距离西昌市区更近的漫水湾，这里交通更加方便，有国道108穿过，且为平坝地区，他当时花了两万元在当地买房买地。现在其母亲和他住在一起，其妻子负责看孩子和种地，家里的主要收入是他每年打工带回家的钱。他现在有四个孩子，最大的13岁，已经上初一了，最小只几个月。两次访谈，我明显感到他对于我所研究的彝族家支并不十分感兴趣，只是碍于情面和我配合着。于是我干脆放弃了原有的访谈提纲，和他随意聊起来，他问我考上北京大学需要多少分、每年在四川招多少人之类的话题；他还掏出手机给我展示他儿子的照片，那是一个抱着吉他的、瘦瘦的男孩儿，一副腼腆乖巧的样子。他告诉我，这孩子现在六年级了，但成绩不好，估计以后读初中就很麻烦，去不到好学校，还容易被分到差的班级，就可能会被带坏。他说这孩子不调皮，就是学习成绩不好，“我故意逗他，让他要不别读书了，直接出来，在工地上干；但是他不干，还是希望在家念书”。他觉得他这一代人当时由于学校很远，自己没有上过学，所有找不到好工作；所以他选择搬家到方便的地区，有利于孩子上学，希望下一代通过教育可以找一个好工作，“以后不用像我这样辛苦挣钱”。

以上就是我对他所知的所有事情。他是一个开放的人，还是一个保守的人？他是一个现代的人，还是一个传统的人？或者说这种二元对立的问法根本就是有问题的，他从小生活在传统文化的环境之中，但是在外打工和流动的经历让他有很多改变，但他也依然生活在传统的社会风尚之中，有关黑彝和白彝的区辨、彝人传统的通婚规则是以“传统文化”

的形式存在于他的生活实践之中的，他并不一定需要知晓其中的理由，这是一种“自在”的存在。

四、小结：个人与家支关系的演变趋势

本章三个个案中可以总结个人与家支的关系呈现以下特点：

其一，家支在彝人日常生活中依然占有重要地位。在调研中，几乎被问到的所有彝人都说家支对于彝族而言很重要，这种重要性不仅表现为“传统观念”，如等级、骨头之类的，还表现在彝人实际的社会生活之中，尤其体现在各类仪式性的活动中，尔普的经济互助、习惯法的调解逻辑以及共享的社会风尚都以家支为载体，“人多且团结”在各类社会活动的竞争中就容易“有面子”，每个生活在这个社会的彝人都可能深深卷入其中。此外，家支在婚姻问题上还表现出一定的约束力。家支的这种影响力存在于社会流动率不高、外来因素影响较少的地区和人群。

其二，家支的影响力主要体现在其“有用”的一面，其“原则性”已大为下降。很多人愿意为家支活动而奔忙，往往是将其作为“保险”、“银行”，以及获取社会资本的方便之门；而那种政治动员的属性很大程度上已经消失了，“非做不可”的事情变得越来越少，社会对于个体的评价也更趋多元，除了先赋的家支等级等因素外，其后致的学历、财富、权力等逐渐成为越来越重要的指标；就算是对于其通婚上的“原则性”也不得不在现实面前“睁一只眼闭一只眼”。目前的情况是，彝族社会对于婚姻问题的限制已经不再是“勒令自杀”或“开除家支”这样的强制性处罚，而变成了设置以“抬高身价钱”为主要方式的经济障碍，并且对于那些自身成就大、社会地位高的人有更大的“容忍度”。

其三，个体在家支面前呈现出的各种苦痛与纠结是个体在面临传统与现代二元对立的社会大背景下的心灵体验。有人将个体在家支面前的挣扎与苦痛看作是家支“复兴”的体现，认为个体在家支面前依然“无可奈何”、“无能为力”；然而，事实上，正如阿芝嬷的所说，她的痛苦缘于自己夹在“传统与现代之间”，这是两种力量在同一个个体上的拉锯，

是特定时期的产物。可以预见的是，两种力量并非能够一直势均力敌，个体在市场经济和现代教育的作用之下，已经迈出了更大的一步；家支在很大程度上已经变成了个体在“流动”现代社会中寻求“认同”(identity)的努力。

最后，这种个体寻求认同的努力有时会表现为对包括家支在内的彝族传统文化的“复归”，如更加积极热心参加家支活动、对家支成员承担更多义务，更加彰显自身的彝族特质，如穿着打扮，用的餐具，吃饭喝酒方式等一切被认为是其族群身份特质的那些东西；通过这种方式，人们希望自己的个人成能够得到家支成员的认可，并在集体活动中获得心灵的归属，这是个体在现代化进程中的两个侧面：个体化（individualization）与再集体化（re-collectivization）。

第五章　总结与讨论：现代转型下的彝人社会秩序

陶云逵在其《开化边民问题》一文中谈到：“一个文化有高度整合的时候，则其社会安定；反过来说，其整合程度差，则其社会发生骚扰不宁；一个文化其整合程度将要差欠或解体，是当外在的社会环境力量变迁”（陶云逵，[1940]2012：600-620）。用这一观点来看凉山社会目前出现的种种问题，是否其“文化整合”上出现的问题，是否是这种“青黄不接”的反应？从前述可知，家支既是彝人的亲属关系，又是其社会组织，是一套整合彝人传统社会的文化机制，是一套基于血缘的集体主义行动原则，与其生活的地理环境及生产方式相适应，在很长一段时期内建立起了一套运行良好的社会秩序；近代以来，在族群竞争、政权建设和市场经济等外部因素的相继进入下，家支自身的政治属性很大程度上被剥离，家支与个人的关系也发生了变化，彝人的社会秩序也面临着新的挑战，这迫使我们思考这种变化的方向和实质是什么，彝人的社会秩序在社会转型背景下应当如何“重新生成”？

这里论述彝族社会面临着“社会转型”是否带有“先知预判”和“大汉族主义的傲慢”呢？需要澄清的是，这里的社会转型是指其社会权威结构的变化，即人与人的关系、人与群体之间关系的根本性变化，亦即社会整合机制的变化，从前面的论述中表明这种变化符合“传统-现代”转变的理想类型。社会整合机制的“传统”与“现代”是否具有价值判断的高下呢？文化多元主义或相对主义者不承认这种价值比较，认为每一种价值判断不过是“我族中心主义”的体现，“各有优劣”或“不可比较”是经常听到的论调；然而，这种论调可能会带来处理实际问题上的困难，每个民族珍视自身文化的情感确实可以理解，但当各民族在流动社会的背景下参与共同竞争时，必然表现出各民族文化在保卫自身生存能力大小上的差异，必然表现出文化可整合的人口数量与地域广度上的差异，那些保卫自身生存能力强、整合容纳人口多和地域广的文化就具有更高的价值，反之，则文化价值较低。因此，可以说文化整合机制的价值高低没有绝对性的划分，但却有比较性的划分，与每个民族所处的社会环境和时代背景紧密相连，这与抽离时代的社会进化论有本质的不同。本章将从以下三个方面展开讨论与总结。

一、如何看待家支的两个悖反：个体化与再集体化

对于彝族家支的当代观察，最明显的争论聚焦于家支是“复兴”了还是“衰落”了，双方都能找到相应证据，撇开不同人对家支的复杂情感不谈，单就前文论述而言，彝人社会演变的趋势表现为“个体化”与“再集体化”的同步进行，在此趋势之下，作为集体组织的家支是“表面繁荣”而“实际衰落”。

上述判断离不开对彝族社会中“个体化”的认识。首选应该承认的是，不管是传统时期还是现代时期，彝族社会中个体在实践中发挥的能动性及其与集体霸权之间的抗争方面是一直存在的（Hill，2004）。然而，以某些个体的能动性来说明个体-家支之间总体结构安排是有欠妥当的，

虽然个体可以通过掌握传统社会的习惯法、道德以及财富等获得较高的社会地位，但他行动的逻辑不是个体性的逻辑，而是站在某个家支集体来行动的，正如某些人可以通过科举考试而成为最高层，但不可能改变整个科举制度一样。中国在上世纪 80 年代开启的市场化转型为普罗大众带来了广泛的流动机会，彝族社会的个体化也由此开始。

彝族社会流动的群体包括三类，第一类是从高山自发搬迁到靠近城镇、交通线等地居住的彝族家庭；第二类是外出务工经商学习的彝人，目前还以已婚男性为主；第三类是深受消费主义影响进入城市的“三无”青年人员。虽然其流动方式和类型各不相同，但如果考察其流动动机，就会发现他们同样都是彝人主动追求现代化的不同表现形式，构成了与斯科特（2016）所谓的“逃避统治”现象的反向运动。当然，这些人流动中与自己传统的亲缘关系网络并没有隔绝，反而一定程度上有所加强，但不容置疑的是家支对于个体的约束越来越松动，个体的自我选择成为最重要的行动规则，“属于某个家支”尽管也还有其重要性，但社会评价也越来越多地以个体成就作为一个重要的衡量指标，那些社会成就和社会地位越高的人，其个人的选择权就越大，受到家支规则谴责的可能性就越小。而对于所谓的“家支复兴”，本质是彝人个体化时代下，社会“再集体化”的过程，但这个“再集体化”与传统社会的“集体主义”行动取向有很大不同，这是人们在现实社会世界中根据自身的“需要”而积极建构的一种关系模式。这种“需要”表现为两个层面：

第一个层面是人们在原有的社会体系之中，积极利用自身策略以获取更多的资源，有人概括的“实践性的亲属关系”。在实践中，亲属关系实际上是一套相当有弹性的人际关系，个体行动者根据更大范围的社会变化对这套关系加以变通利用（阎云翔，2016：115）。这种“变通利用”在彝区的城市社会已经有多表现，一些人来到城市之后平时不和家支联系，到了某一特定时期又显得非常积极，然后告诉当地的协会联络人自己家将要举办婚礼，目的是为了收到更多的礼金，等办了婚礼以后，也不再出现在这个集体之中，当地人给我讲述这类事件，本是指责，但这种约束力已经很小了；还有人通过参与家支组织的聚会，认识权位和经济实力更高的人，以此方便自己的社会活动。同样的，在第四章阿加的例子中，家支组织本身又何尝不是在某些方面“变通”，希望将有权势和出色成就的个体囊括进入自己的团体之内，以在与其他家支的竞争中获得更好的社会声望。

第二个层面是制度性困境下的“需要”。在传统社会中，人们从属于不同的社会团体，人与人之间的互动依靠的是一种个人信任，人们之间的信任依赖于与一群人的长期互动，可以说，传统社会的低流动率和范围有限的社会互动是这一个人信任的基础；相较而言，在一个高流动性和高度开放的社会，大多数社会互动都发生在没有任何特殊纽带的互不相关的个体之间；在很多情况下，人们不会期待将来再与另一方产生互动，在这样的陌生环境中，基于社会制度和公共道德的信任就比个人信任更重要，这种社会制度永远依照公开的规则运行。在社会信任之下，人们相信与陌生人的互动是和平而无害的。由个人信任扩展为社会信任是社会转型成功的关键，是现代性生长的一部分。显然，当下中国的一些社会领域，普遍的社会信任还没有完全建立，“缺乏社会信任反过来会导致只有在私人网络中的之间才存在信任，才会按照特殊的道德准则行事”（阎云翔，2016：311），如果缺乏社会信任而社会的个体化又大量快速发生，社会关系就容易陷入越来越工具化和碎片化的危险。一个明显的例子是，外出务工的彝人经常以家支的形式组织起来，采取群体方式讨薪索赔等，家支联络也十分活跃，这应将其归结为民族性吗？当然不。其本质是在新移民进入城市遭受制度性排斥时，基于血缘、地缘等的社会纽带具有重要意义。现在我国的户籍、福利等制度安排是计划经济遗留下的产物，对于外来农民工是具有排斥性的，以个体形式出现的他们无法获得良好的权益保障，彝族农民工更是处于劳动力的底端，是劳动力的后备军，其受到的劳动力市场排斥和民族歧视更为明显，这是其以家支为形式的群体组织出现的制度性原因。

二、家支可以作为彝区现代社会秩序之锚吗？

家支是凉山彝人传统社会秩序的维系和承载者，并在当代彝人的社会生活中依然有一定的影响力。就目前凉山彝族社会中表现出来的童工、毒品、艾滋等社会失范问题，很多解释和做法呈现出矛盾之处：

当地政府多数习惯于从社会发展阶段论出发，认为彝族社会“一步跨千年”、“社会发育程度低”，很难适应现代社会主义市场经济的大环境——如果按照这个思路，政府要做的应该是“改造彝族传统社会”，而家支作为传统社会的维系者，必将受到最大程度的冲击。然而事实上，政府对于家支的态度是“暧昧不明”的，在其宣传口径中，一方面它批判一些领导干部具有“狭隘的地方民族主义和家支家族观念”、“热衷于搞家族聚会、同学聚会、团团伙伙、拉帮结派”，批评县治依赖民间“德古”利用传统习惯法调处社会矛盾，影响了社会公平正义①；另一方面又在全州大力推进“支部＋家支＋协会”的禁毒模式，认为严厉的家支制度在禁毒防艾方面具有重要非常积极的作用②，乡政府也非常热衷讲述本乡利用家支禁毒的积极效果和经验。这种“暧昧”态度实际上反映了政府对于彝人家支的矛盾心理，既希望利用家支在彝人社会的规范性影响力，但又担心家支“特殊性”规则的负面影响以及政府自身权威受损，因此只在某些领域利用家支。更为重要的是，随着80年代以来民族区域自治法的进一步贯彻和落实，计划经济时期进入凉山基层的汉族干部纷纷下山回乡，彝区的基层干部几乎全部都换成了彝族干部，并且这些彝族干部大都在本乡任职，因其自身与当地熟人社会的复杂关系，很难公正有力地处理家支问题；同时，家支被作为彝族传统文化的

---

① 参见：“金阳县开展解放思想大讨论活动”，《凉山日报》http://www.lsz.gov.cn/lszrmzf/xsyw/2728066/index.html，2015年11月16日。

② 参见：“家支制定规章为禁毒防艾增力”，凉山新闻网，http://www.ls666.com/channel/LS_county/LS_ZhaoJ/2015-07/20150721_lszj_news_148392.html，2015年7月21日。

一部分，政府在处理过程中如有不当，很容易招致“不尊重少数民族风俗习惯和传统文化”的批评，政府机关对此往往投鼠忌器，因而态度暧昧。

一些学者则将这种“失序”归结为彝族旧的传统社会结构的迅速解体和新的现代化社会结构迟迟未能建立，他们大都从“国家-社会”的分析框架出发，认为凉山彝人的现代化本质而言是中央政府强力推进的结果，“自上而下”的权力在治理当地社会时，未能“立足当地”，其提供的支持也往往“口惠而实不至”（刘绍华，2015：266），或是认为彝人在政府主导的现代化建设中被“边缘化”，因而要提高彝族在当地的经济参与度（付佳杰，2014）。按照这一思路，政府应该做的是调用并强化彝族社会传统的组织资源、吸纳传统社会中的权威人物以应对目前出现的社会问题。例如，就有当地学者通过调研直接指出，建议在凉山彝区农村实行“村两委+家支”的多元主体共治模式（胡澜，2016）。这种解释多站在“国家-社会”的框架之下，放大二元对立，本质上基于国外“公民社会”的建设模式开出的“培育社会”的药方，但这些观点忽视了家支与政府之间的复杂关系，实际上家支的影响依然在实际政府行政中多有体现，家支等传统组织也在积极寻求体制性资源的“赞许”和“庇护”。从彝人自身实践来看，家支头人们热心组织家支活动，希望通过道德教育、订立规范等方式使得本家支人们团结一致，抵御越来越严重的社会风险；但那些传统上就不是家支组织中话语权的拥有者又是怎样的心态，新成长的彝人的生活意义和理想目标又发生了怎样的变化？这些却不是长老统治的模式可以兼顾的。如此看来，这些具有话语权和影响力的群体/组织都试图依靠家支来为彝族社会现代化转型“保驾护航”，希望家支可以作为彝人面对现代化大风浪之“锚”；那么，这样是否可行？

传统时代，家支的存在是基于当地的自然环境、“游耕”的生计方式以及“分枝型”的社会结构，个体必须服从家支集体，家支也才能无条件地保障个体，这是“血缘规则”和“集体主义”的大前提。但自市场经济以来，人员的流动越来越成为社会主流，这带来了个体与家支集体关系的变化——一方面个体化越来越明显，另一方面又呈现出“再集体化”，人们行动的逻辑不再是以家支集体利益为首要原则，其获取资源的选择渠道也变得越来越多样。更重要的是，虽然凉山彝区的发展程度还不高，但年轻人通过媒体、网络接触的外部世界和其他地方的年轻人没有本质差别，他们的喜好、品味、价值观念也与其他地方的年轻人一样，被“现代主义”和“后现代主义”所交织围绕，成就动机成为个人层面的支配性目标，个人以尊严、幸福、独立、自由为最主要的人生目标（英格尔哈特，[1997]2013：9），这决定了最为传统权威的家支组织对于个人的控制力不可能一如往昔，两套运行的逻辑容易发生冲突，其控制力往往最后缩小到道德层面，而个人面临的社会风险很大程度上都只能依靠个人所在的核心家庭承担。因此，依靠家支“再造”彝人社会秩序的“理想”并非建立在对当代彝人生活状态的完全把握之上，很大程度上只能是部分知识分子的“情结”而已。

那么，家支和凉山彝人的现代化到底是怎样的关系？凉山彝人目前呈现出的各类社会失序问题虽然大都可以看到家支作为社会组织的影子，但本质而言与家支的关联不大，而是其自身参与现代化竞争能力不足的体现。正是由于其无法通过正式制度和渠道获得更好地发展，因而务工彝人求助于家支的组织性资源；正是由于政府在彝人生活改善方面着力不到位，因而自主搬迁的彝人往往以家支的形式获得更多保障。这种现代化竞争能力的不足主要体现在教育上，入学率低、辍学率高依然是凉山“东五县”的普遍现象，从初中升学率更是极低，加上文化方面的隔阂，使得年轻彝人很难参与到现代化的社会分工，这与其他贫困地方的问题表现并无不同。所不同的是，彝人拥有传统的组织资源和组织经验——家支——因而面对外部群体、制度以及市场等排斥时，可以迅速组织起来应对风险，从这个角度而言，家支可能成为彝人现代化转型的“制速器”，即一定程度上保护了彝族社会被过于快速和过度的“市场化”，降低了个体在市场中独自面对风险的危害度。此外，城市管理体制中还“无暇”或“不愿”提供更多的管理服务，使得彝人内部的社会矛盾和面临的现实问题缺乏有效的政府权威，依靠家支成为其可能也是最为便利的一项选择。已有研究表明，东部地区近年来出现的各类家支会议是彝人内部竞争和对抗日益严重之后需求更高层次再秩序化的结果，即直接针对工头争夺工人导致的秩序混乱（刘东旭，2016：297）。

因此，作为提供公共服务的政府组织应该从如何提升彝人现代化竞争能力入手，过于依靠家支或批判家支都是不合时宜的，没有抓住彝区社会秩序生成的要害。彝族社会中的新旧精英希望通过家支来重建民族"过去的荣光"和抵御现代化的各类风险也没有看到正在变化的社会趋势，进一步增强彝人的现代化能力才最终有利于本民族文化的保存和发扬，沉醉"家支"、"骨头"的盲目攀比，不利于彝族社会的整体进步，不利于流动的彝族个体融入现代社会分工。

三、家支与现代彝族的自我认同

从前面的叙述中可以看到，家支已经从"政治动员"和"经济保障"的功能性组织逐渐转变为"身份认同"的文化性组织，这是其重要的演变趋势，无论是本民族知识分子精英强调"彝"作为政治身份的权利工具，还是普通人认为与诺苏生活在一起就很"舒服"的朴素情感，都越来越表现出这一特征。

一般而言，人们往往认为地域的封闭性和社会发展的落后性是保持"族群性"的不二法门。在这一思路下，"流动"社会将对原有的"族群性"产生重大挑战。但事实上，比起地域的封闭，制度性的排斥才是"族群性"长期保持的根源，族群间的区隔（比如表现为偏见和歧视）不仅关涉个体心理状态和行动，"社会结构和群体生活"往往是更需要被关注的因素——因为"在现代城市化和工业化的社会，惟有个人可以根据社会职业分工和需求很容易地实现职位互换和流动时，我们才可以预期在社会中出现人们所期待的友善态度和群际关系"（戈登，[1964]2015：237）。对于少数民族流动人口而言，制度性的区隔来源于两方面：其一是中国广大流动人口所共同面临的分隔体制，即城乡二元的分隔体制，客观上说，这一分隔体制的核心并不表现为城乡二元的户籍制度，其核心表现为“服务于发展主义的治理术”（叶敬忠，2017）。其二是中国基于“民族区域自治”基本政治制度带来的“另一类二元”区隔（马戎，2010）。从民族政策和制度的初衷而言自然是实现各民族事实上的平等，保障少数民族的平等权利，并且这套制度在新中国成立以后也确实发挥了以上的作用，但虽然人口流动规模和频率的不断加大，各民族间的交流往来越来越多，已经不再是民族整体之间的往来，民族成员个体间的往来成为主流，作为流入地的东部地区传统上并非少数民族聚居区，当地政府对于如何管理、服务这一具有较大异质性文化群体还经验不足，在“民族宗教无小事”的政治化思维之下，“民族”就意味着“敏感”、“麻烦”和“问题”，因而“尽量少管或不管”是其常态，这实际上造成了流动人口的“无政府主义化”，缺乏超越性的权威来应对和解决社会生活中面临的困难、矛盾和纠纷。彝族的家支正是在这双重制度性区隔之下而在流入地“复兴”的，彝族通过家支组织的动员一再获得权益问题的快速解决，忽视其产生的制度性背景而只谈论族群历史文化的传统延续是不可取的。综合来看，前一种区隔使得流动人口的权益无法获得保障，而后一种区隔则往往成为其唯一可资利用的、讨价还价的“武器”，因而以家支形式呈现出的“族性”就一再被调用，需要指出的是，“族性”在保护自身利益的同时，也面临着被“污名化”的风险，进而给本民族的社会融入和现代化进程带来不利影响。

受亨廷顿的启发，社会秩序的生成仰赖于由不同人们群体所组成的共同体多大程度上安置了这些多样化的社会势力。如果该共同体可以使不同集团在利益上具有相互适应性，并在基本原则或道义职责上界定能够联结各社会集团的纽带，同时建立起能包容并能反映道德和谐性和互惠互利性原则的政治机构（亨廷顿，2008：8-9），那么这个共同体必定需要超越那种人与人之间直接关联的简单社会。彝族的家支在当代社会的作用很大程度上源于上述的两种制度性区隔，家支对于彝人而言在当代社会的发展趋势应该是与众多传统文化一样而共同构成身份认同的文化资源，这不仅是彝人在现代社会寻找定位的过程，也是当代中国共同体构建中需要着力的方向之一。

参考文献

《彝族简史》编写组，2009，《彝族简史（修订本）》，民族出版社

巴且日火、陈国光，2012，《凉山彝族习惯法调解纠纷现实案例：诺苏德古访谈记》，中央民族大学出版社

白芝，1990，《四十八甲源流考》，《喜德文史资料·第七辑》，内部资料

蔡富莲，2008，《当代凉山彝族家支聚会及其作用》，《民族研究》，第 1 期

蔡富莲、米伍作，2014，《当代凉山彝族血缘家支、传统习惯法研究》，民族出版社

曾昭抡，1947/2012，《大凉山夷区考察记》，中国青年出版社

方国瑜，1984，《彝族史稿》，四川民族出版

费孝通，1937/2004，《乡土中国》，北京出版社

冯元蔚译，1986，《勒俄特依——彝族古典长诗》，四川民族出版社

付佳杰，2014，《少数民族怨气的经济根源——以四川凉山地区为例》，《文化纵横》，第 3 期

戈登，1964/2015，《美国生活中的同化：种族、宗教和族源的角色》，译林出版社

海贝勒，2001，《中国大陆彝族企业家阶层对社会变迁和族群性的影响》，台湾《远景》第二卷第三期

韩波，2012，《领工制：珠三角彝族劳工的生境和组织》，中央民族大学硕士论文

郝瑞，2000，《从族群到民族——中国彝族的认同》，《国外学者彝学研究论文集》，云南教育出版社；

何耀华，1981，《论凉山彝族的家支制度》，《中国社会科学》，第 2 期

亨廷顿，2008，《变化社会中的政治秩序》，上海人民出版社
侯远高、张海洋、罗芳、何英，2007，《凉山彝族农村性别/艾滋病传播根源分析》，《凉山彝族妇女儿童发展研究中心》，内部报告
胡澜，2016，《凉山彝区农村“村两委+家支”多元主体共治模式研究》，《四川省社会科学院市（州）县院所招标研究项目》，内部资料
胡庆钧，1985，《凉山彝族奴隶制社会形态》，中国社会科学出版社
黄玉琴，2002，《礼物、生命仪礼和人情圈——以徐家村为例》，《社会学研究》，第 4 期
季涛，2016，《积极构建自我矛盾体：川西农村凉山彝族移民的生计变迁与社会流变》，《云南民族大学学报》，第 3 期
——，2017，《地方政体的脱嵌：论凉山彝族家支制度的变迁与持存》，《开放时代》，第 1 期
嘉日姆几，2010，《云南小凉山“农场彝人”的姓氏选择》，《民族研究》，第 5 期
莱曼，1998，《建寨始祖崇拜与东南亚北部及中国相邻地区各族的政治制度》，《人类学与西南民族——国家教委昆明社会文化人类学高级研讨班论文集》，云南大学出版社
李景汉，1941，《凉山罗罗之民族组织》，《边政公论》，第 1 卷第 3-4 期
李绍明，1987，《论解放前凉山彝族奴隶社会的冤家械斗》，《云南社会科学》，第 4 期
李仕安，2014，《百岁人生川康史：彝族老人李仕安口述记录》，民族出版社
利奇，2010，《缅甸高地诸政治体系：对克钦社会结构的一项研究》，商务印书馆
凉山彝族自治州地方志编纂委员会编，2002，《凉山彝族自治州地方志》，方志出版社
————————————————，2011，《凉山彝族自治州志 1991-2006》，方志出版社

凉山州决策咨询委员会社会发展课题组，2017，《安宁河自主搬迁人口生存状况调查报告》，内部报告
林耀华，1947，《凉山夷家》，商务印书馆
———，1995，《凉山彝家的巨变》，商务印书馆
岭光电，1988，《忆往昔——一个彝族土司的自述》，云南人民出版社
刘东旭，2016，《流动社会的秩序：珠三角彝人的组织与群体行为研究》，中央民族大学出版社
刘绍华，2010，《中国西南诺苏（彝）地区的集市与现代性》，《思想战线》，第1期
———，2016，《我的凉山兄弟：毒品、艾滋与流动青年》，中央编译出版社
刘正发，2007，《凉山彝族家支文化传承的教育人类学研究》，中央民族大学出版社
罗边木果，1999，《四川彝族一类模式教学述评》，《民族教育研究》，第1期
马尔子，2009，《旧凉山习惯法、案例及其德古》，《中国人类学评论》，第10辑，世界图书北京出版公司
马克安，2000，《民主改革前小凉山诺苏对奴隶制的历史意识》，《国外学者彝学研究论文集》，云南教育出版社
马戎，2010，《中国社会的另一类“二元结构”》，《北京大学学报》，第3期
马学良、于锦绣、范惠娟，1993，《彝族原始宗教调查报告》，中国社会科学出版社
马长寿，1939/2006，《凉山罗彝考察报告》，巴蜀书社
———，1947，《凉山夷区的社会建设》，《边疆通讯》，第4卷第8期
———，1987，《彝族古代史》，上海人民出版社
马长寿主编，2008，《凉山美姑九口乡社会历史调查》，民族出版社
曼，2002，《社会权力的来源（第1卷）》，上海人民出版社

莫斯，1925/2002，《礼物：古代社会中交换的形式与理由》，上海人民出版社
潘蛟，1994，《就婚姻改革遇到的问题论凉山彝族旧有婚姻制度的残存》，《民族学与现代化》，中央民族大学出版
潘蛟、楚小娟，1989，《凉山彝汉农民经济收支对比》，《民族学研究第十辑——中国民族学会第四届学术讨论会论文集》
秦和平，1990，《试论凉山彝族（诺合）家支的形成与发展》，《西南民族学院学报》，第5期
———，2008，《四川民族地区民主改革资料集》，民族出版社
———，2011，《四川民族地区民主改革研究：20世纪50年代四川藏区彝区的社会变革》，中央民族大学出版社
———，2014，《论民国时期凉山彝区"政治指导区"及"建设指导局"的由来、内容及作用》，《民国档案》，第4期
———，2016，《述论民国时期凉山彝区"四十八甲"》，《西南民族大学学报》，第1期
全国人大民族委员会四川省少数民族社会历史调查组，1957，《有关凉山彝族社会历史的若干情况》，内部资料
斯科特，2016，《逃避统治的艺术：东南亚高地的无政府主义历史》，生活·读书·新知三联书店
四川省编写组，1987a，《四川省凉山彝族社会历史调查·综合报告》，四川省社会科学院出版社；
————，1987b，《四川彝族历史调查资料、档案资料选编》，四川省社会科学院出版社
————，1987c，《四川省凉山彝族社会调查资料选辑》，四川省社会科学院出版社
四川省地方志编纂委员会，1996，《四川省志·农业志（上册）》，四川辞书出版社
——————，2000，《四川省志·民族志》，四川民族出

版社
四川省民族研究学会、四川省民族研究所编，1985，《四川彝族家支问题》，《四川日报》印刷厂，内部资料
四川省统计局编，《四川统计年鉴（1991，1996，2001，2006，2016）》，中国统计出版局
四川省昭觉县志编纂委员会编，1999，《昭觉县志》，四川辞书出版社
陶云逵，1940/2012，《陶云逵民族研究文集》，民族出版社
王沪宁，1991，《当代中国村落家族文化——对中国社会现代化的一项探索》，上海人民出版社
王明珂，2008，《游牧者的抉择：面对汉帝国的北亚游牧部族》，广西师范大学出版社
王崧兴，1991，《中国人的“家”（Jia）制度与现代化》，《中国家庭及其变迁》，鲍思高印刷有限公司；
王维训，2015，《奴隶解放的伟大实践——大小凉山民主改革前后的回忆》，《感受凉山变迁・凉山文史 29 辑》，《凉山州政协学习文史委员会编》，内部资料
韦清风、冯小舟、王伯仲、李家秀，1981，《凉山彝族奴隶社会的变革资料摘编》，《中国社会科学院民族研究所》，内部资料；
巫达，2004，《彝族社会中“尔普”形式的变迁》，《民族研究》第 1 期
吴恒，2005，《关于彝族的“四十八甲”组织》，《中国民族问题资料・档案集成》，第 5 辑，中央民族大学出版社；
伍精华，1959，《凉山地区对家支制度斗争的几个问题》，《中国民族》，第 5 期
———，2002，《我们是这样走过来的——凉山的变迁》，民族出版社
西康省训练团编，1946/2010，《夷务问题研究资料》，《中国边疆社会调查报告集成》第 1 辑第 6 册，广西师范大学出版社
徐益棠，1944，《雷波小凉山之儸民》，金陵大学中国文化研究所
徐益棠、杨国栋，1942/2014，《打冤家——罗罗氏族间之战争》，《民国

时期社会调查丛编 二编 少数民族卷 中》，福建教育出版社
许恒，2010，《旧凉山彝族家支制度与当下凉山家支问题的关系研究》，西南民族大学硕士论文
阎云翔，2016，《中国社会的个体化》，上海译文出版社
杨洪林，2008，《“德古”与“莫”——凉山彝人社会中的世俗权威与纠纷解决方式》，《西南民族大学学报》，第 8 期
叶敬忠，2017，《作为治理术的中国农村教育》，《开放时代》，第 3 期
叶康杰，2013，《凉山彝族谱牒编修调查研究——以昭觉县瓦其家支为例》，中央民族大学硕士论文
易谋远，2007，《彝族史要》，社会科学文献出版社
英格尔哈特，1997/2013，《现代化与后现代化：43 个国家的文化、经济与政治变迁》，社会科学文献出版社
袁亚愚主编，1992，《当代凉山彝族的社会和家庭》，四川大学出版社
曾昭抡，[1947]2012，《大凉山夷区考案记》，中国青年出版社
张明，2015，《从凉山州外出农民工打工及收入状况看凉山州农民的生活水平》，《凉山民族研究》年刊，内部资料；
赵开礼，1985，邓秀廷一生事略，《喜德县文史资料选辑》，《第一辑，中国人民政治协商会议喜德县委员会》，内部资料
赵铮，2014，《国民政府对西南少数民族政策之转变：以抗战时期动员西康彝族修筑乐西公路为中心的讨论》，《抗日战争研究》，第 1 期
中国科学院民族研究所、四川少数民族社会历史调查组，1963，《凉山、西昌彝族地区历史调查资料选辑》，内部资料
周如南，2013，《都市冒险主义下的社会空间生产——凉山地区彝族人口的城市流动及其后果》，《开放时代》，第 4 期
———，2015，《折翅的山鹰：西南凉山彝区艾滋病研究》，中国社会科学出版社
周星，1997，《家支·德古·习惯法》，《社会科学战线》，第 5 期
周自强，1983，《凉山彝族奴隶制研究》，人民出版社出版

朱建新，2010，《民主改革前凉山彝族社会性质是“奴隶制”社会之结论的反思与评说（一）》，《凉山民族研究》，内部资料
朱文旭，2016，《论凉山彝族家支》，《西昌学院学报》，第 4 期

Hill, A. 2001. Captives, Kin, and Slaves in Xiao Liangshan. *The Journal of Asian Studies,* 60（4）, 1033-1049.

Hill, A. 2004. Provocative Behavior： Agency and Feuds in Southwest China. *American Anthropologist*, 106（4）, 675-686.

S村礼物交换的社会史考察（1949-1978）

吴文兵　清华大学社会学系2014级
指导教师　郭于华

第一章　导论

一、研究问题：国家干预下的馈赠体系何以维持？如何变迁？

“由统销及所遗留下的一些问题：……缺粮程度经典型调查及以区为单位，按全区人口计算最高缺12.8%，时间两个月为四区、五区、九区；最低为8.8%，时间5、6天，如四区上北乡[①]没有分配供应数，对统销不满，田都不作了，原租来的十多亩全部退还原处。”[②]

“婚丧喜庆、迷信等，浪费粮食也不少。这些思想都是和节约粮、棉的精神相违背的，有了这种思想，也就习以为常，成为不可避免的事情了。因此，这种不正确的思想与认识，必须加以彻底纠正。否则就会阻碍工业化的速度，影响国家和人民的长远利益。”[③]

① 文中涉及的地名、人名均作化名处理。

② 明县人民政府粮食局，1954年上半年统购统销工作总结报告，明县档案馆1954。

③ 省人民委员会，周洪副省长作大家都来节约粮食和棉布的报告，省档案馆，1957年9月9日。

“特别是‘地主’、‘富农’，任何时候都是不准请客的，就算他请客，别人都是不敢去送礼的。比如说，如果我是一个地主，我请客了，你来送礼，别人就会说，你还跟‘四类分子’来往啊！你敌我不分，拿个帽子扣着你，有时候还要你驮牌游塅，要批斗……”①

“秀琴嫁来的时候，是夜里请的客，白天不准请客。（是哪一年？）大概是66、67年！不准请客，不准铺张浪费，别人家饭都没有吃，你反倒来请客，请客的人都偷偷摸摸的，请客如果被晓得了，请客收的钱都要被没收了的。”②

上述几个片段是对1949至1978年明县礼物交换场景及政治、经济状况的描述。从中可以得出初步印象，统购统销和粮食“三定”政策实施后，农民口粮被固定在特定水平，由于“重购轻销”的普遍思想③，农村出现缺粮现象。在物质资料匮乏的条件下，政府为快速实现国家工业化，倡导农业支援工业，号召农民杜绝婚丧喜庆等人生仪礼，以节约粮食。礼物交换此时被视为铺张浪费行为，而在文化大革命期间，礼物交换的政治含义发生了变化，其不仅仅是浪费粮食行为，而又具有一层阶级含义，礼物交换被视为封建阶级落后文化，旧风俗。

虽然政府三令五申禁止随礼，并以运动式治理方式将礼物交换视为失范行为。但从农民的口述中发现，农民仍然私下进行着礼物交换。对此，心中不免产生困惑，在物质资料短缺，同时面临政治高压的情况下，是什么动力使农民进行礼物交换以及何种机制促使农民维持着馈赠体系？另外，本文还试图探究在特殊政治、经济背景下，礼物交换运行的规则。通过对以上问题的探索性研究，本文面临的理论问题是“国家—农民”关系问题，以小见大反映村民面临国家权力对村落社会改造的回应策略，为寻找民间社会自治逻辑和自主性力量贡献新的材料。本文也

---

① 访谈编号：20160802YGR。

② 访谈编号：20160804DYH。

③ 中共明县县委，关于粮食三定工作的紧急指示，明县档案馆，1955年10月8日。

承袭了礼物交换既有研究脉络，尝试弥补关于 1949 至 1978 期间礼物交换研究相对缺乏的不足，对此期间的礼物交换现象进行社会史考察。

二、文献综述

1.礼物交换研究的三种范式

礼物交换的研究范式可以分为三类：超自然范式、互惠范式和关系范式。超自然范式反映礼物交换的宗教范畴，强调赠送与接受遵循某种宗教意义上的强制性；互惠范式反映礼物交换的经济范畴，突出礼物交换的互补功能；关系范式注重礼物交换所反映的关系结构。

超自然研究范式的代表人物为莫斯（Marcel Mauss）。莫斯提出了一个问题：馈赠的动力是什么，是什么机制导致接受了礼物就有义务回赠（莫斯，2002：3-9）莫斯认为，接受和回赠礼物都是义务的，是一种其称之为“礼物之灵”的东西决定了这种义务，因为接受了他人的物品就接受了对方的精神本质，将这种灵力保持在自己手中是不明智的，甚至有致命风险。从萨摩亚人和毛利人的馈赠制度中可以看出，“tonga”是礼物的实体，“hau”是被赋予的灵力，当把“tonga”赠送别人时，接受者就接受了对方的灵魂。如果接受者选择留下“tonga”，其会被视为是一种不公正行为而受到诅咒，这种诅咒会让人生病，乃至丧命（莫斯，2002：16-23）。莫斯在研究礼物交换时，面临的是现代社会的功利性经济问题，这种功利性经济所体现的理性主义产生了许多社会问题。莫斯以礼物交换为研究切入点，试图探究礼物交换中赠送与接受的动力，他认为，礼物交换体现了一种契约关系，而这种契约关系是莫斯解决现代性困境的人性方法（荀丽丽，2005）。

互惠范式的典型研究有马林诺夫斯基的“互惠原则”、古尔德纳的互惠规则、萨林斯关于慷慨互惠、等价互惠和消极互惠的划分、列维-斯特劳斯的互惠结构及布迪厄的象征礼物交换。

和莫斯不同，马林诺夫斯基认为支撑原始社会运转的不是道德原则，也不是迪尔凯姆意义上的“集体意识”，而是一套其称之为“互惠原则”

的社会机制（马林诺夫斯基，2002：29-31；2009）。互惠原则强调从功利主义理解交换（Joy，2001）。

古尔德纳总结了互惠两条最基本的规则，其一、人们应该对那些帮助过他们的人伸以援手；其二、人们不应该伤害那些帮助过他们的人。但并不是每个人都会履行社会赋予其所扮演的角色，一旦一方拒绝承认对他人的义务或者一方不把他人对其的义务当作自己权利时，社会系统便会崩溃（Gouldner，1960；Uehara，1990；Giesler，2006）。

萨林斯视物品流动和社会关系的联系为互惠，在不同的社会关系中，特定的物品在其中流动，互惠可以理解为两个群体间的“双向运动”，是相互的行动和反馈，是一系列的交换，是一种连续模式（萨林斯，2009：215-223）。萨林斯将互惠划分为慷慨互惠（generalized reciprocity）、等价互惠（balanced reciprocity）和消极互惠（negative reciprocity）。首先，慷慨互惠是一种利他交换，赠送过程弱化了对物质方面的回馈诉求，体现了社会性方面的人情表达，且对回赠时间和价值没有确切的要求（萨林斯，2009：224）。其次，等价互惠是指直接交换，交换双方在交换价值和时间上有预期和规定，和慷慨互惠相比，等价互惠需要接受者在短时间内进行回复，否则双方关系便会瓦解。等价互惠中的社会关系需要利用物品的流动来维持，物品交换的变换会引起双方关系的变化。回报的礼物被期待与赠送相等，货币是赠送与接受的中介（萨林斯，2009：225；Befu，1977；Johnson，1974；Sahlins，1965）。最后，消极互惠是指互惠中有企图的交换，交换的目的在于攫取利益。消极互惠是交换中最为经济的类型，交换双方会为彼此的利益进行讨价还价、耍滑、使诈、偷窃乃至强取豪夺（萨林斯，2009：226）。不同的互惠和亲属关系有不同的距离，慷慨互惠存在于近亲之间（萨林斯，2009：227），主要为家人、亲属和朋友，如父母为儿子准备婚房，父母在短时间内倾向赠送子女多于子女回报的礼物，此时赠送与接受在数量会出现不平衡[①]。而随着关系距离的扩大，互惠更加趋向于经济性和个人化（萨林斯，2009：228-236）[②]。

列维-斯特劳斯更加关注互惠的结构。他认为，从经济意义上看，互惠可能不会获得收益，假设你为某人倒一杯酒，对方做出相应的回报，也给你倒了一杯酒，假设酒的质量和杯子大小都是一样的。从经济学角度上看，彼此没有获得或失去什么，但这个过程的意义远远大于互惠内容，作为交换的双方不是商业上的交易，但彼此可能因此建立持久的友好关系。异族通婚制实行之后，两个部落结成了固定的姻亲关系（brother-in-law），列维-斯特劳斯将这种结构称之为二元组织。在亚马逊南比克瓦拉人的婚姻系统中，一个部落的小孩是另一个部落小孩的潜在配偶，反之，另一部落的孩子也成为该部落孩子的潜在配偶。部落之间的关系从战争变成交换，再从交换变成联姻。交换新娘不仅仅是礼物互惠连续的结果，也使部落从敌人到盟友，从担忧到信任，从恐惧到友谊的转变（Levi-Strauss，1969：52-68）。

布迪厄认为行动者并不总会遵从互惠结构，交换双方可能有主观意图，即便交换主体是按列维-斯特劳斯的互惠结构形式进行的，他将这种交换行为定义为象征交换经济（布迪厄，2007：158）。交换双方往往会利用赠送与回应的时间间隔来制定策略（斯沃茨，2006：114；刘拥华，2010）。时间间隔使赠送与回报显得独立，容易使对方将馈赠行为当成是一种无偿行为，掩饰了礼物交换的经济本质。布迪厄认为这种不言自明的互惠行为是建立在一种性情倾向系统基础之上的，行动者双方均对礼物交换的经济本质心照不宣，极力掩盖，布迪厄将其称为象征经济交

---

① 从长期看，父母的这种馈赠模式契合了中国人“养儿防老”的思想（赵丙祥、童周炳，2011）。而根据 Johnson 的研究，代际变迁会对慷慨的互惠产生影响，他研究了美国檀香山日裔美国人的礼物交换。第一代日裔美国人遵循长子继承制，当父母老了，主要由长子负责赡养。但到了第二代，财产继承倾向于平分，所有后代都需要负责给父母养老（Johnson，1977）。

② 萨林斯关于互惠类型的划分是作为一种理想类型，不能涵盖所有互惠形式，如侯莹（2014）发现，在特殊的情境下，陌生人之间会进行情感互惠，其称之为情性互惠。在北京市抗癌乐园，癌症病患者通过相互鼓励、安慰而获得认同感、归属感。

换的第一种特性——双重真实。此外，说明禁忌是象征经济交换的第二种特性，例如人们不会对礼物的价格进行说明，会把礼物的价格标签撕掉（布尔迪厄，2007：155-160）。

礼物交换的第三种研究范式为关系范式，强调赠送者与接受者的关系结构，包括血缘关系、地缘关系和业缘关系。Joy（2001）发现，家族主义占主导的香港，个体需服从家庭，恩情是传递的，不是互惠的，传递性确保世代更迭，永生不息。如果父亲收到成年子女的礼物，他是不需要回报的，因为在等级结构上，父亲的地位比儿子高。类似地，成年子女也希望他们的后代将来像其对待长辈一样对待自己。从某种意义上讲，这挑战了互惠原则。在日本，礼物交换分为超自然礼物交换和世俗礼物交换，它们深植于日本传统的社会结构，礼物交换的驱动力是“义理”（giri），作为一种道德，驱使个体对社群（group）其他成员履行责任，如某人需要修理农舍，邻居和亲戚会帮工或贡献修理材料。同时，也存在着一种垂直型关系，这是一种不均衡交换，如领主对平民的恩赐（Befu，1968）。在中国大陆地区，阎云翔通过研究下岬村的礼物交换，把礼物交换划分为表达性礼物和工具性礼物。表达性礼物是一种长期的交换关系，而工具性礼物是一种短期的、以利益目标达成为目的的礼物交换。大多数情况下，礼物交换中混合了这两种类型，只是比率不同而已（阎云翔，2000：44）。相对应的关系类型亦是如此，除了情感性和工具性的区分之外，还有一种混合型关系，既涉及道德和个人情感，还涉及工具性和理性计算（阎云翔，2000：85；Hwang，1987）。在下岬村，村民一般将20%的家庭纯收入（1990年）用来维持礼物交换（阎云翔，2000：72）。通过礼物交换，村庄建立了一个道义经济体系，道德原则在这其中起重要作用。村民也培育、维持了其社会关系网络，在关键时候，这个社会网络扮演了重要角色，农忙时候村民会互相换工、帮工，饥荒之年会互相救济（阎云翔，2000：84-89）。而杨美惠在《礼物、关系学与国家》中则表明，中国的关系学经常被当成对抗性伦理，在国家垄断的背景下为私人创造了一个空间（杨美惠，2009：44）。文化大革命期间，“关系”的发展让普通民众在严密的国家秩序中得到舒缓（同上：294），礼物增强了人们相互间的义务感，关系网络是人们遭遇困难赖以获得支持的保障，关系创建了一个国家力量分解后的重组的社会结构（同上：301）。

根据赠送者与接受者关系的不同，可以对馈赠类型做出划分。尚会鹏（1996）把村落社会的随礼网络分为亲属间馈赠网络与非亲属馈赠网络，亲属间馈赠主要根据血缘关系的远近进行确定、礼物交换过程不公开、迂回等价，非亲属间交换以相互关系的亲密程度确定，遵循公开和等价原则。而黄玉琴（2002）把礼物交换分为三种类型，其一为核心亲属间的，包括夫妻双方父母及兄弟姐妹；其二为外围亲属间的，包括叔、姑、舅、姨及成家的子女；其三为以业缘和地缘关系为基础的朋友和同乡礼物交换（陈刚，1998）。

村庄社会变迁对馈赠产生较大影响。阎云翔通过对中国北方彩礼的研究，发现农村彩礼由原来两个家庭间的礼物交换变成了新郎家庭内部财产的分割，在对其归因时，阎云翔特别提到了国家进行的家庭改革，国家在1950年的婚姻法中规定了禁止索要彩礼。但在实际的村庄实践中，彩礼仍然存在于乡村社会，转变为干折（折合的彩礼）的形式，变成了以新娘和新郎个人为中心的婚姻交换（阎云翔，2006）。1978年之后，礼物交换出现了理性化趋势，其一、礼物交换目的发生异化，通过对湖北徐家村的调查，黄玉琴（2000）发现生命仪礼的目的发生变迁。传统生命礼仪的神秘化预示着个体生命的特殊阶段，而这种仪式出现了简化的趋势。其二、生命仪式和主体出现分割，其地位逐渐处于边缘位置，例如主人缺席生日仪礼，寿宴的老人仍在迎宾。其三、礼物交换显现理性化、工具化的特征。一方面，人们试图通过生命仪礼获取礼金（尚会鹏，1996；黄玉琴，2000；马春波、李少文，2004；陈云、顾海英等，2005）；另一方面，村民会根据礼物交换的回收周期进行评估，以此决定是否进行随礼（孟涛，2006）。

礼物交换研究的三种范式亦相互交叉，不能简单地将三者进行切割。莫斯意义上的礼物契约和关系范式本质上是一致的，最终都回归到社会团结的方式上，其笔下的原始社会的社会团结方式是宗教仪式，而在关系范式中，契约的缔结是以血缘关系、地缘关系和业缘关系为基础的，礼物交换是作为契约维系的表征。其次，互惠范式与超自然范式、关系范式紧密相连，无论是“夸富宴”上的毁坏财物还是关系范式中的礼物交换网，礼物在这个过程中上下流动，赠送者和接受者的关系得以确立。总而言之，礼物交换反映了社会连接的某种方式，以此为基础，资源在其中流动，这样，可以通过研究礼物交换揭示出礼物交换背后的社会连接方式。

但是，现有礼物交换研究存在一个明显缺陷，即过多关注礼物交换所反映的静态社会结构或社会运行模式，没有将礼物交换当成是一个历史的过程，缺乏历史视角。超自然范式和互惠范式表现尤为明显，莫斯关注不同于现代社会经济理性的社会契约模式，马林诺夫斯基则关注“库拉圈”范围之内各个部落间互惠互利，列维-斯特劳斯关注异族通婚制度确立后的部落婚姻结构，由此建立相对稳定的互惠模式等。在他们研究视野内，礼物交换是透视社会结构的一面镜子，由此窥探社会的运行机制，他们均忽视了馈赠的历史维度。

就关系范式而言，其做出了重要尝试，首先，阎云翔以历史变迁的视角，研究了彩礼形式转变与国家婚姻改革的关系；其次，不同学者对1978年以来礼物理性化进程进行探究。即便如此，关系范式仍然存在着局限性，其一、国家权力对礼物交换的影响不仅仅通过直接施加行政命令，还包括通过控制居民物质生活资料等间接方式，这影响了农民礼物交换的内容和随礼的范围；其二，在轰轰烈烈的国家运动中，村庄的社会结构发生了重要变迁，划阶级和土地改革运动后的村落精英阶层发生了置换过程，在这个过程中，礼物交换的方向受到影响；其三、礼物交换的形式多样，除了彩礼，还包括自然村内的族亲互惠、自然村之间的姻亲互惠交换以及同队互惠交换，通过考察1949至1978期间互惠的变迁，可以对当时村落“国家—农民”关系进行较为全面的考察，很遗憾的是，在前人的研究中，鲜有学者是以礼物交换为切入点的。

2.研究视角的转变：作为“国家—农民”关系的考察工具

基于现有研究的不足，本文将从以下两点尝试突破：第一、将研究的着眼点放在1949至1978期间的“国家—农民”关系，而以此阶段的礼物交换为研究切入点；第二，考察国家权力对礼物交换的影响，不仅仅局限于政治命令，还将国家权力对礼物交换的影响扩展到短缺经济和社会结构变迁上。一方面，国家权力改变了村庄原有的社会生态和社会结构，从而影响礼物交换的规则；另一方面，国家还通过控制农民物质资料的再分配方式及运动式治理对村落社会关系进行改造。通过对乡村礼物交换的考察，可以明晰国家权力渗透民间社会的方式，同时也可以了解国家权力下农民的自主性，从而概括1949至1978期间“国家—农民”关系模式。

和“国家—农民”关系相近的概念是“国家—社会”关系，本文使用“国家—农民”关系的分析框架而非“国家—社会”，一方面是因为本文试图以礼物交换为个案寻找乡村社会危机中的农民自主性力量。另一方面，是因为“国家—社会”视角过于宏大，容易忽略概念本身较大弹性的特点，正如周飞舟（2006）所批评的那样，虽然“国家—社会”分析模式具有悠久的研究传统,但是其不适合运用于乡村社会中的研究，不能对乡村中基层政府、士绅阶层和农民做充足的分析，本文倾向将社会作为国家与农民的中间机制。

在关于“国家—农民”关系研究文献中，各个学者切入角度不一，结论亦有差异。主要分为三种类型，第一种观点从政治和意识形态出发，认为国家权力胁迫下的民间社会被意识形态所瓦解；第二种观点从经济角度出发，以中央与地方的互动为切入点，探究国家征税过程中，国家、基层政府与农民三个主体的互动；第三种观点则从乡村社会的文化传统和地方性知识出发，探讨农民的道德观面临国家权力冲击时的反应。

就第一种观点而言，郭于华（2000：339-381）认为民间仪式受到国家权力的影响。在传统农村社会生活世界的逻辑影响下，农民间进行互助，如变工（劳动力、畜力、生产工具的交换）、相火（生产活动、日常生活和重大事件的互助）、行门户和还门户（红白喜事时送礼或帮忙）、报锁（为子女健康成长认干爹仪式）。而当国家权力弥漫于民间社会时，便开始改变了人们原有的生活逻辑和文化景观，主要表现为国家仪式代替对宗族和社区仪式，地方性知识被意识形态代替。在运动过程中，国家施加于村庄的权力技术造成村落群体的分殊，村民由原来的共同体成员变成了“公报私仇”的参与者。而国家权力对乡土社会的消解作用也造成了代际间交换与公平的变迁。宗族在不断的政治运动中遭到了毁灭性打击，而附着在宗族之上的文化意义亦土崩瓦解。具体体现为行政机构代替了宗族组织，而文化意义结构被意识形态所代替，这是随着乡村的移风易俗运动、社会主义教育和文化大革命等政治运动的进行而发生的。乡村传统的仪式在这个过程中不复存在，仪式所维持的文化意义系统遭到瓦解，如此，导致了农村孝道的衰落，“孝”与“报”的价值观受到挑战（郭于华，2001）。

另外，从“国家—地方政府—农民”视角出发，基层社会具有自治的传统，中央政府在选拔、监督和官员奖惩上握有权力，但是治民权却移交给地方官吏，地方在不违背大政方针的前提下，有相对的治理灵活性（曹正汉，2011），费孝通（1999）称这种上下分工的治理逻辑为“双轨制”。周飞舟（2006）更关注介于国家与农民之间的地方政府的行为。税费改革后的乡镇政府由原来向农民收取税费变成了借钱和“跑钱”，这个过程使乡镇基层政府更加依赖上级，同时，乡村中的富裕阶层也成为乡镇政府所依赖的对象，基层政权从汲取型转变成“悬浮型”，国家与农民关系更加松散。

还有一种观点是，从乡村社会的道义经济出发，虽然宗族关系遭到破坏，但是在乡村中仍然存在“庇护关系网”，农民由原来对宗族族长的依附变成对村干部的忠诚，村干部成为村落社会的大家长，而村民则成为大家庭中的一员，这也成为集体时代农民“瞒产私分”和“偷盗”行为肆虐的原因之一，村干部与村民共享集体的伦理原则，秘而不宣（Putterman, 1993；黄锐，2013），这亦是农民对抗强大国家权力的“弱者的武器”（斯科特，2007）。

无论是乡村代际互惠变迁、央地关系下的国家与农民关系还是集体化时期农民“弱者的武器”，国家与农民的互动最终会在农民的日常生活中体现出来，从侧面反映了农民在国家权力作用下的回应。但是，上述研究存在着一些不足，要么忽略了农民的自主性，抑或狭隘地将农民的自主性概括为农民在集体主义原则下的越轨行为，没有对农民的自主性来源做充分讨论。郭于华的研究对于我们认识国家权力和意识形态对民间社会施加影响的表现形式具有十分重要意义，但是在其研究中，农民很多时候是作为被动的接受者，没有还手之力；周飞舟的研究主要关注税费改革后农民与基层政府的关系，没有对 1978 年前国家与农民关系展开分析；而将集体时代农民通过偷盗行为反抗国家归因为农民的生存逻辑忽略了国家治理的内在张力，具有片面性。

三、研究思路

基于现有“国家—农民”关系以及礼物交换研究的不足，本文试图对 1949 至 1978 期间礼物交换进行社会史考察，一方面增加礼物交换研究的历史视角，探讨短缺经济、运动式治理和乡村社会结构变迁对乡村馈赠体系的影响；另一方面，农民不再是被动的运动承受者，而是作为国家治理的应对者，重点探讨国家治理过程中农民的行为，同时反思国家治理逻辑的内在张力，通过这两方面的阐述，回答 1949 至 1978 期间“国家—农民”关系，寻找村落社会自主性力量。

四、研究方法

1.民族志与口述史相结合

2016 年冬，正值二十年一度的伍氏族谱接谱仪式[①]。伍氏宗祠的修

① 全县范围内有一个伍氏宗亲会，修谱之前，会成立一个修谱委员会，然后按照人头向伍姓征集修谱经费。

缮碑文引起了我的注意，记载如下：

"……宗祠始建于清咸丰六年（1856），于民国戊子年（1948）复修。但由于时间的变迁，其遭遇的历史也不一样，解放后，宗祠先后被当成粮站、中学宿舍、敬老院、生产队保管室、私人的面粉加工厂、养鸭场、猪圈和牛栏等。到二十世纪末，破败不堪，摇摇欲坠。二十一世纪初，国家文物保护法颁布，伍氏宗祠属于文物，应予以保护。在这关键时刻，东村老虎岭财昌老宗长，集资十余万，倡导修缮。在理事长富生的主持下，于中华人民共和国丁亥岁七月初七（公元二零零七年八月十九日）经明县境内十几支族人代表商议，鉴于明县伍氏古祠只剩下这一幢，把祠堂晋升为太伯①祠，各宗支可共祠。整个修缮历时一年零三个月……"②

短短一篇碑文反映了宗族一百多年的历史，明清时期，宗族出现平民化的趋势③，民众开始大势修建宗祠，伍氏宗祠也是在这样的背景下修建。建国后，宗族遭到破坏。宗祠失去了实质性作用，沦为牲畜生息场所。

以上例子一方面概括了宗族命运，揭示乡村社会变迁；另一方面，也是想以此为案例阐述本文的研究方法——民族志（ethnography）。通过对日常生活的民族志考察探究礼物交换变迁的历史，既可以以小见大，窥探宏大的历史叙事逻辑，同时亦可结合研究对象所处环境与当时的历

---

① 伍氏始祖，详见伍氏宗谱总谱。

② 节选自《伍氏宗祠修缮记》，2007。

③ 宗族发展在明清有一个时间节点，在此之前，宗族活动主要在社会上层进行。比如在先秦时期，祭祖是周天子的特权，普通平民不能参与。汉唐时期，士族控制着宗族，是贵族宗族制时代。宋元时期，大官僚和大地主对宗族建设开始感兴趣，出现了官僚制宗族时代。由于程朱理学对宗族活动的设计老百姓其慢慢适合各个阶层，宗族出现了一个转向，特别在清代，宗族活动明显下移，宗族出现平民化的现象，建宗祠盛极一时，宗法伦理的庶民化，家祭和墓祀盛行。很多社会下层逐渐成为家族的管理人（冯尔康，2005；郑振满，2009）。科大卫认为这是国家利用程朱理学推广其世界观，在地方上建立国家正统，是建立统治秩序的需要（科大卫，1999；科大卫，刘志伟，2000）。

史背景，使研究充满“社会学的想象力”（米尔斯，2012）。民族志要求研究者对研究对象的文化背景做充分了解，并将其置入一个有意义的文化情境中去，通过对事件的深描，讲述严谨真实的故事（费特曼，2007：1-21），进而阐释（interpretation）日常生活所蕴含的历史逻辑。

本文选择的田野地点为明县S村[①]，研究的时间跨度为1949至1978年。S村在1949至1978期间的行政范围为J大队和S大队，J大队有13个自然村，S大队有11个自然村，自然村为单姓村。自然村一般分布在山间盆地和沿河两岸。独特的自然环境形成了S村以自然村为范围的族亲馈赠网络，自然村之间由于联姻或者农业合作形成了姻亲网络或同队网络。选择S村为本文的田野地点，是因为其独特的地理环境和村庄的社会结构使村民在1949至1978年间延续了较为完整的馈赠体系。通过此案例，既可以探究村庄结构性互惠面对外部风险时的反应，同时也可以从侧面了解共产主义对村庄社会关系改造的回应。另外，本文侧重于对村落的礼物交换进行机制分析。

2012年7月，我第一次进入田野。第一站是S村下属的自然村孙家村，孙家村（2012年）共105户，人口数为461，包括原居住地居民居住的自然村和通过移民（2005年迁入）方式建立的移民社区。村庄较封闭，只有一条水泥路通往外界。移民前，孙家村姓氏单一。孙姓由湖北移民至此，最早可追溯至明永乐年间，目前发展到第三十五世[②]。我的任务是搜集孙家村村民的礼簿资料。最终我搜集的礼单为104本，随礼次数达7995次。本文将集中笔墨研究1949至1978年随礼现象，通过文献阅读发现，学者们对礼物交换的研究时段集中在1990年代后，以阎云翔的《礼物的流动：一个中国村庄中的互惠原则与社会网络》为典型代表。由于资料缺乏，鲜有学者研究1949至1978期间礼物交换。就礼单资料而言，在搜集的104本礼单中，仅有两本礼单符合要求，分别为1958和1978的礼单，随礼次数分别为30次和26次。基于此，本文不

---

① 南方A省，长江中下游平原。

② 见《孙氏族谱》。

能单纯依靠礼单文本去还原 1949 至 1978 期间的农村礼物交换现象，还需要借助口述史研究方法。

口述史作为一种研究方法，使普通人有进入历史视野的机会。口述史研究保持一种底层立场，使证据的来源变得更加丰富，既包括权威者和精英的声音，又涵盖下层社会的无特权者，使研究者能够以公平的态度重构历史。在口述史研究中，受访对象作为亲历者，对历史的回忆使历史研究更加贴近事件本身（汤普逊，1999）。第二次世界大战后，口述史研究作为一种研究方法开始盛行，人们将记忆（memory）复兴作为“人民历史”的来源。1948 年，来自哥伦比亚大学的 Allan Nevins 最早开展口述史研究项目，他主要研究美国白人男性精英的早期活动。到 20 世纪 50、60 年代，英国口述史研究的先驱对普通工人阶级生活更感兴趣，并将口述史和民俗学研究相结合（Thomson，2007）。

关于访谈对象（表 1），本文选取的原则为 1964 后出生（在 1978 年满 14 岁）。本文采取进行无结构式访谈和座谈会形式搜集资料。与结构式访谈相比，无结构式访谈没有明确的访谈提纲，而是顺着受访者的思路进行追问。之所以采取无结构式访谈，是因为村落中的老人对于记忆有自己的叙述逻辑，无结构式访谈可以保证故事的完整性和丰富性。访谈时间为 2016 年 8 月至 9 月，前后历时一个月。访谈对象来自不同的自然村。最终我整理的田野笔记和访谈记录约 12 万余字。

当然，口述史研究也存在一定局限，在 1970 年代遭到很多批评。三种因素可能影响记忆的可靠性，其一为受访者的年龄，一些年迈者可能对记忆有模糊；其二为受访者和研究者的个人偏见；其三为受访者可能受到大多数人观点的影响。澳大利亚历史学家曾直言不讳批评口述史研究为“图像的世界、选择性记忆、滞后的解释和彻底的主观主义”，称其不是历史研究，而是神话（Alistair Thomson，2007；Patrick O'Farrell，1982）①。

① 另外一种声音认为，正是口述史记忆的主观性特点使得口述史不仅仅为我们提供历史经验的意义，同时也揭示了过去和现在、记忆和主体认同以及个体记忆和集体记忆的关系（O'Farrell,1982；Passerini,1987）。

表1　访谈对象

序号	访谈编号	姓名	出生	备注
1	20130825SZG	孙泽贵	1951	无
2	20150824WML	伍明亮	1943	无
3	20160802YGR	于光荣	1945	小学退休教师
4	20160802LQM	李启民	1942	共产党员，70年代大队书记
5	20160803WZG	伍忠贵	1932	土改时期儿童队队员
6	20160803SZY	孙智义	1926	土改工作队成员，后为生产队队长
7	20160803SZY-2	孙智义	1926	土改工作队成员，后为生产队队长
8	20160803SZQ	孙泽勤	1951	无
9	20160803SZF	孙泽富	1949	退伍军人
10	20160803LYL	陆云莲	1956	无
11	20160803YCS	于昌盛	1943	曾任生产队队长
12	20160804DYH	邓艳华	1953	担任过生产队保管，会计
13	20160804CYX	程勇兴	1957	无
14	20160805WZG-2	伍忠贵	1932	土改时期儿童队员
15	20160805WMS	伍明生	1964	无
16	20160806LQF	李启富	1949	曾任大队书记
17	20160807DSX	邓世喜	1949	无
18	20160807CXM	程雪梅	1945	无
19	20160812LRY	兰桂花	1943	无
20	20160812SZW	孙泽旺	1955	无
21	20160813SXH	孙兴华	1959	无
22	20160813SZYAO	孙智耀	1932	对婚俗礼仪精通
23	20160817SZT	孙泽堂	1947	无
24	20160817SXL	孙兴隆	1948	曾负责编纂县志
25	20160821CCF	程成发	1936	无

2.利用历史档案和方志资料

口述史研究的兴起弥补了以往历史档案研究的不足，而其主观性和片面性的缺陷决定同样需要利用历史档案进行补充。档案是历史事件发生的直接证据，为某项社会活动提供了第一手文献（李良玉，2003）。为了充实本文的研究证据，在民族志和口述史研究的基础上，我还查阅了 1949 至 1978 期间相关的历史档案。

当对村民进行访谈时，我发现礼物交换和一系列国家运动存在某种碎片化联系。村民们不约而同被唤起缺粮记忆和节约粮食运动。从村民的口述中，我发现礼物交换曾一度被定义为铺张浪费行为。

为了对村民的访谈内容与历史档案进行交叉验证。我于 2017 年 1 月和 2 月分别往省档案馆和明县县档案馆查询历史档案，我查阅的档案资料包括四个部分：

（1）随礼：档案中关于随礼的信息和本文直接相关，主要内容为政府禁止随礼的一系列文件和通报；（2）节约粮食运动：节约粮食运动和礼物交换紧密相关。50 年代开始，国家发起了节约粮食运动，礼物交换行为被视为铺张浪费，对节约粮食运动的梳理，可了解当时官方对礼物交换的态度；（3）统购统销与粮食“三定”政策：节约粮食运动的开展，根本原因在于国家实行农业支援工业化建设的基本方针。农民除留下口粮，种子和饲料留粮，国家对余粮实行统购，不足口粮者，国家实行统销。此政策对农村社会影响巨大，农民物资长期处于短缺状态；（4）破四旧运动：1966 年破四旧运动揭开序幕，礼物交换在此时被划分在旧风俗而遭到批判。

除此之外，我还前往省方志馆查询相关方志，对相关历史事件和自然地理特征进行梳理总结。最终整理档案和方志有效资料 3 万余字。

第二章　国家治理的逻辑与礼物交换变迁

一、实物交换与礼物交换网的收缩：短缺经济的影响

1.短缺经济与农民口粮问题

和礼物交换紧密相关的是农民的生活水平，礼物交换实际上是经济资源在村庄内部的转移过程。我们将从农民的口粮问题入手，去探究农民的生活水平。关于农民的口粮问题，可分为两个阶段，第一阶段为统购统销政策实施的初期；第二阶段为粮食“三定”政策实施之后。

在第一阶段，在“支援国家工业化、支援解放台湾、支援灾区人民恢复与发展生产”的号召之下，1953 年 12 月 27 日开始，明县正式进入统购统销时代，国家取消了粮食自由市场，农民的粮食来源主要为口粮留粮和国家返销粮。但是，在统购统销政策（1953-1954 年）执行过程中，农民的口粮出现严重不足。追其原因，可分为以下三点：其一、客观原因：1954 年明县发生水灾，导致粮食减产，在粮食不足情况下，农民只能通过野菜进行充饥[1]。其二、1953 至 1954 期间，明县出现了强行征购现象，发生了暴力强征行为，导致农民留粮过少（明县县志编委会，1991：278）。在一份县人民检查署《关于区乡在扫清征购粮尾欠中违反政策情况的通报》详细记载了当时区、乡政府干部为了完成统购统销任务所施行的暴力行为[2]。根据档案记载，三选区真正缺粮的户未评。与此同时，出现了粮食的黑市交易，少数商贩在私下进行粮食搬运，粮食出现了紧张空气。明县实际的缺粮面达到了 10%左右[3]。

① 中共明县县委：关于平息群众闹粮事件处理情况的综合报告，明县档案馆，1955 年 5 月 28 日。

② 明县人民检察署，明县人民政府，关于区乡在扫清征购粮尾欠中违反政策情况的通报，明县档案馆，1955 年 1 月 15 日。

③ 同上。

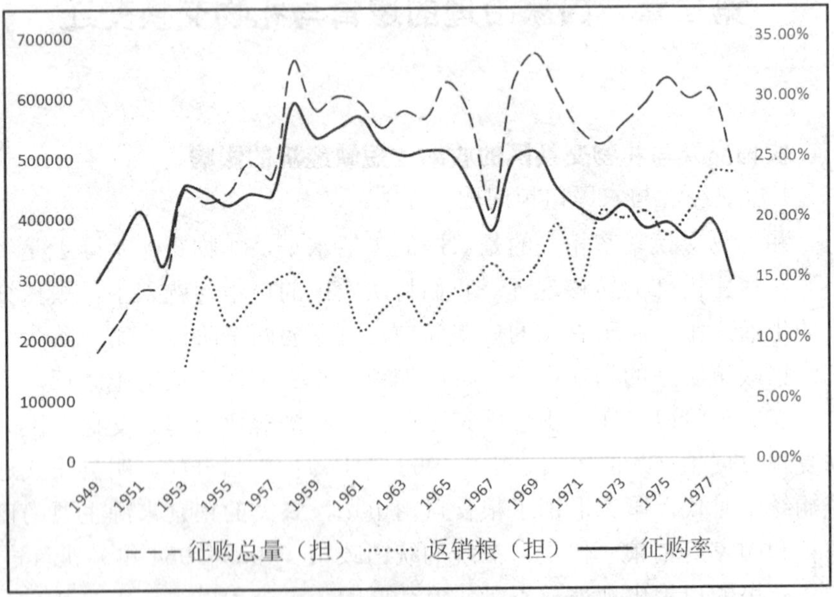

图 1　明县 1949 至 1978 年粮食征购总量、返销粮及征购率

注：数据来源：《明县县志》

我们亦可从图 1 看出，在 1954 年严重自然灾害情况下，为了完成征购任务，1955 年粮食的征购数量没有下降，反而比 1954 年上涨。与此同时，1955 年的返销粮反而大幅度减少，这一行为直接导致了 1955 年农民口粮的巨大缺口。由统购统销政策执行失误造成的口粮危机终于在 1955 年上半年爆发出来，明县发生了多起粮食骚乱行为。在东岗乡，农民在粮站买粮失败后，大吵大闹，并扬言捆绑乡长[①]。在关堠乡，粮食外调遭到了群众的阻挠，并形成了规模浩大的群众性事件[②]。在弯水乡，农民因为缺粮在乡政府聚集闹粮[③]。

统购统销政策的第二阶段为粮食“三定”政策的实施。为了解决农

① 中共明县县委，县委对于××通知处理九区东岗乡群众闹粮事件的作法通报，明县档案馆，1955 年 5 月 10 日。

② 中共明县县委，关于平息群众闹粮事件处理情况的综合报告，1955 年 5 月 28 日。

③ 同上。

民口粮问题，中央在1955年3月决定实施粮食“三定”政策，同年秋，开始实施“三定”到户。所谓“三定”即定产、定购和定销。定产是指，根据田地面积和优劣评定常年产量，经群众通过，区乡批准、出榜公布、分户计算列册，3年不变。定购是指，在扣除口粮、种子和饲料后，对余粮按照80%-90%的原则进行统购，对富农的购粮率不超过95%；定销是指，对征购任务完成后的缺粮户按照口粮标准进行统一销售。那么，粮食“三定”政策是否解决了农民口粮短缺的问题呢？本文根据明县粮食产量、征购数、种子和饲料等统计数据进行了计算，发现粮食“三定”政策并未解决农民口粮短缺的问题。

根据细则，当把统计得出的口粮与细则规定的口粮标准进行对比时，发现1956年的口粮并未达到文件上所说的480-520斤[①]。并且从表2可以看出，在1976年之前，明县农民口粮水平一直低于最低口粮标准—480斤。尤其是在1958至1961期间，在片面追求“高速度、高指标、高产量、高征购”的号召下，1958年征购粮食为659753市斤，占总产量的35.7%（由于本文将杂粮换算成稻谷产量计算，征购比为29.47%）（明县县志编委会，1991：279），农民的口粮遭到严重威胁，仅367市斤。

在短缺型经济影响下，农村地区的礼物交换出现两个特征：其一为实物交换在礼物交换中占据重要位置；其二、同队互惠网出现萎缩。

2. 实物交换在人生仪礼中的角色

在我的研究过程中，一个任务便是搜集村庄中的礼簿，礼簿是人们随礼的记载，每次喜宴开始，主家会设立账房。账房的任务有三：负责喜宴当天工作安排；负责对联；负责登记随礼内容。

① 中共明县县委，关于整顿粮食统销工作总结报告，明县档案馆，1955年6月22日。

表2　农民口粮（单位：担）[1]

年份	人口	粮食产量	征购数	返销粮	征购率	种子	饲料用粮	口粮
1956	391334	2239625	492706	261263	22.00%	57591	155850.3	4.59
1961	416509	2084815	590865	213365	28.34%	61875	115892.8	3.67
1965	448767	2458190	623221	268928	25.35%	65547	162790.3	4.18
1970	497454	2719830	606710	387207	22.31%	63756	212924.2	4.47
1976	583359	3278030	595084	408405	18.15%	67770	219173.7	4.81
1979	611582	3778055	584450	511425	15.47%	68328	232412.2	5.57

表3是我从程成发家抄录的1958年诞生礼礼簿资料[2]。根据礼簿提供的信息，可以从两个方面概括其交换内容。其一为物，其二为货币。之于物，主要包括：大米、鸡、鸡蛋、花布、帽子和围兜。针对这六类物品，前三者为村民家中自产，后三种从商店中购买，在送礼品的人之

① 注：（1）人口数据来源：《明县县志》（明县县志编委会，1991：53-54）；（2）粮食产量数据来源：《明县县志》（明县县志编委会，1991：129-131），这里的粮食产量既包含了稻谷，同时也将小（大）麦，红薯和大豆等杂粮按照一定比例进行了换算，每百斤稻谷与杂粮的换算比例如下：麦：120斤；大麦：90斤；大豆：140斤；红薯：25斤。由于统计项目没有区分出小麦和大麦，所以我们取了小麦与大麦换算比例的平均值110斤作为麦子与水稻的换算比；（3）征购数据来源：《明县县志》（明县县志编委会，1991：288-289）；（4）返销粮数据来源：《明县县志》（明县县志编委会，1991：291-293）（5）征购率=征购数/粮食产量；（6）种子用粮标准：稻田按播种面积每亩平均8-10斤留，我们在这里取平均值9斤。另外，由于杂粮田未给出具体标准，所以这里的种子用粮不包括杂粮；（7）饲料用粮：饲料用粮=耕牛饲料+生猪饲料，其中耕牛数和生猪数目来源：《明县县志》（明县县志编委会，1991：177-178）。根据《农村粮食统购统销实施细则》，耕牛每头按40-50斤留饲料，我们取平均值45斤。另外，母猪、种猪每头每年250-300斤粮，肉猪按五口人以上人家养猪一头，每年留粮40-50斤，三至四口之家养猪一头，留粮60至70斤，二口以下养猪一头，按留粮80-90斤的标准留。根据1949至1978年该县家庭规模，发现家庭平均规模为3.9人，所有我们取65斤计算。

② 礼物交换行为在1950至1970年代一直被定义成为失范行为，这也是我们很少找到此段时期内村民随礼礼簿的原因之一，礼簿一方面是作为接受者还人情的依据，但也可能会成为违反规定的证据。所以，村民对待记载礼簿会非常地谨慎。对于一些结婚仪式，村民如果随礼，大多数时候采取偷偷进行，随礼时不记礼单。

中，其中有六人均选择了大米，由此可见，大米是当时较为普遍的礼物；其次是鸡蛋，有五个人选择了鸡蛋；而对于鸡的选择，礼品以母鸡为主，母鸡是非常贵重的礼物，母鸡可以生鸡蛋，并且鸡蛋可以用来孵小鸡，在物资短缺时代，母鸡是家庭副业收入的重要来源，只有关系特别亲近才会以母鸡为礼物。在当时，购买布匹，需要出具布票，属定量供应商品；帽子和围兜主要从商店中购买，当然，有些老人会自己动手制作。

表3　1958年程成发家诞生礼礼单资料①

序号	姓名	关系	类型	礼物内容
1	ZSS	姐夫	姻亲	米四升；鸡一只；花布四尺；鸡蛋十二个
2	YYW	岳父	姻亲	米四升；鸡一只；花布四尺；围兜二个
3	ZJC	舅舅	姻亲	米三升；鸡蛋十个；花布四尺
4	ZQD	舅舅	姻亲	米三升；花布三尺；0.4元
5	HZM	舅舅	姻亲	鸡蛋八个；帽一顶；围兜一个
6	ZQQ	表兄	姻亲	米三升；花布三尺；鸡蛋十个
7	ZQL	表兄	姻亲	米三升；鸡一只；布三尺
8	CHD	姨夫	姻亲	1.5元
9	LWY	未知	未知	1.5元
10	YGH	亲家	姻亲	1.4元
11	YCQ	亲家	姻亲	1.4元
12	HZY	表兄	姻亲	1.2元
13	CCC	同房	族亲	1元（未入）
14	CCY	堂兄弟	族亲	1元

① 注：（1）此次礼物交换是在进“公共食堂”之前，大锅饭期间，农村礼物交换基本停止；（2）按照当时物价水平（明县县志编委会，1991：305），稻谷的价格为每担5.65元（一担为100斤，140斤稻谷大约为100斤大米，那么100斤稻谷大约为71.43斤大米），按此计算，1斤大米价格大约为0.08元。母鸡价格为0.53元/斤，一只母鸡的价格大约为1.325元（以2.5斤计算），鸡蛋价格为0.46元/斤（按照一斤8个计算，那么一个鸡蛋价格大约为0.06元，10个鸡蛋的价格大约为0.6元）。

15	LZD	继父兄弟	族亲	1 元，其中买鸡蛋 0.5 元
16	LZR	继父兄弟	族亲	1 元
17	LYY	继兄弟	族亲	1 元
18	DYK	媳妇爷爷	姻亲	1 元
19	LCC	未知	未知	1 元
20	HYZ	未知	未知	1 元
21	CMY	同房	族亲	0.8 元
22	CZC	同房	族亲	0.8 元
23	CCH	同房	族亲	0.8 元
24	CRF	同房	族亲	0.8 元
25	GYX	本队	同队	0.7 元
26	DHC	本队	同队	0.7 元
27	HXR	本队	同队	0.7 元
28	GQY	本队	同队	0.7 元
29	GQR	本队	同队	0.7 元（未入 0.2 元）
30	GQR	本队	同队	0.7 元（未入）
合计				22.4 元（不计未入和礼品）

由上可知，实物交换的物品主要是短缺性物品（粮、布）。而从礼簿中也可以看出，以礼品作为随礼内容的人主要是和主家最为亲近之人，主要为姻亲，包括姐夫，岳父，舅舅和表兄。说明在物资短缺时代，实物性交换是礼物交换场景中最为隆重的，也是最为珍贵的。而随礼内容的确定和当时的短缺经济历史背景紧密相连，之于农民，最重要的是维持其生存性需求（马斯洛，2007），实物交换契合了当时的历史条件。

3.同队互惠的收缩

面临物资短缺困境，农民的口粮受到威胁，S 村村民逐渐收缩自己的礼物交换网。礼物交换网一般包括族亲网、姻亲网和同队网。在划阶级和土改时期，族亲网遭受了一定打击，许多年宗族父老被划为地主或富农，而地主、富农不允许和贫下中农进行来往；受短缺经济影响最大的是同队互惠。

同队互惠是指以地缘关系为基础的礼物交换。自然村内部由血缘关系形成了族亲互惠，在自然村之间，由于共享居住环境和农业协作，两个或多个自然村会结成一个生产小队，同队互惠是指在生产小队范围内以地缘关系为基础的礼物交换。在S村，生活在同一山谷的村民，长久以来在农业合作的基础上形成了同队馈赠网络。同队互惠居于馈赠网络最外层，遇到物资短缺时，其为最敏感的网络。

在程成发1958年的礼物交换场景中，同队互惠占随礼总人数的23%。而据于光荣的描述，在文化大革命期间，大堂里村请客送礼基本都是亲戚，而针对本队人，不会专门送请帖。

“文化大革命时候请客随礼的都是亲戚，朋友都是非常少的，那个时候是提前几日就漏个风。（那送礼吗？）送礼的。送礼那就是五角钱也有，一块钱也有，最高的时候涨到三块钱。（队上的人都来送礼吗？）不都来的。”①

同队互惠讲求的是情谊，有些人基于经济条件，会选择不来随礼。一旦双方有一方没来随礼或者回礼，便预示着情谊的破坏，礼物交换便会终止，甚至在有些礼物交换场合，同队互惠会整体缺席，李启富1968年结婚，据他口述，结婚仪式上，只有三桌亲戚，包括族亲和姻亲，本队人没有出现在喜宴上，同队网络在这里缺席。②

二、随礼桌数的拉锯——运动式治理的后果

运动式治理是那些利用政治权力，自上而下进行资源调动的治理过程，它超越原有组织架构进行，并打破常规的运作方式。运动式治理有

① 同上。

② 访谈编号：20160806LQF。

一个特定的目标任务，整个治理过程围绕这一任务进行（周雪光，2012）。冯仕政（2011）认为运动式治理需要满足三个前提条件：其一、从态度上来说，国家对改造社会有较强的内驱力或野心；其二、现有的国家机构运作不能完成当前的任务，需要以激进的方式进行；其三、权力高度集中，并且受到较少制约，国家可以有效地调动权力以实现目标。而在本节内容中，我们将叙述针对礼物交换行为的节约粮食运动，分析礼物交换遭受的运动式治理风险。

虽然国家在 1949 至 1978 期间权力集中，但在具体的治理技术上，国家除了使用强硬的方式，还会使用较为温和的工作方式，我们在节约粮食运动中能够看到这种痕迹。明县“粮食节约运动”开始的标志为 1955 年 4 月 6 日成立节约委员会[①]。1955 年 3 月 25 日，省成立粮食节约委员会，1955 年 4 月 6 日成立了明县县节约委员会。粮食节约委员会实行五级管理体制，即“省-县-公社-大队-小队”。在县一级领导中，节约委员会实行县长负责制，以粮食局和商业局为主导。节约委员会的工作职责包括，为开展粮食政策的宣传和节约粮食提建议；保证粮食统销顺利实施，帮助群众多找粮食代食品和野生饲料；加强粮食市场管理及打击粮食问题上的自发趋势。省粮食节约委员会和各市县节约委员的工作范围包括拟定粮食节约计划和工作方案；负责对节约粮食工作督促与检查，听取汇报，了解情况，掌握进度并加强上下联系。粮食节约工作委员会执行会议汇报制度，省粮食节约委员会每星期召开一次会议。行署、各专（市）县则根据情况自行决定。各市、县每星期向省里电话汇报两次。在县级以下单位，各区亦成立粮食节约委员会分会，乡社成立相应组织[②]。这套管理体系的最基层为生产小队，驻队代表参与到生产小队节约管理工作中。在渠下村、邓家村和大堂里村，我们均发现了驻队代表[③]。

① 明县人民政府，对贯彻省人民委员会开展“节约粮食，反对浪费”概况的报告，明县档案馆，1955 年 4 月 11 日。

② 明县人民委员会，关于决定成立明县节约粮食委员会及有关工作制度的通知，明县档案馆，1958 年 4 月 18 日。

③ 访谈编号：20160802LQM，20160803SZY,20160805WZG，20160805WMS。

节约粮食运动实施量化指标的治理技术，对村民礼物交换行为做出了严格的规定，在最初时候，规定来随礼的人员不能超过3桌，之后是5桌，8桌[①]。此外，粮食节约运动的量化指标治理还包括吃饭和饲料用粮浪费。在一份“节约粮食，反对浪费概况的报告”中，县政府将当前浪费粮食的行为概括为六点：“做饭计划不周造成剩饭的浪费；家畜饲料用粮的浪费；盛饭不量食量的吃不完（特别是病号）及碗里留饭的浪费；煮饭技术不高或方法不妥造成烧饭和生饭的浪费；洗米时漏米的浪费；家属搭膳，小孩有掉饭到地上，干部也有以及吃饭时有沙粒便全部吐掉不要的浪费等等，另外多数单位对供应制度遵守不够，人员的增减不及时办理供应手续，因此造成了重供，也带来了粮食上的漏洞。”[②]

与这种量化指标相结合的治理技术是奖惩制度。国家采用树立节约粮食典型的办法，奖励典型，惩罚不遵守规则者。一方面，国家采取强制命令对失范者实行罚款[③]。另一方面，在树立典型方面，国家主要通过围绕评选节约粮食模范展开。从评选办法细则看，节约粮食运动最终的目标在于维护统购统销政策的顺利执行，而统购统销的开展前提是确保农民尽可能少消费粮食。同时，国家不允许自由市场的出现，压低粮食价格，然后以低价收购粮食[④]。在国家的设计蓝图里，量化标准包括将农民的粮食消费固定在较低水平，设定口粮、饲料和种子的标准线。在这个指标控制下，其他的粮食消费均被列入铺张浪费的范畴。

除了强制行政命令和奖惩措施外，治理技术中还有一种较为温和的方式——劝说教育，这是一种较为常见的方式，在劝说教育过程中，国家会将目前面临的问题向农民吐露，主要内容为国家面临建设工业化难题和粮食资源不足的困境。这些内容通过村庄的广播系统、报纸和党组

① 访谈编号：20160804CYX。

② 明县人民政府，对贯彻省人民委员会开展“节约粮食，反对浪费概况的报告”，明县档案馆，1955年4月11日。

③ 访谈编号：20160807DSX，20160807CXM。

④ 明县人民委员会，评选节约粮食模范办法，明县档案馆，1958年4月18日。

织向下宣传，向村民传达。

在田野过程中，我经常惊讶于农民对于政治口号的准确记忆，大字不识的农民经常能说出一些官方宣传口号。其中和礼物交换紧密联系的有“不准铺张浪费”，“备战，备荒，为人民。”追寻农民口号的来源可以了解当时国家宣传教育的途径。

在没有电视、网络的年代，农民获取信息的来源主要是村庄的广播系统、报纸和村干部。一方面，村民从广播中获取信息来源。

“还没天亮的时候，就用广播在山上叫的。以前农业队上，每家每户都有一个广播的，一天亮就开始唱的，中午也唱的，晚上也唱的。”①

在喇叭中，国家会宣传自己的政策。

“（大喇叭是什么时候装起来的？一般放些什么内容的信息的？）是59年，三大纪律，八项注意，红军过草地的这些东西（除了唱歌，还会放什么呢？）还有宣传政策啊。”②

依托广播系统，节约粮食运动的相关内容也得以传递到底层。据村民的描述，农业队上广播会在早上、中午和晚上三个时间进行播放。另一方面，党支部会订报纸，村里还会召开群众大会，在群众大会上，干部会宣布国家目前面临的一些困难，例如“要还苏联的债，国家太困难，需要农民节约粮食还苏联的债务”。③

宣传之外，大队干部还使用劝说教育的治理技术。政府经常将国家的前途、使命与农民的日常生活紧密结合起来，让农民充满责任感，以此发动村民节约粮食的热情和激情，达到节约粮食的目标。此外，国家

① 访谈编号：20160805WZG，20160805WMS。

② 访谈编号：20160803JZF，20160803JZQ，20160803ZFQ。

③ 访谈编号：20160803LYL。

还善于发动村民对国家的感恩之心去达到劝说教育的目的。例如在一次讲话中，副省长周洪举了大革命时期，农民通过节约大米支援红军的例子，一是使村民意识到历史上村民与红军的感情；二是为了营造一种氛围，将现下的节约粮食运动与历史上形成对比，唤起农民对国家的感恩之心和对节约粮食的行为充满自豪感。而周洪副省长叙述的在炉炤旁边放一个罐，每天煮饭时，留下一灼米的节约方法之后在全省得到推广[①]。

国家劝说教育的目的是使农民在思想上将自己的行动和国家计划结合在一起，实现粮食节约，完成统购统销任务。

综合档案文件，各级政府对待礼物交换的态度是严厉禁止的。但是在运动式治理过程中，当政策到达基层后，经过农民和基层政府的互动，二者的拉锯战便开始展开，这是围绕随礼桌数的规定进行的。桌数不断上涨的趋势显示国家在礼物治理中节节败退的结果，关于原因的分析，本文将在第四章详细进行。

“刚开始的时候，说不能超过3桌，过后，就慢慢地说3-5桌，慢慢地就扩大8桌，这是上面干部说的，‘结婚什么的，今年不能超过多少桌啊！嫁女不能超过多少桌。’到了8桌以后，就没有限制了，别人就大刀阔斧，能请到就都去请，有一点什么事情，都去请。（不能超过三桌是哪一年？）是在60年代到71、72、73年、74年就达到了5桌，75年后就达到了8桌，后又达到了10几桌。”[②]

三、族亲互惠破坏——社会结构的变迁

1.“特别是地主富农，任何时候都是不准请客的”

解放后，共产党对村落的社会关系进行整顿，经历划阶级和土地改革，地主和富农被排除在礼物交换网之外。原来处于优势地位的保长和宗族父老受到了批斗。在阶级斗争话语体系之下，地主和富农被当成了

① 访谈编号：20160803SZY。

② 访谈编号：20160802YGR。

阶级敌人，村民被严禁和其来往。S村土地改革于1951年开始，土改进行过程中，土改工作队进驻S村，土改在S村持续了60多天[①]。村民被划为：地主、富农、富裕中农、中农、下中农、贫农和雇农。划阶级时候，需要代表发言，报告地主富农对贫下中农的不合理行为。这些代表在村内选择，代表的选择需要村里和工作队双重认可。代表除了报告不合理行为还需要讨论如何分配从地主富农家没收的东西[②]。阶级划定之后，地主和富农遭到了严厉打击，地主、富农被要求搬家。渠下村富农于昌兵有50多亩田，S村孙智定有30多亩田，还有大堂里村于光华，他们均被划为富农，在土改中遭到搬家，不允许居住在本村，搬到其他村居住。地主、富农家的东西被村民分掉，先满足雇农和贫农，中农不能分到东西[③④]。

阶级成分一旦划定，阶级同时也成为农村社会地位的一个标签，乡村地区被明显分成了两个阶层，地主、富农阶层和贫下中农阶层。地主、富农阶层长期处于被打击状态，甚至会受到身体上的侮辱。解放前孙家村的孙义庄作为村中的宗族父老，是全村的“坐板凳头”（民间调解人），受到村里人的尊敬，在礼物交换过程中获得优势。解放后，虽然孙义庄按照土地占有和劳动量，其只划了中农，但由于有人举报其过去占乡人小便宜而受到罚款和批斗。由此可见，这场关于地主、富农的批斗运动有时候被当成村民报复私人恩怨的行动[⑤]。

土改除了成为一些人报复个人恩怨的途径，有时也会演变为异姓之间的互相打压。由于自然村几乎是同姓之人，批斗难以开展。很多时候，批斗大会经常需要发动生产小队中的异姓人去批斗地主或富农，抑或把批斗场所移至其他自然村。邓家村祥玉解放后被划为地主，批斗他的是

---

① 访谈编号：20160803SZY。

② 访谈编号：20160803YCS。

③ 访谈编号：20160803SZY、20160803YCS、20160803WZG。

④ 访谈编号：20160803SZY。

⑤ 访谈编号：20160803SZY。

生产小队中伍忠贵和坑里村的方梅发[①]，大堂里村的情况亦是如此[②]。访谈中我经常会听到“驮牌游塅”这个词，即在各个自然村巡回开批斗大会，这种批斗方式在当时十分流行，这样做的目的也是为了发动异姓来批斗。

2. 阶级的等级关系替代宗族依附关系

“解放后，就开始禁，不允许请客，就罚你的钱，酿酒都罚钱，不能铺张浪费。”[③]

“地主和贫下中农就是不来往的，特别是党员。如果你和富农来往，群众就不信任你，你和他来往是什么意思啊！”[④]

“比如于光水，过房过去后，在那边成分是个富农，我们兄弟之间如果多走几趟，就会被说敌我不分，如果被看到，就有人去告状的。”[⑤]

在关于传统中国士绅和宗族的研究中，还有另外一种取向，即认为士绅对农民有保护义务，士绅阶层支配着乡村社会，村民享受着宗族共同体对其的馈赠和恩惠，如族田是作为宗族的共同财产，村民实际上是依附于士绅阶层和宗族父老（阮云星，2008；郭于华，2013：56）。在村庄中，存在着一种“保护人—被保护人”的契约模式，保护人被期待着保护被保护人，并需要保障被保护人基本的生活物质需要，而被保护人则以其劳动和忠心报答保护人（斯科特，2001：215-218）。

在S村，地主、富农与贫下中农之间的剥削与被剥削实质是同姓与异姓之间的矛盾，并且发展为私人恩怨的相互报复。一旦地主和富农的标签被划定，其面向是不分姓氏的，自然村内同姓之间的社会交往也受

① 访谈编号：20160805WMS。

② 访谈编号：20160802YGR。

③ 访谈编号：20160803SZY。

④ 访谈编号：20160802LQM、20160802WZS。

⑤ 访谈编号：20160802YGR。

到了限制。出现了本节开始所讲述的“地主、富农无论什么时候都不能请客送礼”的情形。集体时期官方改造农村社会关系的基本主题是用阶级关系代替宗族依附关系。

“地主、富农是没有请客的，如果婚事说好了，就跟他们去，就是这样的。地主、富农就算是平白无故都会被拉去跪啊，驮牌啊，游墈啊，他也不敢去人家屋里，贫下中农也不敢去他屋里的。”①

划定阶级后，地主、富农与贫下中农的区分不仅仅是经济上的，更重要的是政治和符号意义上的歧视。乡村的社会矛盾由解放前士绅与异姓贫民扩展到了地主、富农与贫下中农之间的矛盾。从某种意义上讲，旧有的异性间矛盾并没有被阶级关系所消灭。阶级关系加入后，村民的社会交往变得更加复杂。而乡村社会中矛盾的缓冲——宗族，由于同姓间被限制来往，功能也逐渐式微。

第三章　结构性互惠及其维系的原因

一、结构性互惠的内涵

列维-斯特劳斯对互惠结构的讨论是从婚姻模式开始展开的。原始部落间会交换女人，这种交换方式是在近亲结婚（endogamy）禁止后，异族通婚（exogamy）盛行的结果。他认为，原始社会单凭个人能力是难以生存的，而异族通使两个部落开始稳定的交往。婚姻是分享的基础，在此基础上进行着交换（Levi-Strauss，1969：34）。列维-斯特劳斯将这种双方固定形成互惠关系的类型称之为二元组织（dual organization）。

① 访谈编号：20160802YGR。

在二元组织中，社区中的成员，无论是一个部落还是一个村庄，被划分成两个半族，二元组织维持着复杂的，既敌对又亲密的关系，从形式上来看，竞争和合作在组织中均存在。二元组织实行异族通婚制。一个部落的男子能从另一部落中选择他们的妻子，另一部落的男子亦可。二元组织不仅交换女人，而且在经济、社会和仪式本质上互惠，这些均在仪式游戏中体现，竞争和团结是各个半族关系最显著特征（Levi-Strauss, 1969：69）。他认为二元组织没有引起互惠，而是给了互惠一个结构框架（同上：70）。

受列维-斯特劳斯关于互惠结构论述的启发，结合中国传统社会的关系结构，我们将村庄中以血缘关系和地缘关系为基础的相对稳定的互惠模式定义为结构性互惠。结构性互惠的含义包括三个方面，其一为以血缘关系为基础的族亲互惠，其二为以通婚为基础的姻亲互惠；其三为以地缘关系为基础的同队互惠。

列维-斯特劳斯强调，互惠结构在一定时空范围内是相对固定的，而结构性互惠在此含义上和列维-斯特劳斯的观点相契合。在传统中国社会，尤其是在单姓村，存在着相对稳定的结构性互惠。根据费孝通描述，中国乡村的关系结构可以用差序格局进行概括，犹如一块石子抛入河中，水波一圈圈向外扩散，离中心越远，关系也就越远（费孝通，1985：25）。差序格局描述了以血缘和地缘关系为基础的关系格局，而这套关系格局亦是村落结构性互惠的基础。

以程成发家 1958 年礼单为例，我们可概括 S 村礼物互惠的类型，礼物交换网络可以被划分为三类：首先为族亲网，包括堂兄弟、继父、继兄弟、同房；其次为姻亲网：包括姐夫、表兄、舅舅、岳父、姨夫、亲家、媳妇爷爷；第三为同队网：以生产队为范围的互惠。

礼物馈赠体系形成的基础是传统的血缘关系和地缘关系。结构性互惠的存在和村庄中的关系结构紧密相关。自然村关系结构的最大特点为聚族而居，这种聚族而居的方式形成了结构性互惠的第一层含义。聚族而居的生产生活模式和自然村的地理环境紧密相关，并且这种聚族而居的传统在共产主义革命到来之后中依旧保留，一姓一村的居住格局仍然袭旧。自然村仍然是单姓村，自然村内部仍然是以同一姓氏居住为主，在此基础上形成了较为紧密的族亲互惠网。以自然村孙家村为例，其为单姓村，村庄中大部分为孙姓，少数几户以入赘的方式加入孙家村。针对礼物交换，村落有分工的传统。通过分工，礼物交换仪式得以进行，分工的原则主要根据血缘关系进行[①]。

另外，由于距离或者地理位置的缘故，自然村之间由通婚形成姻亲关系，形成姻亲互惠；由于农业协作的需要而形成同队礼物交换网，如邓家村和伍家村，因为同属于大坝的下游，在农业用水上，经常一起协作，并且土改之后很多邓姓的田分在了伍姓自然村所在区域，由此在农业协作基础上结成了礼物交换网络，形成了同队互惠。姻亲互惠和同队互惠也构成了结构性互惠的另外两层含义。

二、结构性互惠的维系：国家—农民关系互动的视角

1.国家治理逻辑的内在张力

国家发起一系列针对礼物交换的政治运动，其治理的逻辑在于控制农村的粮食消费，完成粮食统购统销任务，贯彻农业支持工业的既定方针。运动式治理得以进行的前提是源源不断地投入大量人力和物力，随着运动的不断深入发展，其也需要不断获取运动的合法性来源，赋予运动与时俱进的政治含义。我们发现，随着运动的深入，礼物交换的政治含义会发生变迁，礼物交换的政治含义出现了多重性的特点，这也造成了另外一种后果，即政治含义的模糊性，最终造成礼物治理没有获得很好效果。

最初，礼物交换政治含义为铺张浪费，但在实际的反铺张浪费运动过程中，由于涉及的对象多样化和私人化，具有不可操作性，基层政府最终将节约粮食运动转变为对统购统销任务的控制上。为了达到既保证

---

① 访谈编号：20160813SZYAO。

农民口粮水平同时完成粮食征收和收购任务，可行的方案是尽可能缩减消费。1955 年 4 月 13 日，中共明县委在关于粮食计划供应工作执行计划报告中指出：

“对缺少供多，不缺也供应的，动员将购粮证退回来，如已购买的则动员自动将粮食拿出来来调剂，对缺三个月的补两个月，缺二个月的补一个月，缺一个月的不供，动员其自动设法解决，另对已发的证照，进行一次全面的审查，调整退回已发证的供应数，据不完全的统计，仅 27 个乡就自报退出粮食 95284 斤，解决了 844 户。”[①]

可见在粮食政策方面，县政府的立场是控制消费。另外，国务院也将节约粮食的政策写入了农村统购统销细则中，明确节约粮食的目标是为了社会主义建设[②]，节约粮食运动孕育而生[③]。

实际上，最早将反浪费作为政治运动的是 1952 年的“三反”运动，即反贪污，反浪费和反官僚主义。在此次运动中，运动的范围主要为机关单位、部队、团体、学校、企业的反贪污[④]。在农村地区没有造成大规模运动，原因在于当时农村正面临土地改革运动，同时忙于春耕生产工作，“三反”运动在农村处于搁置状态（段炼，2011）。之后，1955 年 3 月 25 日，省成立粮食节约委员会，4 月 6 日，明县响应国家号召，成立了节约委员会[⑤]。节约粮食运动的重点放在城镇和工矿地区[⑥]。1957 年 2

① 中共明县县委，中共明县县委对贯彻省地委作好当前粮食计划供应工作执行情况报告，明县档案馆，1955 年 4 月 13 日。

② 国务院，农村统购统销暂行办法，省档案馆，1955 年 8 月 25 日。

③ 明县人民政府，中共明县县委会通知：请示粮食销售超标，怎么办？一些人出现了断粮的情况，请示县委怎么办，县委意见增产节约，明县档案馆，1955 年 3 月 12 日。

④ 中共中央文献研究室，建国以来重要文献选编第 2 册，北京：中央文献出版社，1992。

⑤ 明县人民政府，对贯彻省人民委员会开展“节约粮食，反对浪费概况的报告”，明县档案馆，1955 年 4 月 11 日。

⑥ 省人民委员会，关于成立粮食节约委员会的决定，A 省政报，1955（07）。

月 8 日，中共中央通过了《关于一九五七年开展增产节约运动的指示》[①]，一场全国性的节约运动就此发生，此次运动的发生背景为 1956 年国家完成了社会主义改造，但出现了物资供应跟不上建设需要的矛盾，同时中央认为机关工作人员当中有生活特殊，铺张浪费的行为。以上一系列关于节约粮食的文件中，我们可以看出农村在初期基本都被排除在运动之外。而礼物交换最初也未被卷入到节约粮食运动中。从档案文件中，礼物交换最早被视为铺张浪费是在 1957 年[②]。

从农民的口述回忆中，我们也能了解运动治理中礼物交换所面临的政策危机。

“一般 70 年以前，送是送，送得很少，不能请客的，政府有规定的，结婚不能超过 4 桌。要犯错误的，那是要罚款的。”[③]

但是，我们不禁思考，为什么乡村地区有些政治运动执行彻底，而在粮食节约运动中，礼物交换没有被有效地遏制？

从运动本身出发，我们会发现节约粮食运动所涉及的对象具有多样性的特征，包括了酿酒，随礼、做饭技术、家畜饲料用粮浪费及盛饭不量食量等。这些干预私人领域行为在实际工作中具有不可操作性和不可监督性的特点。为此，基层政府在执行过程中转变了思想，由对手段的禁止转变为对节约粮食数目的控制。基层政府的逻辑是以最终完成统购统销数目为目标的工作方针，在实施过程中，并不是对文件细则的一一遵循。从节约粮食模范的评选条件中，我们亦可以看出，基层政府主要将目光转向了对统购统销政策的遵循上，衡量是否对节约粮食运动的遵守被置换为是否遵守统购统销政策、是否完成粮食的征收和统购任务、

---

① 毛泽东，对中共中央关于一九五七年开展增产节约运动的指示稿的批语（一九五七年二月十五日），党的文献，1997（3）：13-13。

② 省人民委员会，《周洪副省长作大家都来节约粮食和棉布的报告》，省档案馆，1957 年 9 月 9 日。

③ 访谈编号：20160806LQF。

是否瞒报产量。可见，节约粮食运动到达基层后，其被简化为对统购统销政策遵循[①]。

礼物交换的第二层政治含义为贪污腐败，贪污腐败的指向主要为单位干部，在反贪污、反浪费运动中，乡村的礼物交换不是运动的重点，和反贪污直接相关的是各级干部。对于这种礼物交换，官方不仅视之为一种浪费粮食行为，更是一种腐败行为。1962 年国务院通报批评了农村地区大摆筵席的现象，贪污浪费的话语直指机关单位，对农村礼物交换的影响较小。

“由于干部请客，就有较多的群众要送礼，因而给他们带来了生活的困难，如上康大队 10 生产队员许青发因 62 年 11-12 月，在外送礼共花去 150 元，借别人的钱无法还，只好请人带薯粉到省城，卖的人民币 80 余元，五保户邝白云去年送礼，就送了 15 元，请客送礼都是干部搞起来的，政府不制止，没钱的人就要卖东西。因此卖口粮，卖家禽等送礼，在该公社是很普遍的现象，因而影响了社员的生活。”[②]

文化大革命期间，礼物交换被赋予了第三层含义——四旧文化，在反四旧文化中，实际上关于“四旧”的内涵是模糊的，因此在运动过程中出现了混乱，全国各地出现了改店名、路名、街名和破坏文物古迹等现象（刘璐璐，2006）。1966 年 5 月，文化大革命爆发，6 月 1 日，《人民日报》发表《横扫一切牛鬼蛇神》的社论。文中宣称，无产阶级文化革命要扫除旧思想、旧文化、旧风俗和旧习惯，因为这些几千年以来一直毒害人民群众[③]。

在这场扫四旧运动过程中，礼物交换的政治含义不再仅仅强调随礼

① 明县人民委员会，评选节约粮食模范办法，明县档案馆，1958 年 4 月 18 日。

② 中共明县县委，中共明县县委增产节约和五反办公室，关于对上杭公社贪污和铺张浪费的调查报告，1963 年 5 月 14 日。

③ 人民日报社论，横扫一切牛鬼蛇神，人民日报，1966 年 6 月 1 日。

过程中的浪费行为[①]，而又被附加了一层阶级文化含义，礼物交换被视为一种旧风俗，旧习惯，这首先是文化上的，继续保持礼物交换的习俗被认为是封建主义的，是一种“肮脏的习惯”，而根据破四旧文化的宣传，摒弃旧风俗的目的是为了向无产阶级文化看齐，破除旧风俗是为了树立新风俗、新习惯[②]。如果继续坚持礼物交换行为，还会被上升到政治忠诚问题上。但是在这个过程中，关于礼物交换到底属于封建主义领域还是资本主义领域，党报对此却是模糊的。

综上所述，在粮食节约运动中，由于其内涵的多样性和私人化，在最后执行过程中，其被置换为对统购统销任务的遵循上，而没有专注在禁止礼物交换运动上。在反贪污浪费运动中，其指向主要为机关单位干部，工作重点避开了村落的随礼行为；到了反四旧运动中，由于反四旧运动本身概念内涵的模糊性，之后也草草结尾，从政治运动本身的内涵来看，可以说其内在的多重性和模糊性也是礼物交换得以维系的重要原因。

2.农民生活的逻辑与个体意识

和国家治理逻辑不同，村落社会生活的逻辑是以关系结构为基础的互惠互助。礼物交换作为村落社会的公共事件，在物资短缺时期，农民无法通过一己之力完成人生仪礼，礼物交换为村落建立了一个道义经济体系，在这个框架下，村民的人生仪礼通过族亲、姻亲和同队互惠得以完成。同时，礼物交换的空间也是随着农民的自主性不断上升而形成的，农民作为独立经济体的地位在礼物交换过程中得以彰显。

（1）礼物交换与道义经济

农民的口粮在计划经济时代一直处于短缺状态，粮食政策的调整并

① 如省革命委员会在1970年发布了关于重申严禁请客吃饭送礼，反对铺张浪费的通知，在通知中，相关单位对利用公款请客、送礼、挥霍浪费的现象进行了批评，批判了单位中对上级领导送土特产以及公社大队丰收后，不节约粮食的行为（省革命委员会，省革命委员会关于重申严禁请客吃饭送礼，反对铺张浪费的通知，1970年8月21日。

② 人民日报社论，致全国革命造反派和全体革命同志倡议书——破除旧习俗，春节不休假，展开群众性夺权斗争，人民日报，1967年1月30日。

没有从根本上解决农民口粮短缺问题。村庄中的礼物馈赠建立了一个道义经济体系，帮助村民完成生命仪礼。从经济角度看，村庄的馈赠体系类似一个借贷系统，有调剂余缺的功能。在物资短缺时期，通过馈赠体系集中资源实现村庄人生仪礼的展开。

以结婚仪礼为例，村民首先的花费为聘金。虽然国家禁止“买卖”婚姻，不能要聘金，但是村民私底下仍然是给聘金的。在人均存款少、口粮短缺情况下，农民缺少足够的物质资料完成一次婚姻仪式，村民婚礼的聘金是通过借贷完成的。

“人大了，结婚总是要的，就是聘金啊。要借钱的，那个时候一点钱都拿不出来的，人太穷的啊，钱少也拿不出来，也要借钱的，那时候钱很紧的。（一般向谁借钱的呢？）亲戚朋友啊。”①

借钱的前提是在可预见的期限内归还，在借款时有所担保。聘金得以顺利筹集，得益于礼物交换的礼金作为担保。一次随礼，可以收到亲友的礼金，礼金用来还结婚时欠下的聘金借款。据伍明生描述，收的礼金是用来偿还结婚时借的聘金的。但礼金的性质和借的聘金不一，礼金无需接受者在确定的期限内偿还，而只是当赠送者人生仪礼来临时，接受者才将礼金归还，这样既保证了接受者当下人生仪礼的完成，同时赠送者也为下次人生仪礼的来临做好准备。图 2 形象描述了村民从借贷聘金，到以礼金偿还债务的礼物交换过程。在这个过程中，自然村内部的血缘关系以及自然村之间的姻亲和同队关系得到确立。

“（礼金是谁收的？）是众里收的，收的礼是用来还债的。”②

伍明生所说的“众里”是由伍姓有声望者组成，“众里”帮其操办婚

① 访谈编号：20160804CYX。

② 访谈编号：20160805WMS。

事。借贷时由“众里”出面做担保，婚宴礼金也由他们代收，收到的礼金用来偿还结婚的借款。这样，结构性互惠建立起了一个道义经济体系（见图 2 和表 4），通过礼物交换过程，村民的婚姻仪式得以顺利完成。

“请一次客用是不需要多少钱的，最多赚一半左右的钱（那这一半的钱也可以用来还债什么的？）那别人请客你又要去送礼，也是一回事的，也是要还礼的。不过请客送礼，这是一种义气。”[①]

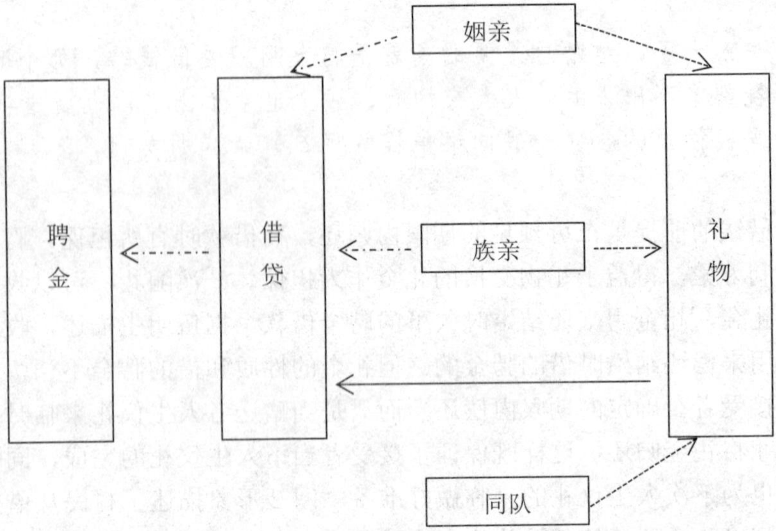

图 2　礼物交换图[②]

① 访谈编号：20160804CYX。

② 图注：（1）点线指向为随礼；（3）实线指向为偿还债务；（4）虚线为指向为下聘金；（4）点线与虚线相间指向为借贷。

表4　礼物交换变迁

年份	聘金	喜宴	礼金（元）	调查对象
1958	——	——	1.02	CYX
1960	1-2元	4桌	0.5	CYX、WZS
1968	4元	3桌	——	LQJ
1970S	30元，30斤肉	8桌	3	LQM、YGR

在村民的世界观里，礼物交换是一种“义”的表现。虽然基层政府对聘金持反对态度，不允许村民行聘礼，但是村民保持着行聘礼的习惯。

“聘金的事，人家就偷偷摸摸地，人家说不讲聘金事情，公开说不能要钱，不能要聘金，要两下同意，就是这样结婚，不能用金钱买卖婚姻，减轻负担。但是私底下还是要聘金的。”①

村民对聘礼的理解是用聘金补偿养女儿的艰辛，是一种补偿行为。

“一个孩子从小带到大，聘金又要点的，有些人也体恤他，拿一点给他，这也是正当的，开门亲是一门义，不是要这点钱，以后对她也是好。”②

结构性互惠的功能在于维持这个道义经济系统。

“按道理以前更讲义，讲义是什么呢？家庭又困难，屋里又有一些病痛，大家都互相照顾下，互相帮忙，互相看下。”③

对于礼物交换行为，村民认为这是互相帮助，一起度过难关的互助

① 访谈编号：20160804CYX。

② 同上。

③ 访谈编号：20160806LQF。

行为。在“义”的道德观的驱使之下，农民在村庄中偷偷地进行随礼。

另外，田野中还发现了一种无需随礼、通过鸣鞭炮对主家表示祝贺的礼物交换形式。在这种情况下，主家会宴请来道贺的人。这一般发生在村里较为富裕的家庭中，主家以物质资料回馈，这可被视为一种救济方式，赠送者表达对接受者的尊敬而换来了一顿饱食。

“就是权力下放之后，每家每户都是一贫如洗，而他能打得起口灶，说明家里搞得不错，所以人家就去贺喜他，那别人打了爆竹，你多少得有点回报，所以就请别人吃一餐饭，别人能吃一餐饱饭，以前别人是饭都没有饱的，每天就是中午吃这一碗粥，晚上一晚粥，你说你挨得过去吗？权力下放后，人家努力做，如果他家里劳动力多一点，那么他就家里搞得好一点，钱是没有什么钱的，就弄些屋里的特产货给别人吃。这就是请客的兴起，就是这样慢慢兴起的。”[①]

（2）道德观的边界和包容性：村干部的角色

在运动式治理过程中，村干部扮演了双重身份，并且这种身份有时是相互矛盾的。首先，作为村落社会的一份子，村干部有义务参与村庄的礼物交换场景。另一方面，其作为管理的一环，需要对村落社会的情报向上级汇报。当矛盾发生时，我们发现村干部是站在村落社会的立场的，维护村落社会礼物交换的传统。究其原因，我们归结为村落社会成员的身份。

在基层治理中，乡政府（公社）领导大队，大队领导小队。大队领导层构成是大队长、副队长、妇女主任、保管、会计和民兵连长。生产队干部则由小队长和记分员组成。S村生产小队以自然村或自然村联合的方式组成。小队长主要任务是根据公社和大队长安排，带领村民进行生产。

以孙智义为例，他长期担任小队长一职，土改时，他当时担任队上

① 访谈编号：20160802YGR。

的代表、组长，负责丈量土地。入社后，担任初级社社长。大队后搞社办企业，孙智义被调去大队上工作。后因为家中减产，他又回到小队。人民公社时期，孙智义去了专业队工作，负责烧窑，种田，种花生，做水利事业。

“（那您当队长当过几年？）我当过10多年的队长，后来又把我调到大队专业队，后又调到药厂里。工作其实我是做了很多的，我49年就参加了工作，56年参加共产党，现在我党龄50多年，快到60年。（队上那时候一般做什么事情？）当队长做什么事情，和别人一样要出去做的，我土改时就是队上的代表，组长，分田分土，一块一块去丈量，那个时候做事的人也多，田也要丈，土也要丈，丈完就来分，是这样的。那个时候当队长的人是挨了好多苦的，大队每隔两个晚上或者三个晚上就开一次会，回来又开一个队委会，队委会开完又开社员会，眼睛肿得像豆子一样，天一亮又要去喊人家出去出工，每家每户去叫人，你不去喊别人，别人又不听你，当队长磨死个人。（那您是哪几年当队长呢？）49年解放后，就开始当代表，退下来就开始当队长，那个时候不是什么队长，那时候叫做初级社，叫做社长。（那当到什么时候呢？）当到什么时候，我是不太记得了。我当队长是当了久啊，就是没有个文化，大队后来搞了个社办企业，又叫我去大队，大队又待了两年，家里就减产了，又叫我回来，后来又转为了人民公社，三个大队转成一个社（Q、S和X）并成一个队，我又去那个专业队去了，烧窑、种田、犁土啊、植物啊、种花生。队办企业时，我们就去砍树啊，弄材料，弄回来做水利事业。”①

据孙智义口述，无论是土改时期的丈量土地，还是在队办企业工作，抑或是兴修水利。小队长基本都是冲在最前线，在这个过程中，小队长

---

① 访谈编号：20160803SZY。

也需要一起劳动。

“（队长一般做些什么事情呢？）管出勤啊，种田啊，早晨一早起来去喊啊，喊别人出勤，社员是不管事情的，他没吃的也来问队长，还要照顾生活。还要决定一天做几个小时。喊了群众之后，群众就出来了，今天要么是种玉米，要么是种薯喽。”①

一方面，孙智义作为孙家村的小队长，另一方面其又是村落的一份子，其有义务参与孙家村的礼物交换场景。

“队长是本队的，当然是送礼的。”②

在五级管理机构中，处于基层的小队长和村民属同一阵营，在礼物交换的运动治理中和村民心照不宣，和村民一道共同维护村庄的馈赠体系。

作为直接面对村民的小队长，其作为自然村信息收集的关键人物。小队长是作为大队和村民之间的信息桥梁。由于礼物交换的范围主要以生产小队为边界，在国家运动治理过程中，小队长的角色出现了某种冲突，但只要小队长不向大队长汇报，那么礼物交换同样可以进行，究其原因，是因为小队长缺乏揭发村民失范行为的激励。小队长不属于国家干部的行列，不可能通过村庄治理而获得升迁。

“队长只要不去外面说的话，外面是不知道的。”③

“聘金都是瞒的，瞒上级，瞒着政策。（会有人下来检查吗？）地方上都帮瞒的，检查是检查不到的，当干部的人也不管这么多的，上面的

① 访谈编号：20160803SZY。

② 访谈编号：20160805WZG。

③ 访谈编号：20160802YGR。

政策是会告诉你的，下面也放松点的。如果有些人就是要聘金，就要去借，要的话，也是要瞒着政策的，政策是不允许买卖婚姻。”[①]

此外，在小队基础上，每个小队有一名驻队代表，驻队代表由乡里派驻，驻队代表有两个职责：其一为监督；其二为促生产。

“乡政府要派人来驻队的。为什么呢？一是怕人们多留自留地，割资本主义尾巴，怕你不自觉，上面要来监视你，这是一个方面；第二个方面就是促生产。不像现在，你想种田就种田，想去干嘛就干嘛，那个时候是不叫他去做，他是不会去做的，他就在自己家里种自己的自留地，不听话的。因为集体是个大家庭，很难管的，没有生人，没有干部来，就不听你话的。”[②]

在运动治理的措施下，驻队代表需要监督村庄是否遵守节约粮食运动的精神，确保随礼行为在规定的范围之内。为了应对驻队代表的检查，S村村民礼物交换的场景情况不大一样，但是结果大多是一样的，礼物交换的传统一直在延续。

驻队代表需要检查村民在喜宴时候是否超过了政策规定的桌数。但是，在执行过程中，一些村民与驻队代表进行了一场有趣的捉迷藏游戏。首先，有些人为躲驻队代表的监督，将喜宴安排在晚上进行，如邓家村邓艳荣结婚的时候喜宴便在晚上进行[③]。

“有些要搞（大）的，得等到晚上来弄，不能让政府晓得，要犯错误的，那是要罚款的。”[④]

① 访谈编号：20160804CYX。

② 访谈编号：20160806LQF。

③ 田野笔记：20160804。

④ 访谈编号：20160806LQF。

另外，一些村民进行礼物交换时，会将驻队代表邀请入席，村民表示这是对其尊重，驻队代表不用随礼。驻队代表在村庄中长驻，从关系界定看，驻队代表属于外来人，通过参与村庄的公共事件，驻队代表亦被纳入到村民的道德观范围之内，被邀请出席，以此为策略，礼物交换也能得以进行。

（3）农民的自主性与个体意识

自主性是指个体按照自我意愿行动的动机、能力或特性。我们所说的农民自主性是在政治意义和经济意义上说的，指农民在允许的范围内自由处理物质资料的能力，农民的自主性对礼物交换行为有重要影响。

1949 至 1978 年期间，农民的自主性存在较大差异性。解放初期至统购统销政策（1953）实施之前，农民手中刚分到土地，农民具有较大的自主性，这种自主性体现为对生产资料和土地的处理权上。而统购统销政策实施之后，尤其是农业合作社化后，农民的自主性逐渐下降。到了人民公社的“大食堂”时期（1959-1961），农民的自主性完全消失，农民集中居住，一起劳动，一起吃饭。直到“大食堂”下放，农民的自主性开始恢复。农民对物质资料的掌握和处置能力上升。

S 村“大食堂”1958 开始办大食堂。这个时期的礼物交换基本消失，主要是因为农民的生产资料完全被公社控制，农民没有任何可供支配的物质资料。

“（那大锅饭时候，大食堂建在哪？是以大队为单位还是以小队为单位？）是一个小队一个的。就是相当于现在几个组移在一起，灶全部都拆了的，都没有了的，自己的房子给别人住去了的。那时候住得密密麻麻的，就像现在打工住得一样子的（都住在一起的吗？）都住在一起的，也都在一起干活（那屋怎么办？）他原来的屋就在那倒的倒，家里锅都没有了的。”[1]

“大集体时候，没有了亲戚，没有了礼送，都没有了的。吃在一

[1] 访谈编号：20160802YGR。

起，做事就是你山下就去做你山下的事情，普惠寺就去做你普惠寺的事情，做事就去你原来的地方做，队长就带到那去了的。哈哈哈，他自己的屋就是拆的拆，倒的倒，关得关，全部是灰尘的，没有请客的，没有人情来往的，那个时候就是六亲不认了的。”①

“大食堂”时期，礼物交换基本消失，结婚仪式基本也处于消失状态，传统意义上的“六礼”被简化为民政所领结婚证。有意思的是，在一些村民结婚场景中，嫁妆为劳动工具，如锄头和簸箕。这说明集体化时代的婚姻过程很大程度上也是女方作为劳动力的一次转移。

“如果你是嫁女儿，送嫁，就买一把锄头，一担簸箕给她，是这样的，送劳动工具的。嫁妆送劳动工具的，哈哈，好戏的。不用办什么结婚证的，不过也要人家介绍的，也要拿一点点茶钱的，2 元左右，见面礼。一对夫妻，或者两头的爷娘互相看一看。不要什么家门的，其它什么东西都不需要去弄的。甚至有些只要两个人说好，结个婚就算了，不请客也不送礼。我结婚的时候就没有请客送礼，就没办什么手续，就是他来我这，就去政府打个结婚证。就是这样的，又不搞什么的。（别人也不来送礼的？）不来送礼的，有人死了，就是马上装到棺材里去，下午就埋了的。我娘死的时候，我就不愿意，就在家里放了三天，也没做醮，或者其它什么，三天之后，就去埋了，我看着不过意，是吧？那个时候也没有什么礼送。吃都没有，拿什么东西弄呢？没有的，都不要的。”②

当以家庭为单位的礼物交换在“大食堂”时期消失后，礼物交换场景转化成一种集体狂欢。虽然农民的组织方式变成了公社，但是公社的人员构成仍然没有发生变化，公社是以血缘关系、姻亲关系和地缘关系为基础的个体联合组成的整体。因此我们看到了礼物交换场景一种转化，礼物交换转变成了一种集体狂欢仪式。

---

① 访谈编号：20160802YGR。

② 同上。

“（那大锅饭的时候，队上人送礼的吗？）不要送礼的，昌平里生下梅梅时，58 年出生的，全队就在食堂里做点牙祭。（那每个人吃饭都在食堂里吃的吗？）都是在食堂里吃的。”[①]

“大锅饭”在 S 村持续了三年，1958 年开始，至 1961 年结束。大食堂结束之后，礼物交换开始复苏，礼物交换的复苏和农民的自主性紧密相关，农民的个体意识得到增强，村民将礼物交换复苏的原因概括为“有了自主权”。

“食堂下放后，67、68 年一小部分人有请客送礼的苗头，70 年之后就开始成风了，到了 80 年代后，请客送礼就成了别人的一种手段了。（为什么食堂下放之后有人开始请客送礼呢？）慢慢就有一点复旧了，有一点人情世故了。是因为那个时候，国家实现了按劳付酬，多劳多得，少劳少得，那个时候，我做一日事情，记一日工分，到年下，一个队有多少收入，再按工分摊派下去，是这样，别人逐步开始有了自主权，有了自主权再慢慢就弄点什么。”[②]

礼物交换还出现了新的发展趋势，即礼物交换场景的扩大化。礼物交换不仅仅在人生仪礼场景上出现，还扩展到一些新的场合。据于光荣描述，丰收场景和置办新物品会出现礼物交换。

其一、丰收场景，如某人今年养了一头牛，根据生产队的规定，该户今年将多赚 1200 工分，对于这户人来说，这将是一个丰收的信号。这时候同队的人会对其进行祝贺，并在草垛旁鸣鞭炮。

“那个时候，我记得我们大堂里，已经形成到哪个程度呢？说请客，一个汤忠海，比方说，队上的牛，如果你想多得点工分，就养只牛，养一头牛，

---

① 访谈编号：20160804DYH。

② 访谈编号：20160802YGR。

一年是1200工分，到了冬下，那个时候割稻谷都是手工的，没有收割机，养牛的人就必须堆稻杆（储备给牛吃），别人看到他堆了一堆稻杆，别人说他养一头牛赚了钱，就在稻杆旁点几个鞭炮。这下他来请客，他也做饭给别人吃，那个时候，没有多少豆腐、肉、粉和面，弄这些东西给别人吃，人家是不送礼的，就是打爆竹的。养牛的人家就请别人吃饭，那也叫请客了。（那为什么请人家呢？）他堆了一堆稻杆，我买几角钱的爆竹打一下，别人也一封几角钱的爆竹打一下，我就请你吃个饭。（堆稻杆为什么要打爆竹？）说恭喜他了，说他今年养了一头牛，就多1200分，今年就多分钱了。这样也叫请客了啊，哈哈哈。权力下放之后，按劳付酬，争到一头牛养，不容易，一般别人不让你养的。（那为什么能争得到呢？）抓阄的，或者屋里有个某人不能做事，或者有个小孩，不去读书，给一只牛给他养着。或者有时队上说，他养牛还好的，那时候有10几只牛，10几户人养着。如果拿一只牛给你养着，你就必须给牛准备冬天的饲料，那就是稻杆，那么他就弄一堆稻杆堆在那。”①

其二、家中置办新物品，如造了一口新灶或买一条新裤子，村民也在其门前放鞭炮以示祝贺。来祝贺的人不需要对主家进行额外赠送礼品。在当时的经济条件下，能有一口新灶或买一条新裤子是经济条件较好的表现。主家通过宴请村民，一方面，通过收获村民的尊重，接受者作为单独个体的地位得以确定，另一方面，来道贺的人收获了一顿饱饭。

“某家人屋里搭了一口灶，一般人家是弄不起的，请人要钱，要砖，还要买锅，但是他打得起一口灶，这家人是不错的，别人也拿几个爆竹来打下。那他也请别人吃一餐饭，这也算是一次请客。（送钱吗？）不送钱的。有些人做一条新裤，别人也打几个爆竹，他也请别人吃餐饭。”②

① 访谈编号：20160802YGR。
② 访谈编号：20160802YGR。

礼物交换场景的扩大化，是礼物交换与当时历史背景结合的结果。在这个过程中，农民充分发挥了自主性。礼物交换的意义不仅是物质资源流动一种路径。与此同时，接受者和赠送者在接受与赠予过程中社会地位也得以确立，他们不再仅仅是公社中的一员，而更重要的是，农户是作为独立的经济体，其可以对自己的物质资料进行自由支配，体现了农户的个体意识。

此外，农民的个体意识还体现为其对喜宴桌数的理解。在农民的世界观中，喜宴桌数越多，代表村民在村中的社会地位越高。正因为如此，农民对桌数多的随礼场景记忆十分清晰。

“自从解放起
请客曹传礼
堂前叫没有了饭
厨房刮锅底
豆腐清汤寡水。”[①]

以上为于光荣描述大队保管曹传礼家喜宴的盛大场景[②]，由于其掌握大队仓库的钥匙，请客时候，全大队的人都去随礼了。曹预算 18 桌，最终去随礼的人超过了 50 桌。

“这首诗当时十分流行，有些人，筷子没拿起，就没有吃的了，很多人来送礼，饭都没吃饱。那时候可怜啊，粮食很紧张，饭是没大有吃的，老百姓除了端午和中秋煮一碗白米饭，过年三十夜吃到初三，一般一年里就是这几餐是有白米饭吃。平时吃煮薯丝，请客总会有豆腐、哨子和肉吧。这些人去送礼，这些都没吃到。所以别人都这样去笑曹传礼。

① 访谈编号：20160802YGR。

② 关于这场随礼的年份考证，据于光荣回忆为 1965 年之前，当时他正在学校上学，而大食堂是 1961 年下放，所以可推断这场随礼为 1961 至 1965 期间。

散席的时候，一些人走这边，一些人走那边，人山人海，我都还记得，十分壮观，相当好戏，我都看过。”[1]

仔细分析这首打油诗的含义，我们可以体会村民对于盛大礼物交换场景的羡慕和调侃态度。在羡慕和调侃过程中，铺张浪费的官方话语被消解了，并且我们也从这种羡慕和调侃的态度中窥探出村民的个体意识。

大队保管、队长、副队长、妇女主任、会计和民兵连长组成了50至70年代村干部群体。曹传礼主要负责大队粮食保管。在物质资料缺乏时期，粮食尤为重要。村民到曹传礼家随礼，一部分原因是其处于特殊的位置上，送礼是为了巴结他。

“（为什么要去巴结他？是因为有什么好处吗？）当保管，有什么好处呢？那时候，我们收割粮食什么的全部放在那里，他管这个。有些人要一点点粮食，是要去他那里拿的，他当了官啊。哈哈哈……（那一般保管做一些什么事情？）就是管老百姓吃的东西——粮和油。大仓库放在那，归他管。比如说，这家人说，今天我没粮食吃了，组上说，真是可怜哦，那真是没有钱，批个字给他，去保管那里才能称到米，别的地方都要不动的。他可以给你，也可以不给你，就有种这样的味道。（粮食应该是国家的？队上有权力动用吗？）那也算不清到底是谁的？那个时候，所有的粮食都放到那去了，整个塅里割的稻谷都放到那去了的，包括要征收的。比如说，大堂里一个队，收的粮食，但是没拿去，装不下，就放在这里，放在一个房间里，门一锁，贴上封条，他不来，你也拿不到，谁都不能去动，就只有他有钥匙，就他可以，别人是拿不到的，由他保管。”[2]

保管掌握着粮仓的钥匙，而借粮成功还需要开队委会，队委员成员

---

① 访谈编号：20160802YGR。

② 访谈编号：20160802YGR。

便是上文所说的队长、副队长、妇女主任、保管、会计和民兵连长。在当时社会背景下，最有权力的人群是村干部群体，从这一点出发，我们能够理解当保管家有喜宴时村民均去随礼的现象。

“（如果一个人实在是没有粮食吃，直接去找保管，会给他粮食？）不会的，给粮食是要队上开会的，组上要开会，通过大家投票，大家同意他情况属实时，才能给他。昨日一日都没动火了，不拿点给人家吃说不过去，这是没办法的，有时候真正是没有吃的，是要让队长来看的，检查屋中是否还有粮食。（那这算借的吗？）算吃出放的，不要还的。就是因为这样，所以人家才会去送他礼的啊，另外也吃得上一顿饱饭啊。”①

结合当时村庄的权力格局，村民之所以对曹传礼家随礼的羡慕和调侃原因主要有二。其一、对其社会地位的羡慕；其二、通过嘲笑曹传礼来体现自我的存在感。

最后，农民的个体意识还体现为其对喜宴桌数的争取。一些村民为了尽可能地增加请客的桌数，会通过准备两本礼单的方式，一本礼单用来应付检查，另外一本则真实记载随礼明细。桌数代表其在村落中关系网络的大小，体现其交往范围的大小，村民经常用“面子”来理解请客的桌数，桌数越多，面子越大。通过对随礼桌数的争取，亦体现了村民的个体意识，体现其对面子的争取。

“两本礼簿，一本用来应付上面检查。另外一本是真的。是这样的，拿一本礼簿来看，如果你来看，就拿一本礼簿来看，一本不给你看，这本礼簿比如说是7桌。（而）这本礼簿有10桌，有10桌的礼簿就不给你

---

① 访谈编号：20160802YGR。

看的。这两本礼簿就写成两样的，那几年都是这样的。”[①]

第四章 结论与反思

结构性互惠的概念源于列维-斯特劳斯关于互惠结构的论述。在关于礼物交换研究的叙述中，列维-斯特劳斯将原始社会中两个部落间形成比较稳定的婚姻交换组织称为二元组织，在此基础上，部落间进行经济、社会和仪式本质上的互惠。传统村落社会在自然地理环境影响下逐渐形成了聚族而居的居住模式，在此基础上，自然村内部形成了较为稳定的族亲互惠网络，族亲互惠以血缘关系为基础。而自然村之间在通婚和农业协作基础上逐渐形成了姻亲互惠和同队互惠。本文将族亲互惠、姻亲互惠与同队互惠统称为结构性互惠。结构性互惠具有相对稳定的特点，这是因为传统农村社会流动性较小，村民的人生仪礼以及公共事件均在村庄内完成，这赋予了结构性互惠强大的功能，在村庄范围内建立起一个道义经济体系。

在国家治理逻辑中，礼物交换被定位为国家工业化的对立面，农村的中心工作为完成粮食的统购统销任务，实现农业支持工业的方针。国家实行了减少农村粮食消费的政策。村落社会的礼物交换体系受到影响。国家权力对村落社会馈赠体系的影响不仅仅以行政命令的形式出现，还表现为经济上对农村资源的汲取及对农村社会关系结构的改造。

从经济上来看，国家治理对礼物交换的影响集中体现为统购统销政策对农民口粮的影响。1949 至 1978 期间，国家实行一系列优先发展重工业计划的措施，国家长期汲取农村资源，农村处于相对劣势地位（胡新萍，赵兴梅等，2011）。国家利用资源的再分配权力对农村粮食进行

① 访谈编号：20160805WZG。

统购统销，农村经济陷入短缺状态，这是集体经济的典型特征。在统购统销政策实行前期，农民的口粮受到严重的威胁，村庄中发生了大量粮食骚乱行为。为了完成国家征购任务，同时保证农民最低生活标准，国家开始实行粮食“三定”政策，国家固定农民口粮、种子和饲料用粮在一定标准上，对农民的余粮进行统购，而对口粮不足者进行统销。通过对县级粮食统计数据的计算，研究发现，1976 年之前农民的口粮水平一直没有达到政府规定的最低标准，农民长期处于物资短缺状态。在短缺型经济的影响下，村民一方面艰难维持最基本的生活需要，另一方面没有足够的可供支配货币。在这种情况下，受到直接影响的是以地缘关系基础的同队互惠，同队互惠呈收缩趋势，甚至在礼物交换场景中消失。而对于族亲互惠和姻亲互惠而言，主要体现在礼物交换的类型上，实物交换在礼物交换中占据重要角色，交换的实物大多以紧缺性物质资料为主，如大米、鸡、鸡蛋和花布等。

从政治上看，国家对村庄采取了一系列以礼物交换为对象的运动式治理。以节约粮食运动为例，国家采取了软硬兼施的治理技术，包括五级管理体制，采取“省-县-乡-大队-小队”层层会议汇报制度；对农民的粮食进行了量化指标管理，树立粮食节约典型，惩治失范行为。此外，以思想改造为目的，国家对农民进行劝说教育，通过村落中的广播系统、报纸和村干部，对农民进行宣传。国家还试图通过发动农民对共产党的感恩之心以达到村庄中节约粮食的目的。在运动式治理之下，村民和基层政府围绕随礼的桌数进行了长期的拉锯战。

从社会结构变迁看，1949 至 1978 期间乡村地区社会流动集中体现为划阶级和土地改革运动。原来村庄中的精英被划为地主富农或受到批斗、打击，社会地位向下流动，在礼物交换网中逐渐失去优势地位。同姓之间宗族长老对贫民的互惠出现了割裂，宗族的父老往往也被划为地主或富农，一旦划定阶级后，其不仅仅是经济上的，亦是一种政治和符号标签，这种符号标签贯穿于整个集体时代。地主、富农和贫下中农不能进行来往，被排除在礼物交换网络之外。

面对强大的国家，村落社会的馈赠体系得以维持。我们将其归结为国家治理逻辑的内在张力、农民生活的逻辑与个体意识。

首先、国家一系列针对礼物交换的运动式治理也暴露了国家运动的内在张力。在运动式治理过程中，礼物交换的含义出现了多重性与模糊性的特点，造成措施落实到基层后出现失效的结果。

其次，农民生活的逻辑消解了国家的治理的逻辑。在关系结构的框架下，村落的礼物交换建立了一个道义经济体系。村民共享“送礼讲的是义”的道德观并遵循这套道德准则。在运动式治理过程中，当村庄管理和村落成员身份发生矛盾时，小队长将自身纳入到道义经济体系中来。此外，农民自主性与个体意识对结构性互惠的延续起了重要作用。农民的自主性在1949至1978期间存在差异，可以被划为四个阶段：（1）1949至1953年：解放后至粮食统购统销之前，农民刚刚分到土地，农民的自主性较大；（2）1953至1958年：统购统销政策开始实施，农民随后加入农业合作社，农民的自主性下降；（3）1958至1961年：人民公社和公共食堂政策的实施，农民几乎丧失自主性，物质资料被公社垄断；（4）1961至1978年：食堂下放，工分制实施，农民开始有可供支配的物质资料，农民的自主性逐渐上升。农民的自主性对农村的礼物交换产生很大影响，在“大食堂”期间，礼物交换在村落范围几乎消失，而当大食堂下放之后，礼物交换亦开始复苏。通过礼物交换仪式的进行，村民作为经济主体的地位得以确立。此外，礼物交换的场景也得到扩展，其不仅仅局限于人生仪礼，还扩展到丰收和置办新物品场景中。农民的个体意识还体现其与基层政府关于随礼桌数的拉锯战中，桌数多少代表村民在村落中的地位高低，村民对盛大礼物交换场景的印象并不是官方所宣扬的“铺张浪费”，而是流露出羡慕和嫉妒的目光。当仪式出现失误时，村民会对其进行调侃。在羡慕和调侃之间，体现了农民个体意识，同时亦消解了礼物交换的政治含义。围绕宴席的桌数，村民和基层政府反复讨价还价，在这个过程中，基层政府节节败退。

最后，回到本文关于国家对农村社会关系改造的问题。经历一系列政治运动，以血缘和地缘关系为基础的传统社会关系格局和秩序是否发生了变迁？我们如何去评估这种改造效果？借助礼物交换的案例，或许可以从中得到初步解答。解放后，S 村延续了 1949 年之前的村落格局，仍然保持以单姓为主的居住模式，在此基础上，村落以血缘关系和地缘关系为基础的礼物交换网仍然维持。自然村落中的结构性互惠虽受到一定影响，如宗族内部的垂直互惠遭到破坏，族长与成员的保护与被保护关系遭到瓦解，以地缘关系为基础的同队互惠有收缩的趋势。但结构性互惠在村落中仍然维持，礼物馈赠体系没有瓦解，政治运动对传统社会关系有所冲击，却没有从根本上对村落社会关系造成影响。

当联系 1978 年之后村落社会关系的瓦解过程，或许可以提出一种假设，瓦解村落社会关系的来源不是国家权力，而是现代性带来的城市化。关于这一假设，本文不能作出解答，留待以后继续探究。

参考文献

布尔迪厄，2007，《实践理性：关于行为理论》，三联书店

陈刚，1998，《礼尚往来的意义——场域观下的送礼实践》，北京大学本科毕业论文

陈云、顾海英、史清华，2005，《礼金成重负：农村人情礼往行为的经济学分析》，消费经济，第 6 期

曹正汉，2011，《中国上下分治的治理体制及其稳定机制》，社会学研究，第 1 期

段炼，2011，《农村“三反”运动的进程及其特点》，党的文献，第 1 期

费孝通，1985，《乡土中国》，生活•读书•新知三联书店

———，1999，费孝通文集，群言出版社

冯仕政，2011，《中国国家运动的形成与变异：基于政体的整体性解释》，开放时代，第 1 期

费特曼，2007，《民族志：步步深入》，重庆大学出版社

国务院，《农村统购统销暂行办法》，省档案馆，1955-8-25
郭于华，2000，《民间社会与仪式国家：一种权力实践的解释》，载《仪式与社会变迁》，社会科学文献出版社
———，2001，《代际关系中的公平逻辑及其变迁——对河北农村养老事件的分析》，中国学术，第4期
———，2013，《受苦人的讲述》，香港中文大学出版社
黄玉琴，2002，《礼物、生命仪礼和人情圈——以徐家村为例》，社会学研究，第4期
黄锐，2013，《国家,户族与农民：1952-1966年关中地区的村落政治》，华东师范大学博士论文
侯莹，2014，《情性互惠和群体互惠研究》，清华大学硕士论文
胡新萍、赵兴梅等，2011，《建国以来中国的国家与农民关系研究》，前沿，第9期
刘璐璐，2006，《“文革”初期破“四旧”运动研究》，清华大学硕士论文
刘拥华，2010，《礼物交换：“崇高主题”还是“支配策略”？》，社会学研究，第1期
毛泽东，1997，《对中共中央关于一九五七年开展增产节约运动的指示稿的批语（一九五七年二月十五日）》，党的文献，第3期
莫斯，2002，《礼物：古式社会中交换的形式与理由》，上海人民出版社
孟涛，2006，《礼金、理性与农民随礼行为》，山东大学硕士论文
马林诺夫基，2002，《原始社会的犯罪与习俗》，云南人民出版社
—————，2009，《西太平洋的航海者》，中国社会科学出版社
马春波、李少文，2004，《农村人情消费状况研究——鄂北大山村调查》，青年研究，第12期
马斯洛，2007，《动机与人格（第三版）》，中国人民大学出版社
米尔斯，2012，《社会学的想象力》，生活·读书·新知三联书店

明县县志编委会，1991，《明县县志》，海天出版社
明县人民政府粮食局，《1954 年上半年统购统销工作总结报告》，明县档案馆 1954
明县人民政府，《中共明县委会通知》，明县档案馆，1955 年 3 月 12 日
————，《对贯彻省人民委员会开展“节约粮食，反对浪费概况的报告”》，明县档案馆，1955 年 4 月 11 日
————，《关于决定成立明县节约粮食委员会及有关工作制度的通知，明县档案馆》，1958 年 4 月 18 日
————，评选节约粮食模范办法，明县档案馆，1958 年 4 月 18 日
明县人民检察署，《明县人民政府，关于区乡在扫清征购粮尾欠中违反政策情况的通报》，明县档案馆，1955 年 1 月 15 日
人民日报社论，《致全国革命造反派和全体革命同志倡议书——破除旧习俗，春节不休假》，展开群众性夺权斗争，人民日报，1967 年 1 月 30 日
尚会鹏，1996，《豫东地区婚礼中的“随礼”现象分析》，社会学研究，第 6 期
阮云星，2008，《宗族风土的地域与心性：近世福建义序黄氏的历史人类学考察》，《中国社会历史评论》
斯科特，2001，《农民的道义经济学》，译林出版社
——，2007，《弱者的武器》，译林出版社
萨林斯，2009，《石器时代经济学》，生活·读书·新知三联书店
斯沃茨，2006，《文化与权力：布尔迪厄的社会学》，上海译文出版社
省人民委员会，《A 省城市粮食节约检查工作计划》，省档案馆，1955 年 4 月 13 日
————，1955，《关于成立粮食节约委员会的决定》，A 省政报，第 7 期

————————，《周洪副省长作大家都来节约粮食和棉布的报告》，省档案馆，1957 年 9 月 9 日
————————，《农村粮食统购统销实施细则》，省档案馆，1955 年 9 月 20 日
荀丽丽，2005，《“礼物”作为“总体性社会事实”——读马塞尔·莫斯的〈礼物〉》，社会学研究，第 6 期
阎云翔，2000，《礼物的流动：一个中国村庄中的互惠原则与社会网络》，上海人民出版社
———，2006，《中国北方农村的的个人和彩礼演变》，载于《中国学术》，商务印书馆
杨美惠，2009，《礼物、关系学与国家》，江苏人民出版社
中共明县县委，《中共明县县委对贯彻省地委作好当前粮食计划供应工作执行情况报告》，明县档案馆 1955 年 4 月 13 日
————————，《县委对于××通知处理九区东岗乡群众闹粮事件的作法通报》，明县档案馆，1955 年 5 月 10 日
————————，《中共明县县委增产节约和五反办公室》，关于对上杭公社贪污和铺张浪费的调查报告，明县档案馆，1963 年 5 月 14 日
————————，《关于平息群众闹粮事件处理情况的综合报告》，明县档案馆，1955 年 5 月 28 日
————————，《关于整顿粮食统销工作总结报告》，明县档案馆，1955 年 6 月 22 日
赵丙祥、童周炳，2011，《房子与骰子：财富交换之链的个案研究》，社会学研究，第 3 期
周雪光，2012，《运动型治理机制：中国国家治理的制度逻辑再思考》，开放时代，第 9 期
周飞舟，2006，《从汲取型政权到“悬浮型”政权——税费改革对国家与农民关系之影响》，社会学研究，第 3 期

Befu, H., 1968，Gift Giving in a Modernizing Japan , *Monumenta Nipponica* , 23(3/4).

———，1977, Harumi, Social Exchange, *Annual Review of Anthropology*, 6.

———，1984, Rule enforcement without visible means: Christmas gift giving in Middletown, *American journal of sociology*, 89(6).

Giesler, M., 2006, Consumer gift systems, *Journal of consumer research*, 33(2).

Gouldner, A.W., 1960，The norm of reciprocity: A preliminary statement , *American sociological review*，25(2).

Hwang, K.，1987, Face and favor: The Chinese power game, *American journal of Sociology*, 92(4).

Joy, A.，2001, Gift giving in Hong Kong and the continuum of social ties, *Journal of Consumer Research*, 28(2).

Johnson, C. L., 1974 , Gift giving and reciprocity among the Japanese Americans in Honolulu, *American Ethnologist*, 1(2).

———，1977, Interdependence，Reciprocity and indebtedness: An analysis of Japanese American kinship relations，*Journal of Marriage and the Family*，39(2).

Lévi-Strauss, C.，1969，*The elementary structures of kinship*, Beacon Press.

Putterman, L. G. , 1993, *Continuity and Change in China's Rural Development: Collective and Reform Eras in Perspective*, Oxford University Press.

Sahlins, M.，1965, On the sociology of primitive exchange，*The relevance of models for social anthropology*.

Uehara, E.，1990, Dual exchange theory, social networks, and informal social support，*American Journal of Sociology*, 96(3).

合作组织何以扎根乡村社会

余慧芳　北京大学社会学系2013级
指导教师　赵斌

第一章　绪论

一、问题的提出

2016年12月3～4日，“生态农业与合作经济”会议在北京燕清园宾馆召开，其核心主题是探讨如何实现中国农村可持续发展道路。会后，笔者[①]陆续通过现场追访、邮件、电话等方式了解参会者对于此次会议的评价。有意思的是，参会者所给的反馈都提到了山西永济蒲韩社区理事长郑冰以及她的团队。其中两位来自河南的参会者受到蒲韩团队的启发和鼓舞，甚至2017年初就开始在当地发起联结城市消费者与农民生产者的合作社。

会议期间，两次响亮而持久的掌声都献给了郑冰以及她的团队。

12月3日下午的主题是农村的合作实践。来自山西代县的驻村干部讲述了他的合作社实践困境之后，一位参会者在提问环节侃侃而谈，提及他发起的一场食品安全运动，并指出“农民是自私的，他们只关心眼

① 笔者是此次会议的统筹，负责联络发言人、协调参会者以及会后追踪反馈等事宜，了解整个会议经过。

前的一点事。他们欠缺教育，需要在座有文化有知识的人去改变他们”。对农民的不客气评价激怒了在场的一些听众，郑冰就是其中一位。她起身发言，“这位朋友所做的事我很敬佩，但你关于农民的评价我不同意。我觉得农民不笨也不傻，他们是很朴实的，有自己的智慧。只要他们相信你，他们就愿意跟着你一起做事。”

当日下午最后一场发言留给了郑冰以及她的团队，8 位女将，年龄从 25 岁到 45 岁不等，受教育水平从小学、初中到大专院校，参差不齐。站在台上，团队中最年轻的姑娘开了个头，她们做的第一件事就是合唱《美丽的田野》，这充满感情的合唱带给在场的听众别开生面的体验。曲终，会场上响起经久不息的掌声。根据参会者的反馈，他们赞赏郑冰团队，因为他们看到了妇女不只是被可怜的“留守群体”。即便文化文化水平不高，她们也可以在公共服务中贡献自己的力量。

团队 8 人都来自农村，在蒲韩社区中各司其职。她们的歌曲传达出了一层意思：乡村并不是凋敝之地，人们可以在其中安居乐业。蒲韩团队在发言结束时，通过以下这段话表达她们对于家乡未来的设想：

我们守护着这片土地，依偎在中条山与黄河的怀抱里，享受着春夏秋冬四季分明的自然景色，合唱着农民特有的喜怒哀乐，今生生于此安于此，乐在知足；来世生于斯、安于斯，化作泥土魂归大地……

作为发育于乡村社会中的合作组织，蒲韩社区仅仅是其中一个案例。自 1990 年代起，农产品市场逐步开放，务农收入不断下降且极不稳定，土地制度改革使得集体的带动能力不断变弱，这些因素共同作用于单家独户的农民身上，导致农村青壮外流，财物难蓄，呈现解体之势。在此形势下，改变农村凋敝之势的自发以及外力引导下的实践也在不断推进。以 2003 年创办于河北定县的晏阳初乡村建设学院为例，它聚集了温铁军等关注三农问题的学者，也吸引了全国各地关注农村前途的在地实践者。在 2007 年学院解散之前，它在全国推动了近 30 个农村合作组织的组建。

随着2007年《专业合作社法》的出台，农村合作组织进入高速发展期，全国诞生于农村的合作组织成倍增长[①]。然而，就组织所提供的服务深度、覆盖范围的广度、益贫强度、组织农户参与合作的力度等方面而言，蒲韩社区这一合作组织在全国范围内仍属少数。

蒲韩社区自1998年起，从为农民提供免费技术培训起步，成长至今已逾18年。其合作覆盖了山西永济蒲州、韩阳两镇的43个自然村，在6200多户农户中拥有会员3865户，业务内容分为公共服务、经济合作两大类，具体包括农资统购、日用品统购、互助金融、手工艺合作社、养老服务等9项内容。作为一个由本地农民发起的合作组织，它在成长过程中主要倚赖本地农民的力量，虽然得到了政府以及各类公益机构、高校团体的各类援助和引导，但其发展至今的组织架构、服务业务主要是靠扎根于本地的工作人员探索出来的。此外，蒲韩社区作为一个合作组织，并不外在于乡村社区。其办公地点分散于各村租用的空楼，工作人员的核心事项是入户沟通，公共服务嵌入家庭需要，从这些特点来看，这一合作组织实际上在多个方面已经嵌入到乡村社会之中，动员组织农户的能力很强，根系稳扎。

与蒲韩社区相比，大部分农村组织深受包括市场环境、行政力量、村庄派系结构等因素的影响，出现受制于外部企业、“大农吃小农”、套取项目资金等异化现象，有带动农户合作意愿的组织在其发展过程中，还面临着动员能力不足无法推动合作的困境。总体来看，这些合作组织的带动力很弱，生命力也弱，平均寿命不足3年。无论是学界还是政府，各方对于农村合作组织带动农户突破三农困境都寄予厚望，但其实际发展情形却不容乐观。因此，将蒲韩社区作为个案深入研究有着重要的意义，此项研究将从其成长历程中去探索其扎根的机制。

---

① 截止到2015年10月底，我国共有147.9万家农民合作社，与2006年的15万户相比增长了将近10倍。其中入社农户高达9997万户，覆盖了全国41.7%的农户，参见链接：http://www.jgs.moa.gov.cn/cfc/yw/201512/t20151209_4946660.htm

二、文献综述

1.农村合作组织研究

针对不断增长的农民合作组织，学界研究依其方向大体可分为两类：第一类借鉴国内外经验，对农民合作组织的原则、及其应有的发展模式进行探索；第二类基于实地调研，指出当前农民合作组织大量存在的异化现象，并进一步研究其生成机制及后果。

1.1 农民合作组织的原则、前景研究

一些学者通过梳理国际合作组织界公认的基本原则，界定农村合作组织应当具备的原则，即满足社会利益为宗旨和组织发展导向的自我服务以及一人一票为基础的民主控制。前者体现为组织将获得的利润应当以一定比例返还给成员，后者意味着合作成员对于组织事务具有平等参与的权利（黄祖辉、邵科，2009）。唐宗焜将“谁的合作组织”以及“为谁”视为关键问题，认为合作组织在原则上应当包含自助、责任、民主、平等、公正与团结七项内容，指出社员的自主参与及彼此间的平等互助是构成合作组织良性发展的基石，突出社员对于组织的责任（唐宗焜，2012：55-64）。也有学者根据国内实际情况，指出不能照搬国际合作组织模式，因地制宜维护小农户的利益才最紧要，因此原则上最为重要的应是排除政府的行政干扰、限制资本报酬所占的份额（应瑞瑶、何军，2002）。

相比而言，温铁军、黄宗智、杨团等学者则基于对国内“三农”问题的认识提出对于合作组织的构想。对于乡村社会面临的形势，他们的判断有相似之处。首先，他们都认同当前城乡发展不平衡，城市发展的过程中掠夺了农村的人才、土地以及资本，乡村欠缺内在成长的动力（温铁军，2010）。这种不平衡就其在农业生产领域的表现来看，就是工商业资本占据农业生产的上下游[①]，同时尽可能挤压小农户的农产品价格（武

① 农业生产的上游，指的是农业生产的前期投入包含的方面，譬如种子、化肥、农药，这些往往被各类公司盘踞；下游则指的是农产品流通以及加工这些环节，也被各类企业或者谋利的中间商控制。

广汉，2012；黄宗智，2010）。其次，中央及地方政府从索取型转变为服务型政府后，乡镇一级的动员组织能力变弱且严重依赖中央专项资金，使其在分配扶助农村资金时出现与精英合谋的状况，进一步破坏了农民合作的基础（杨团，2009）；最后，无论是工商资本还是兼业农民的土地经营方式，都是粗放的，对农村生态造成了很大的影响。不过，他们也看到了转机，即随着人们食品消费结构的变化以及对于食品质量的重视，产生了对高技术精细化农业的需要，农业人口的部分转移实际上也让部分农民通过家庭化农场维持体面生计成为可能（黄宗智，2016）。在此基础上，温铁军、黄宗智、杨团等都认为，首先在农业方面，农民合作组织应当在上游农资、生产以及加工、流通[①]、销售环节实现一体化，通过城乡链接[②]的方式来保障农业生产者的收益。此外，这一组织还应当重构以村庄为单位的社会资本，推动农民公共服务以及文化建设，重塑农村活力（温铁军、何慧丽、周立，2007）。

此外，学者对于农村内部的政治经济结构也有着不同的判断。就经济层面而言，黄宗智、温铁军认为农村之中的分化不构成影响，但杨团以及严海蓉等人注意到乡村内部自下而上的资本主义，村庄内部已有大户，他们随时准备流转大面积土地获得规模收益，挤压小农户的利益（杨团，2009；严海蓉、陈义媛，2015）；在政治层面，村庄内还存在派系斗争，这样的权力关系往往会使得村庄内的组织受到限制。因此，不同于温铁军等学者将单个村庄视为合作组织的建构单位，在杨团的构想中，农民合作组织应当跨越村庄，以乡镇为单位，在发展中依赖普通农户而非大户或者能人。更进一步地，杨团认为国家所持的是生产型社会的安

---

① 以流通环节为例。武广汉对农产品的流通环节进行研究，发现农产品大多需要经由批发市场周转，而盘踞在农户身边的中间商，即各级批发、零售商贩、工商企业通过各种方式压低农产品收购价格，抬高售卖价格，其所获得的利润比例逐年提升，生产者与消费者都受到影响。——武广汉，“中间商+农民”模式与农民的半无产化，载于《开放时代》2012 年第 3 期。

② 即在城市中组建与农民合作组织对接的消费者合作社。消费合作社的建立也可在生产环节等方面对农民合作组织进行监督，推动其向生态模式转换。——参见何慧丽、古学斌等，城乡链接与农民合作，载于《开放时代》2009 年第 9 期。

排，将大多数中低阶层视为生产者而非消费者。合作组织应当认识到农民的各方面需求，他们既是生产者，也是消费者，看重家庭生活，希望生活在一个好的环境当中。目前主流一般对于合作组织的考虑是将其视为单一专业的农产品购销平台，或进一步考虑到对接城市消费者以实现普通农户的最大利益。但这种思路仍未考虑到普通农户的消费需要，并非在城乡二元结构体制下突破重围的创新性解决办法。在杨团看来，农民合作组织应当要能够从城市中获得自我成长的建设资源（譬如组建专业技术学校），在养老、医疗、教育、文化多个方面形成自我服务的系统，同时也向城市提供农产品以及休闲娱乐资源。合作组织应当主要倚赖农民的自觉参与从而在乡村中共建高质量的生活空间（杨团，2009）。

1.2 农民合作组织的问题及原因

早在 2002 年，就有学者发现，1980 年代以来各地建立的农民专业协会以及专业合作社，多是由大户牵头或者是龙头企业领办，在盈利分配以及带动农户方面有效（应瑞瑶，2002），但这些合作组织的问题具体表现在以下三个方面：1）合作组织在创设时没有自有资金，社员并未入股，这就使合作社无法成长为服务农户的组织；2）合作组织主要是由资金充裕、人脉广阔的能人或老板操控，合作社在具体的运营过程中为农户提供的服务极其有限；3）虽自称是民主管理，但社员的参与积极性很低，甚至还会出现农民不知道自己加入合作社的情况（熊万胜，2009；张德元，2011）。

针对这些现象，学术界从合作社的外部环境探索了成因。多数学者都研究了政府以及市场环境的影响。一方面，他们指出政府应该通过必要的财政资金投入、金融优惠以及其他宏观调控的手段推动后者的发展，但在实践中却过度介入合作社内部事务，减少了农民合作社自我成长的空间（韩俊，2007；徐旭初，2014）。另一方面，大部分研究者都关注到龙头企业等外来工商资本的影响。他们指出，龙头企业虽能为合作组织提供销路，但后者的成长壮大会影响龙头企业的利润空间，后者就会采取一些策略挤压合作社的成长（任大鹏等，2008；张晓山，2009；仝志辉、温铁军，2009)。更有甚者，不少龙头企业为了攫取更多的资源，摇身一变套上合作社的招牌，实际是不能带动农户发展的“伪合作社”，骗取国家的扶持资金，使得应得资金的合作社发展面临障碍(张德元，2011；潘劲，2011；徐旭初，2014)。

此外，不少学者也注意到政府（尤其是基层政府）和龙头企业等市场力量实际上有着互相加强的作用，共同影响了合作社的成长(仝志辉、温铁军，2009；熊万胜，2009；徐旭初，2014)。具体而言，“伪合作社”的大量出现，不只是龙头企业在起作用，基层政府也参与其中，存在着基层政府与龙头企业的共谋。仝志辉、温铁军（2009）和熊万胜（2009）对背后的机制做了详尽的分析。他们指出，包含人事、劳动、工商等部分在内的基层政府对合作社的发展能够产生很大的影响。虽然就公益目标而言，这些部门应当将扶持资源投给真正的合作社，但在实际运作中，需要扶持的合作组织往往存在资金不足的问题，加上社员的知识水平和人脉广度都有限，如果部门将扶持的资源用于扶持这类合作社，在现行的压力型政府治理体制下，部门就很难完成上级下达的任务，将面临着来自上级的巨大压力，同时也很难从这些合作社中获取利益；相反，如果部门将这些资源投给龙头企业或者拥有较多资本的能人合作组织，它们不但能够完成上级下达的任务指标，同时还能获得利益回报。在这些因素的共同作用下，国家推动的惠农政策在实际下行过程中造成了意想不到的后果：拥有资本和人脉的龙头企业和拥有权力的部门结合在一起，构成影响合作社发展最重要的力量，挤压了真正具备农民性的合作组织（熊万胜，2009)。总的来说，外部环境的共同作用在某种程度上使得农民合作社偏离其预定的目标，很难惠及有合作需要、资本存量有限的农民。

一些学者关注合作组织内部环境影响，从其内部的治理问题来探索“伪合作社”的成因（Vitaliano，1983；Cook，1955；Nilsson，2000)。多数有关治理问题的探讨都谈及委托—代理关系以及产权问题。一些学者相信，当前合作社的产权不完整也不清晰，不能产生良好的激励体制，极大地影响了合作社的现状（Milgorm& Roberts，1992；周春芳、包宗顺，2010）。但另一些学者指出，从中国当前的合作社情形看，产权模糊似乎不是主要问题，更多是如何处理合作社成员的利益协调。当前许多调查表明，由于参与主体在资源禀赋、利益偏好和角色作用方面存在显著差异，农民专业合作社在产权结构上普遍采用资本化方式，少数核心人员占有相对集中的多数出资额；控制权和收益权上主要由少数拥有一定资源和较多出资额的核心成员掌握（黄胜忠、徐旭初，2008；周春芳、包宗顺，2010），收益不平衡的问题十分严重。在公司领办的合作社，公司为了获得更多的利益，甚至会剥夺了农户的利益（张晓山，2004）。基于上述文献可知，合作社内部环境的主要影响因素是成员的不平等关系，在资源禀赋、角色作用方面占据上风的少数人操控合作社，是造成合作社不具备农民性的重要因素。

也有研究者深入个案，探究影响农村合作组织发展的各类影响因素。赵晓峰对一个村庄进行的个案研究，区分了合作组织外在环境以及内在结构的影响，并指出国家下达的扶持政策造成了合作组织的异化，益贫功能弱化，而村庄内部的阶层分化以及宗派势力竞争则导致合作组织无法动员农民，难以壮大，所谓“村庄结构吸纳合作”（赵晓峰，2015：3）。具体而言，因资本、文化水平的不同[①]，各方在组建合作组织以及争取资金方面的能力也存在差异，大户能人一手操办但内部存在利益分化，谋利的小范围合作难以持续。赵也对蒲韩社区进行研究，认为后者在合作组织组建过程中不以村庄而是乡镇为单位，绕过派系斗争以及资本存量大的能人，是能够持久发育的有效机制。不过颇具矛盾的是，赵晓峰既突出绕开能人派系斗争有利于组织成长，但在解释时又突出村庄能人的带动作用。这些能人是位列同一分层体系中，还是在不同分层体系中，

① 赵晓峰依据社会资本、经营管理才能以及持续投资能力，将村庄内部分为五个阶层，并指出在村兼业以及大户阶层具有较高的合作意愿。但这两个阶层往往会凭借自身的优势，构建为自身牟利的合作机制，无论是在管理还是盈余分配上，都不愿顾及村中一般农户的利益（赵晓峰，2015：37-40）。

为何同是能人但谋利性却有不同，显然赵文尚未对此进行细究。

上述研究为深入认识农村合作组织提供了重要的借鉴。首先，合作组织诞生的背景是激烈的市场竞争以及国家在基层的缺位，其面向的对象是对接市场能力有限的分散农户，这就要求有效的合作组织应当推动农户之间的互助合作，抑制各类谋利资本，同时还应以有效的方式使得农户积极自主参与；其次，政策导向、市场环境这些外部因素会对合作组织形态造成很大的影响，如何与其形成良性交往实乃影响合作组织真正服务普通农户的大问题；最后，村庄内部的政治经济结构对于合作组织的可持续性影响很大，但一些研究已经指出，村庄内部实际上存有异于政治经济的结构能够推动可持续的公平合作，这一结构性力量在村庄中的具体形态是什么，其作用又是如何发挥的，乡村社会的结构究竟是什么样的，这些疑问还有待进一步澄清。

2.相关的乡村社会研究

有关农村合作组织的研究大多关注的是组织外部的制度因素、市场环境以及村庄的政治经济分层结构等方面的影响。实际上，这些研究往往忽略了乡村社会的重要组成部分——普通农户。变迁中的乡村社会不可避免地受到政府治理、外部市场等多方面的影响，但社会变动对于人们社会行动的影响往往会经过文化价值观念等过滤。普通农户如何看待这些影响，对于合作组织或者类似的公益机构持何种态度，这些方面会直接影响农户参与合作的自主性，也影响着合作组织的发展方向，却被大部分合作组织研究所忽略。

孙飞宇等对一个国际公益组织驻村扶贫实践进行研究，发现乡村社会中农民所持的地方性知识影响着他们对于这些实践的看法。组织本身立意通过持续性投入精力与时间，去培养人的能力，改造其理念以发挥脱贫作用。不同于一般公益组织，它并不受制于村庄派系关系以及政治权力结构，但其高度自律的实践却没有赢得民心，更遑论改变人的理念和民情。这一组织在推动项目时，重视操作规范胜于实际效果，这给急于改善生活处境的农民带来了不便。就算农民最后遵循了组织的规范，他们的出发点也是因为尊敬发起者的人品。农民普遍不能理解“规范”的意义，使得组织目标在实践中被改变（孙飞宇、储卉娟、张闫龙，2016）。

其他一些研究也揭示了相似的维度。公益从其理念看是服务其所界定的目标人群，但其实践效果却始终要依据目标人群所浸润的地方性知识，视乡村社会中对于公益理念及其实践的理解而定，因此许多公益实践会因为其理念与地方的“礼”“义”差异显得格格不入。李荣荣在其研究中细致地描述了乡村中的社会关系包含着道德实践意涵，体现为“有恩必答”、“大家的事情大家办”，即交往关系中双方都有不可脱卸的道德义务。面对施惠对象不明[①]的公益实践，村民对实践者既无道德期待，亦无道德责任（李荣荣，2015）。

村庄中一方面还有存留于村民意识中的地方性知识，另一个方面也在经受各类变迁的影响，这些变迁在腐蚀村庄的互助合作传统。一些学者对于差序格局的理性化进行了分析，即在变迁中人们视亲属网络所能提供的资源以及渠道为是否交往的依据，利益色彩加重（杨善华、侯红蕊，1999）。徐晓军关于某一村落艾滋病人社会关系变结构变迁的研究验证了杨善华等人的结论，并进一步指明整体社会的理性化趋势。在乡村社会内部，家庭成为强韧的情感纽带以及支持网络，地缘等社会支持网络的伦理意涵减弱，利益性加强。制度的变迁节奏过快，也使得传统社会中能够凝聚人心、推动互助合作的纽带切断。阎对村庄私人化倾向背后的原因做出探讨，他注意到由于家族所依赖的意识形态基础在公社化时期被削弱，农村自实行家庭联产责任制后，人们很少操办文娱活动，缺乏公共生活，无力也无心去筹建公共物品（阎云翔，2006：36-43）。

存留于农民意识结构中的恰恰是社会变迁难以改变的层面，它既包括前文提到的家本位观念，也包括村庄中仍然发挥作用的道德秩序。李荣荣指出，村庄中存在的“有恩必答”，就是往来双方共享的道德义务感。除此之外，道德规范还以社会交往中表达出的评价来界定人们在此秩序

① 李荣荣在研究中指出，施惠对象不明的公益实际上生长于陌生人社会。公益在人心中要扎根，实际上需要不同于熟人社会的土壤。

中的分层地位，具体表现在人缘与口碑两方面，前者代表交往中的受认可度，后者则凝结在整个村落中形成社会印象（杨善华、孙飞宇，2015）。规范发生作用的方式是通过“乐之者”的主动参与，后者愿意持续积极投入。口碑好的人或家庭，一方面其行为态度能够顾及舆论，顺应村庄大多数人认可的规范；另一方面是其“人格”反映，体现在“为人”的过程中，并不能一蹴而就（吴飞，2009：183-184）。获得好口碑的个人，既体现了对村庄默认道德的遵从，又体现其在道德方面的自主性与韧性，对村庄中多数人能够给予得当的恩惠，在道德层面往往具有深厚的资本。这种积极投入编织情谊的处事方式也能相应地为个人或家庭带来好处，即被视为圈中人，得到相应社会网络的支持与资源供给，得到信任并被赋予插手圈中事务的权力。村庄中的信任、互惠以及合作紧密贴合于往来的社会网络中，且需要网络中的个人不断投入（王雨磊，2015）。从这个层面来看，乡村社会中存在恒常的底蕴，但由此生发的结构呈现何种形态却要面向历史条件。若希望贴合人心，那身处其中的人一定需要辨明日常生活背后的隐情，变迁之中的社会底蕴。

由道德秩序的作用机制来看，若希望乡土社会重建合作之风，改造的起点当在具体的社会交往中，在影响人心最为重要的社会组织——家庭之中，在熟人社会网络中。若希望由外而内塑造新风，可能会事倍功半。吴飞曾给予一个致力于干预自杀的社会组织很高评价，原因在于后者能以得当的方式嵌入到各类网络中，帮助农民更好地处理影响其生活质量的难题。这些难题包括夫妻不和、婆媳争端，它们无法进入当下的公共治理视野中，但对于普通人的生活至关重要。这一社会组织通过积极组织文娱、学习活动影响人们待人接物的观念，强化在社会变迁中已然式微的伦理观念，维护家庭的和谐以及邻里的和睦。得到帮助的家庭成员，往往会积极参与组织活动，甚至成为骨干，去调解更多的村庄事务。社会组织这样的介入方式，看到了普通人过日子最需要的扶助，是重塑社会交往的伦理秩序，而非简单照搬植根于其他土壤的民主制度。家庭及邻里之间的持久互助、合作依赖心性的涵养。人们若过分在意交往中的利益[①]得失，就使得社会关系脆弱易折，根基难建（吴飞，2007a）。

换句话说，农民合作组织的建设若能顺应人心，呼应民情，那它将最终能发挥效果。若其在组建过程中照搬植根于其他土壤的正式制度，忽略了村庄中潜在的规范，则其将面临各种不可战胜的“变通”、“非正式运作”，合作在此过程中将被异化。

三、研究问题

综合上述研究，笔者将从以下几个方面研究蒲韩扎根乡村社会的机制：

首先，乡村社会有其政治-经济-道德结构，合作组织如何进入乡村社会网络？

其次，政府的政策导向、资本市场对合作组织的发展有重要的影响，其在发展过程中如何平衡与这两者的关系以获得自主成长空间？

再次，在合作根基单薄的乡村社会中，合作组织将如何利用已经建立的社会关系深入普通人的生活，塑造新的风气？其组织制度如何能够嵌入乡民的生活以稳步扎根乡村社会？

四、研究方法

1.基本概念

乡村社会：采纳杨善华等研究者的思路（杨善华、孙飞宇，2015），“乡村社会”既指中国历史传统中的乡土社会，即在此社会中血缘以及地缘在社会交往结构上发挥了重要的作用；也包括经历变迁的乡村，其中血缘、地缘的力量不断式微。

农村合作组织：1980 年代之后内生于农村之中的合作组织。王铭铭等人类学者对于传统中宗族作为社会组织的作用进行了研究，指出其在推动村庄互助、合作方面的影响，但传统社会中发挥合作的组织只作为

---

① 在吴飞的《浮生取义》中，个人利益也包括自我的尊严。

参考背景，并非笔者考察的研究对象。

2.观察与访谈

对于追踪组织扎根历程这种纵贯定性研究而言，问卷调查和结构性访谈显然是不合适的，因为研究者的预设问题会忽略太多组织成长历程中的不确定性。因此，观察与访谈是本人在田野中收集资料的主要方式。

一般而言，观察法具有以下要求：1）从被研究者的视角看待事件、行动、意义以及规范或规则；2）要结合相应的社会及历史背景去理解行动以及事件；3）社会行动并非是静态的，它是过程性的、动态的；4）不能将研究者自身的理论视角强加于被研究者的体验之上。本研究的场域是乡村社会，在这一空间中，虽然会在某个时段出现一些典型事件，比如动员整个村子参与道路修建，但大部分事件都是平淡琐碎的日常生活，而恰恰是在这些点点滴滴的互动中，组织联结乡民的往来、规则被建构出来。因此，采取持久的观察，能够捕捉到这些建构的过程和细节。

在访谈方面，本研究主要采用的是开放性访谈，以期更加全面地倾听和了解组织的扎根过程。在访谈对象的选择上，我采取了关键信息提供者与一般访谈对象相结合的方式。关键信息提供者更愿意接纳笔者的访谈，他们掌握了较为全面的信息，且有着相对较好的表达能力。关键信息提供者的选择标准如下：首先，是合作组织中的骨干，在乡村社会中属于节点性人物；其次，有着良好的沟通能力，也有表达分享的欲望。根据这些标准，本研究选择了6人作为关键信息提供者，其情况详见表1：

表1　关键信息提供者概要

姓名	年龄	职位	加入时间
ZB	47	总干事（带头人）	1997
LCR	46	妇女骨干（寨子村妇女主任）	1997
LJR	47	妇女骨干	2001
NSQ	54	妇女骨干	1998
RSL	53	妇女骨干	1998
WSQ	52	妇女骨干	2004

虽然集中对关键信息提供者进行访谈可以收到事半功倍的效果，但是关系网是广泛建立的，以便利用其中各种关系、各种资源，还可以将各种信息相互印证。在此，一般访谈对象是指那些访谈次数相对较少的人，但这并不意味着他们不重要。对于在社区中承担重要责任，但没有时间交流的人，就只能争取以比较少的问题获得关键的信息。对于这些人，需要事先做好准备，在获得足够的边缘信息基础上，再集中对其访谈以补充核心细节，例如社区总干事助理 LXL。还有一些人被作为一般访谈对象，是因为他们涉及某个事件，例如千亩生态园计划入股土地的寨子村村民。

3.田野工作

整个调查主要包含两个阶段：

第一个阶段是 2016 年 7 月 10 日至 7 月 25 日。在 7 月 13 日到 15 日这三天，笔者是与一个公益组织共同展开访谈，因此虽然第一阶段的时间较短，但也从总体上掌握了该合作组织的基本情况，包括其构成以及运作，同时在第一阶段与经常到访的寨子村以及关头村部分村民建立了良好的关系，为后续的访谈奠定了基础。在此期间，共完成访谈记录 10 篇。

第二个阶段的调查从 2016 年 8 月开始，一直持续到 2016 年 12 月。在完成第一阶段调查的基础上，笔者作为公益组织的主要负责人，集中整理了录音资料以及相关的文献，同时梳理关于该组织的各类报道，整理出其主要成长历程。从 8 月到 11 月，笔者所在的公益组织与该社区共建了线上读书会，作为联络人，笔者与社区中的主要骨干有着持续的交流与互动。12 月，笔者围绕交流中产生的各种问题，到社区现场进行观察，并进行追踪访谈。这一阶段，笔者完成访谈记录 4 篇。

第二章　蒲韩社区[①]的缘起与成长历程

山西永济蒲韩社区指的是覆盖山西永济韩阳、蒲州两镇的农民合作组织，其所在的永济市，是一个县级市，下辖于运城市。因为地处晋陕豫三省“黄河金三角”区域中心，坐落于黄河冲积平原上，历史上是富庶的农业区，有着较好的区位优势。韩阳、蒲州两镇覆盖了 43 个自然村，区域总面积为 260 平方公里，共有 6200 多户，人口超过 25000。

一、起步阶段

1998 年，郑冰是寨子村小学的代课老师。她的丈夫开有一家农资店，郑冰闲暇时间会去帮忙。期间，她发现农民购买化肥农药等农资时存在盲目跟风现象，并不清楚如何根据土地的需要来购买，导致农资浪费严重。有感于此，郑冰从 10 月份开始，利用两个月的课余时间，在周边 10 个村联络到八十多位妇女。当年 12 月份，郑冰成功举办技术培训，结果当天来的人超过四百位，其中三百多位都是妇女。结束后不少农民提出希望能有一个季度一次的技术培训，于是郑冰辞了工作，专心筹办“科技服务中心”。单靠自身投资搞培训投入太大，郑冰开始寻求政府部门的帮助。从 2000 年开始，永济市妇联从农业局、水利局、科委等多处请专业老师，当地农民获得了两个月一次的免费培训。

到 2001 年，因为技术培训的影响力，郑冰夫妇结识了越来越多的熟人，农资店的收益比起以往翻了二十多倍。多数熟人都是通过赊账购买农资，这一年因政府推广种植的芦笋市场价格大跌，绝大部分的农户不愿还钱。在前一年，为推动合作致富，郑冰夫妇牵头 30 户农民，搞了养鸡合作。合作的前期投入是从信用合作社贷款，担保人也是郑冰。后养鸡合作也以失败告终。赊账以及养鸡合作两项，郑冰夫妇需要担负 25

① 蒲韩社区在不同的时期有不同的称谓。笔者在描述其成长历程时，对蒲韩社区的命名将依据时期而定。

万。追债不断，加上丈夫的责怨，郑冰在外出散心时受了伤。养伤期间，郑冰得了一些空闲，一直在反思“大家说好跟好，说坏跟坏”的原因。

伤好后她到武汉市区看妹妹，发现许多人整整齐齐在广场跳舞。在无人组织的情况下，这些人准时来准时走，有序舞蹈。郑冰回寨子村正赶上农闲，村中不少妇女利用这个时段打麻将赌博。受广场舞启发，郑冰希望动员村中妇女跳舞，改变风气。坚持了一个月，全村百分之八十的妇女都参与其中。通过集体跳舞，有组织才干的妇女开始凸显。外村妇女也有意学，郑冰及团队中的骨干开始到外村组织跳舞，从十个村一直到三十多个村，为后来合作社的覆盖范围打下了基础。同年，妇女协会成立。

二、探索时期

2002 年，因与妇女接触频繁，郑冰还拉拢一些手工不错的妇女，成立了手工艺合作社。同一年，郑冰夫妇转换农资店经营思路。他们采取向农户借钱，到期偿还本金以及经验利润的方式，极大调动农户还款的积极性，也进一步开拓了农资店的规模。到 2006 年，农资店开了 5 家。

从 2002 年冬到 2004 年，冬闲的时间郑冰及协会的积极骨干组织各村妇女跳舞。在妇联以及文化局的支持下，妇女协会在 2003 年组织几百人到永济跳舞，2004 年甚至成功组织上千人参加元宵节集体表演。组织文娱活动并非一帆风顺，在分组表演以及配合中经常会出现各种问题。2003 年，全国大学生辩论赛在电视上热播。协会骨干受到启发，也开始组织辩论。哪个组的舞跳得好，如何处理婆媳矛盾、夫妻关系、如何教育子女，这些与家庭、邻里关系有关的话题都成为辩题。另外，在每年的农闲时期以及节假日，协会还组织不同种类的比赛项目，越来越多的男性参与其中，团队于 2004 年改称“农民协会”，并在相关部门正式注册。

2003 年开始，团队与外部的互动不断增多。一方面，团队组织的文娱活动被中央电视台《半边天》《南风窗》《南方周末》等媒体先后进行宣传报道。另一方面，团队与关注农村发展的各类组织、高校老师以及各地实践者的互动交流开始成为惯例。在接下来两三年内，郑冰及骨干参加了由谢丽华组织北京农家女学校举办的“农村妇女参加市场经营培训班”，参加了温铁军筹建的晏阳初乡村建设中心组织的培训课，也结缘关注农村合作发展的学者杨团。后者在2005年发起“农禾之家”，发展全国各地发展较好的合作组织，为它们提供培训，当时的农民协会就是第一批会员。

协会内部的活动也在继续，2004年谢丽华参访后提出意见，希望他们能够处理村中垃圾。骨干们长期住在农村，对于卫生问题并不在意，但谢的一番话让她们开始在意这个问题。郑冰外出学习期间，团队内的骨干开始挨家挨户做工作，花了3天时间，清理了全村垃圾。卫生动员之后，骨干们希望修建道路。在动员大会上，骨干们采纳村民意见，通过选举筹备村建理事会。为有效联合男性，选举中他们选出24个理事长，只有1位女性。花了3万元，团队用65天时间修好全村的路，村庄的凝聚力一时得到很大的提升。文娱活动、公共事业的开展，给村庄带来了变化。村民开始自觉抓卫生，参加义务劳动。

随着男性比例增加、外出学习增多，协会从文娱活动转向经济活动。2005年下半年，从晏阳初乡建学院参加完合作社培训，并走访了河南南街村、四川农科村等实行集体经济的村庄，骨干们受到鼓舞，筹备成立了7个合作组织，包括手工艺合作社、涂料厂、蒸馍作坊、千亩生态园等。2006年，农协更名为蒲州果品协会。千亩生态园受到南街村的启发，农户以土地入股，协会将八百多亩土地合在一起，进行集体经营，推选20个种植能手负责耕作，因难以实现持续的激励，经历两年时间以失败告终。到2007年，开展的这些合作几乎都以失败告终，协会中几位骨干积极性受挫，纷纷离去，合作在这个时期进入了低谷。

另一方面，协会与外部的互动交流不断增多，并形成持续的模式。2006年7月，协会与北京富平学校共同创立“永济市富平农村发展社区学校”，于永济市民政局登记。社区学校的运作经费主要来自富平学校，希望“通过农民自己设计和规划的课程，为当地人提供可持续学习的机会，使更多的农民成为有文化、懂技术、会管理、热爱和关心所生活的社区的新型农民”。2006 年到 2008 年，富平以项目的形式运作小额信贷业务，其业务员都是协会中的骨干成员。2009 年，富平与协会正式签约，成立小额信贷公司，骨干成员转成公司员工。小额信贷业务一直持续到 2012 年，到续约阶段，因理念不合，协会的骨干退出富平，开始立足协会为村民提供资金互助服务。与此同时，郑冰受到杨团在陕西村庄中村落合作医疗实验的启发，借助协会的影响开始展开健康服务。

三、走向成熟

2007 年到 2008 年，协会开始反思过去十年所做的事情，反思推展的合作项目为何以失败告终。郑冰说，“那是个惨重的教训，失败之后我们就讨论接下去怎么做。我们是严格按照规范走，但管理上光有热情不够。那几年都奔着经济去，经济没搞出来，人圈散了。我们总结，我们在做农村的事不应该把经济放在第一位，应该把农村的生活放在第一位；第二，做农村的事绝对不能急，团队当时觉得发展要快，最后就容易出错；第三，团队缺少年轻人，接受新事物慢，一些需要开拓性的事物需要年轻人来做。”

从 2007 年开始，协会通过骨干的子女以及其他熟人关系召集年轻人。协会派出回乡年轻人到河北晏阳初乡村建设学院参加为期 7 天的种植培训，并让年轻人承包土地尝试种植有机农产品。2007 年《专业合作社法》出台，2008 年协会又注册了 28 个专业合作社，让回乡的年轻人一人跟进一个合作社，以此锻炼年轻人的入户沟通能力。2010 年，青年农场采用有机技术种植的棉花，得到香港迈思公司的认可，此后又借助合作社的平台推广土壤转化服务，以推动有机产品的种植和销售。随着 2010 年《专业合作社法》的修改，国家允许成立联合社，原先的合作社改名为蒲韩专业合作社联合社。

2007 年各类项目失败之后，团队在接下来三年时间内逐步梳理出 9

项服务。首先，包括手工艺合作社以及农业技术培训这两项团队最初涉及的服务。其次，2006 年借助富平学校开始提供信贷服务，2007 年开始探索的养老服务。再次，2008 年团队开始考虑通过合作社创收来提供运营成本，锁定农资统购、日用品统购以及农产品销售三项目标。2009 年因为关注到农药化肥的弊端关注有机农业，开始推动社区的土壤转化。2010 年后，因为年轻骨干有教育子女的需求，团队开始摸索私塾教育。自此，9 项服务的范围开始确定，在随后的 3 年时间里，为将盈利性的经济服务与公共服务区分开，逐渐将服务划分到 3 个法定部分，即果品协会、农业技术学校以及联合社。

表 2　蒲韩社区九项服务①

社区联合社	果品协会	农业技术培训学校
·信贷服务 ·日用品统购 ·农资统购 ·农产品统销 ·土壤转化	·红娘手工艺合作社 ·私塾教育（儿童） ·老年康乐服务（养老）	·农业技术培训

自 2012 年 9 月开始，团队以社区联合社运营资金互助服务，其资金来源包括社员入股股金，合作社开展统购统销的盈利以及外部基金会注入的资金。

① 蒲韩社区提供的 9 项服务，自 2013 年逐渐出现彼此关联的趋势。譬如，如果村民有借贷的需要，那就必须成为会员。到了 2014 年，规定又做了调整，会员家庭还必须入股一亩土地进行土壤转化工作，以便推广有机农业。另一方面，其做法又具有融通性，如果是非团队会员有养老服务的需求，协会也会为其提供服务。

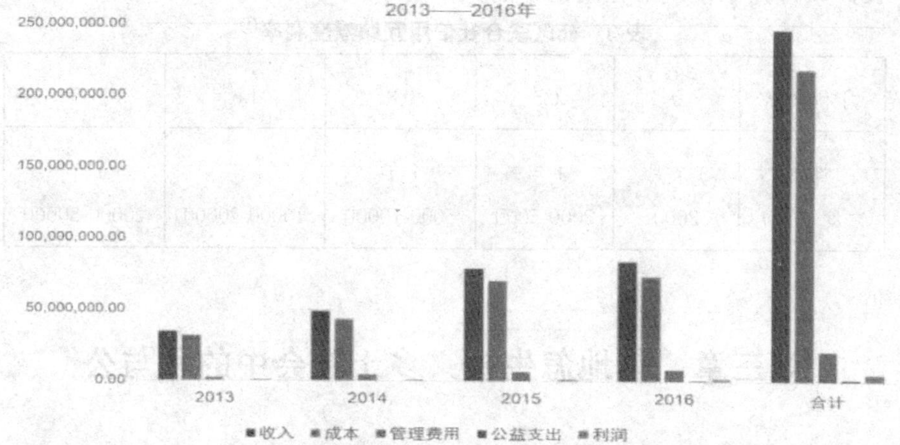

图 1　蒲韩社区 2013-2016 的收入与支出①

值得一提的是，社区联合社接管信贷服务之后，对富平公司的放贷政策进行了调整。原先富平公司的要求是年利率 21%，且贷款者无法提前还款（除非缴纳高额违约金）。合作社在初期就规定，月利率 1.5%，社员可提前还款。2014 年 6 月，团队为了更好地发挥益贫功能，对互助利率进行差额调整，将万元内的贷款利率控制在 0.8%以内，同时免除 2000 元贷款的利率（只有社员在 3 个月内能够归还）。

2013 年开始，团队能够利用盈余自我运营，为工作人员提供工资，且确立盈余返还制度，规定经营收入的 60%以实物的形式中返还社员，30%投入公共服务，10%用于支付管理费用。

目前，蒲韩有 113 个全职工作人员，80%以上是 35 岁的年轻人。团队的组织建构也渐为成熟，能够体现社员自主的特征。会员以户为单位，共有 3865 个。在此基础上，基本 5 个人中选出一位小组长，形成 773 个会员构成的会员代表大会，从中选出 35 位理事长，进一步是常务理事

① 2013 年，社区联合社经营收入超过 1100 万，扣除经营成本（包括工资等）的收益超过 274 万。其中统购统销的收益超过 95 万（占总收益的 37.8%），社员资金信用服务部分收益达到 144 万（占总收益的 52.4%）。

长，以月为单位统筹社区内部的大事小事。

表 3　社区联合社信用互助额度利率①

月利率%	0	0.5	0.8	1.3	1.5
期限 额度（元）	3 个月 2000	1 年 2000-5000	1 年 5000-10000	1 年 10000-20000	1 年 20000-50000

第三章　落地怎生根：乡土社会中的私与公

乡村社会自近代以来发生了结构性巨变。传统的社会时空限制被突破（郑杭生、杨敏，2006），行政力量前所未有的深入以及突然撤离造成了其自组织能力弱化（王铭铭，1997：94-97），生产、互助合作以及人际关系也受到了很大的影响。就社会关系而言，学者基本能达成共识，即利益在乡村社会中成为社会关系的主要标准，亲缘、地缘关系维持情感的纽带作用不断减弱，难以发挥互助合作的作用（折晓叶，1997；徐勇、邓大才，2006），家庭相隔于村庄公共事务转向私人化（阎云翔，2006）。

另一方面，乡村社会也有其恒常的一面，譬如乡村中人情往来已成负担，但身处其中的人往往不会无故中断。无法中断的负担，是在社会交往中无法拒绝履行的义务，其中不乏利益交换的思虑，但也包含着超出私人利益的道德性，交织着感激，构成社会关系中的互助纽带（王雨磊，2015）。杨善华、孙飞宇（2015）根据他们的田野经验认为，道德伦理、人缘口碑这些在传统乡村中维系着社会的秩序，经历变迁之后仍能贴合于当下发挥作用，在村民的本土世界中成为交往的依据。

① 2016 年，笔者在采访信用互助负责人 WBE 时，她指出联合社将进一步限制高额信贷部分，“合作社是帮助那些真正想要的人，不是帮助那些做生意的，做生意的其实不需要我们帮。”

由此可见，乡村社会中出现了私人化的倾向，但其恒常的道德秩序仍然积淀在人们的经验、思维之中，发挥着作用。更重要的是，这样的道德秩序生发于有往来纽带的熟人网络中，并不会轻易扩散到更大的范围。

蒲韩社区从起步发展到今天，十八年有余。在起步阶段，它经受了不少挫折，使得推动互助合作的意图难以实现，无法生根。细究起来，它们有相似之处，未能辨明乡民的公私界限。

一、好心没好报

在农村不能做公益，你要做公益，你没有那么多钱能亏下去，那是无底洞。

——郑冰

郑冰是蒲韩社区的理事长，也是这个团队的核心人物。在她数次关于蒲韩社区的历程讲述中，都会提到初期失败的教训。在一些公开场合，当外人尝试以蒲韩模式这样的词来形容蒲韩的成功，郑冰首先指出，她不喜欢模式这个词。每个地方有它的特点，蒲韩走过的不一定适合其他地方。事实上，比起蒲韩目前的成功，郑冰希望求取经验者更看重的失败教训。

郑冰口中的教训是指什么呢？在上个世纪末，她因为看到农民购买化肥农药的不理性，尝试请专业的技术老师来教授大家正规的知识。首次尝试成功之后，郑冰看到了技术培训对农民的重要性，也看到农民学习的热情。为此郑冰甚至辞掉小学代课老师的工作，把精力放在技术培训的组织中。自 1999 年到 2000 年，郑冰借助妇联的力量邀请了农技方面的老师，农技方面的讲座共有 12 次。

郑冰的公益心肠让农资店吸引了越来越多的熟人，生意越做越大，农资店的生意比未开讲座之前好了二十倍不止。因为是熟人社会，购买农资这种大宗产品，处于农忙阶段的农民往往手中现钱不多，需要等到收获时才能还钱，这也给后来发生的事情埋下了隐患。

2001 年，政府大力推动的芦笋产业遭受了市场滑铁卢。芦笋的市场价格相比前一年大跌，农民支不抵收。在需要大家还钱的时候，绝大部分人都没有还。与此同时，在前一年，为带动大家合作致富，郑冰找到 30 家农户，以个人的名义为每户从信用合作社担保出 5000 元用于组建养鸡合作社。2001 年，养鸡失败后，这 30 户也都没有如期还钱。郑冰夫妇因此负债超过 25 万。

沉重的债务负担让郑冰感受到巨大的压力，也使她开始琢磨这个问题。事后，她在不同的场合给了不同的解释：

“光是技术培训不行，大家说好跟好，说坏跟坏，没办法持续。大家手头不是没钱，可有一撮人不还，其他人也就跟风。”（ZB20160716）

“当时的风气就是这样，大家都各顾各的，我一个人改变不了。在农村不能做公益，公益是个无底洞。”（ZB20161203）

如果把这些解释做一些整合，郑冰表达出这么一层含义：免费的技术培训属于公益活动，大家能得到好处，但并不觉得需要给什么实质性的报答。农村当时的风气就是以自家利益为重，所以对自家有好处的大家称好，危及利益的就避开。如果风气没有变化，单靠个人力量，投入再多也没法改变村庄的情况。

家庭承包责任制的实施，虽在初期刺激了农民的生产积极性，但它削弱了集体化时期社区对公共事务的服务。若从长远来看，集体化时期组织生产以及公共事务的是国家安排的公社与大队，这样精细到大队的安排实则截断了在传统社会中家庭的互助合作传统，也削弱了家族中权威人物的影响力。因此在后集体化时期，乡村中的公共事务失去了担纲者（王铭铭，1997：94-97）。缺乏资金以及有力的领导，使得乡村公共物品的提供变少。另一方面，村庄共享的文化生活也越来越少，家庭成为人们的休闲娱乐单位（阎云翔，2006）。郑冰在提供技术培训的时候，乡村的私人化风气较盛。除了郑冰之外，笔者在入户访谈时受访者对当时环境的判断较为一致。欠债不还的情况显然与后集体时期的私人化风气有关。

一位九十岁的老太太指出：

“我经历的可多了，要我说现在的风气能跟五六十年代比。大家心齐了，家里人也不嫌弃我们这些老人家。分田之后，人的心态就不一样了，不像过去那样，只管自己家里的地，想着自己占好处嘛。”（SGH20160720）

生于 1960 年代的种田能手告诉笔者：

“集体时期是讲道德的，现在都是讲钱讲成绩，大家没想到分田之后，人心就散了，各顾各的。需要大家出力的事情年年有，可没人愿意白干。”（SCY20160717）

应当指出，郑冰的解释还包含另一层意思，那就是乡村社会的道德秩序仍在，像亲友的往来人情，身在这个网络中的村民并不能挣脱。虽然对于网络外的关系，村民感受不到很强的道德约束感，更看重的是即时利益。但利益并非是村民唯一重要的行动指向，在村民主动或认可的亲友关系中，他们还是要尽可能做到受惠思图报，临危当周济。否则，他们不仅将面对内心的拷问，还将面对他人的指责，在村中社会地位的下降。

乡村社会并非是私人化的，也并非是自我中心的，家庭是基本的交往单位，家庭之间依据亲缘等关系也构成一定的往来，遵循其中的道德规范。村庄中的公，是指是否要将他人纳入同情的考量范围，它没有具体的空间指向，也没有明确的事务指向。一段有着道德义务的关系出现了，得到维系了，才有公正公平可谈。对于郑冰夫妇，大多数与其没有密切人情往来的村民选择继续欠债。虽然郑冰提供的免费技术培训为村民带来了一定的好处，但这样的平台是面向多数村民，其所投入的精力、时间并不指向具体的某个人，它也并没有构建一段社会关系，受惠的村民并没有“送取相宜”的义务感。这也是郑冰指出“在农村不能做公益，公益是个无底洞”的原因。

李荣荣指出，对于当地人来说，那些坚持公益理念的组织或者个人即便做了好事，他们也不会被纳入互惠系统中。村民不会以村庄内的互惠原则去要求这些外来人，因为他们无法辨明现代公益实施者与受惠者的相互关系（李荣荣，2015）。即便郑冰是村里人，她所推动的免费讲座属于公益行为，对大家有利，但这样的施惠行为并没有具体的受惠指向。人们得到好处，但并不觉得需要报答。虽然 2001 年郑冰夫妇因为村民欠债不还承受了巨大的压力，村民的行为表面上看也像是知恩不图报，墙倒众人推。但他们的态度与行为与乡村社会中蕴含的情理是相通的。

在一些公开场合，当许多人向郑冰取经，郑冰的回答是：

“我不认为蒲韩有什么模式，全国那么多地方，蒲韩走过的其他地方不一定适合。如果你让我去你们那边尝试，我不觉得我能做好，不过，我要做的第一件事，一定是去向当地农民请教，去向他们学习。”（ZB20161110）

公德与好的理念并不能自然扎根于乡土社会，它需要直面社会网络中的情理，不是绕开它，也不是对其进行全盘改造，而是顺其原理，逐步深入。

二、日久见人心

2005 年，农民协会提出千亩生态园发展计划，准备发展十大经济类水果项目，包括杏、苹果、桃、柿子、核桃、枣等。协会骨干在计划初期希望能集中 1000 亩土地，最后实际集中了 870 亩。土地集中具体采用了两种方式：一是农户将自己承包的地入股，每亩 1 股，3 年内可以在土地的果树空隙之间种植粮食作物，农民从自己的土地投股以及粮食作物获得收益。土地入股3年之后，开始实行保底价，每年每股收益1000元，生态园剩余利润按股份分红；二是根据农户自身的意愿转包土地，每亩每年固定由协会负责支付350元。生态园由协会懂技术的会员负责经营，在农忙时间组织闲散在家的会员到园中工作。

870亩地来自175户农民，在这片生态园上主要由协会选出的管理委员会种植管理，其中包括20个庄稼种植能手。协会发起这个项目，是受到外出参访的启发。2004年，郑冰以及协会骨干到南街村学习。参访回来，协会便开始讨论土地集中管理的好处。讨论的结果是，“合在一起省人力省财力，方便统一管理”。生态园成立不久之后就出现了问题。种子可以统一购买，农资统一分配，这个过程节约了土地投入的成本，但因为种植过程不以家户为单位，会员实际上是为投股人劳动。初期他们还比较活跃，越往后越没有干劲，协会每年的管理费用达到二十多万，最后收不抵支。到2007年，协会不得不放弃生态园计划，将入股的土地还给175户农民。

协会发起千亩生态园计划时，惊动了永济市市长、当地农业局局长。他们指出，“这个土地是高压线，你怎么敢把土地合并在一块呢？你这事万一要弄砸了，那老百姓会吃掉你的！”投股农民的反应显然不像地方政府预期的那样，不过这些官员之所以对农民抱有不信任的态度，与他们自身的经验有关。农民协会的会员覆盖韩阳、蒲州两镇，这是地方政府大力推动芦笋种植的两大基地。仅从1996年到2000年，光永济一个地区就建成了10万亩种植基地，韩阳、蒲州两地的种植面积超过1万亩[①]。地方政府以经济利益推送芦笋的单一化种植，但芦笋的价格恰恰在其种植面积扩大时，价格飞速下跌，从前一年每公斤12元下降到2元。“那时候很多老百姓把芦笋弄到政府门口去，找政府闹事。亏了那么多，政府得给个说法。”

---

① 参看《2011年永济市芦笋产业调查报告》，http://www.topcanchina.org/src/2012-04/4687.html。

千亩生态园计划与政府推广的芦笋种植有着相似之处。千亩生态园计划中，以土地投股的农民在开展生态园计划的3年间并未获得应许的收益。相反，他们投入的土地在这3年中相当于没有产出。对于需要靠土地维持生计的农民而言，他们亏了。政府推广的芦笋种植，因为市场价格下跌，农民亏了。无论是生态园计划，还是政府推广的芦笋种植，它们都不是农户自觉发起的，为何农民会区别对待？

郑冰给出的解释是，“虽然失败了，但是大家知道你的心是好的。就算亏了，大家也不会怪你”。“老百姓有他非常憨厚的一块，他其实看得到你们这一帮人是用心在做，但没做好”。

笔者就千亩生态园计划失败参股农户的态度做了补充访谈。

受访人RSH是千亩生态园的参股方，并未向协会骨干讨要3年的损失。笔者追问原因，她的回答是：

“这个肯定不好意思要的，不是只有我们投进土地，他们也是一样的，损失不比我们小。再说了，人家好心办事，不能办砸了就怪。当时是有一两个人去讨，那样的大家看不上。有好处就往前赶，亏了就现实。”

RSH旁的农妇（并不是参股方）也插了一句：

“搞这个生态园之前，他们为村子做了那么多事情，大家都得了好的，你没看到，我们当时那么多人上永济表演，连中央电视台都来了。地合并之后是没成功，大部分人还是不会那么现实……”

受访人NSQ坦言：

“这个地投进去，用来种这些果树，大家肯定指望有回报。中间出了问题，乡里乡亲的你也都知道……再说了，协会那些年做的事哪家没受惠，村里的风气都变了。”

结合郑冰以及受访人的解释，笔者总结出以下几个方面：首先，协会骨干在发起千亩生态园计划之前，通过组织跳舞、发动清理垃圾、修路等活动改变了村中风气，也积攒了人气，大家都知道骨干在“用心做事”；其次，协会骨干基本都有土地入股，计划失败后他们自己也亏损了，他们也很内疚。生态园的种植和经营状况，在熟人圈子里大家都知根知底，因此不好怪罪；最后，农户投入的地不算少，3 年种植最后亏损，人们肯定介意，但于农村情理而言，太过现实是不好的，于是绝大部分人亏了也只是闷声不言。

与之形成对比，是村民对于政府的反应。受访人 SCY 给出的解释值得琢磨：

“那些年我们种芦笋，用的地不是一亩两亩。政府说种这能赚大钱，一再保证，乡干部村干部一直在工作。乡里乡亲的，加上政府发话，我们都信了。除了种粮，余下的地都种芦笋。从 96 年到 99 年，芦笋价格高，我们确实赚到。可 01 年，价格大跌呀，花出去的都没收回来。政府给我们保证，出了问题也得给个说法吧。他们是不受影响，我们老百姓哪经得起这样的折腾？”

政府借用本身的权威推动芦笋产业化，可芦笋价格大跌之后并没有给村民一个交待，这对于亏损的农民来说实在心气难平，他们需要政府给说法，给予赔偿。应星在研究农民集体上访行为时，对农民面对人事引发的灾祸所持的态度进行讨论（应星，2000）。如果灾祸或者缺失是由乡土社会内部的力量或人员造成，农民首先要做的是追究原因。而对于政府这样的外力干扰，他们希望政府能承认这种影响，并采取措施帮助他们在生活中达成新的平衡。两种态度的根本差异是，农民面对乡土社会中的熟人，要估计往来恩惠。面对损失，就要以商量的口吻去沟通，不能直接就讨要损失，影响交情。面对政府，村民没有义务站在政府的角度考虑问题，不需要去理解其推动芦笋产业背后的目的，已成的损失是最大的问题。因此村民首要的是讨说法，让政府承认自己的做法造成的伤害，这是索要赔偿的基础。

应星的解释帮助厘清了村民对于协会及政府态度不同的原因，不过它还无法回应一个问题：为何到了 2005 年，农民对于郑冰的态度有了这么大的转变？原先是没有义务感，但面对生态园失败利益亏损，农民后来的态度居然是富有同情心地去理解郑冰团队，并且指出，讨要损失的人太过现实，不懂知恩图报。这样一个问题，笔者要留待后文进行探讨。千亩计划园计划中，还有一个问题尚待深入。

虽然入股农民并不向协会骨干讨要损失，但这场声势浩大的合作计划确实失败了。失败的原因就是即便是协会的骨干，在生态园的投入也是有限的。随着时间推移，种植能手的积极性不断下降，整个团队的合作计划就因为人员的管理问题而中断。协会骨干 RSL 解释道，“如果这是自家的地，大家就都不是这个态度。你是自家的地，你不可能日上三竿还不起来干活。对于自家人，大家不会计较付出，可超出自家范围，人人心里都有账本，算得一清二楚。你偷懒，我就不愿积极。”（RSL20160721）

这种家庭内外的区分，仍与乡村社会长久形成的交往模式有关。家庭作为完善的合生产、消费、生育、教育一体的社会组织，在历史上扮演着重要的作用，在此之上形成的“家本位”文化对于人们的意识结构有着深远的影响。当然，在变迁的时代，家庭这一组织发挥的功能产生了变化，其提供教育、消费等功能被不断地分离出去。不过，在吴飞看来，家庭[①]仍然非常重要，它是人们过日子最为重要的场所，是实现人格价值核心的单位。家庭经营好了，人们的人格意义才完善（吴飞，2009）。家庭，是人格的组成部分。为着家庭的发展，投入时间、精力，人们并不会过分计较。

从生态园计划失败这个案例中可以看出，农民对于郑冰团队的态度发生了改变。他们与郑冰夫妇初期的交往更看重利益，没有人情约束。

---

① 吴飞（2009）也指出，家庭随着历史变迁其内涵会发生改变。对于当代人而言，家庭主要指的是核心家庭。

可当郑冰以及协会中的骨干参与村庄事务越来越多，影响力越来越大，施惠范围越来越广，村民已经将其纳入社会关系网络之中，以“送取相宜”的理来对待他们。不过这个社会网络中的关系并非是对等的，它存在差序。人们不可能以对待自家人的态度看待其他人，这就是千亩生态园失败的原因。

合作要凝聚农民，提升他们内部共同成事的能力以及对外协商的能力，不过合作的根基是特定习性的农民，不尊重这样的习性，合作便是无根之木，无法汲取成长的营养。生态园计划忽视了农民的家本位观念，企图以规范的模式来推动合作项目，结果以失败告终。

当然，农民并非处处看重私利，如果公共活动的开展能够嵌入人们认可的社会网络，尤其是家庭这一组织中，与他们形成互惠，农民也会将活动的组织方纳入人情圈中，当成自家人看。乡土社会中的公私没有明确的界限，其主要的表现形式是内与外。一旦被纳入社会关系网络之内，就具有网络身份，也就有了促成合作的活动空间。反之，如果被排斥在网络之外，即便投入人力、物力，也很难让大家有参与分担的义务感。

第四章　歪打却正着：寻找合作担纲者

这个过程中间其实是歪打正着，是把大家凝聚起来，就是在这个跳舞中间。

——妇女骨干 LJR

前文留下了一个问题：为何 2005 年生态园失败，农民对待郑冰团队的态度与 2001 年发生差别？原因上文也涉及到，郑冰自 2001 年后动员已有的社会关系进入农民的亲友网络，通过反复的面对面的施惠行为，当地农民开始将郑冰及其团队纳入人情圈中。农民对待郑冰团队的态度不像对待外人那样，而是将他们视为自己人，以同情同理的心去对待，从长远来看待彼此互惠的关系。

那么郑冰是如何寻找到共同合作的骨干？这些骨干如何与农户建立互惠关系，以扎根村庄原有的社会网络？

一、跳舞出骨干

2001 年郑冰看到武汉市区的妇女跳舞，在无人组织的情况下有序整齐。受此启发，郑冰希望寨子村的妇女在农闲的时候也能通过跳舞丰富自己的生活。以往农忙过后，村里的妇女经常聚在一起说闲话或是赌博，风气不好。蒲韩社区的骨干以及村民都印证了郑冰的说法。

蒲韩社区有机联合社的负责人 LJR 提到上个世纪末寨子村内的风气：

“我是西厢的，1989 年我嫁到寨子村。当时寨子村村风特别不好。寨子村的一个熟人曾跟我哥说，那里的年轻妇女特别厉害，经常扎堆说闲话，媳妇骂婆婆属于正常现象。”（LJR20160720）

笔者在入户访谈时，一位年届五十的村民告诉笔者：

“我觉得协会做了不少好事，你要让我排个顺序的话，第一个，以前协会没组织跳舞这些，打麻将赌博的多着哩，婆媳关系也不好，她们把风气搞好了。”（SCY20160716）

郑冰的想法虽好，不过一提出来就引起各种异议，不少人的回应是农村人没法跟城里人比，跳舞这种事跟农村人没关系。村民当时对郑冰也有非议，认为她刚从债务危机里得到喘息的机会，不懂得适可而止，“神经有问题”，组织跳舞实际上可能是搞法轮功。

因与妇联打过交道，郑冰又请她们发出公告，为练舞提供政策依据，联络舞蹈老师。有了政策凭据和老师，郑冰就借助自身的关系网络，动员熟识的亲戚朋友参加。她们之所以愿意顶着舆论压力跟着郑冰尝试，一方面是与郑冰有着往来的情谊，更重要的还是认同郑冰行事的理念。因为在跳舞初期，不少参与者的家人都持反对态度。考虑到农村妇女的家本位特征①，做出这样的决定确实还需要交情之外的认同作为支撑。郑冰通过前两年举行的技术培训，在村民中反响很好，一些妇女对郑冰推动的事业非常认可，有共事的想法，但是缺乏机会。WAQ 是蒲韩社区最早的骨干之一，她在访谈中说明自己对郑冰的钦佩：

“那时候一般的妇女每天在家做做家务打打牌就算了。郑老师搞技术培训亏了很多钱还组织跳舞，当时我就想：这是什么样的女人，怎么自己吃那么大亏还敢这么做？其实我自己也是很上进的人，也想做些事情，但却没有那个能力。”（WAQ20160721）

不同于技术培训②，舞蹈活动实际上开辟了公共空间，为那些有意愿参与社区活动的妇女提供了平台。随着时间推移，参加跳舞的人不断增加。满一个月时，全村包括老年人在内参加跳舞的妇女占到 80%。跳舞人员剧增，就需要一支调度管理的队伍。为了更加有序，郑冰组织报名参加的人开会，以生产队为单位，推举出 6 名有组织能力的组长。在推举的过程中，那些有组织能力能服众的妇女被推举出来了。社区最早的 3 位骨干 LJR、WSQ 以及 RSL 就是在初期的时候通过民主的方式被选为组长的：

“2002 年左右，大家聚在一起选小组长。那些爱跑腿、比较负责的人就被选出来了。我们三组就选了我，其他两个组每组选了好几个负责

① 孔海娥从生命历程的视角研究了农村妇女社区参与的特点与变化，其中一个重要的发现就是：女性参与社区活动的首要原因与家庭有关，正是对家庭及子女需要的关注，妇女才不遗余力地参与社区生活，参看孔海娥，2009。

② 技术培训虽是免费公开的，但它仍然是以家户为单位，并没有开脱农村内公共活动空间。跳舞这样的文娱活动则不同，它是超出家户的，来自不同家庭的妇女得以聚在一起参与集体活动。

人。我们一共六七个人就负责平时的组织工作和活动通知。”（LJR20160720）

“认识郑老师之前我养了12年鱼，当时就比较细心好学，因为缝纫技术好，我也曾带过培训班教别人缝纫。我自己是上进的人，也想做些事情。”（WSQ20160723）

“我是最早的一批跟着跳舞的。因为对农业生产感兴趣，郑老师组织的培训课我一节不落都听下来了。郑老师看我认真，也经常跟我讨论。她想组织大家跳舞，找到我。我看她为大家的事那么费心，也想尽点自己的力。我的人缘还算好，大家就选了我。”（RSL20160721）

推举的过程实际上借用了村庄的网络关系。郑冰以公社化时期的生产队为单位，让参与妇女推选组长，有效利用了村庄原有的网络关系。生产队是集体时期中自然村内部的基本生产单位，由于在过去生产、分配、文娱活动都一块参加，又有地缘上相近的关系，农户对同一生产队的邻里情况一般较为清楚。

参与妇女之所以能够有效率地选出组织者，与熟人网络中存在的道德秩序有关。杨善华、孙飞宇指出，乡村中存在着一套处理人际关系的评价机制，这套机制形成了在政治、经济之外的另一种分层体系——道德分层。村庄中人际交往中常常包含着对做人形式的评价，那些处事待人能够牺牲自己利益，懂得留有余地的人往往有较好的人缘。两人之间打交道过程中的印象在村庄中流传汇聚，最后就形成口碑（杨善华、孙飞宇，2015）。在道德上有影响力的人能够借助好口碑迅速脱颖而出。LJR和RSL在受访中提到，因为她们有吃苦服务精神，在熟人圈中口碑好，因此被推举为组长。WSQ在参加跳舞之前，自己就组织过培训班，邻里对她的情况都清楚，她也因此当了组长。

跳舞中被选出的骨干都是在道德分层中地位较高的妇女，一般来说，她们善于料理家务，在日常生活中待人接物的方式得宜，在社区中有着不错的口碑。这些都为后续活动更好地展开奠定了基础。团队日后两三年时间里需要开展的活动看似简单，但其目的是改变人们在料理家务事上的态度，包括促进夫妻关系、婆媳关系、父母与子女的关系往彼此尊重和理解的方向去发展。希望农民不要各自为营，沉浸于败坏风气的活动，能够改变自己的生活方式，最后让村中风气得以扭转。恰如吴飞对农家女小组的评价，这个团队在未来所要开展的活动，实际上是要补充现有社会支持网络体系的缺失，强化日常生活中的各种伦理道德（吴飞，2007）。重塑道德的影响力，实际是在重塑乡村社会中的同意权力以达到教化的效果①。

费孝通在论述乡土中国的权力结构时指出，在熟人网络中，实际上同意权力、教化权力所发挥的作用远胜于自上而下的皇权，也就是横暴权力。前两者权力指向人心及人伦，体现为道德对人产生的约束与引导（费孝通，1999a：60-70）。赵旭东认为，说服教育以及调解实际上传承了传统社会中的教化精神，在今天的村庄社会中仍然扮演着重要的角色，维系着地方社会的道德秩序。能够担此责任的人员，往往具有这些品质：敢于说话，愿意奉献，处事耐心冷静且留有余地（赵旭东，2008：140-176）。赵提及的这些品质，部分被选拔出的组长就具备，她们在后续的活动中不断展现这些品质，赢得众望。

以 2004 以及 2012 年妇女骨干组织清理垃圾为例。2004 年农家女机构负责人谢丽华到了寨子村参访，期间指出问题，“你们文化生活这么丰富，为什么村里垃圾这么多？”妇女骨干听到这番话，开始反思讨论。当时郑冰正外出学习，其他骨干在商议之后出了针对村里环境脏乱差的倡议书，每家每户地发。动员的过程中出现问题，骨干们做了大量的说服工作，对于教育不成的，就做表率，最后达到了很好的效果。

① 但其发挥影响力的方式可能与传统不同。经历了集体化时期以及改革开放各种风潮的洗礼，村庄内的社会结构与社会关系发生了很大的变化。即便教化权力有利于构建村庄道德秩序，照搬以往的模式是无法让村民服气的。

"我们去发倡议书也遇到问题。一些人觉得清理垃圾不关自己的事，给钱他才愿意。碰到这样的情况，我们就笑着反复做工作，也不骂，他们看到你费这么多心思组织也就答应了。还有的，答应了最后不出工，我们也不计较，到他们家门口照样清理。人都是有个面子的，他们看到你这样也不好意思不参加。集体打扫那个景象，大家都非常激动。"（YAQ20160722）

除了村庄的公共事务，在家庭关系的调解①方面，骨干们也显出了她们的才干和韧性。骨干 YAQ 分享了她调解婆媳关系的经验：

"我们会利用妇女活动来改善婆媳关系。有关系不好的婆媳一起跳舞，双人舞还配对，拉进了她们的关系。对那些好好照顾生病婆婆的媳妇，我们把她作为典型进行表扬，还发了奖状、奖品。村里原来有媳妇虐待婆婆的事情，我们就想到法子，变成小品。那在台上表演，不用点名大家都清楚，这些媳妇就知道得收敛。"（WAQ20160724）

骨干们在初期所做的卫生清理、家务调解工作，实际上就是在深入社会网络，凝聚人心。正是在开展经济合作之前，骨干不计成本地付出，才能让村民将团队视为自家人，在交往中不以利益为准绳。

二、更上一层楼

我印象最深的是学习中央一号文件。我曾想，一号文件对我就像天上的星星遥不可及，学习这个有啥用？

——骨干 LJR

跳舞活动的组织过程帮助郑冰寻找到几位得力的骨干。她们积极推动村庄的公共事务，试图改变风气，不过单凭她们的力量仍然有限，还

①调解在某种程度上需要花费更多的精力与时间。一般家庭中碰到矛盾，调解者一般是近亲，外人干涉往往被视作多管闲事。骨干要介入调解，首先就得获得信任，其次不能操之过急。

需要村庄中绝大多数村民的认同和积极配合。跳舞活动虽然开拓出公共活动空间，减少了村中赌博的情况，但群体活动带来了新的问题。聚在一起，妇女之间会产生矛盾。“跳舞中间我们有很多妇女闹矛盾，农村妇女人才多，是非也多”（20160716ZB）。面对这样的情况，骨干们试图做沟通工作，但成年累月的家庭矛盾往往不是讲道理就能解决的。2003 年，大学生辩论赛在电视上热播。骨干们受到启发，提议以辩论的形式让村民去把道理争个明白。辩论初期的议题主要围绕家庭矛盾展开，譬如婆媳矛盾谁当负责、生男孩好还是生女孩好。

“在农村有一些道理其实就像一层窗户纸，你把它捅破也就是一下子。这时候往往一个人能把这个方向掌握住，就集合一大堆人不讲理。只要把这个人沟通到位，那这一堆人的方向就立马就给倒过来。所以那时候就把学习已经变成一种方法，纠正一些不好的。”（20160716ZB）

辩论兴起且发挥了作用，反映了两方面内容：一是，村庄中的事务要达成共识，不能再由少数人决定，而是需要大家参与商议；二是，协会骨干发起的辩论会能有效动员村中男女老少参与，是因为它倡导的议题切中了农民的需要，辨明这些道理能让人们在村庄中活得更惬意。辩论的前提是尊重每位参与者的意见与信念，在同意的基础上以理服人，是民主的体现。然而此民主非彼民主，与自上而下推进的投票民主并不相同。协会发起的辩论会讨论的是影响村民切身生活状态的议题，自上而下推进的民主经常出现动员难题就与其脱离基层需要有很大的关系（应星，2005），可见实质的民主不该是成文规范的引入，而应建立在各方的真实需求上。

辩论过程同时也是情理较量的过程，是否通情达理是村民评断村庄人际交往、家庭关系的重要标尺。表达能力好的人固然能凭借这个优势占据上风，但如果只是得理不饶人，就难以获得大家的好评。吴飞认为，家庭虽然由亲密关系组成，但也包含着复杂的人际关系，每一位成员都希望自己的人格得到尊重，家务事的料理就具有政治性，包含一系列的权力游戏。不过，这权力游戏最终当归于平衡，否则将破坏家庭的和谐。譬如，若有家庭成员过分争取自身的尊严、权益，忽略掉另一方的感受，关系就很难和睦。对于希望过好日子的人们来说，较真并不是好的处事方式（吴飞，2009：42-29）。协会组织的辩论实际上为村民提供了一个空间，让长久积压在各个家庭中的矛盾浮出水面，也促使有情有理的方式占据舆论上风。因村民的参与度高，最终改变了舆论方向。协会骨干YAQ生动地描述了一次有关婆媳矛盾的辩论会：

“我们那时候开辩论会，挑在农闲的时候，台下都坐着很多人，有一回主题是婆媳矛盾谁来负责。那刚开始，厉害的媳妇上来就指责她婆婆的各种不是，跟风的不少。寨子村这边婆媳关系闹不好，媳妇经常骂婆婆的，可开会的时候最能说的还是这群妇女。后面LJR就跟她们理论。她是特别孝顺的，家里人相处和睦，听到都在说婆婆的不是就气不过。JR就直接问带头发言的妇女，‘你一直在说你婆婆的问题，好像自己没责任。要是以后你媳妇也这样对你这个婆婆，你会觉得无所谓？’她接连问了几句，其他人也开始接话，最后带头的那位媳妇也不再敢出声气。”

除了通过辩论赛扭转舆论之外，郑冰及团队骨干也在组织学习活动。这类学习围绕着村民的切身问题，意在提升能力、改善关系、培育理念，它是有实践指向性的。

蒲韩干事YAQ告诉笔者，“我们也组织学习活动，讨论怎样搞好婆媳关系、妯娌关系、邻里关系这些话题，让大家的生活充满阳光”。YAQ表达得很明显，学习就是为了改善村庄家内家外的关系。学习取材颇为广泛。其中一种素材是《农家女》杂志，协会为每个妇女小组订阅一年，识字的人手一套，不识字的编在一组，配上识字的给他们讲。除去这类杂志，典范家庭的分享也是重要的一部分。协会请夫妻关系好的、婆媳关系好的、教育出大学生的这些家庭分享她们的经验。

协会建立的学习制度除了改善家庭邻里之间的关系外，也在不断拓宽妇女骨干的研究，提升她们的能力。一些学者通过研究发现，农村妇女的社区参与往往是为了家庭和家族的利益，具有“非个人化”特征（柳莉，2003）。她们的参与更多是日常生活性质的，而非公共事务领域，她们中能够参与政治或公共事务的属于少数（孔海娥，2009）。协会的妇女骨干并没有脱此窠臼，当协会日后发展的重心不断向公共事务倾斜，需要她们独当一面时，这些骨干都经历了艰难的转变。变化的过程并非是被动的，相反，在协会坚持至今的妇女骨干恰恰是学习最为积极的，她们不断与过去养成的习性做斗争。

“当时跳舞推广到周边55个村，各村都出现一些有组织能力的骨干。我们将这些骨干请过来演讲。每人自己写一篇感受和文章，有人回忆这些年的妇女活动，眼泪就哗哗地流下来。那时演讲有麦克风，有人手哆嗦，手里的纸跟着哗哗的响，声音也是抖的。但是你看现在，我们这些害羞的农村妇女见谁都敢说话了。”（20160720LJR）

笔者在绪言部分提到的8位年龄不等的妇女在会场讲坛上齐唱《我们的田野》，轮流发言，虽然断断续续但是声音不弱，就可以证明协会这些年一直在坚持培养骨干①。外出和登台只是骨干培养的前奏，真正的锻造还在于分配对她们的能力构成挑战的工作。这些工作指向不同于日常生活的场，首先需要骨干们在理念上产生认同，只有这样她们才愿意主动学习以适应工作需要。

除了《农家女》杂志，团队开始筹办经济合作项目，中央政策逐渐成为学习内容的一部分。据骨干反映，最初郑冰外出学习机会多，她对于合作社政策和操作比其他人更了解，郑冰就反复讲直到大家听懂。此外，一号文件这类的政策也自从被规定为团队必学内容。笔者到访时，

① 笔者访谈的所有工作人员都提到，每次蒲韩理事长郑冰外出交流学习，只要有可能就会带上团队的成员，尤其是新加入的职工。

蒲韩团队中的主要工作人员都能说明中央在农村、农业方面的政策。

YAQ 比较活跃，爱蹦爱说，最开始做的是组织服务跳舞。在 2010 年，她被调到黄河滩的农资店，本想拒绝，结果坚持做了 3 年。这期间，她没办法帮家里干活，3 年内村中的红白喜事都没参加。在农资店工作，她积极学习，四处沟通，不断地突破自我，她说，

“我以前喜欢打麻将的，如果不是来协会，我想还是只能在家带带孙子打打麻将。以前我不敢跟男同志说话，现在不管男女老少都敢说，甚至给人家做媒说成了好几家。我对农药化肥一窍不通，那里也没人带我。当时有人来买农药，我在货架上都找不见。我想个办法，一个一个看产品说明书，然后将产品分类放。我把杀虫的和杀菌的药分开，方便别人看，也方便自己找。没事儿的时候我学习农业技术。这样，我慢慢能跟人家讲了。”

无论是生活重心、还是个人能力、主动性方面，YAQ 自从进入协会参与工作之后都有了很大的进步。她从一个围着家庭转的农村妇女变成独当一面的店长，活动范围限于邻里变成跨村跑，交往对象从同龄女性变成男女老少都敢说。YAQ 评价在协会做的这些工作能提升自己帮助村民，评价自己的生活很充实。

骨干 WSQ 的经历也类似，从 2006 年开始，协会与北京的富平学校合作运行小额贷款业务，WSQ 开始接触资金服务工作。第一年最辛苦，因为她要不断做农户沟通工作，放款之后还需想尽各种办法让农户及时还贷。在协会承担了对自己的能力构成挑战的工作，WSQ 无论是眼界、谈吐还是能力，都得到很大的提升。

协会在组织集体活动之后，又确立了学习制度，选取于实践中的经验以及《农家女》杂志这类能够贴合农村生活经验、给予实际指导的材料，广泛动员村民参加，以改善家庭邻里关系，塑造新风气。另一方面，针对协会骨干，郑冰则创造机会让她们外出学习，接触新知识，开阔眼

界。此外，服务社区的挑战性工作，也是锻造骨干的好方法。目前团队中资历最老的骨干基本上都承担过一份极具挑战性的工作，承受过很大的压力，并在这种压力之下打磨出一套待人处事的方法。在实践中锤炼的骨干通过学习交流，对于公平、合作这些理念也产生了强烈的认同。这样的认同慢慢融为她们的一部分。在 2012 年，当协会与富平公司的合作期满，富平以高于协会几倍的工资希望返聘骨干，她们都因富平盈利性过强这一点放弃了高薪机会。

第五章　自强不依附：搭建良性交往圈

当前，政府支持合作组织等村庄公共事务的方式往往是下达转向资金，通过项目制的方式层层下达。这些资金往往分散在多个部门，当资金到达基层，基层各部门往往有自己的筹划。他们愿意选那些大户或者龙头企业牵头的合作社，因为后者的能力强、资金充足，能够满足项目制背后的政绩需求。当然，这样的扶助往往会带来问题，那些能够得到政府扶助的合作组织其发展周期往往不超过 3 年，难有持续性。外部资金的注入容易出现“上下交征利”的情形，使得合作组织陷入人事纷争，发展困难。

除了政府之外，外来资本也会通过能人去套牢当地农户以谋取利益。艾云、周雪光在研究乡镇农业市场兴起这一问题时，指出社会机制在市场运作过程中起有着重要的作用。外来资本需要借助当地人的作用，利用符合当地人交往的互惠机制以嵌入本地市场。像富平这些公司在运作的过程中就借助了团队骨干的作用，后期甚至用增加工资、登门拜访等多种方式希望骨干继续合作。

蒲韩社区在成长过程中持续面临着这些问题，他们也在于外来各种有侵蚀性力量的代表打交道的过程中，确立了自身的原则：不能“等靠要”，做事凭良心。

一、对政府：无功不受禄

2005年，郑冰的丈夫谢福政当选为寨子村村长，他推动村庄发展的方式主要是靠向上级政府多要资金。谢福政担任村长期间，数度向各级领导争取资金希望投入村庄建设，其争取的资金中包含村庄公共卫生项目，他从农民协会接手这一事务，通过发钱的方式鼓励村民自觉维护卫生。这样做的结果是，原先由协会带动起来的自觉维护卫生的风气被败坏了，村民转而认为卫生是公家管的事情，跟自己没有关系。此后，村干部以及村民习惯性地找谢福政要钱，给钱称好，不给钱就当面责骂。郑冰评价谢福政“九年村长，当得伤痕累累”。

赵旭东针对此类现象给出了解释：

> 一些政策制定者非常简单地认为钱是万能的，以为国家投钱给他们，他们就能够重新把日益损坏的乡村公共设施建设起来。钱确实是他们所需要的，但是公共意识不是完全能够靠钱来凝聚起来的，很多时候是一种认同问题，必须先有了对一个共同体的认同，钱才能被派上用场（赵旭东，2008：275）。

谢福政向上级争取资金的做法一直被郑冰视为反例。在郑冰看来，如果在发展的过程中过分依赖政府，就会失去自主性。2007年《专业合作社法》出台以后，协会推动成立了28个专业合作社。到2009年，当时市委、市政府推出系列政策，希望扶持合作组织的发展，并将其列为工作重点。当时政府规定，只要行政村建有5个合作社，就能向上级申请项目补贴。政府的支持政策在各村引起很大的反响，寨子村也不例外。申报项目补贴是大事，郑冰召集28位理事长开会，商讨是否要向上级申请补助。

“在当时，注册一个合作社太容易了。每个村只需要出示5个身份证，加上不到100元钱，就行了。难的是找一条发展的路子，不能有依赖心理。在注册合作社的时候，我跟大家沟通过，要用3年时间，把合作社做好，不行再给两年。没做好，我们规定不要钱。可当时有6位理事长觉得不要钱是傻瓜，那既然要钱就让他们离开。”（20160720ZB）

会后，要钱的6家合作社退出。虽然他们要到了财政扶持项目，却在后来面临发展困境。到2012年底，有一家合作社宣告倒闭，两家合作社陷入瘫痪，另外3家合作社也处于勉强维持的状态（赵晓峰，2016）。这6家合作社的问题，团队的骨干在访谈中给出解释：

“我们觉得郑老师当时的决定很明智。那6家要到了补贴，但政府给的补贴一年比一年少，持续不久的。再一个，你要依靠政府的资金，这个中间就会有潜规则。你要到的补贴是5万元，到你手上的就只有3万。2万元没了，你没办法跟大家交待，只能做假账。做不到坦诚，没人愿意信任你，合作社就做不下去。”（RSL20170726）

在其他的场合，郑冰曾明确指出政府项目制的弊端。政府的补贴投资往往是有政绩需求的，这就要求得到补助的合作组织腾出大量的时间与精力“做秀”。合作组织本来依靠农民，提高他们的积极性，但最后变成带头人对上负责，花大量时间完成上面的任务，维系与他们的关系。合作组织变成村中能人与政府的合谋，失去了合作的内涵。

当然，不接受政府的项目补贴不代表不需要政府的支持。无论在什么场合，团队骨干都在强调政府支持的重要性，都在表达政府的好。确实，无论是起步时永济市妇联对于郑冰组织妇女跳舞的支持，还是当地政府对于团队合法性的认可，对于团队的成长都非常重要。

“我们在农村待久了，天地就这么大。要不是当时妇联主席给了我一个机会，让我参加农家女学校‘农村妇女参加市场经营培训班’，我都不知道经济合作。就是那次，我觉得农村要发展，必须要在生产上有合作。后来，我们从团队里超出三十人陆续参加了这边的培训。对于以后怎么走，我们慢慢有了方向。”（20170716ZB）

协会与北京富平学校的合作是体现政府支持的另一个例子。富平学校由经济学家茅于轼、吴敬琏等经济学家于 2002 年创办，办校宗旨是通过多种途径解决农村贫困问题。学校的主要负责人茅于轼早在 1993 年就在山西省吕梁市的一个村子里进行过小额信贷实验，针对贫困农户提供贷款。2005 年，中央政策开始重视小额信贷的作用，拟定了 5 个省作为小额信贷的试点地区。2006 年的一号文件中提到，“大力培育由自然人、企业法人或社团法人发起的小额信贷组织……解决农户和农村中小企业贷款抵押担保难问题”[①]。富平学校于 2006 年与协会建立合作关系，除了为农民提供免费的技术培训之外，还展开了小额信贷服务。不过，因为处于试点时期，这项服务是否能够展开还得靠当地政府的批示。郑冰回忆：

“注册的时候，我们申请报告，去省里，有三次承诺书。当时我看到每次申请的都是市长，就是我们分管金融的市长。当时看到我们的领导是非常迫不及待的，我们真的很感动。确定这个事情能做的时候，又马上派出我们人行的行长进行考察……然后到省里，我们这么一个小小的公司，省长亲自批示，而且中间隔了一周的时间。”

若没有当地政府的许可，给予合法性身份，协会也就无法与富平学校合作开展信贷服务。与后者的合作，是后来团队自力更生开展互助金融的重要基础。可见，团队在成长的过程中，一直离不开政府在

① 参考《2006 年中央一号文件——中共中央国务院关于推进社会主义新农村建设的若干意见》，链接：http://www.chinamfi.net/webpage/static/newsview.aspx?id=ce6aaceab0f248a5a8bb283cade920c1。

认可与授权方面的支持。只是团队骨干们清醒地认识到，政府[①]可以给予它们合法性身份，可以给予技术方面的支持，但如果要介入合作组织的发展，以绩效和速度为指向，那团队就会因为这种依赖失去了自强的基础，失去了动员农民的可能性。

二、对外来资本：不因利合谋

2006年开始，协会与公益社会企业富平学校展开合作。到2008年，富平学校借助协会发放给农民的贷款超过1500笔，受益家庭达到1000户，总额近700万元。积累了3年项目经验之后，富平学校于2009年在永济成立小额贷款公司，试图以商业化模式发放贷款。

虽然富平小额信贷公司提供的贷款服务是农民需要的，但其盈利性越来越明显，让郑冰以及参与工作的信贷员觉得不满。2009年冬天，在接受《南风窗》记者采访时，郑冰直接说，“一开始我觉得很好，但渐渐就有了抵触心理，我想退出”。

WSQ自06年就开始做信贷业务，她解释，

“富平的理念跟我们不太一样，光是放款和贷款了，一分七五的利息太高了，而且不能提前还款。工本费本来三五块他们居然收20块。所以我跟他们签的3年合同到期后，我们几个在2012年又回到协会。那时候富平给我们开了很高的工资，有五千的，有八千的。我说要离开富平以后，有一天他们的一个经理还跑到我们村，在我家周围转悠了一天想找我再谈。但是我希望资金服务能真正帮助到农民，所以我就带着我们的团队在协会里做。”（WBE20170723）

① 拒绝政府的项目支持并不是一件简单的事情。如果处理不当，当团队需要政府给予合法性身份时，就会出现问题。在蒲韩成长过程中，郑冰等骨干始终注重与政府打交道的策略，在后续的过程中逐渐确立了一个方法，团队有任何发展的变动或者规划，第一时间就去向政府部门报备，请示意见。另外，团队不做贿赂的事情，但内部的各类水果农产品会送往政府部门，通过这种人情外来的方式给相关领导留下好印象。

除去 WSQ 提及的原因，信贷服务的另一位得力骨干 WBE 说明了其他原因——信贷公司的商业性目标过于突出，与协会强调的社会责任目标存在较大的冲突。譬如，其放款的利息高，农民想提前还贷就需要支付一个月的违约金。另外，协会与公司合作之初有过约定，富平公司利息收入的一部分应当返还与社区，用于村庄发展与社区教育。但公司成立 3 年，并没有兑现这部分资金。因此虽然公司在合同期满后以高额工资①吸引协会信贷员继续为他们工作，但 12 位骨干们不为所动，回到了协会。

值得注意的是，与富平信贷公司确立合作关系时，后者规定了最低放贷指标。即便顶着这样的压力，协会在放贷时还是对贷款设了限制条件，如果来贷款的人不能做到远离赌博、孝敬老人、清理好家庭卫生，骨干们就不会贷款给他们。

“爱打麻将爱赌的，家里收拾得不整齐的，都不贷。闲散时间你都不能把家里收拾干净，怎么能证明你讲诚信？还得看你叫不叫老人爹娘，到冬天，看你盖的被子重，还是给公婆盖的被子重。有的老人被子十多年都不换棉花，这样的人能说孝顺吗？”（ZB20160716）

附加这些条件，会提高门槛，但也在道德层面造成约束，使得那些有贷款需要的人们注意自身的言行，间接地影响乡村风气。这种规定秉承了协会重义轻利的理念——他们更看重人。

重义轻利还体现在其他方面的实践上。在蒲韩社区联合社以自身的平台开展互助金融服务之后，他们对放贷员做了要求，即“不抽烟、不喝酒、不收礼”。骨干们在放贷时能够做到严于律己。XYP 是富平公司雇的信贷员，每月公司发给他的工资是两千。在放贷期间，他坚持不接受村民家的任何物品。有一回，村民 SCD 为了感谢 XYP 为他借贷到三万用

① 其中，开给郑冰以及放贷骨干 WSQ 的工资高达一万元。富平公司为其他放贷员提供的工资也在 5000-8000 元之间。这样的工资即便他们外出打工也赚不到，但即便如此，也没有人愿意继续干。

于家中装修，盛情邀请后者吃饭。XYP 拒绝了两次，碍于乡亲情面只好到 SCD 家做客。吃完饭之后，XYY 买了一袋鸡蛋和其他礼物作为答谢，并告诉 SCD 放贷是他的工作，回礼必须收下。

“对他们我是真的服气，跟解放军那时候的风气一样！就算在我们农村，找人办事你都得出点钱表示心意。不止是我，村里的几户穷人，没人看得起的，我也看到 YP 把钱贷给他们。”（SCD20160725）

最受敬重的放贷骨干 WBE 在与笔者分享经验时，指出在村民提出贷款请求时，“我们做信贷员的工作，要有爱心，热心帮助别人，不管贫穷还是富有，有权的干部还是普通的老百姓，你都不能排斥人家。你把自己的工作扎实了，人家就会认可你，认可你的工作，将来还款的时候就不会拖”。无论富有或是贫穷，在放贷时骨干应当做到一视同仁。SCD 提到的情况，就是骨干在了解村里穷人的家庭情况之后，知道他们并非是因为懒惰等原因陷入贫困，而是因为疾病。YP 给他们放贷之后，其中一户人家将贷款用于养殖。为了更好地帮助这户人家，YP 还专门带着户主去请教养殖方面的技术老师，让他们实现创收。

笔者也曾跟随中国农业大学的老师到广东清远一个村庄，阿里巴巴公司通过抽选农村中有人脉的人做业务员展开小额信贷项目“旺农贷”。放贷的形式与蒲韩的实践看起来很像，要了解贷款人的品行，底线要求是不赌博、不吸毒、无犯罪记录。但其目标较为明确，就是为了快速获利。因此在选择上排斥了村中的贫弱人家，针对的是具有一定规模的农户，分别为养殖贷款、经营性贷款和极速经营性贷款，最高额度达到 50 万，最低额度也是 2 万。由公司推动的小额贷款或者所谓的合作金融，在村庄中引发的后果往往是拉大贫富差距。相比较而言，在工商资本以及村内资本不断设法通过投资区谋利的年代，他们这样的精神尤为难得，也为后来团队经营的互助金融顺利开展奠定了基础。

第六章　生活与制度

制度须不断生长，又定须在现实环境和现实要求下生长。

——钱穆

费孝通（1999b）在讨论乡土重建时，对“社会完整”进行界定，突出意义对于个人的重要性：

在完整的社会里社会所要个人做的事，养孩子，从事生产，甚至当兵打仗，个人会觉得是自己的事。要使人对于社会身分里的活动不感觉到是一种责任，而是一种享受。至少要先使人对于他所做的活动和自己生活的关系有认识：活动、生活、社会三者要能结合得起来。

社会完整不是通过人们被动参与可以实现的，它需要人们在各种社会身份中都能主动参与且洒扫以对。本质上，社会完整是个人与社会里应外合的过程。换句话说，在各种社会中设立的制度应当使人积极配合。合作组织要扎根乡村社会，它所设立的制度得合于本地民情，符合人们的心性。

在 2010 年之前，团队所做的工作是围绕需要开展服务，并探索服务的得当方式。随着服务内容不断丰富，经济项目逐步确立，有需要就跟进的工作方式已经造成了问题。2010 年之后团队逐渐摸索出一套合适的管理制度，且无论对内还是对外都将“生活第一位”作为组织的目标。笔者就其组织理念、组织结构及实践三方面进行考察，发现蒲韩社区的特点在于给予工作人员自主空间，也能调动他们的积极性、使其能扎根社区、体察民情，从而开拓和落实符合社区需要的服务。从其组织制度的安排来看，做到了“活动合于生活，生活融于社区”。

一、组织目标：和乐生活

绪言中提及郑冰说的一番话，它代表了蒲韩社区合作组织 18 年来逐步探索出的方向，即让生于这片土地的人安居乐业、守望相助。

郑冰以及她的团队是在浪漫化乡村生活吗？从他们 18 年来逐步扩展出的合作探索来看，显然不是。通过这番话，郑冰其实想要传达这样一种信念：城乡两地流动不应该成为生活的常态，不能让所有人都奔着城市去，追求所谓的体面生活。当城市中无法安顿那么多人的身心，需要做的是再造乡村，让在其中的人感受到生活的滋味。乡村不仅可以满足农民需要的物质生活，也能让生活在其中的人追求精神生活①。

在蒲韩社区待了两年的 LSX 在笔者问完他负责的工作之后，说道，

"我们只希望以生活的心态为理想奋斗，顾好家人，邻里和睦。在城市里没法实现的，在这里可以。"

一位返乡妈妈则说，

"我原来在广州打工，也开过饭店。干的时间长了，回到家发现小孩子都不认识我了，躲在爷爷奶奶的背后看我，就不和我亲！我就希望能够陪在孩子身边，而且爸妈和公婆也都老了。在社区的生活也很好，老人有不倒翁照顾，小孩子有兴趣班。"

蒲韩社区虽在乡村，但也吸引了一些城市女性。一位家住永济的青年女性分享了她的故事，

---

① 郑冰作为北京农禾之家咨询中心（成立于 2010 年）的理事长，经常受发起人杨团邀请向各地的农村合作组织负责人分享经验。2012 年的分享会上，郑冰说，"到现在为止，我们老是觉得有一点自负，总觉得我们那里好。我们的社区在回归一个真正的自然状态，人与人之间不是那么陌生，不是钱和钱的功利，也包括人和土地之间的自然。"

“我是永济市里的人，从 2010 年开始在蒲韩工作。我读过一本书，书上说最好的工作是能让你赚两份工资，我现在的工作就是这样，既能挣到收入，又能够有精神收获。我住在永济城里，是本村的人介绍到这里来的，被郑老师和村里的环境吸引。我早上从永济坐车到这里，晚上还要回去。从永济来的路上我要转三次车站，从公交车下车之后，还要坐同事的车来这里。虽然交通不便，但坐在公交车上我心里还是踏实的，觉得很开心。”

针对蒲韩的工作人员，我与公益团队的其他 9 名朋友每人做了 2 次访谈。上述 3 位对待这份工作的看法比较典型，因此笔者将其抽取出来。其他从事辅导工作的辅导员以及其他板块的工作人员，也有类似的回应。相似之处，在于他们都觉得在蒲韩工作，也是在社区生活。他们中大部分人的子女就在村里，父母也能被照料，能够全身心地投入工作中，让社区的人文与自然环境更加和谐。对于和乐生活这一组织目标，他们是认同的。

“生活第一位”、“幸福社区”，这些词也经常出现在工作人员的表达中。郑冰曾系统地表述这一理念背后的内涵：

“首先这个社区要回归一个真正的自然状态，就是人和人之间不是那么陌生，人与人之间不是钱和钱的功利。社区还有人和土地的自然，要保持一种好的生态。下一代的教育，孩子是你的老师，不是你要暴力。我们就是积极向上，打麻将可以，但是不能赌钱，家庭一定要做好。义务劳动人人都要参与，学习可以时时处处。”

蒲韩社区将幸福生活作为目标，并不是迂阔的做法。郑冰的表述传达了这样一层意思，理念可以体现在实践中。首先，社区包含个人，需要积极向上，为培养自己的能力去学习，并且做到学以致用；家庭内部要注重对下一代的教育，父母当以身作则影响孩子而不是使用暴力；邻里相处不能只重视利益，还应体谅彼此，建立和睦关系；对整个社区，要主动贡献，参与清理垃圾这样的义务劳动；环境，人从自然中求取资源，但不能豪取强夺，应当适可而止，懂得审视自然的美①。

二、组织理念：以人为本

一些研究者认为，理念是组织发展的核心要义。缺乏理念，则整个组织就没有持久的动力和韧性（王名、贾西津，2002）。在蒲韩主要骨干的论述中，笔者发现他们并没有一套规范的说辞去传达组织理念。在表述中,他们往往是用具体的例子来说明他们在行事时坚持的那些原则。

“我们发现有人就有一切,要不是开始歪打正着发现一批妇女骨干，那后面很多事都难展开。”（ZB20160716）

“其实女的这个角色在家里非常重要。这个女的一好，整个一个家庭关系就好了。我们女的最需要的就是家庭和睦了，这样她干什么都起劲。”（ZB20160716）

“我是负责老人服务这块的。我觉得，老人是宝，看到他们身上沉淀的文化、丰富的记忆，传承下去，这些对我们来说特别重要。”（WAQ20160724）

“你真能帮助农民，他们反过来对你也是一样的。我们不光是资金服务、文化活动，我们还做人的工作，在服务过程中给他胆量和信心，这样才是功德无量。”（WSQ20160723）

“我们要自立自强，不是‘等靠要’。你自己没做好，就要依赖别人，那不是更没出路？”（LJR20160720）

“土壤转化工作，靠的还是引导。人心的认证是根本的，你要真的用各种办法防范他，那斗不过的，最后会很疲惫。他认你这个理了，觉

① 郑冰曾说，“其实每天晚上，我们很多都分别在守星星，在星星底下开讨论会，那种感觉在座的可能很难感受到。我们早上通常6点多起来，要说讨论个事，我们在阳台上听着鸟叫，太阳还不晒，看着远方的田野，我们感觉在度假的状态当中完成工作。”——2012年7月9日《中国本土的综合农协：蒲韩乡村社区报告会》部分发言内容。

得应该诚信，他自然能做好。”（WBE20160720）

蒲韩主要的骨干在传达组织的理念时，几乎没有重复。在不同的场合他们会有不同的表达，通常是处事过程中产生的体悟。这些体悟中较为一致的地方，就是对人的强调，并且重视人积极的一面。他们认识到，快乐的妇女对于家庭和睦重要，得到尊重对于老人的体面生活重要，得力的骨干、农民的认可对于组织发展重要。骨干们都认为，做好人的工作，组织推动的服务就事半功倍。他们不是从简单的理念出发，对农民进行评判裁切，以此确立组织的目标。

费孝通在评价晏阳初的平民教育实践时，批评后者疏忽了农民自身的理性与自觉，并指出教育者最重要的是尊重人性，帮助农民排除障碍自觉地追求有奔头的生活（费孝通，1999b：505-507）。比较费先生的教育理念，蒲韩这一合作组织不仅仅是在为农民提供服务，还像一个教育机构，虽然不提供规范的知识，但能基于人性，对农民进行疏通引导，使其积极主动的一面启发出来。他们的理念，从具体的实践中来，从对乡村生活的体悟中来。虽无一致的标准，但能看出其底蕴是“以人为本”。他们不认为农民——即便是贫穷的农民——缺乏相应的素质，相反，他们觉得只要通过得当的方式，树立起他们的自信和胆量，让他们认可诚信的观念，农民就能自觉做好。

孙飞宇等人对一个注重培养理念的国际基金会进行研究，发现其基本理念是“改造人”，使后者成为守纪律、讲文明、有理性、市场观念的人。这样的理念贯穿在组织的制度章程、结构安排中，其本质是将农民界定为无能自私的人，因此没有留下自主性空间（孙飞宇等，2016）。基金会的理念与蒲韩不同，前者实质上是希望“以有传无”，“以正克邪”，因此依赖规范及制度对人的约束，并期待以此塑造出“新人”。恰恰是基金会对预设理念无条件的坚持，本质上对人的不信任，使得当地农民认为他们不近人情，并不认可基金会在本地做出的贡献。理念对于组织确立自身的方向有重要的作用，但理念本身可能也需要反思。若对理念的坚持使组织忽略了生活于具体情境的人，具有特定文化观念的人，其结果可能是无法获得后者的理解。蒲韩组织恰恰能做到依人的需要去理解人，依情理去引导人，依特长去安置人。

三、组织制度：大巧若拙

1.场所

蒲韩社区全职员工超过100人，但这一组织并没有组建自己的办公楼。曾经有外部的老师建议郑冰及联合社理事长WBE抽取部分资金盖一栋楼，以便对外接待以及办公。当地政府以及外来的参访者也多有这样的建议。实际上，蒲韩社区目前所有办公与业务开展的空间都是租用村里闲置的房屋。未来随着养老服务、私塾学堂的扩展，在蒲韩乡村内部会利用更多的闲置房屋。

之所以这样做，郑冰的解释是，“蒲韩里头到处都是闲置资源，为什么要把活钱变死钱？外出打工的留下了常年闲置的房屋，简单装修就是办公和活动空间，还会避免扎堆凑热闹，更重要的是可以有很多空间来展示我们的工作。农户家里就可以接待，既有人情味，还成本低。”（ZB20161204）

郑冰的解释包含了几点重要的信息：第一，蒲韩开展工作不是为了展示自身，也不是要向政府或权威部门邀功，更不需要招商引资。工作是为了乡村内部的人，因此不需要浪费资金和人力重建办公楼。第二，将办公地点散置于农户房屋之间，正好可以接受他们的监督。在熟人社会中，一般农户的房屋并不具有很强的私密性，邻里皆可以造访。相反，在韩村河以及南街村这类硕果仅存的集体主义村庄，其办公地点反倒显出了科层化的气质。他们建立了用于招待和办公的大楼，普通村民一般不到这些地方。第三，办公场所就在村中，骨干们也方便就村中大小事务动员村民开会。骨干与村民离得近，如遇到家庭关系方面的问题需要讨论，既可以在村民家里召开，也可以到办公场所。

笔者访谈了定居蒲韩社区两年的一位年轻员工，他分享了以下的感受，从侧面说明办公地点的选址背后体现出的精神，即融于村民的生活中。

“办公地点就在闲置屋头里，谁都可以进来。这里的会很多，大会小会，提前告知的，临时召集的都有。会议的内容丰富而鲜活，有讨论工作总结与计划的，也有讨论个人成长与家庭关系的……形式就更有趣了，每人发表见解、三人一组讨论、分大组讨论、演情境剧……”（LSX20170320）

2.时间

所有的工作人员，绝大部分时间都由自己安排。如果工作已经完成，早上开完晨会，就可以回家照顾老人和孩子。最有意思的是，蒲韩社区甚至规定周六要带着自己的孩子上班。郑冰认为，“农村组织的管理，是要靠制度，但还得靠感情，不是死板的。大家要是对人对事没有感觉，他做什么都会敷衍了事。工作里不排斥他的家庭与情感，他们自然也能体谅别人的需要。”

当然时间自主安排并不代表在蒲韩社区的工作是轻松无负担的。WBE说，“合作组织每一个数字，背后都是一个个故事。办合作社肯定有很多酸甜苦辣，如果一个工作人员没有压力，没有失眠、吵架的时候，他就没有真心投入。因为一旦做事，就必然有这个状态。走到现在，大家哭过、闹过、吵过、也摔包不干过，但都挺过来了。”

自2008年起，除了WBE、LJR等数位妇女骨干，团队整体越来越年轻化。刚进入社区工作的年轻人，需要接受半年到一年的时间打磨，也就是集中学习适应的时期。年轻人刚回到农村，他们不喜欢种地，对土地也没有感情①，也就很难理解农民经历的辛苦。年轻人要与农民沟通，

① 笔者访谈了多位年轻人，包括郑冰的三位助手LXL、HL以及ZCY。虽然在推动有机农业技术以及多项事务方面，他们都是得力干将。但他们分享，最初来到这里工作，要他们种地，他们内心非常不情愿，觉得丢人。青年农场建立之后，因为能大家一起出工，开始逐步适应。

农业生产是最为基础的。在2008年，团队在黄河滩地附近从外出打工农户手中流转了28亩地，建成青年农场。每人种一亩地，符合年轻人爱热闹的习性，同时也形成竞争，让他们更用心地经营自己的地。

除了种地培训，年轻人还得跟着骨干学习。首先是画巷子，先画一个村的平面图。要想画好，年轻人就得到村子中走动，查看周围的环境，也可以发现村里的各种事情。平面图完成，年轻人就有了做事的感觉和自信，对村庄也能慢慢产生感情。

“大学毕业后因为老婆的关系回到村里，我真觉得没什么发挥的余地。后来妇女骨干JR阿姨问我，能不能画出村庄的平面图。我觉得奇怪，这有什么关系。她是骨干中非常上进的一个，法子也多。我说我不会，她说她会。因为她把邻近的村子都走遍了，闭上眼也能找到路。我觉得很惭愧，虽然是年轻人，但没有她的这种精神。后来画平面图还成了培养惯例。”（ZCY20161120）

学习是年轻人必须接受的培养方式。在技术学校，有常驻的老师，也有外部的老师，年轻人必须去了解农业生产背后的技术和经验。除了这些书本层面的知识，包地的年轻人要想解决难题，还需要向村中的种植能手学习。学以致用是培养的核心。另外，蒲韩社区与外部的交流互动很多，团队制定年初预算时，每位工作人员都有相应的外出学习费用。一旦外面有培训或会议，协会骨干就会安排合适的团队外出学习。2016年12月由笔者负责的会议，郑冰就带了8位不同年龄的妇女来参会。这样做的目的，据LYG（外出学习队长）透露，有两重用意。一是锻炼妇女的口才和自信，越是紧张，就越是要展现。知道不足，才能上进；二是团队文化水平相对较低，会议或者培训能够增长大家的见识。

最后团队内部实行“竞选上岗、季度轮岗”的办法。除了对接农户的18位辅导员，其他与管理沾边的岗位都要竞选上岗，在演讲中提出对工作的理解和相关计划。此外，到了2013年，团队确立了一项规定：

每一个部门负责人，一个季度轮岗一次，以便让负责人全面掌握蒲韩社区的业务与未来的发展思路。管理岗的季度轮换方式，给了大家竞争的平台，团队内部形成你追我赶的状态。

“我是15年进来的，算是新兵。我念完高中就到外头打工，后面也是听我亲戚说这边好我就报名。进来之后，压力还是挺大的。郑老师王老师她们没规定，但其他人有头有绪，我就想我也得跟上。为了跟上‘老人’的节奏，我去请教每日总结怎么写，无论在家还是到工作的地方去，我随时带着本子。我是那一批进来最皮厚的，到现在适应得比其他快。”（LYG20161210）

工作的时间可以自主安排，甚至如果他们需要照顾小孩，也可以把孩子带到工作场所。家务并不被视为妨碍工作的私人事务，照料孩子与合作组织的事务可以有机结合。因此，工作时间与私人时间并不是彼此相隔的关系，郑冰以及WBE等骨干常挂在嘴边的一句话是，“家庭关系好了，家庭教育到位了，那大家做事的效率也就高了。我们这个团队如果大家都心事重重，就算二十四小时坐在这里，他也是没办法跟农民打好交道的。”

工作与学习同样没有截然分开，外出学习参加会议或培训成为工作的一部分。而在新人进入团队之后，首要的工作实际上是向“老人”学习工作方法，在这个过程中陶养自身对于社区的感情。地方性知识、情感以及见识并没有被视为入职前必备的品质，但入职后工作人员必须将他们不断地投入时间、精力锻造自己。如果不能适应这样的节奏，他们无法在团队中久待。

3.实践

这些年一直有各地的朋友来参访，到了就表示要学习我们的模式，好像能复制过去。我一直强调我们没有模式，农民需要什么我们并不是拍脑袋想出来的。从开始到现在，我们也从失败中学习，照搬别人的路子是不行的。

——郑冰

3.1 深入家户

当我们问及组织开展工作的基础，得到的答案是“辅导员”。蒲韩社区覆盖两个乡镇，42 个自然村，包括 3865 户。这些农户的所有信息主要依靠组织内的 18 名辅导员，每名需要负责 180-230 户。辅导员是蒲韩社区推进公共服务的纽带，他们的基本工作是入户“闲聊”。说是“闲聊”，要能获得农户的真实信息，辅导员必须在工作时注意方式①。只有以交朋友的心态与农户建立好关系，辅导员才可能深入了解各家各户的情况。

入户的重要性早在妇女骨干 WAQ 发起各类活动时就体现出来，单独为其设置一个版块却是发生在 2012 年。整个团队发展到 2012 年，涉及的服务不断增加，而每一项服务都需要了解农户的信息。譬如，手工艺合作社牵涉到妇女，养老服务关乎老人。在 2012 年之前，开拓出一项服务，就要为其入户进行相关的调查。这样的做法一方面花费人力，另一方面常引起农户的反感②。为了更好地对接农户，郑冰及两位骨干提出重整队伍，单独抽出辅导员来收集社员的所有信息。这个提议一经提出，在团队引起非常大的反响，也如此展开了辩论。如果说团队工作人员在 2012 年之前熟悉的是单项业务，在 2012 年之后就需要成为多面手，熟悉社区提供的 9 项服务。历经一年半，团队才适应这一调整，辅导员队伍自此成为团队的基础。

辅导员一个月必须要对其所负责的农户进行一次家访，其所负责的事类似管家。他们要了解农户家中的生产情况、土地亩数、农资需要、

① LXL 刚回社区时，被派去农户家中了解信息。她第一次的表现忸怩，那家主人不愿搭理。许多年轻人回到社区都有这样的经历，他们碰到的问题不只是农户的不待见，还包括收集到假信息，甚至被利用。

② 笔者 2016 年到蒲韩社区调查时，辅导员制度已经健全。骨干们将 43 个村分为 12 个片区，每个片区 3-4 个村，每一个片区有一个干事，片区干事从辅导员当中挑选出来，不参与具体的服务，负责协调统筹整个片区的“6 合 1”公共服务。另外在蒲韩乡村辅导员以女性为主，因为她们入户的沟通效果更好，年龄在 30-40 岁之间。

日用品需要、老人情况。农户与联合社发生的业务往来，辅导员全权记录。对于各家各户的种植情况，辅导员要进行引导，提醒农户哪些作物不能用哪些农资，提醒他们采取多元种植的方式降低风险。另外，当组织希望引导农户开展有机农业，辅导员是重要的推手。他们熟悉农户的情况，也能区分出哪些家庭更容易引导。事实上，辅导员制度的确立，使得整个团队在乡村服务的开展上事半功倍。其背后包含的精神，实际上是最大限度地顺应社区情理，以农民喜闻乐见的方式与他们打交道，了解他们的需要，而非以规范裁切现实。

古学斌、张和清等学者在云南省西北部村落里推动了一系列提升村民能力的合作项目，虽有系统的社会工作方法，但在实践中却遇到很大的阻力。他们在反思中指出，工作人员对于专业知识抱有信念，认为开会等流程就能吸引当地人参加，激发民主，发现他们的需求。实际上，规范知识中对于民主的看法并不适用于本地人，正式会议也不适用于村落的文化处境，其引发的紧张与自卑感恰恰会限制他们的表达。如果要发现他们的需求，就应该顺应他们表达的方式，包括对时间、场所、语言的选择（古学斌等，2007）。古学斌等学者的经验，从侧面印证了辅导员制度的乡土契洽性。

以协会 2006 年发起的老年人康乐项目为例。当协会骨干在入户调查中发现一些老年人因子女长期外出处境孤单。为了让老人开心，骨干们组织儿童放学后给老人家念诗。当骨干们进一步去与老人交流时，他们发现老人对这项活动评价不高，并不感兴趣。追问之下，老人表示，这些诗歌不明白什么意思，不像他们从小就挂在嘴边的那些民谣。当骨干听着老人开心地念着民谣，他们转换思路，让老人们教儿童民谣。当儿童开心地背诵这些民谣，老人们的反应是，“没想到活到这把年纪，还是有点用处的”。骨干们反复造访之后，这些老人将他们视为亲人，开始倾吐内心的苦恼以及需求。在后续的闲聊中，骨干发现老年人的剪纸、织布等才能，并发起学习班，让这些老人当老师。这些活动的反复调整经历了几年时间，每一次的调整都是在与老人交流沟通之后做出的。

入户可以让骨干们不断调整活动，让其切实应合老人的需求。从另一个角度看，它也可以让团队更全面地认识一个家庭的生活，考虑人们的综合需求①。

3.2 守望相助

2016 年 7 月 14 日，笔者与公益组织的伙伴一起参访了牛家村的一个不倒翁学堂②。蒲韩社区提供的养老服务几经更名，最后确定为“不倒翁学堂”，牛家村只是其中一个。

笔者一行到达时，正值上午的活动时间。进门后，就能看到三位年纪很大③的老人家拿着纸笔画图。据学堂负责人 RSL 介绍，其中一位 96 岁，自从来了学堂，第一件事就是画图，老人最爱画的是蒲公英。当我们在外面开始坐着聊天，屋内的五位老人特意为我们准备大合唱。其中一男一女是主唱，其他老人家有的拉二弦，有的敲锣，这样的大合唱很是热闹，我们半小时后离开这些老人仍在卖力表演。值得注意的是，屋内白墙上横挂着老人们的单人照以及参与活动的集体照，照片上方展示着学堂内老人的才艺作品，包括书法、绘画、舞蹈。

这个学堂是由村里农户的住房改造而来，联合社下拨 2 万元作为装修费用、购买家具。目前，牛家村的学堂由一个固定志愿者以及两位护工来管理，村干部以及 30 名义工负责监督。其中，志愿者无偿为老人提供服务，护工则是每人每月获得 300 元补贴，来源是老人的子女缴纳的 200 元/月的费用。因为学堂只要有 12 个老人就能自负盈亏，团队为了尽可能细心照料，一般都安排 12-15 个老人。护工负责给学堂的老人做饭，30 个义工则是从本村中选出来的敬爱老人的村民，每位义工每月要

---

① 前文借鉴吴飞的研究，对于家庭重要性做过说明。村落中的人看重在家庭关系中个人所获得的尊重与地位，合作组织若能促成家庭关系的和谐，对于调动村民的积极性有着重要的作用。

② 2014 年 10 月，蒲韩社区开始为养老服务配置专制员工，取名“芬芳同乐屋”，在 2015 年 5 月，更名为“不倒翁学堂”，到当年 7 月，“不倒翁学堂”从寨子村开始扩大到邻近的 3 各村。笔者到访时数量已达 30 个，可见养老服务在社区中的需求量。

③ 除了 96 岁的老人，其他两位同样在作画的老人年纪都上了八十。我们在牛家村；不倒翁学堂看到的老人年纪基本都在七十岁以上，但精神头很足。

为老人做三顿饭[①]。

白天老人在不倒翁学堂活动，时间是上午七点半到下午六点，晚上他们回家休息。不倒翁学堂的定位是帮助家庭照料老人，但并不代替家人的角色。每周学堂都要召开子女座谈会，同时举办老人与子女互动的活动。周例会一方面让学堂了解老人在家的基本情况，另一方面也让子女清楚老人在学堂的生活。如老人对学堂有意见，也往往通过子女向学堂反映。

不倒翁学堂只是蒲韩社区与家庭合作提供的一种养老服务，除此之外，对于行动不方便、生活不能自理的老人，协会还提供了两种照顾方法。第一种是子女每月向协会缴纳 600 元，合作社为老人派两名护工到家中，陪老人聊天，为老人做饭，照顾老人的生活起居。两个护工实行轮岗制，一周轮一次岗。护工都是村里有爱心、尊敬老人的妇女，她们在接受农民技术学校专业老师的培训后才可以照护老人。

另一种则是针对能独立行动、生活不便的老人，就近找 7 个愿意和老人聊天的志愿者。每一户老人家对应 7 个志愿者轮流陪护，称为“7 对 1”服务。这些志愿者每天下午轮流到老人家中聊天，帮助老人剪指甲、修剪头发、锻炼等。志愿者的陪护没有任何报酬。

从不倒翁学堂的运作来看，提供养老服务的主体是来自各村的义工。根据学者杨团带领团队的调查，截止 2015 年 8 月，养老服务扩展到 30 个村后，蒲韩社区动员每个村村民选出 2 名有爱心的志愿者带领老人参加活动；同时，为了更好地照料老人，社区号召 30 个村的村医、理发师做志愿者。参与家庭护理的志愿者达到 210 人，志愿者人数达到 442 人。

农村养老问题形势颇为严峻。到 2013 年，农村留守的独居老人达到 5000 万人。在农村完全失能老人的比例超过城市，达到 6.9%。时间越往后，情况越不乐观（杨团，2016）。经验研究表明，政府、家庭以及市场三大供给主体在养老服务体现中没有发挥出应有的作用，长期护理的保障制度就更是滞后，在农村的问题尤为突出。农村的这一形势引起多

① 义工不收取费用。

方注意。2007 年、2009 年，杨团带领团队在蒲韩社区展开两次调查，根据国际通用的失能标准 7 级量表对当地老年人进行调查，依据社区情理区分出三个层次——基本健康的、轻度受损的、重度受损的。蒲韩社区正是依据团队的调研结果，开始筹谋依托于社区与家庭的养老服务，并安排了前文介绍的三种类型。

蒲韩的养老虽然得益于合作组织的总体策划，但提供服务的主体仍是本地居民，且多数是免费服务。对于需要专人照顾的，每个家庭需要支付的费用也远低于政府以及专业的养老服务机构。社区支持养老这一设想已被许多人提及，但其可行性仍然要依托社区的风气以及组织能力而定。在蒲韩，大部分妇女以参与照料老人为荣，村民也经常送自家的油、菜到学堂。

寨子村村民 SCY 告诉笔者，“我家地多，又种了很多树，经常要到田间打理。老人白天去学堂，他有人做伴能放松放松，开心的。我们收了菜、水果，也往学堂送哩。”

关头村 LSQ 分享了她的志愿服务体验，“我自己是父母过世得早，从参加这个服务后，我已经伺候过村里很多老人了。我很用心，老人也是父母心，你对他们好，他们会一直惦念你。”

妇女骨干自 2001 年推进跳舞活动，就开始改造村中的风气。婆媳关系、夫妻关系在这些年中改变很多。笔者随访了寨子村、关头村、祁家巷中是 20 户人家，几乎每家都会提起蒲韩社区在改善卫生、提供技术服务以及转变风气等方面的作用。

蒲韩社区的目标是打造幸福社区，将生活摆在第一位，其理念是“以人为本”，从养老服务的提供状况来看，其目标在逐步实现，在过程中发挥了村民的积极性，也重视了老人的需求和自尊，促成了乡村内部的守望相助。

第七章　小结

蒲韩社区自技术培训、组织跳舞起步，发展至今，不仅帮助乡村发展了合作经济，还推动了公共服务，并且在可预见的未来还将继续开拓。这样的开拓是基于社区生活的需要，是逐步链接城乡，而非以扩张性的方式按照市场逻辑去争夺资源。它一面稳步发展，一面又扎根社区。工作人员的办公场所泯然于农户房屋之中，随时能与村民互动，其推动的统购统销依赖于农户又能帮助农户、引导农户，其发起的服务立足社区平台又以村民参与为基础。同样重要的是，蒲韩的骨干们注重生产与环境的平衡，希望人与自然达成平衡。生产与生活不可分，家庭关系、邻里关系、子女教育，这些都在社区工作人员的视野中。家庭养老能力不足，他们就拓展出社区支持家庭养老的服务，让老人能够有尊严、有依靠；儿童与自然日益疏离，沉溺于电子类游戏中，他们就拓展出生活营活动，重视儿童在生活经验中学习……

这样一个有生长能力的合作组织并不是自然生成的，它经历了许多挫败，花费了十多年的时间去摸索可行的路子。这些经验对于全国不断增加的农民合作组织的发展有着重要的借鉴意义。

首先，在起步阶段，郑冰借助以自己为起点一圈一圈扩散出去的熟人网络，使各村妇女参与到技术培训活动之中。但技术活动是单向性的，要培养村民的主动参与意识，还得要顺应当地人的交往情理，“大家的事情大家出力”。无论是组织跳舞还是后来的垃圾清理活动，郑冰及其慢慢搭建的骨干团队始终注重这一点，村中事务村民应当自觉参与。

其次，骨干团队的建设是核心工作。在目前的大部分乡村中，掌握话语权的往往是在政治-经济分层上处于较高地位的人，譬如村干部或者医生、教师等。但这些能人在道德方面是否能够做到处事为公，却很难判定。跳舞、修路等初期的活动帮助郑冰以及村民找到了有公心、口碑好的一帮妇女。她们善于沟通，愿意介入村民的家务事，善做调解引导，这些道德实践使得团队在乡村中具有越来越好的影响，为合作提供土壤。

再次，行政以及市场力量的介入会影响合作组织发展想形态。蒲韩在与政府打交道时，注重策略性，只是感谢上级关怀，但在没有发展好的前提下不需要资金支持，这为团队自主发展创下了空间；与富平公司等外来资本打交道，蒲韩会确立自身的原则。当后者的盈利性体现得越来越强，侵犯了村民的利益，蒲韩团队又能果断地中止合作。平衡与外来力量的关系有效地避开了“交互争利”的局面，也使团队内部的交往更为坚韧，能获得村民的持久信任。

最后，合作组织要依靠制度提供成熟的服务，满足当地人对幸福生活的追求，蒲韩的制度建设特点在于它在不断涵养工作人员的性情以及能力，依循社区情理，让普通村民也能参与其中成为制度建设的贡献者。可见，制度不仅仅是用于约制，更能有助于生发乡村中的力量。

参考文献

费孝通，1999，《费孝通全集》（第四卷），群言出版社

———，1999，《费孝通全集》（第五卷），群言出版社

古学斌、张和清、杨锡聪，2007，《专业限制与文化识盲：农村社会工作实践中的文化问题》，《社会学研究》第6期

韩俊，2007，《中国农村改革与发展的新格局理论视野》，《理论视野》第7期

何慧丽、古学斌、贺雪峰等，2009，《城乡链接与农民合作》，《开放时代》第9期

黄胜忠、徐旭初，2008，《成员异质性与农民专业合作社的组织结构分析》，《南京农业大学学报(社会科学版)》第3期

黄晓星、杨杰，2016，《社会服务组织的边界生产——基于Z市家庭综合

服务中心的研究》,《社会科学文摘》第 2 期
黄宗智, 2010,《中国发展经验的理论与实用含义——非正规经济实践》,《开放时代》第 10 期
———, 2012,《小农户与大商业资本的不平等交易: 中国现代农业的特色》,《开放时代》第 3 期
———, 2016,《中国的隐性农业革命(1980—2010)——一个历史和比较的视野》,《开放时代》第 2 期
黄宗智、高原、彭玉生, 2012,《没有无产化的资本化: 中国的农业发展》,《开放时代》第 3 期
黄祖辉、邵科, 2009,《合作社的本质规定性及其漂移》,《浙江大学学报》(人文社会科学版)第 4 期
孔海娥, 2009,《生命历程视角下的女性社区参与》,《云南民族大学学报哲学社会科学版》第 6 期
李荣荣, 2015,《作为礼物的现代公益——由某公益组织的乡土实践引起的思考》,《文化纵横》第 5 期
梁漱溟, 2015,《乡村建设理论》, 商务印书馆
柳莉, 2003,《改革后中国农村工业化与农村妇女政治精英构成的变化--以浙江省 C 市 T 镇 T 村为例》,《浙江学刊》第 6 期
潘劲, 2011,《中国农民专业合作社:数据背后的解读》,《中国农村观察》第 6 期
任大鹏,、郭海霞, 2008,《合作社制度的理想主义与现实主义——基于集体行动理论视角的思考》,《农业经济问题》第 3 期
孙飞宇、储卉娟、张闫龙, 2016,《生产“社会”, 还是社会的自我生产? ——以一个 NGO 的扶贫困境为例》,《社会》第 1 期

孙秀林，2011，《华南的村治与宗族——一个功能主义的分析路径》，《社会学研究》第1期
唐宗焜，2012，《合作社真谛》，知识产权出版社
仝志辉、温铁军，2009，《资本和部门下乡与小农户经济的组织化道路——兼对专业合作社道路提出质疑》，《开放时代》第4期
王铭铭，1997，《乡土社会的秩序、公正与权威》，中国政法大学出版社
王雨磊、王宁，2012，《人情债与人情味：农村宴席中的关系再生产》，《中州学刊》第4期
王雨磊，2015，《论社会资本的社会性——布迪厄社会资本理论的再澄清与再阐释》，《南京师大学报社会科学版》，第1期
温铁军，2010，《中国的“城镇化”与发展中国家的城市化》，《中华读书报》
———，2001，《市场失灵+政府失灵：双重困境下的“三农”问题》，《读书》第10期
温铁军、何慧丽、周立等，2007，《健康农业文明消费公平贸易城乡和谐关于城乡互助合作社的对话与争锋》，《中国合作经济》第10期
吴飞，2009，《浮生取义：对华北某县自杀现象的文化解读》，中国人民大学出版社
——，2005，《梁漱溟的“新礼俗”——读梁漱溟的〈乡村建设理论〉》，《社会学研究》第5期
——，2007，《论“过日子”》，《社会学研究》第6期
——，2007，《自杀作为中国问题》，生活•读书•新知三联书店
武广汉，2012，《“中间商+农民”模式与农民的半无产化》，《开放时代》

第 3 期
熊万胜，2009，《合作社：作为制度化进程的意外后果》，《社会学研究》第 5 期
徐晓军，2009，《内核—外围：传统乡土社会关系结构的变动——以鄂东乡村艾滋病人社会关系重构为例》，《社会学研究》第 1 期
徐旭初，2014，《农民合作社发展中政府行为逻辑：基于赋权理论视角的讨论》，《农业经济问题》第 1 期
徐勇、邓大才，2006:《社会化小农:解释当今农户的一种视角》，《学术月刊》第 7 期
严海蓉、陈航英，2015，《农村合作社运动与第三条道路：争论与反思》，《开放时代》第 2 期
严海蓉、陈义媛，2015，《中国农业资本化的特征和方向：自下而上和自上而下的资本化动力》，《开放时代》第 5 期
阎云翔，2006，《私人生活的变革》，上海书店出版社
杨团，2009，《借鉴台湾农会经验建设大陆综合农协》，《社会科学》第 11 期
——，2016，《农村失能老年人照料贫困问题的解决路径——以山西永济蒲韩乡村社区为例》，《学习与实践》第 4 期
杨善华、侯红蕊，1999，《血缘、姻缘、亲情与利益——现阶段中国农村社会中“差序格局”的“理性化趋势》，《宁夏社会科学》第 6 期
杨善华、柳莉，2005，《日常生活政治化与农村妇女的公共参与——以宁夏 Y 市郊区巴村为例》，《中国社会科学》第 3 期
杨善华、孙飞宇，2015，《“社会底蕴”：田野经验与思考》，《社会》第 1 期

应瑞瑶，2002，《合作社的异化与异化的合作社—兼论中国农业合作社的定位》，《江海学刊》第 6 期

应瑞瑶、何军，2002，《如何确立中国农业合作社的基本原则》，《经济研究参考》

应星，2000，《从“讨个说法”到“摆平理顺”》，中国社会科学院研究生院

——，2005，《评村民自治研究的新取向——以〈选举事件与村庄政治〉为例》，《社会学研究》第 1 期

张德元，2011，《“皮包合作社”折射出的基层官民关系——对农民合作社的所见所思的调查感悟》，《人民论坛》

张晓山，2009，《大户和龙头企业领办的合作社是当前中国合作社发展的现实选择》，《中国合作经济》第 10 期

———，2004，《促进以农产品生产专业户为主体的合作社的发展——以浙江省农民专业合作社的发展为例》，《中国农村经济》第 11 期

赵晓峰，2015，《新型农民合作社发展的社会机制研究》，社会科学文献出版社

赵旭东，2008，《否定的逻辑——反思中国乡村社会研究》，民族出版社

折晓叶，1997，《村庄的再造》，中国社会科学出版社

郑杭生、杨敏，2006，《社会实践结构性巨变的若干新趋势——一种社会学分析的新视角》，《社会科学》第 10 期

周春芳、包宗顺，2010，《农民专业合作社产权结构实证研究——以江苏省为例》，《西北农林科技大学学报》（社会科学版），第 6 期

Vitaliano, Peter. 1983. Cooperative Enterprise: An Alternative Conceptual Basis for Analyzing a Complex Institution. American Journal of Agricultural Economics, 65(5):1078-1083.

Nilsson, Jerker. 2000. New generation of farmers' cooperatives. Chinese Rural Economy, 77-79.

Cook, Michael L. 1995. The Future of U.S. Agricultural Cooperatives: A Neo-Institutional Approach. American Journal of Agricultural Economics, 77(5):1153-1159.

Milgrom, Paul & John Roberts. 1992. Economics，Organization and Management，Englewood Cliffs，Prentice Hall.

谁进了北大

张越　北京大学社会学系 2014 级
指导教师　钱民辉

教育既是现代社会实现个体向上流动的有效途径，也是家庭代际传承的重要工具，这一特殊地位使得教育获得成为教育社会学、社会学等学科关注的核心议题。1960 年代，科尔曼针对美国教育机会不均等问题研究的成果《教育机会均等报告》指出，家庭因素是影响学生学业成就的关键变量。同样在 1960 年代，布劳和邓肯提出了地位获得模型，从微观视角解释家庭背景对子女教育获得的代际影响，后续学者纷纷遵循这一解释逻辑，并不断丰富和扩展该模型（刘浩、钱民辉，2015）。家庭因素逐渐成为研究教育获得的重要视角。在家庭背景对教育获得的作用机制解释上，布迪厄的文化再生产理论及其对学校教育系统文化再生产的分析，从不同阶层家庭文化资本占有及代际传递的视角，无疑为我们理解不同阶层家庭的子女在学校学业成就差异上的深层原因提供了思路和启发。

国内的大量实证研究表明，在教育扩张的背景下，中国教育机会获得的不平等程度反而有上升的趋势，逐渐由“能上学”向“上什么学”转变。尤其是在高等教育阶段，由于文凭贬值，普通大学的含金量普遍缩水，重点大学的稀缺性和重要性愈发突出，但实际上重点大学的教育获得机会大量被优势阶层所占据，良好的家庭背景有效服务于学生进入重点大学（刘云杉，2015；李春玲，2014）。而其中家庭所拥有的文化资本作为家庭背景发挥作用的一个关键机制，在子女学业成就当中发挥了重要的作用（仇立平、肖日葵，2011；孙远太，2010）。

在中国的文化背景和教育制度下，家庭文化资本如何影响子女的学业成就？其微观作用机制是什么？本文希望通过对这一问题的个案研究，勾画家庭中文化资本传递的动态过程和整体发展逻辑，从而更加清晰深入的微观呈现家庭因素对教育获得的作用机制，深化对教育过程不平等问题的认识。

第一章　文献回顾

围绕家庭文化资本与学业成就这一主题，学界已进行了大量讨论。本章首先阐述布迪厄的文化资本概念及其相关理论，之后将对国内外的经验研究展开文献梳理。

一、文化资本的提出及相关理论

1. 文化资本的提出

二战之后西方国家处于普遍的经济繁荣，中高等教育得到迅速发展和普及。其时盛行的功能主义理论认为教育极大促进了社会流动，有助于社会平等和稳定发展。随着 1960 年代社会出现了诸多冲突并引发了大量的社会运动，冲突理论开始盛行。作为一种社会批判理论，突出理论认为学校教育实现并强化了阶层结构的再生产，降低了社会流动，加剧了社会阶层的固化。其中鲍尔斯和金蒂斯的阶级再生产理论、阿普尔的隐性课程理论、威利斯的反抗文化理论以及伯恩斯坦的语言符码理论等，都对学校教育的阶级再生产进行了深入探讨。

布迪厄从文化的代际传递角度，揭示了家庭、文化与教育的再生产。

在当时的法国，教育尤其是高等教育得到了迅速的普及发展，大学入学率和毕业人数激增，但这并不意味着教育实现了很大程度上的平等，重点大学尤其是精英学校的大学生家庭背景的分布并没有发生根本性改变，不仅在教育获得方面，在具体的学业表现、专业选择等方面中上阶层也很占优势（朱伟珏，2006；布迪厄、帕斯隆，2002a，1-31）。

文化资本概念正是作为一种理论假定在研究过程中被提出来的，即“这种假定能够通过联系学术上的成功，来解释出身不同社会阶级的孩子取得不同学术成就的原因，即出身于不同阶级和阶级小团体的孩子在学术市场中所能获得的特殊利润，是如何对应于阶级与阶级小团体之间的文化资本的分布状况的。”（布迪厄，1997：193）布迪厄试图从社会各阶层的文化资本差异及代际传递，来解释学校教育的文化再生产。

2.文化资本的含义及其再生产

布迪厄指出，资本需要通过身体化或客观化的形式进行长时间的积累，并且依赖于它在其中起作用的场。文化资本主要是指学校教育和家庭教育通过教育行动传递的文化财产（Lamont & Lareau，1988），主要以身体化、客观化及体制化三种形态存在（布尔迪厄，1997：192-201）。在布尔迪厄的研究中，教育、消费与品位、生活方式等领域是主要用来考察文化资本作用与内涵的重要面向。在学校教育实践当中，不同学生之间的文化资本造成了他们学业上的不平等。其中文化资本是来自家庭的一整套知识、爱好、兴趣和本领等阶级遗产（Lareau & Weininger，2003；布尔迪厄、帕斯隆，2002a：24）。

布迪厄认为当代社会的一个特征是文化因素已经深入渗透到社会生活的各个领域，并且文化在整个社会中具有优先性并有决定性意义。因此文化是一种权力资源，体现着权力关系，是统治阶层的统治根源（高宣扬，2004：14）。所处场域的结构，即文化资本的不平等分布，是文化资本之所以能产生特殊效果的根源，这种特殊效果是利润和权力的呈现。只有行动者拥有的文化资本与所处场域内的主流文化相匹配时，才会发挥资本的作用（布尔迪厄，1997：195）。

学校是传递文化资本的重要场所，所传递的是一种精英文化或主流文化，并运用支配阶层所赋予的权力将这种文化定义为合法化的文化资本。而学生在学校教育中的获益，极大程度依赖于早先在家庭中收获的文化资本。优势阶层的学生在家庭中所得到的习惯、训练和能力直接服务于学校知识的获取，同时语言、个人气质、兴趣爱好方面符合学校传递的思维技术和方式，与普遍定义的教育成功的标准相一致，因此更加容易获得学业成功，而非优势阶层的学生则要付出更多的努力（布迪厄、帕斯隆，2002b）。因此，在以能力主义为价值取向的现代社会中，学校通过特定的课程安排、教学方式和评价标准，将社会不平等转化为天资或学习成绩，并通过文凭的方式加以制度化和神圣化，实现了文化的再生产和社会再生产。

文化资本的象征性功效贯穿于它的传递逻辑之中，传递的时间覆盖了社会化的整个阶段，因此文化资本的早期传递无疑成为资本继承性传递的最佳隐蔽方式。在家庭当中，家庭所占有文化资本的质量和数量，是行动者文化资本原始积累和快速积累的先决条件；其次，文化资本的传递差异不仅隐含在年龄的差异之中，即传递和和积累是从什么时候开始的，也隐含在能力的差异之中，对资本的获取需要自由时间和文化上的要求，而这很大程度上取决于家庭从经济的必须中摆脱出来为他提供的自由时间（布迪厄，1997：197-198）。与学校的内容统一、传授专业化知识的传递方式不同，家庭是更加个性化的家庭传递方式。因此，拥有较多合法化文化资本的家庭通过潜移默化的方式，如智育氛围、语言结构、所支持的对学校和文化的态度等，将文化资本逐渐传递给子女。

二、国外关于文化资本与学业成就的经验研究

布迪厄的文化资本理论刚提出不久之后，部分学者便承袭布迪厄，以高雅文化为核心来衡量合法化的文化资本，通过测量学生及家长对古典音乐、艺术、文学等高雅活动的参与，考察对子女学业成就的作用。DiMaggio（1982，1985），Aschaffenburg（1997）等美国学者对美国经

验研究的数据分析都在一定程度上验证了家庭文化资本对子女学业成就的积极作用。

部分学者认为，有些国家不像法国、意大利等国有主导性的阶层文化，课程体系中没有明显的高雅文化，因此需要结合本国具体的文化环境与教育体系特征，重新界定文化资本的核心意涵。De Graaf 等荷兰学者（2000）认为，在荷兰的课程体系较少体现高雅文化，学业成就更多是考试成绩的积累，是学生认知能力、语言能力及技巧的体现，因此父母和子女的阅读活动、阅读习惯更加直接有利于子女学业成就的获得。在英国、希腊等国的研究也都得出了类似的结论（Sullivan，2001；Katsillis & Rubinson，1990）。

韩国和日本的一些学者也根据本国的文化背景和教育体系对文化资本对教育获得的影响进行了研究。在平均主义的教育政策、国家标准化的课程内容和体系及以统一考试为主的入学标准等国家教育体系特征的背景下，拥有强化学习动机和学习技能对学生来说非常重要。Yamamoto & Brinton（2012），Byun 等（2012）等学者发现，相比于以参加高雅活动衡量的文化资本对学业成就的影响，课外补习、家庭阅读习惯等因素对学业成就的作用更为显著且影响更大。

三、国内关于文化资本对学业成就作用的经验研究

近年来中国的教育分层研究主要围绕社会结构转型与教育扩张两个背景展开的。高考体制恢复意味着人才选拔的标准回归到以个人学业能力为核心的轨道上（刘精明，2014）。但是随着社会分化的加剧，阶层社会经济差异逐渐扩大，家庭背景的作用越来越明显。大量研究表明，随着义务教育的普及和 1999 年之后高等教育的大规模扩招，在高等教育入学质量，即教育分流产生的普通本科与职业院校，以及本科中的重点学校等机会差异上，不同阶层子女入学机会存在扩大的趋势。高等学校的层级越高，优势阶层的家庭子女有更大的机会进入（谢作栩、王伟宜，2004；李煜，2006；杜桂英，2010；刘精明，2007，2014）。

地区差异、城乡差异及学校差异等宏观因素是造成个体学业成就差异的重要原因，尽管研究视角的侧重点不同，但落脚点最终都回归到了家庭背景对学业成就的影响上。因此探讨家庭背景对学业成就的作用机制显得尤为重要。

最初，大量研究聚焦在社会经济地位对学业成就的直接影响。研究发现一方面，父母收入越高、受教育程度越高或者职业身份处于干部、技术人员、知识分子等优势阶层，子女的学业成就越好（蔡文伯、伍开文，2014；赵必华，2013）。同时，这些变量在特定制度条件下，通过经济资源排斥、特权资源排斥和资源隐性排斥等直接作用于子女获得更高的教育程度和更优质的教育水平（王伟宜、谢作栩，2005；梁晨、李中清等，2012）。

父母教育优势的代际传递越来越采取间接的方式，简单地从家庭经济收入、教育年限、职业三个变量来衡量家庭背景的作用有很大缺陷，因此，有关教育与家庭背景的研究开始转向对教育过程本身的研究。不少研究发现家庭教养方式、重点中学、教育期望或教育参与等因素作为中介变量间接影响了学业成就。从动态的角度来看，高等教育获得存在路径依赖和累积效应，前一阶段的教育质量获得影响下一阶段的教育质量获得，家庭的收入、职业、受教育水平等因素的影响主要在早期，即初级阶段的教育获得中实现，后期家庭影响逐渐削弱，取而代之的是重点中学、学生自身能力等因素的作用（陈彬莉，2008；吴愈晓，2013a；唐俊超，2015；吴晓刚，2016；李忠路、邱泽奇，2016）。

关于什么是中国情境下的合法化文化资本，并没有一个系统全面的分析。由最初简单操作化为父母受教育程度这一变量，到部分学者将兴趣、品位与能力技巧两个维度同时纳入研究当中，通过高雅文化活动参与和阅读活动等变量的测量，普遍发现以良好阅读习惯为主的家庭活动氛围比高雅活动参与对学业表现和教育获得的影响更大（仇立平、肖日葵，2011；孙远太，2010）。有学者系统研究了文化资本存在的三种形式，将父母的受教育程度、拥有文化物品、读书氛围、教育期望、家庭教养方式等都纳入框架中，分析了彼此之间的互动关系和相互作用，指出文化物品等客观化的文化资本发挥作用有赖于父母的身体化的文化资本的投入和影响，包括语言习惯、家庭教养方式、教育期望、家庭氛围等，且文化资本的作用发挥受到社会资本的影响（杨宝琰、万明钢，2015；严警，2012）。部分学者采取了底层视角，针对“寒门如何出贵子的问题”，董永贵（2015）对考入重点大学的社会底层家庭的孩子的文化生产过程进行了分析，指出他们依靠主观能动性，借助重要他人的影响，弥补了原生家庭文化资本的不足。而程猛、康永久（2016）则发现底层家庭的子女获得成功恰恰是利用了底层特有的先赋性动力、道德化思维和学校化的心性品质等文化资本。

四、小结

从理论上来看，文化资本作为一个动态性的概念，必须在特定的社会环境下纳入特定的场域中来考察文化资本的作用，合法化文化资本与特定场域中的正统文化保持一致。而现有研究对这一问题并没有做一个清晰全面的分析。因此本文需要对中国社会文化环境以及教育体系特征做出深入的分析，并通过经验的研究，探讨在中国背景下什么样的文化资本在真正发挥作用。

从国内经验研究来看，目前有大量文献就家庭文化资本对学业成就的影响做了定量研究，通过全国或区域调查的截面数据，发现了两者的相关关系。但存在以下不足：

首先，由于定量研究问卷的限制，对文化资本、学业成就等操作化有限，且多以受教育程度来代替文化资本，在一定程度上窄化了文化资本的内涵，从而可能引起结果上的分歧，各研究之间难以进行“对话”和比较。其次，需要注意资本拥有及资本投入是不同的，不能混为一谈来探究作用机制；且不同家庭因为个体经验对行动的目的和意义理解不同，使用策略的不同，实际的资本投入也存在差异。因此，在作为客观存在的结构背景与学业成就之间，还需要讨论实际情境中有目的的教育行动。此外，如上所述学业成就的获取存在路径依赖和累积优势，家庭对子女学业成就的作用是一个连续、动态且复杂的过程，只有通过深入家庭中，对子女求学历程当中父母的投入以及各个成员的互动进行全面的把握，才能对家庭文化资本的微观作用机制获得更深刻的理解。

本文对进入北京大学的学生及其家庭进行个案分析，并以进入非北京大学的学生及其家庭个案作为对照，探讨家庭文化资本发挥作用的整体面貌和具体过程是怎样的？从家庭资本传递与教育过程中把握不同的家庭运用何种策略和行动，将文化资本传递给子女，并影响其学业成就，从而深化对文化资本对高等教育获得微观作用机制的理解。

第二章　研究设计

一、核心概念界定

1. 家庭文化资本

如前所述，文化资本主要是家庭教育行动所传递的文化财产。它的价值与主流文化及主流文化强加在学校教育中的文化价值相关(布迪厄、帕斯隆，2002b：40)。因此，对文化资本的内涵解释应放入具体的文化情境中，与教育联系在一起进行全面考量（Lareau & Weininger，2003）。在中国的文化背景与教育体制环境下，中国没有主导性的阶层文化，而学校的学业成就更多是日常考试成绩的积累，是学生关于科学文化知识的认知能力、阅读能力、语言能力及学习技巧等多方面的综合体现，因此本文所指的文化资本着重指家庭成员所具备和传递的有关智育的各类科学文化知识的态度、习惯、能力、行为方式等文化财产的总和。

文化资本一般可分为三类形态：身体化的文化资本，即成为身体和精神一部分的学识、教养、能力、行事风格等文化产物。它需要长时间的积累并身体化与实体化于特定的个体，因此需要亲力亲为，花费大量的时间和精力。身体化的文化资本由于无法直接观察到，只能被解释性地理解。布迪厄通过研究以消费方式为主的生活方式来进一步考察，在研究教育的代际传递过程中，教养理念与方式、教育资源投入、时间与精力投入等行为以及赋予这些行为的意义可以作为比较合适的考察方式（洪岩璧、赵延东，2014）。因此，在本研究中，父母的身体化的文化资本着重从对子女的文化资源投入及时间与精力的投入等行为以及赋予这些行为的意义来进行考察；对子女来说，主要从他们逐渐习得的学习动机、阅读习惯、广泛兴趣、学习习惯及心态等方面进行考察。

客观化的文化资本，即书籍、绘画、古董等文化商品。为了显现他们，需要相应的身体化的文化资本。在文中主要指家庭所拥有的各类书籍及与教育相关的其他文化资源。

体制化的文化资本，即对知识和技能以制度形式予以认可，如学术资格、文凭的形式。在文中主要体现为受教育程度。

在理解文化资本概念时需要主要注意几点：首先，家庭当中父母的文化资本和子女的文化资本是相互联系的，父母需要通过持续的培养才能将自身文化资本传递给子女，形成子女自身的文化资本；其次，文化资本的三类形态相互制约且相互依赖；最后，不同家庭因为个体经验对行动的目的和意义理解不同，使用策略的不同，因此实际情境中的教育互动也存在差异。

2. 学业成就

从理论上讲，学业成就不仅仅包括学习，还涉及德、智、体、美等方面的综合发展。但在目前的教育体系下，教育选拔仍然是以考试成绩的高低为主要标准。因此本文中涉及的学业成就是指学习方面，即在求学历程中的学习情况和高考情况。考虑到个案选择的典型性，北京大学作为国内最顶尖的重点大学之一，其学生身上所展现的文化资本与家庭文化资本的相互关系可能会更加明显，更利于剖析家庭文化资本的作用机制，因此选择将考入北京大学的部分学生为主要研究对象。

3. 家庭教育互动

在子女上大学之前的求学过程当中，父母对子女实施的教育行为以及子女相应的回应、转化与表现过程。时间限定在子女上大学之前的求学历程当中，互动内容涉及父母一系列的文化资源的投入及时间和精力的投入，包括学习动机的培养、学习习惯塑造、广泛兴趣培养、文化氛围营造和家庭教养方式等方面，以及子女在此过程中习得的各种特质。这种互动构成家庭内的教育互动，也是研究者考察的重点。此外，还涉及家庭外的教育互动，如作为重要他人的老师、同学对家庭当中父母和子女的教育行为与习得行为产生的影响。

二、研究方法

1. 个案研究法

个案研究强调详尽地描述某一研究对象的全貌，考察事物发展的整个过程，展现研究对象的整体性、情境性和关联性。本文以毕业于J市××中学的考入北京大学的部分个案为研究对象，并以考入非北京大学的部分个案作对比，旨在通过对他们在大学之前的求学历程当中的家庭资本传递过程的研究，进一步探索家庭文化资本对学业成就的作用机制。系统描述传递过程的全貌，注重整体性和关联性的同时，也不能忽略个案内部的差异性。借此来展现在较落后地区的小城市当中，家庭文化资本如何影响学生考入重点大学的。

2. 方便抽样与滚雪球抽样

由于个人时间和精力的限制，本文主要采取方便抽样与滚雪球抽样。首先对自己认识的考入北大的××中学毕业生进行访谈，再通过滚雪球的方式获得符合要求的研究对象。在选取过程中考虑性别、专业、年级等因素。选取非重点大学的个案时采取同样的方法，也要同时兼顾性别、专业、年级、学校类型（二本、三本等）以及家庭情况等因素的相对平衡。

3. 深度访谈

深度访谈是指与研究对象进行直接接触，就调查的主题和相关方面进行笼统的提问，甚至有些问题在访谈过程中形成，深入追问、刨根问底，很多细节需要详细记录，从而获得深入详细的一手资料。由于本文是将已经考取大学的学生作为研究对象，因此只能采取回溯式的深度访谈，主要获取家庭中父母和子女教育互动的相关资料。

三、研究问题

本文主要通过以考入非北京大学的个案作为参照，来考察考入北京大学个案的家庭教育互动过程：教育互动是如何展开的？在子女不同的求学阶段的教育互动是否发生变化？不同家庭对所采取的策略及行动的目的和意义是怎样理解的？在对上述问题的分析基础上进一步探究家庭文化资本的作用机制。

第三章　背景环境分析与选取个案的基本情况

一、背景环境分析

J 市是研究者的家乡。J 市位于山西省东南部，是山西省下辖地级市之一，现辖 1 个市辖区，4 个县，1 个市。水利、矿藏资源相对丰富，以第二三产业为主，经济发展属于全省中上水平。市内矿务局及大量煤炭企业解决了很大一部分就业，人们生活幸福感相对较高。

基础教育在近来年获得迅速发展，截止 2008 年，全市学龄儿童净入学率达到 100%，小学升初中率达 99.8%，高中阶段毛入学率达 80.1%，2015 年末全市高中阶段毛入学率 95.12%（J 市在线网站，2016）。全市义务教育发展相对比较均衡，在小学和初中当中没有所谓的“名校”，但仍存在较明显的城乡差距。全市普通高中一共 34 所，以公立高中为主，学校分化比较严重，××中学是全市最好的高中，享有全市最丰富的教育资源和最优质的生源。

J市××中学是创办于1929年的一所公立中学，是山西省首批重点中学、示范高中。在校人数三千多人，代课教师近两百名。近年来教育质量大幅提升，升学率及北清率获得迅速发展，先后被清华大学确定为“新百年领军计划优质生源基地”、北京大学“中学校长实名推荐制”资质，人民大学、浙江大学、南开大学等名校也纷纷前来挂牌确定优质生源基地。因此，××中学无疑成为全市中小学生最向往的高中，而周边的学区房也在近几年内迅速发展起来，成为家长买房或者租房的宝地。

本文选择来自××中学的毕业生作为研究个案主要基于以下两点考虑：首先，在J市，××中学作为全市最好的中学，是北大、清华等重点大学学生的主要来源；其次，由于J市义务教育发展比较均衡，城市中的小学和初中择校问题相对不突出，因此选择××中学的毕业生，可以在学校这一重要因素上保持相对一致性，从而凸显家庭因素对子女学业成就的重要作用。

二、选取个案的基本情况介绍

本文一共选取了10位来自××中学的北大学生作为主要研究对象，选取时尽量保持在性别、专业和年级上的平衡。另外，还选取了10位来自××中学的非北大学生作为参考和对比。以上每位被访谈者的平均访谈时间为1个小时，以面对面的深度访谈为主。由于一些条件因素对部分非北大被访者采用了微信语音访谈或者电话访谈。

此外，本文还访谈了6位同学的家长，以及××中学的2位老师。主要采取了面对面深度访谈和微信语音访谈。

表 1 被访者基本情况—北大

姓名	性别	专业	年级	户口	家庭情况	备注
S1	女	金融	大二	市区	父：大学本科、财务；母：大学本科、税务	参加自主招生；父母目前在读在职研究生
S2	女	法学	大二	市区	父：专科、工程师；母：专科、企业职员	因为姥爷和爷爷都是大学生，家里知识氛围浓厚；从小和长辈住在一栋楼
S3	女	法学	研一	市区	父：本科、工程师；母：专科、保险工作	母亲当初学习特别好，可以去一个当时很好的本科，但录取程序出了问题；参加自主招生
S4	女	元培	大一	市区	父：本科、医生；母：本科、高中老师	参加自主招生
S5	女	工管	大一	县城	父：本科、工程师；母：专科、事业单位科员	
S6	女	金融	大四	市区	父：本科、工程师；母：本科、高中老师	
S7	男	环科	大三	市区	父：本科、医生；母：本科，医生	校长实名推荐
S8	男	物理	大一	市区	父：本科、城市规划院；母：专科、医生	
S9	男	新传	大二	市区	父：本科，医生；母：本科、小学老师	
S10	男	经济	大三	市区	父：初中，工人；母：初中，个体经营	亲戚中有学习榜样；母亲属于女强人的类型

表 2　被访者基本情况—其他学校

姓名	性别	专业	年级	学校	户口	家庭情况
P1	女	地理	研二	太原师范、四川师范	农村	父：高中、电工；母：高中、务农
P2	男	机械	研三	西北工业大学	市区	父：高中、公务员；母：高中、无业
P3	女	法学	研三	南开大学滨海分校、西北政法	市区	父：大学本科、工程师；母：大学本科、医生
P4	女	法学	研三	湖南师范、华中师范	农村	父：小学、务农；母：小学、务农
P5	女	数学	大三	中北大学	市区	父：初中、工人；母：初中、工人
P6	女	中文	研一	江南大学	市区	父：零工；母：护士
P7	男	数学	大四	晋中学院	县城	父：大专、银行职员；母：中专、普通职员
P8	男	能动	已工作	西安交通大学	农村	父：高中、务农；母：高中、务农
P9	男	计算机	已工作	华北电力大学	市区	父：高中、务农；母：高中、务农
P10	男	计算机	已工作	专科院校	市区	父：专科、医生；母：高中、无业

第四章　求学历程中的教育互动分析

教育获得过程是一个前期教育获得的优势不断积累并逐渐发挥作用的过程。在子女的求学历程当中，父母对子女教育的不断投入以及子女对投入的习得、内化和转化这两个部分共同构成了家庭动态的教育互动过程。下面将按照被访者求学历程的时间线展现不同被访者的教育互动图景。

一、学习兴趣的激发：内生性的学习动机

根据教育心理学家 White 的研究，学习动机分为内在动机和外在动机。其中内在动机是指儿童本身对学习的兴趣、喜好、好奇心等而产生的内在动力；外在动机是指奖励、惩罚、监督等外在因素刺激下的外在动力。一般来讲，儿童对喜欢的事情会产生内在动机，较少需要外界力量的督促和影响，因此自主性和能动性更强。如果学习取得了较好的成果或者做事获得别人较高的评价，并且次数逐渐增多，那么会增加学习的信心和有利的情感，增强学业自我效能感，会进一步强化学习的内在动机，付出更多的努力，更长久的坚持学习任务。这是一个正向循环的过程（张学民等，2007；曾荣侠、李新旺，2003）。

因此在子女学习初期，父母如果懂得培养学习兴趣的重要性，能够通过积极引导的方式不断激发子女的好奇心，为子女提供适当的课外书籍、电视节目等文化资源将，将其引入知识的海洋，这将有利于子女在早期产生内生性的学习动机，为今后的漫漫学习之路奠定良好的基础。

在访谈中研究者发现，考入北大的 10 位被访谈者在家庭有意或无意的引导或熏陶下，基本上在小学初期就对知识产生了浓厚的兴趣，自然而然激发了进一步学习的动力。

1. “学习是个自然而然的发展过程”

一般来讲，在最初儿童对喜欢的事情会产生内在动机，较少需要外

界力量的督促和影响，因此自主性和能动性更强。其中这些“喜欢的事情”往往需要家长有意引导或无意影响。

录音磁带、课外书、兴趣班等文化资源是父母用来激发子女学习兴趣的重要手段。而儿童在早期可塑性强、心性等尚未发展成熟，更容易进行塑造并养成习惯。在学前或者小学开始，子女通过接受早期的阅读熏陶和兴趣发展，自身的语言发展能力、阅读能力、想象力等基础能力都获得较大的提升。由于时间和地域因素，J 市的早期教育市场并不是十分发达，各类早教类产品也没有流行开来，因此可供家庭选择的早期教育资源比较有限，在访谈中研究者也发现被访者在早期的课外读物、参加的兴趣班等文化资源具有相对一致性。尽管如此，北大被访者的父母仍然十分重视对子女的早期教育，他们会通过购买育儿书籍、观看育儿节目或者与周围人群探讨等方式，来指导自身的教育实践。

被访者 S6 的母亲是一名高中英语老师，对子女的家庭教育非常重视。因此在 S6 上小学之前，就一直保持看育儿节目的习惯，并经常逛书店，购买一些育儿书籍。由于职业性质的原因，她也会经常和同事沟通和交流育儿经验和心得，并根据 S6 自身的性格特点，对子女进行引导。由于她和 S6 的父亲都非常喜欢文学，尤其是国学，并且认为对提升个人文化素养非常重要。因此在早期就通过让 S6 泛听国学磁带、给 S6 讲文学典故和知识，来激发 S6 学习的兴趣。被访者 S6 在慢慢的接触中对文学产生兴趣并对她今后的学习发展产生了较深远的影响。

“我爸妈认为学习是个自然而然的过程，是凭兴趣学习，不是为了应试，而且做什么都应该尽自己最努力做到最好，他们从小给我灌输这个观念，就开始激发我学习的兴趣。”“……我爸妈认为国学特别重要，在我小时候，应该是刚上小学那会吧，给我买了国学的光盘，希望从小背一些，激发学习的兴趣。因此从小我妈就鼓励我背诵古文，像老子啊，论语的一部分什么的。虽然我当时也不太能理解内容是什么，但懵懵懂懂就产生了兴趣吧，慢慢就特别喜欢了。比如上初中尤其是高中发现我

就发现自己特别喜欢古文，有一种熟悉感，学起来也比较容易，这会节假日也会背背四书五经。”（S6）

“我在上小学前我妈就给我买了很多录音磁带，会讲国外名人的故事啊，激发了我看名人传记的兴趣，还有作文书。所以主要是小学之前的学前教育比较多。”（S3）

此外，父母或其他家庭成员的行为会对子女产生潜移默化的影响。父母自身的阅读习惯、写作习惯等都会或多或少激发子女的好奇心，在父母进一步的引导之下也可能转化为自身的兴趣。

“我姥爷很喜欢读书，所以从小就问我（很多问题），教我许多东西。我放学回家看见他在看书，小时候就是觉得好奇，就会问他看的啥，特别想知道，他就特别耐心地给我讲好多。所以潜移默化的也受影响。”（S2）

“我妈一直比较喜欢看书，文学类的，就是比较文艺，她在我小学的时候还给过我一本她高中写的日记，写的挺好的，很有文采，字也很好看，当时比较小，觉得我妈挺厉害的，有一种自己也是这样多好的感觉，就是想模仿她，所以受她的影响吧，我也比较爱看文学类的书。”（S7）

因此，学习兴趣的培养是一个非常重要的激发后续学习动力的起点，而家庭环境直接影响着子女学习兴趣的产生。正是由于在早期家长能够意识到这一点并做出了正确的引导，才使得被研究者今后学习自主性和能动性的形成成为可能。而忽视学习兴趣的重要性，一味地通过督促、训诫或者惩罚的方式给予子女学习的外部动机，产生的影响往往有限，有时反而会适得其反。研究者对考入一般学校的被访者的访谈情况在一定程度上证明了这一点。

“我妈管我更多点，小学一二年级是逼着我学习，我爸则是放任不管，或许他自己也不爱学习。其实我小时候属于特别调皮那一种小孩儿，整天爬房顶、爬树掏鸟蛋，所以经常被母亲打骂！说我整天就知道玩，不知道学习，以后还能干啥。可是我那会就是对学习不感兴趣啊，可是打骂多了后来我也就变成了乖乖女，做任何事就是不想让他们失望，包括学习！我觉得那会我就是为了我妈才学习！”（P5）

“我觉得学习对于我接触过的那些尖子生，或者说学习好的学生来说啊，是一种乐趣，是一件快乐的事，你会觉得他们学的很高兴，是因为他们有真正的兴趣投入其中。班上一般也有特别努力的学生，你看他一天到晚坐在那低头学呢，可能根本没学进去，在那熬时间呢。不过话说话来，人家这些孩子从小就对学习产生了兴趣，和家长有很大关系，家长懂得从小在家里培养……”（××中学行政老师，之前是数学老师）

综上，父母在激发子女学习兴趣的过程中扮演着重要的角色，通过学习资源的恰当投入，激发子女刨根问底的好奇心，从而将子女自然引入学习当中，进而影响了子女进一步的学习心态和发展路径。

2.“不能给自己丢脸”

早期形成对学习的自然兴趣有利于获得对学习更强的自主性和能动性。这种在学生取得较好的学业成绩之后所产生的成就感与满足感，往往会极大增加学习的信心，增强学业的自我效能感，在后续的学习中可能会付出更多更持久的努力。如此的动力循环过程往往会伴随产生一种责任感，即要对得起自己和他人的期待，“不能丢脸”。

“应该从小吧（怕丢人这种心态）。我这个人脸皮比较薄，就特别怕丢人。就是怕别人说你，你就会经常自我反省，自己说自己。记得初中校园里有一个牌子，说每天对着夕阳想一想，你今天完成了什么。这个是我小学就看到的，我家住在四中边上，当时我爸妈经常带着我去学校里溜达，当时我爸妈给我念，我对那句话印象特别深刻，经常自己反省自己。在高三我拿到校长实名推荐之后，我更加怕丢人了，怕别人说我是不是这样之后就会放松不好好学习了，不能让别人觉得我不行了，所以我高三就更加努力了，包括现在都大学了还是……”（S7）

在访谈中，北大的几个被访谈者多次提到要努力学习“不能太给自己丢脸”，并归因于自己“脸皮薄”或者“有一种成就感”。这种动机其实恰恰反映了在学习上具有较高内部动机的学生的特点。而这一特点是他们最初的学习动机形成之后不断强化学习动机这一正向循环过程中的重要一环。而这一过程中他们的父母往往能够正确引导子女树立正确的分数观和考试观，即考试最重要的目的之一在于发现自己的不足，要通过每次考试不断提升自我。在被访者每次考试较差时，他们常常能够循循善诱，鼓励被访者发现自己的不足并积极改正。这使得被访者能够正确平和地对待考试，树立持久性的学习动机。而在一些非北大被访者的身上发现了一些唯分数是重的现象。

“说实话小学和初中我成绩还可以，可能学的还比较简单吧。不过考前几名还是在小学的时候比较多。记得有一次考了第一，特别高兴，当时就觉得终于能给我妈一个交代了，我妈也觉得很高兴，那会小呢，然后我就有点骄傲，你懂得，果不其然下学期就退步了好几名。还有一次考得特别不好，然后不敢跟我妈说，后来家长签字我妈还是知道了，她特别生气，我记得当时都把我说哭了，我挺难过的，心想人家的妈妈就经常鼓励啊，我妈怎么老是骂我……”（P5）

正如 P5 的例子，一些父母不但没有帮助子女树立正确的考试观，而且还经常以打骂等比较严厉的方式来训诫子女，这不仅加重他们的心理负担，而且可能因为达到父母的标准或者取悦父母而过于重视考试，往往可能产生适得其反的结果。

此外，父母在子女求学过程中不断强调学历的重要性，即表达对子女较高的教育期望这一行为往往也会被子女认可并强化被访者的学习动机。在中国传统文化和教育现实的背景下，这一点在大多数家庭当中都体现的非常明显。

3. 普遍较高的教育期望

Sewell 等（1968）提出的威斯康星模型指出，家庭社会经济地位影响父母教育期望，进一步塑造了子女的教育期望和动机，从而影响了子女的学业成就。在西方的大量经验研究中也证明了父母的社会经济地位与教育期望是呈正相关的（王甫勤、时怡雯，2014）。但在中国的传统文化背景以及目前紧张的教育与就业环境影响下，大多数家庭对子女都有较高的教育期望，不论子女的实际学习水平如何，考上好大学是大多数父母共同的心愿。

在教育过程中父母会传递一定的价值观、偏好和期望，同时也会采取相应的学习参与行为，从而影响子女的自身的教育期望（刘保中等，2015）。而子女较高的教育期望往往会强化自身的学习动机，通过付出更多的努力来获得较高的学业成就。在访谈过程中研究者也确实发现不论子女学习成绩好坏，父母都有较高的教育期望。

“上了初中之后家里对教育的期望比较明显吧，和整个社会一样，我们家人关系相处比较好，走的比较近，所以他们整个对教育的期望都是挺高的，因此要接受教育，程度越高越好。”（S10）

“我爸妈对我期望还是挺高的，未来的职业倒没有什么明确的期望，但是读书的话他们希望我读的越高越好，他们感觉学历高是好事，所以我希望自己怎么也得读完硕士。”“……我可能心态不太好，从小就这样，尤其是到了高中，感觉离考大学更近了，每次考试之前都紧张，是不是有一种叫考试焦虑症？我觉得这肯定影响考试发挥啊……我复读了两年，其实第一年考的是最好的，但是我爸妈觉得不太满意，我自己也觉得我应该能考个更好的，然后我就复读了，考的还不如第一年，我就想都考了两回了，再考一回试试，我爸妈也说同意，说家里反正也不着急让我上班挣钱，结果我考了第三回，和第二回差不多，没办法，我想就这么上吧。”（P7）

父母较高的教育期望确实可以强化子女的学习动机，但并非高的教育期望就一定能促进子女获得高的学业成就，因为教育期望一方面要符合子女的实际情况，另一方面父母实际上所能创造的教育环境可能会发挥更加直接的作用。这一作用将在后文所展现的一系列具体实践中体现出来。

总结而言，考上北大的被访者的教育经历中所体现的第一个鲜明特征，即在被访者学习早期，父母便重视对子女学习兴趣的激发和引导，通过投入一系列学习资源，激发子女对知识的探求进而引发对读书和学习的兴趣，形成一种内发性的学习动机；子女在学习兴趣的引导下会自发的努力学习，较少需要外界力量的督促和影响，在获得较好的成绩之后会增强学业自我效能感，进而产生付出更多的努力的责任感，并在父母的鼓励和引导下树立正确的考试观，更长久的坚持学习任务，获得更好的成绩。而其中父母较高的教育期望作为外部动力，有可能转化为子女进一步的学习动机。因此这是一个正向循环的过程。

二、独立学习能力的培养：自律的学习习惯

学习习惯是通过早期培养形成的具有稳定性的、相对独立性的例行化行为方式。子女学习习惯的养成与早期父母的家庭教育有非常重要的关联。拉鲁（2010）在研究美国中产阶级和工人阶级家庭对子女的童年教育中发现，中产阶级父母因为工作性质和受教育程度的原因，有充足的时间和精力辅导子女的学习，在检查作业与答疑解惑、学习时间的安排等方面更加重视，采取更为认真严格的态度；而工人阶级的父母因为受教育程度较低、工作比较辛苦，没有足够的时间和能力辅导功课，只能口头督促。一些关于中国大城市中的相关研究也展现了相似的结论（熊和妮，2016）。

在访谈中，研究者发现考取北大的十名被访者在小学时期就已经形成一种自主自律的学习习惯，他们具备独立学习的能力，并且在学习上会严格要求自己。这种良好习惯的养成与早期父母的严格培养和监督密切相关。

他们当中的大部分父母认为,子女在小学时期的习惯养成非常重要,这在很大程度上决定了子女今后的学习方式以及相应的学习道路。在小学时期这种自律的学习习惯一旦养成，后期的学习就会自动步入正轨。所以在小学时期对子女的要求都比较严格，但具体方式可能是温和或者严厉。

“我印象特别深，就是我小学放学回家，一年级的时候很多作业不会做，然后就问她，她就说自己思考。有些字不认识，她就给我买了一本厚厚的字典，那时候别人都是一小本新华字典。小时候老师一般会要求家长坐在旁边看孩子写作业然后签字，我妈就关上门让我自己在里面做，我不会做出来问她的时候就给我一本字典教会我查字典的方法，说我不能依赖别人。”（S3）

“我对她的教育理念就是要让孩子尽早独立地步入学习的轨道，我尽早放手。一方面是我工作的原因吧，我以后可能会更忙，没有时间管她；另一方面，当然也是最重要的，就是我想让她早点自立，自律，能自己管理自己的学习，有自学的动力。我想这不仅对她的学习，对她今后步入社会，对她整个人生的发展都是非常重要的一个基础吧。”（S3 的母亲）

“对了还有一个早读的习惯。就是从小一直到初中，每天早上都会看书。刚开始他们督促我，后来我自己养成了这个习惯。小学起来的时候每天早上会看十分钟，主要是学习方面的书，当时我的窗户上贴着一张纸，什么语文多念，数学多练。初中的时候早上时候六点起床，一直看到六点二十……”（S8）

通过访谈发现被访者的父母不仅严格的监督被访者按时、认真地完成作业；同时也能够根据自己的经验对被访者进行答疑解惑，给予解题思路或者学习方法上的指导，这对于被访者在小学时期形成良好的学习习惯至关重要，但这也是建立在父母有能力且有意识进行教育和辅导的基础之上。此外，外部有一些偶然因素或者不利的事件也会促使个人不断警醒自己，严于律己。

“可能我自己一直比较自律吧，小的时候他们偶尔也会督促我写作业，后来我觉得我就应该写作业，好好学习……”“我觉得他们（父母在被访者小学时离婚）离婚其实也没给自己太大影响，刚开始可能想得多，和别人比，后来觉得这些都不能强求，老天给一个人关上一扇门，也会打开另一扇门，自己努力创造更好的生活吧！我其实挺好强的，小时候考第一后来也习惯了考第一，所以学习一直特自觉……”（S5）

同样，对于父母受教育程度比较低、家庭条件较差的子女，父母无法提供更多学习内容上的帮助或者方法上的指导，但他们可能因为现实较差的处境而产生一种“先赋性动力”和“道德化思维”，即将学习当作一种道德事物来对待，因而更加自制、自律和专一（程猛、康永久，2016）。

“我的父母都是小学文化，虽然对于我的教育很重视，经常教育我好好学习，但是在具体的学习上没办法帮我们，我比较听话，从小深知我唯一的出路就是要好好学习，没人帮我，所以我自己就特别自觉，自主学习，自己写作业，自己预习和复习课程。”（P4）

父母的严格监督与悉心的学业指导固然重要，但个人只有自身切身落实并真正养成这一套习惯才能发挥真正的作用，不会因为脱离父母的监督而失效。

“家庭教育父母都参与，小学初中我爸都有辅导我学习，平常他们也都督促我写作业什么的。有的时候我不听话，我爸我妈打我骂我的时候能做到同仇敌忾，默契十足。打我的尺度拿捏的很好，打的疼而不狠，不影响第二天上学。但我当时可能叛逆吧，越打我就越贪玩，越不想听

他们的，反正就是贪玩，不太自觉，写作业老想玩……”（P10）

总结而言，对于受教育程度较高且有能力进行学习辅导的父母来说，早期采取恰当的方式对子女独立学习能力的培养、对日常学习的严格监督都有利于子女形成自律的习惯，并且对子女学习上的答疑解惑或方法指导也会使子女更好地适应学习课程。对于那些因客观或主观原因父母无法提供帮助和引导的子女，现实不利的事件或处境有可能促使个人依情境产生自律或自制习惯的可能性。

三、广泛兴趣的养成：自愿选择与贵在坚持

随着家庭对子女早期教育的重视程度逐渐加深，儿童课外特长班、兴趣班等教育机构迅速发展，参加舞蹈、乐器、美术、朗诵等各类兴趣班成为提升儿童综合素质的一个重要手段，因此成为父母对子女进行教育投资的一项重要内容。

对于如何选择兴趣班，对于大部分北大被访者的父母，除了结合自身经验、周围同事或朋友的经验并对兴趣班进行考察之外，子女的意愿和爱好是选择兴趣班的一个重要因素。

S3 的母亲在选择兴趣班方面是一个典型的例子。刚开始 S3 并没有表现出明显的兴趣和偏好，S3 的母亲便对周边的兴趣班进行一一考察，综合上课环境、教学特点和其他家长的经验感受，她筛选出了美术班、书法班、朗诵班和钢琴班，并带着 S3 进行试课。在试课过程中，S3 在美术方面表现出了比较高的天赋和兴趣，同时也比较喜欢书法和语言表演。所以从小学开始 S3 抱着极大的兴趣参加了 3 个兴趣班并一直坚持到初中。

在对北大被访者的访谈中，研究者发现大部分父母都可以根据子女自身的特点和天赋，尊重子女的意愿，为子女选择合适的兴趣班。当然，这是建立在父母有一定的教育投资意愿并且有相应的经济基础之上的。对于大部分城镇地区的被访者，在小学时期都至少参加过一个兴趣班，

至于学习时间的长短和学习的程度因人而异。来自农村地区被访者因为家庭条件的限制以及所处环境缺乏响应的培训资源，在兴趣特长方面处于劣势地位。

“古筝、跆拳道、游泳、乒乓球、跳舞、轮滑，差不多这些吧，都是我在小学和初中阶段完成的。其中古筝是我坚持时间最长的一个兴趣，在初中考完了九级……这些基本上都是我自己想学的，我爸妈都特别支持我……”（S6）

“我基本上没有参加过什么兴趣班吧。我记得小学的时候写完作业就是和村里的小孩一起玩，大家都跟我差不多，而且我们那会也没有条件参加，不是说家里，是村里就没有这种兴趣班，不像城里的，如果想参加往城里跑，也不太可能哇，而且父母也没有这种意识，大家都是这个样子的。”（P1）

参加兴趣班作为一项重要教育投资内容，从客观上来讲体现了一种竞争日益激烈的较为普遍的社会趋势，成为子女不输在起跑线的资本。虽然对于J市的教育生态来说，升学仍然以考试成绩为主，兴趣特长并未成为升学的必要条件，但在访谈中研究者也发现了一定的功利意愿和期望。“多一项兴趣多一项特长，不论今后在学校还是工作当中总是好的”，这是大部分家长所持有的期望和初衷。此外，通过课外兴趣的培养与坚持，一方面可以锻炼子女的心性，提升子女的综合素养和自身的气质，利于全面发展；另一方面，参加兴趣班也是一项耗费时间、体力和精力的事情，需要非常专注、耐心，并且贵在坚持，这有利于培养子女的意志力和坚持不懈的精神。这一点也被北大被访者的父母所看重，希望子女通过参加兴趣班获得的一项品质。这一意义在被访者身上也有所体现。

“我有很多爱好，我喜欢打篮球，而且我从小学到初中练过六年的书法。我觉得学书法这个事我想说一说。我刚开始可能比较感兴趣吧，小区的同学也都学，所以大家就一块去了。然后慢慢我就喜欢上了书法，觉得能让自己静下来。我觉得这跟我学习有很大关系，就是不管环境多么复杂，其实我都可以试着静下心来，沉浸在自己的世界安心学习。我特别喜欢，所以就坚持了六年。”（S8）

“我小学时候学过一段时间小提琴，但是觉得特别苦，没有坚持下来。当时我爸妈管的比较严，他们也是怕耽误学习吧，所以我不想学他们也没有强求。现在想想挺后悔的，没有坚持下来，现在看见别人拉小提琴还真有点羡慕……”（P3）

总结而言，北大被访者的父母大多比较重视对子女综合素质的培养，并且有相应的经济基础，因此在尊重子女意愿的基础上为子女选择适当的兴趣班，以促进子女的全面发展。而子女在兴趣学习的过程中不仅学习了特长，还逐渐习得了坚持的品质和精神，这有利于促进学习的发展，更有可能对今后事业及人生的发展产生深远的影响。

四、文化氛围的熏陶：阅读习惯与知识日常运用

在中国的文化背景与“应试”教育体制环境下，学业成就更多是考试成绩的积累，是学生认知能力、阅读能力、语言能力及学习技巧等方面的综合体现。这与家庭所能持续营造的包括读书氛围、语言结构等在内的文化氛围有紧密的关联。

1.阅读习惯的培养与丰富知识的积淀

早期阅读习惯的培养对儿童学习兴趣的激发、阅读能力的提升和学业综合表现会产生重要影响。基于国际学生评估项目（PISA）的多项研究表明，早期家长的教育参与对子女阅读能力的提升有非常重要的意义。家长自身的阅读习惯和态度，以及早期对子女阅读习惯的培养和阅读能力的训练，会帮助子女在基础教育阶段顺利完成学业，也能对今后的阅读表现和学业发展产生更为深远的影响（杨启光、程琳，2017；Blair，2014；Darling & Westberg，2004）。

与学习兴趣和自律习惯相同，阅读习惯也需要早期培养，知识的积淀需要长时间的内化过程。读书可以丰富子女的知识积淀，对今后的学习产生非常有利的影响，这是大多数北大被访者父母所重视的一点；而读书对于子女心性和眼界的塑造与提升，也是北大被访者父母希望子女通过阅读可以收获的。在访谈中研究者发现，北大被访者良好的阅读习惯基本是在小学阶段就逐渐养成。阅读习惯养成之初，父母总是言传身教或对被访者进行主动的引导与训练。

“……我每天中午都会看百家讲坛，初中也会，高中就少了，觉得讲的太水了。当时我看的时候我爸妈也不会抢着要看什么电视，他们跟我一起看，都挺支持我看这些节目的。中午吃饭的时候是看看新闻啊，百家讲坛，晚上的时候看走近科学，探索发现什么的……”“因为之前有积累的原因吧，高中我特别喜欢语文，我学理科也能学语文啊，而且学的还很好。”（S7）

“我本身工作挺忙的，但看书算是我从上学时期就培养的爱好吧，这么多年了一直坚持下来，挺不容易的，对我促进挺大的。我也希望我儿子可以从小养成良好的习惯，多看看书，拓展自己，对他学习，对他今后的人生发展都有用。我儿子多多少少受我影响吧，从小爱看书，我也经常鼓励他……”（S7 的母亲）

儿童具有模仿的天性，在家庭环境中父母的一言一行会对子女产生潜移默化的影响。父母本身良好的阅读习惯或写作习惯，往往更有利于子女自然形成对读书写字的兴趣并发展成为爱好和习惯。

大多数被访者的父母对被访者学习与做事要求都比较严，但基本不会干预被访者课外知识的学习，除了鼓励他们大量阅读课外书，也支持他们适当的观看有利于促进学习与知识积累的文化节目。这对被访者开拓视野，拓展思维，积累知识都非常重要。在课外书选择上，除了当时比较流行的故事书与儿童文学之外，历史书籍与文学书籍是被访者较多提到的书目类型。早期的知识积累，也有利于被访者形成一种对学校知识的熟悉感，这不仅促进他们更快的学习，也提升了他们的自信心。

“……回归到初高中的话就是（阅读习惯）除了对我写作文，还有就是对阅读产生了一些影响，比如很多阅读的内容都是我在小学看的心灵鸡汤上的一些故事，虽然我只是看过，但还是会觉得很有信心，就像见到一个老朋友一样。”（S9）

早期良好的阅读潜移默化地影响着被访者的阅读能力、知识面与知识量、眼界与思维，对于参加自主招生的被访者，这一点可能发挥了更加直接的影响。并且对于文科来说，语文、历史、地理等科目性质的原因，需要良好的阅读能力与大量的知识积淀，因此早期阅读产生的累积优势在文科被访者身上体现的相对明显。

“我小学刚开始比较内向，所以喜欢在家里看书。我妈在家经常历史方面的书，我不爱看，我喜欢看文学类、故事类的，所以看多这样的书。还有我经常关注时政新闻，每天都看看新闻……”“我当时自主招生北大加了30，清华加了50，我觉得跟我之前看的书多还是有关的吧，问的东西我之前多少都听过或者知道点，心里比较有底气感觉……”（S4）

在访谈中发现，有些被访者家长将学习这一概念狭隘化，因而将子女的学习局限在了学校的学习，并未认识到家庭早期阅读以及塑造家庭文化氛围对于子女积累知识、开阔视野的重要性，担心广泛的课外阅读或观看文化节目会影响子女的正常学习，因此没有进行引导有时反而还会进行限制。

“……我小时候我爸妈没有阅读的习惯，可能我妈偶尔看看故事会之类的杂志，他们也没有给我强调过看书特别重要让我看书啊或者给我买书啊，我小学其实不怎么看课外书的。小学的时候我语文一般，初中的话稍微有点落分，当时我可能还没意识到这和我积累不够有关啊，就是觉得跟我总成绩差不多的，人家语文比较好，从平常表现也能看出差别来……”（P2）

“我不怎么看书，说实话咱文化水平比较低，也没有养成那个习惯，我平时喜欢跳跳广场舞、逛逛公园这种户外互动……我觉得看课外书影响她学习，她成绩又不算太好，看课外书怕她的心思越发跑远了，不好好学习了……”“……（电视）也让她看的少，一个是毁眼睛，二来也是怕影响她学习，有时候我和他爸爸也不在屋看电视，让她一个人好好学习。”（P5 的母亲）

需要注意的是，上述提到通过早期阅读、观看文化节目等体现的累积优势也需要和个人自身自律的学习习惯有机结合，才能相得益彰。

“家里的书，还好吧。小学时童话故事，注音名著，寓言故事，十万个为什么，上下五千年什么的都有，初中之后各种中外名著也不少，还有一些小说，历史我也都看，我从小是个爱读课外书的孩子，我爸妈倒不太限制我。小学的时候不想听课，经常上课看课外书，还被老师没收了好几本呢，初中的时候也看，少了。”（P10）

对于“应试”教育体制下的学习来说，学校尤其是高中注重对学生考试技巧与应试能力的强化训练，虽然近年来随着高考制度的改革与深入，高考试题也趋于综合，试图考察学生更全面的学习能力。但在现阶段，更广泛的读书并非必然会对考试产生有益的影响，它需要和自身的学习习惯、方法等多方面素质相结合，否则“它不但没有直接的帮助或者反而会拖累学习和考试，但从长远来看是这是在拓展人生的宽度，是长久的东西，能提升综合素质。”

2. 文化沟通能力的塑造与知识的日常运用

良好的读书氛围是家庭文化氛围营造的一个重要方面，与之相应，适当的家庭文化沟通与交流氛围，实际是学校学习环境的一种延伸，有助于子女持续地对所学知识进行实际运用与内化，并塑造良好的语言表达能力与沟通能力，即持续性的沉浸在与学校有亲和性关联的学习环境当中，更加自如的内化知识，提升学习能力。

在访谈当中，研究者发现北大被访者在过去的求学经历当中，知识的学习和实践可以在家庭和学校两个场域当中实现一定联结，早期在家庭文化氛围中的浸染使被访者自身获得对学校知识的熟悉感，而在学校学习之后又可以在与家庭成员的日常对话当中将所学知识得以具体运用，获得更好的理解从而内化。这一特点在文科被访者中体现的尤为明显。

“……初中那会晚饭的时候我爸妈跟我一起学英语，买了一套英语书，每次问我几个单词句子，让我翻译是什么意思，有时候我也问他们，互相交流一下，这么坚持了好几年。所以英语成绩很不错，尤其是在高中，是我的强项，从没有给我拉过分。”（S8）

相比于没有参加自主招生的被访者，参加自主招生这一过程更能直接体现文化沟通与表达能力的优势。

“当时自招面试的时候其实那题挺发散的，而且特别锻炼你的表达能力。我觉得应该和我喜欢讲题相关吧，所以当时可以比较自信的讲。第一可以讲的特别清楚，第二就会比较发散，联想很多东西……还有和不怯场有关，这应该和我平时的习惯有关系。我们家沟通氛围特别好，我也属于爱分享的那种，平时吃饭或聊天的时候，我们还经常聊聊时政，聊聊历史啊，很多东西聊着聊着就可以融会贯通了。其实这些在考试体现的不是很明显，但在你说话、辩论或者演讲的时候有东西可说，有一条明显的逻辑线……”（S7）

而对于缺少一定文化氛围的家庭来说，家庭的语言习惯、日常沟通等文化环境与学校相应的文化环境之间缺少联结，这在一方面不利于子女更快、更便利地接受学校的学习，另一方面也不利于子女在学校学习回到家中之后将所学进一步熟练和深化。在对非北大被访者的访谈者明显发现了这一点。

“（主要交流什么？）我们问的比较少，都是她回来跟我还有他爸说一说学校的事，就是考试的时候主动问问她成绩，有时候也催催她学习……我家 P4 从小听话，放学回来就自己写作业，我们经常在地里干活，也不怎么管她。”（P4 的母亲）

“我是从农村来的，我爸妈文化水平也比较低，在班里和别人的差距还是比较明显的。尤其是在高中的时候，我和我高一的同桌对比就很明显的。很多书他都看过，老师说的东西他也都知道，我都没有接触过，我都不知道，心里比较自卑。人家其实看了很多课外书，或者自己见识过，或者他们的父母会告诉他们。我都是自己慢慢补起来的，但还是很有差距的。我现在在大学体会的更明显啦……”（P4）

综上所述，相比于学习兴趣的激发与自律习惯的养成，家庭文化氛围的营造具有持续性，贯穿在求学的大部分时间当中。在此中间形成的良好阅读习惯一方面可以积累知识、提升个人的阅读能力，为后续的学业发展做准备；另一方面，持续的家庭文化沟通氛围有助于个人将学校知识得以日常运用和内化，同时提升语言表达能力和文化沟通能力。这一点在践行素质教育的自主招生这一环节中发挥的作用更为直接和明显。

五、权威且民主的教养方式：平和淡定的心态

关于家庭教养方式的分类研究有很多，其中美国心理学家鲍姆林特的分类法最为典型，她根据父母对子女教养的限制程度，将父母的教养方式分为权威型、宽容型和专制型。权威型介于宽容型与专制型两者之

间，认为权威来自父母与子女之间的相互理解与尊重。父母会根据子女的意愿为子女设立一定的目标，关爱与约束并存，权威与民主并存。大量经验研究比较一致的结论是相比于专制型和消极型的家庭教养方式，权威型家庭教养方式下的子女更加独立、成熟、富有责任感，学习的内部水平动机越高（洪岩璧、赵延东，2014；陈陈，2002）。

与上述经验研究结论一致，研究者发现北大被访者从小所处的成长环境基本是一种温馨、和谐的家庭环境，父母采取权威与民主并存的教养方式。即在原则性问题或重要观念上非常严格，如果被访者出现逾越行为会进行一定的惩罚，但在大多数事情上都非常尊重被访者的意见和选择，不过多干涉被访者的自由。因此，亲子关系呈现一种动态性：一般被访者在小学时期，父母会采取比较严厉的态度和严格的要求来规范子女良好习惯的养成和人格品行的塑造；在被访者初中之后，就是自我意识发展到一定阶段，父母则会不过多干涉被访者的自由，采取一种相互尊重、彼此沟通的方式。这种和谐牢固的家庭关系使被访者在成长过程中心有依靠，不骄不躁，非常踏实。

“其实不管是学习还是以后就业方向，在这些我自己的事情上面他们从来没有说过，只希望我健健康康、吃好睡好就行了。一直以来都是一种严中有宽，宽中有严的方式吧，尤其是我妈性格特别好，特别大度。他们经常跟我说也没有什么大志向，就希望我快快乐乐就行。他们从不给我太大压力，所以我感觉我心态就特别好。”（S4）

此外，研究者还发现北大被访者的父母虽然在教育目标上有功利化的倾向，但同时，也希望孩子做一个幸福的普通人，如果在努力之下水到渠成发展更远，那自然更好，但绝对不强求。

“所以我就是那种我家氛围也是不会强求你，只是为了一个目标去特别努力，而是自然而然的做好一件事，水到渠成。所以我爸妈之前根本没有想过我考第几，去哪上高中上大学，就是因为考了几次第一，觉得还行。”“他们对我以后的发展没有什么特别大的期望。他们其实一直觉得我做的还挺好的。当时我来面试的时候，路过北师大，因为之前还想过当老师，我妈就说以后就要是能够在这上学就挺好了。所以也没有很大要求，我自己会跟他们分析，我的专业怎么样，适合读硕士还是博士，出路怎么样，综合来讲还是保研比较合适。他们其实不一定能帮上忙，毕竟差了好几代。但我有什么都主动和他们说。所以我家给我的感觉就是特别温馨，它就在那，走在哪都有个安稳的后方。一方面特别稳，另一方面也不急，不会催着我学这学那。”（S7）

“可能跟我职业有关，我是医生，每天看见的生离死别太多了，所以觉得人健健康康的活着特别重要。我希望我儿子能够健健康康地成长，做什么事努力就好，又不是非得让他考名校，将来当什么官，幸福快乐就够了，他爸也是医生，我们都是这么想的。”（S7 的母亲）

对心态的培养非常重要，拥有良好的心态才能踏实有序的做好任何事。反观心态较差的被访者，这种心态往往与父母的压制与过分严厉的教养方式相关，也往往会影响学习动机的持续形成与学习水平的正常发挥。

“从小家人还会不停地督促我去学习，反复无数次告诉我要好好学习。督促我写作业，完成学习任务，努力考个好成绩。”“……我知道他们是为了让我以后能考个好大学，找个好工作，可是他们用这种方式给我的潜在压力太大了……上大学以后渐渐觉得以前高中被压制得挺严重，我觉得我家人，尤其是我爸都有点专制了，反正学得挺累的，可以说是痛苦的回忆了，我现在经常思考学习到底是为了什么。”（P6）

综上，遵循子女个性发展的特点，在早期对子女进行适当严格的要求以便形成良好的学习习惯；在子女个性和自我意识发展到一定阶段之后，充分尊重子女的自由选择和个性发展，平等对话。这样一种权威与民主并存的动态教养方式所营造的和谐家庭氛围对子女平和淡定的心态养成至关重要。

六、家庭外的教育互动

以上分析了家庭内教育互动的五个重要内容。但家庭教育是嵌入在一定的社会环境当中的，不是孤立存在的，因此父母和子女与学校老师、同学的互动关系也构成家庭教育互动的重要部分。通过访谈研究者发现作为重要他人的老师和同学在被访者的求学经历中也扮演着关键角色。

1. 重要他人——同辈群体

同辈群体，作为由一群地域、兴趣爱好、态度、年龄等较为接近的个体所组成的非正式初级群体，在青少年的成长过程中普遍存在，并通过频繁交往而彼此产生重要的影响。同辈群体一般是个体自由选择而成，因此内部同质性较高。它的存在不仅促进了青少年之间的情感交流，对兴趣和学习的发展也会产生重要的影响（陈正良，2004）。

研究者发现，除了父母之外，被访者提及对自身学习影响较大的一个群体就是他们的同学。尤其是在小学阶段，放学后时间比较富余，和好朋友在一起相处的时间比较长。彼此亲密的交流和相互模仿学习，对被访者学习兴趣、学习动机、学习习惯的养成都或多或少产生了一定的影响，当然影响有积极的一面，也有消极的一面。

“我小学几个玩的好的朋友，和我初中，高中都在一个学校，其中几个大学也都在北大。我们之间算是相互影响相互促进吧。主要是小学的时候吧。我们小学那会放学早，我们几个经常待在一块玩，当然我们也不是瞎玩，我们有时候会一起讨论题，讨论上课老师讲的比较有意思的问题，讨论最近看的书，相互交流心得体会。上了初中之后大家可能比较看重成绩了，我们几个其实也会心里暗自相互比较，各自为榜样，一起努力。我们几个都挺幸运的，大家最后的结果都很好。”（S1）

“高中功课越来越多了，我爸妈管的没有以前严了，我竟然堕落了，自控能力太差。有一次初中有个朋友叫我去上网，然后一发不可收拾就堕落了，成了网瘾少年。我叛逆期比较晚可能，当时处于叛逆期，我爸妈说的话我根本听不进去，沉迷在游戏中呢，后来慢慢觉得没有意思了，也不玩了，但这段时间对我学习影响确实挺大的。”（P9）

由此可见，同辈群体对被访者产生的影响与被访者自身已经形成的学习动机和学习习惯紧密的关联。对于最初没有形成学习内部动机，也缺乏自律的学习习惯和独立学习的能力，只是靠父母或他人外在的督促来支撑自身的学习，一旦减弱或失去外力，学习动机很可能会大大减弱，影响后续的学习。

不仅青少年容易受同辈群体的影响，家长对子女的教育投入和学习参与也会受周边群体的影响（陈彬莉、白晓曦，2015）。

“我小学和小区里的小孩经常一起玩（类似于单位制的矿区），我们有什么书都相互分享，传阅着看，看各种童话和文学书……”（S6）

“……我是高中英语老师，我们矿的老师基本都住在一个小区。老师么，大家都挺关心自己孩子的教育啊，孩子也都差不多大。我们经常讨论怎么养孩子啊，我其实收获还挺大的，有时候他们说孩子看什么书啊，报什么兴趣班啊，我回家就问我家孩子，她要是感兴趣我也给她买，也让她们一起去上兴趣班，对我孩子影响也挺大的……”（S6 的母亲）

因此，同辈群体对家庭内教育互动产生了或积极或消极的影响，这在很大程度上依家庭内成员本身的特点和教育互动性质而定。

2. 重要他人——学校老师

个人的整个求学历程其实大部分时间都是在学校中，在与老师和同学的互动中度过的。在教育学中著名的教师期望效应反映了教师期望和教师的重视对学生学业成就的显著影响。在教师高度的关注和重视下，学生会获得更有针对性的学业指导、更强的自我期望和更多的便利条件。

在访谈中，被访谈者在谈及老师对自身产生的影响之一是查优补缺。老师发现被访者在某科目比较弱势时，会及时提醒被访者并会给予更多针对性的指导；发现被访者在某些方面表现出天赋时，会主动提出并鼓励被访者发挥所长。

“我小学的班主任是语文老师，思想开明，人特别温柔。刚开始写了几次作文之后，语文老师发现了我的写作天赋，觉得我写的作文在我们当中属于特别拔尖的，她就私下跟我聊说我应该发展这方面的天赋，鼓励我定期写文章和她交流。所以我整个小学除了正常的作文之外，我还经常写一些小文章给我们老师，她给我批改，和我交流，我觉得对我今后的学习产生了特别大的影响。”（S6）

教师期望和对学生态度的因素因学生的成绩、学生的家庭背景等因素而发生变化。在现实中往往成绩好的学生或者家庭背景较好的学生会受到老师更多关注和重视。

“我高中班主任其实对我影响还挺大的，高一成绩还不错他对我挺重视的，上了高二物理、化学跟不上导致总成绩一落千丈，他对我态度就是爱答不理的，我自尊心比较强，他的态度让我很受伤，感觉上课的积极性就减了一大半。”（P5）

“其实小学初中高中我爸妈一直跟老师沟通挺频繁的，他们一直跟我班主任关系搞的挺好的，要不然我也不会总坐到讲桌旁边或者第一排，毕竟个子也挺高的，他们挺想让我好好学习吧，让我在老师眼皮底下，好好听课学习，我自己太不争气了。”（P10）

因此对于老师的区别对待，重视或者不重视，被访者都逐渐已经习以为常，潜移默化地影响自身的学习态度和行为。

被访者谈及的教师重要影响之二是明确学业目标。研究者调查的J市属于一个小城市，竞争压力相对较小，人们生活比较安居乐业。所以总体上大多数家长虽然对子女有较高的教育期望，但缺乏明确的学业目标和发展规划，基本秉持顺其自然，走一步看一步的态度，因此被访者在高中之前对自身并未形成明确的考学目标和长远的学业规划，这一工作往往由高中的班主任来承担。

“……高中的话班主任帮我确立了学业上的目标。应该是我在高一的时候吧，首先帮我在文理科方面帮我分析了一下，说我在文科方面更有优势；然后在我成绩有波动的情况下会找我。快到高三的时候，他会用一些过去比较优秀的学长学姐的事例来激励我，帮我树立目标，可以是小的，就是今天是什么，也可以是比较大，比如高考或者未来的。所以当时我的成绩基本稳定在全校前二十。”（S10）

这一点是与相关研究中的发现有差别。拉鲁（2010）对美国的中产阶级教育策略的研究发现他们对子女日常生活有明确的安排和干预，对子女的学业和职业发展有明确、长远性的规划。组织干预以及语言运用等教育过程中所形塑出来的子女特质更符合学校的要求，因此中产阶级家庭的子女在学校更有教育优势。在中国的大城市中，优势阶层的教养方式也越来越体现出拉鲁所描述的中产阶级的特点（姜添辉，2010）。这与研究者所调查的城市发展情况与教育生态有直接的关联，在后面章节中会详细论述。

此外，研究者发现被访者家长基本上比较尊重学校教育和老师的权威性，会积极配合学校和老师完成子女的教育行动，比如能按时参加家长会；也会为了自己能够获得更好的教育资源动用社会关系，在校内为子女争取最好的学习资源。

“从初中开始我爸妈就和老师保持了良好的关系，他们经常联系，主要是为了给我争取更好的资源吧，比如更好的班级。我高二的时候文理文科随机分到了一个普通理科班，我妈就去找老师帮我争取到一个机会，就是挂名到一个很好的班级听课学习，但成绩原籍还在普通班级。而且她怕我不受老师重视还经常与老师沟通，让老师多关心我的情况。”（S1）

所以，被访者家长与学校老师整体上呈现的是一种以被动为主，主动为辅的关系。就是大部分家长和老师的关系仅限于正常参加家长会，除此之外没有更多的联系；少部分家长有更丰富的社会资本，因此会竭尽全力在校内疏通关系，为子女争取最优的学习资源。

总结而言，在家庭内的教育互动之外，作为重要他人的同辈群体和学校老师会对教育互动产生重要的作用。而这一作用往往依家庭内成员本身的特点和教育互动性质而产生有差别的影响。

七、小结

通过对 10 名北大被访者求学历程当中教育互动的梳理，发现他们的父母不仅注重教育，而且有能力在早期就为子女建构起同时具有规训与教育功能的学习环境，并通过大量课外书、学习资料、文化节目等文化资源的投入与刺激，使被访者基本在小学时期就建立起内在学习动机和自律的学习习惯，这是他们今后学业发展的坚实基础。而兴趣班的自主选择与坚持，使子女在学习特长，促进全面发展的同时，也培养了一种坚持的品质和精神，这一点成为促进学业发展的重要条件。同时家庭营造的文化氛围，使被访者在小学时期就培养出良好的阅读习惯，为今后的阅读能力发展和知识积累作铺垫；同时维持家庭内持续化的文化沟通，使被访者将学校知识日常运用和内化，语言表达能力和文化沟通能力获得提升。这一点在参加自主招生的被访者身上发挥的作用更为直接和明显。家庭对子女的投入不仅仅是一种教育资源的投入，更是一种情感的投入，时间的投入。父母用一种根据子女成长特点而变化的权威与民主结合的教养方式，对被访者提供长时间的陪伴和持续的支持与鼓励，被访者在这样的环境下养成良好的心态和踏实认真的行事风格。

家庭外的重要他人也是不可忽视的重要部分，会对家庭内互动产生较大影响。同辈群体之间的交往和模仿，会对被访者学习兴趣、学习动机、学习习惯的养成产生积极或消极的影响，当然这与被访者自身个性和已形成的习惯相关。学校老师也在与被访者的互动中查优补缺、帮助被访者确立学业目标及其他方面的指导，这一作用也因被访者本身的学习成绩、家庭背景及父母与老师的关系等因素发生变化。

第五章　家庭文化资本作用机制的分析

一、嵌入在社会环境中的家庭教育互动

所有的家庭教育互动都是嵌入在一定的社会环境当中的，不仅受普遍的社会文化传统的影响，地方具体的教育生态、社会生态及民情也会形塑教育互动的形态特征。

1. 社会文化环境

中国的文化传统历来重视教育，而教育与社会流动之间始终保持紧密的关联。隋唐之后，随着科举制度的正式形成，在一定程度上保证了平民百姓有机会通过读书考试而金榜题名，做官入仕途，实现阶层的向上流动。“学而优则仕”、“万般皆下品，惟有读书高”是这一现象的真实写照。因此，教育逐渐功利化，在中国社会各个社会阶层都对教育产生了特殊的偏好。在现代社会，更是一个“学历社会”，教育文凭在很大程度上决定了个人的职业获得及未来发展。“再穷不能穷教育”，对子女较高的教育期望以及由此而来的大量教育投入成为大目前多数家庭的一个普遍特点。在访谈中研究者发现，被访者的父母无论自身受教育水平高低或者职业的差异，基本上对被访者有较高的教育期望，因此也会竭尽

所能对被访者进行教育投入。

“我和她爸都是小学毕业，没啥文化，但我们都支持孩子上学，上大学多重要啊，她只要能考上我们肯定就想办法供。前两天听她说她有个同学读博士了，我们还想着她要是能读个博士多好啊，找工作肯定不用愁了……”(P4 的母亲)

“……她小时候我和她爸还经常问孩儿想考北大还是清华，我们就是想给她树立个远大目标，倒不是强求。她爸爸从小给她说中国有哪些好大学，国外有哪些好大学，还给她介绍哈佛商学院呢……”（S6 的母亲）

在较高的教育期望指引下，主动为子女购买教辅材料或者填报兴趣班，或者为子女的兴趣和学习所提要求来提供资金支持，在高中时期为子女租房做饭、照顾日常起居等等，都是在本研究中所体现出来的各个家庭较为普遍的教育投入。

需要注意的是，有较高的教育期望并不意味着有足够的动力和能力去追求长远的教育成就，为子女制定规划性与预见性的学业安排乃至职业安排。相关研究表明大城市中的中产阶级有明显的焦虑感，因为无法精准预测自身教育行动的结果以及自己的未来，所以他们才会更加积极分析外在情境与教育的关联性，采取各种有效手段介入子女的学习过程中，向自己期望的方向引导（姜添辉，2010）。但本文研究的 J 市作为一个小城市，地域和经济发展的特点决定了人们的生活普遍处于日常工作节奏缓慢、生活压力较小、生活相对安逸且幸福感相对较高的状态，所处情境和个人经历使人们少了一份焦虑感、多了一份平和与淡然，相应对子女的学业发展抱持一种顺其自然的态度，缺乏明确的计划性和干预性，而子女受父母感染也对自身的学业发展缺少长远规划，经常是“走一步看一步”，用韦伯的话讲，即行动的工具理性色彩没有那么强烈。大部分被访者都体现出了这一特点。而到了高中被访者的成绩逐渐稳定明晰之后，更加了解报考情况的班主任扮演了帮助被研究者确立考学目标的角色。

同时，J 市文化产业相对单一，可供人们日常消费的美术馆、艺术馆、博物馆、科学馆等文化资源相对比较缺乏，因而人们的休闲方式也相对单一。在访谈中研究者也发现被访者的父母的日常休闲活动主要涉及看书、打牌、逛公园、打球等方面，同质性较高，因此父母本身的兴趣爱好在教育互动中并未对子女产生明显的影响，而父母的学识及品行等身体化的文化资本往往发挥着相对显著的作用。

此外，所谓“一日为师终身为父”，尊师重道的文化传统使家校关系处于一种相对被动的状态，家长基本上比较尊重学校教育和老师的权威性，会积极配合学校和老师完成子女的教育行动。在访谈中发现，小部分被访者的家长会主动找老师沟通情况，为被访者争取最优的学习资源，大部分家长仅限于被动的参加家长会，除此之外无其他互动。这可能还与家长对家校关系的认识有关，“我们只是负责启蒙和培养习惯吧，其他教育方面的东西还得靠老师”、“我们孩子学习很好，也很听话，我觉得也没什么必要跟老师沟通的”等观念，未意识到家校良好的互动可以让父母更好的了解子女的发展情况，从而在家庭教育的引导上做出调整，和老师共同子女的学业健康发展，而这一点正是学界所倡导的以及大城市学校和家长正在践行的教育互动模式。

2. 地方教育生态

研究者所调研的 J 市义务教育发展相对比较均衡，在小学和初中当中没有所谓的“名校”，以公立学校为主，所以总体来说基础教育升学的竞争压力相对较小。高中分化相对严重，以直接高考为主要升学方式，竞赛保送和自主招生只占极少的名额。

但自 2008 年开始山西省推行新课程改革，高考大纲的要求也随之变化，响应素质教育的号召，向教育发达省份看齐。此次改革中各学科突出考察综合性能力，减少了记忆知识点的考察，对高层级的思维能力、阅读能力的要求增加。语文及文科科目更加明显，涉及大量的阅读材料及历史文化常识，对学生的阅读能力和丰富的知识积累是一个考验。理科科目当中也增加了部分阅读材料和热点问题。总体来说相比改革还前，近几年的考试内容对学生的综合能力提出了更高的要求。

“现在文科能考上北大的太不容易了，和过去相比，现在文科的科目都涉及大量的阅读材料，对阅读能力是个很大的考验。理科稍微好点，但你看好多理科尖子生语文也不差，还是非常突出的。根据课改的要求咱们文科老师也比之前更加注重对学生阅读能力的培养，尤其是语文、还有历史，之前讲题多，现在阅读训练多，不过这跟之前的基础还是有关系的……”（高一某班班主任，年级副主任，政治老师）

由此可见，现行的课程内容与高考要求旨在筛选有扎实基础知识、良好阅读素养与能力及丰富知识积累的学生，而学生具备这些能力的高低很大程度上决定了可以上何种类型的大学。研究者此次考察的十位北大被访者大都体现了上述特质，并且在文科被访者身上体现的更为明显。

课外补习已成为学校教育之外非常重要的一项教育内容。随着学习竞争越来越激烈，课外补习成为父母增强子女学习竞争能力的重要行为策略。一般认为家庭资本越丰富，其子女课外补习的可能性越大，选择类型也偏向内在机制为竞争的培优型补习，如奥赛班等，这已成为竞争激烈的大城市中较为普遍的教育行为。由于J市的高中基本以直接高考为主要升学方式，竞赛保送和自主招生只占极少的名额，所以社会没有形成奥赛补习或培训的风气。此外，优秀教师等教育优质资源更多集中在学校内，还没有被过度的市场化，社会中的课外补习大多不正规，没有办学资质，更多是补差而非内在竞争性的培优，所以在J市课外补习并非是家长竞相争夺的社会教育资源。因此，研究者也在访谈中发现北大被访者在求学经历中除了学校规定的补课，基本没有课外的补习经历。

“我们班当时前几名好像都参加自主招生了，不过基本没啥结果。

我没有参加，就是嫌麻烦。当时要报名还得写一个五千字的报名资料，我觉得太麻烦了，当时还有好多卷子没做，我要参加这个还不一定被选上，咱们和太原的学生比不具有竞争性。所以权衡一下我还是没去……这个需要专门的培训，不过都是自己找的，学校会给一次寒假去太原学习的机会，但是自己得报名交钱去，而且教学费，所以比较麻烦。相对于太原的那些学校来说，他们很大一部分都是自主招生和竞赛上来的，但是在考试的趋势上咱们学校和他们已经可以同台竞技了，但是在自主招生和竞赛上还差的很远，大家都不重视这个事情。我们班主任在班上都说大家其实不要参加这个，也没多大意义。”（S9）

“我儿子从小学习就挺好的，也不偏科，所以我们还有老师都觉得不用补课。……竞赛倒是没考虑过，××中学好像没有吧，周围也没听人说。我倒是看电视上新闻报道或者一些节目大城市的孩子从小就报各种奥赛班，考大学竞赛保送，咱们这种小地方想报也没有吧，再说当时也没想着报。”（S7 的母亲）

“咱们学校对高考成绩还是非常看重的，所以近年来的成绩也是有目共睹的，在整个山西省的高中里面成绩都比较靠前，和太原那些学校，山大附中啊，五中啊在成绩上应该说可以一决高下。竞赛的话一直是咱们的劣势吧，毕竟只能顾一头，包括还有自主招生。咱们确实不够重视，不过你只有整体成绩先上去才能有功夫搞这些，你说是不是？都是一个发展过程，慢慢来吧。”（高一某班班主任，年级副主任，政治老师）

××中学在近年来紧抓平时的文化课成绩，在高考达线率上取得较大进步，单看高考成绩在整个山西省的排定非常靠前，但在竞赛保送和自主招生方面一直处于劣势。学校的改革和发展是一个相对缓慢的过程，在保证基础高考成绩的基础上，才能在其他途径上有所侧重发展。而教育市场的发展与家长的教育需求与此是紧密相关的。在 J 市义务教育发展相对均衡、教育资源市场化程度相对较低，城市展览馆、博物馆、艺术馆等文化资源相对不发达，因而可供家庭选择的校外资源同质性较高的情况下，与大城市家庭在学校、课外补习班等教育资源上的差异选择不同，J市大多数父母在子女的教育资源投入方面其实差异不大，如差异不大的小学和初中，差异不大的课外补习和兴趣班，差异不大的休闲活动等，因此在教育互动中父母的教育引导和亲身的教育参与就会对子女的学业发展产生更为重要的影响，这与父母自身的学养与能力，即身体化的文化资本便有着更为直接的关联。

二、教育互动中的家庭文化资本

教育互动中的家庭文化资本作用机制是一个动态过程：一方面，文化资本的三种形态相互影响、共同发挥作用；另一方面，父母的文化资本在具有时间性和阶段性的教育互动中形塑子女的观念和行为，子女通过学习和内化将其转为自身的文化资本。

1. 文化资本三种形态的互动

文化资本是在家庭教育当中所传递的文化财产。家庭所占有文化资本的质量和数量，是行动者文化资本原始积累和快速积累的先决条件；文化资本的传递差异不仅隐含在年龄的早晚，也隐含在能力的差异之中，对资本的获取需要自由时间和文化上的要求，而这很大程度上取决于家庭从经济的必须中摆脱出来为他提供的自由时间（布迪厄，1997：198）。因此，三种形式的文化资本往往相互影响、转化并共同发挥作用。

体制化的文化资本通过客观化的文化资本和身体化的文化资本发挥作用，它会影响后两者的积累。一般来说，受教育程度越高，家长更有可能为子女提供良好的学习环境和学习资源，自身有更高的语言发展能力、阅读水平、丰富的知识及良好的观念来引导和影响子女，对子女的教育更有可能符合教育制度的要求。这在此次研究中得到较好的体现。如果把考上北大的被访者作为更符合教育制度要求的学生，与其他大学的被访者相比，大多数北大被访者的父母在受教育程度及职业上在J市都处于相对较高的水平，因此在求学历程中双方能进行较好的教育互动，他们身上更好的体现了学校教育选拔人才的特质。但这只是一种概率上的相关性，并非绝对的因果关系。在访谈中也发现了受教育程度高的父母并未对子女进行更深入的教育投入与参与，而受教育程度低的父母对子女进行了大量的教育投入与指导的情况。

“我和她爸爸工作都挺忙的，说实话对孩子的学习操心比较少。她小时候我会辅导她做作业，对她要求特别严格，我家孩子也非常听话……我们没有强制给她辅导班和兴趣班，她有兴趣就上，我们没有必要干涉她……平常工作忙，周六周天主要就是看着她写作业吧，初中之后就不怎么管她了。”（P3 的母亲）

“我妈在我们家算是个女强人，虽然她学历不高，但经历比较丰富，是一个比较有远见的人。她会满足我在教育方面的需要。她当时带我报兴趣班，我选择了美术，然后从二年级一直学到初一。这是她主动引导我的，还特别支持我，她对我的言传身教影响挺大的，不管是学习还是做人方面……”（S10）

“我觉得我爸妈对自己影响最大的一点就是告诉了自己很多生活知识，他们挺注重这个的。其实很多学习需要的就是与日常生活的联系，特别是理科，很多都是通过平时的常识进行直观的认识，我物理特别好，我感觉和这些知识是分不开的，我还经常和他们说物理的一些东西，他们都知道，因为有些就是生活中的一些常识啊。”（P8）

因此，仅用受教育程度来衡量家庭的文化资本是非常不全面的，会丧失很多有用的信息。因为受教育程度只是标识了一种拥有文化资本的可能性，实际教育互动中的投入与参与才是发挥作用的关键，即客观化的文化资本与身体化的文化资本的重要性。

客观化的文化资本受身体化的文化资本的制约和引导。学习资源需要父母在实际中加以运用和投入，通过长时间的陪伴、辅导和引导，使子女有能力并且习惯性利用文化资源，在相应的学习环境中完成由被引导到自主学习的转换过程。在本文的研究当中，北大被访者基本从小就养成了良好的阅读习惯，一方面源于父母的言传身教，父母本身爱读书，从而潜移默化影响了被访者的读书兴趣的产生和习惯的养成；另一方面父母深知广泛阅读的重要性，会主动或应子女要求满足子女的读书要求。而在访谈中发现，非北大的被访者家里各类书籍较少，自身和父母都没有长期阅读的习惯。此外，由于市场可供父母投资的文化资源同质性较高，因此与大城市不同，客观化的文化资本与经济资本并未形成紧密的关联，这更凸显了身体化的文化资本对客观化的文化资本的引导作用。

身体化的文化资本的相对自主性。父母秉持重视教育的观念及较高的教育期望，且有能力选择适当的兴趣班、采取恰当的教养方式、营造良好的家庭文化氛围，这些都有利于子女在学习动机、学习习惯、兴趣培养、知识积累与运用以及心态培养方面获得良好的发展。如前所述，由于J市的教育生态和社会发展特点，市场上可供父母为子女投入的教育资源如重点小学或初中、培优型的课外补习、奥赛补习等较少，因此大部分家庭在教育投入上差异性较低，而父母自身的学识与文化修养的作用便更为凸显。在访谈中发现北大被访者的父母拥有相对较高的身体化的文化资本，能够通过言传身教为子女树立学习和做人的榜样，在读书、谈话、社交和看问题等为人处世方面潜移默化影响着子女的一言一行。在访谈中，研究者也发现北大被访者多次提到“言传身教”这个词，即父母的文化素养、习惯及为人品行确实对被访者产生了深远的影响。

相关研究发现母亲的受教育水平对家庭环境和家庭学习经历会产生重要的影响。母亲通过创造温暖的家庭氛围、传播一定的教育态度和教育理念、以及阅读、陪伴等教育参与等方式，对子女的学业行为产生重要的作用（周皓，2013）。这与传统的“男主外、女主内”的家庭分工密切相关。在本文的研究当中也确实发现在早期家庭教育互动中相比于父亲，母亲往往扮演了重要甚至主导性的角色，因此母亲的文化资本对子女的影响显得更为重要。

2. 文化资本的传递

在访谈中研究者发现，文化资本发挥作用需要经历一个厚积薄发的过程。由于个人教育的发展具有累积性及自身发展规律，因此早期阶段教育互动中的文化资本发挥着更为奠基性的作用。

小学阶段正是个人自我概念、心性与习惯养成的重要时期，父母在这一时期大量的学习资源投入、学习环境与文化氛围的营造，使子女逐渐形成将对其后续发展产生深远影响的学习动机、习惯与方法、行事方式与心态，这基本是在父母相对严格的教养与监督之下完成的。

初中开始，子女的自我意识与价值观逐渐成熟，习惯也初步定型，之前形成的一套学习习惯与方法将开始自主发挥作用，父母也相应采取了较为民主的方式，尊重子女自己的选择，“放手让子女发展”，他们此时做的更多是满足子女自主提出的学习需求，并持续为子女营造一个良好的文化氛围和学习环境。

如果说初中时期算是过渡期的话，高中便是文化资本作用“薄发”的时期，由于高中学习更加紧张，课业繁重困难，新生入学相对封闭的学习环境等特点，子女内生性的学习动机、自律的学习习惯、良好的阅读习惯与平和的心态的作用便更为凸显，父母继续满足子女自主提出的学习需求，持续为子女营造一个良好的文化氛围和学习环境。

由此可见，在教育互动中，随着子女对文化资本的逐渐习得与内化，实现了父母文化资本直接发挥作用逐渐过渡到父母文化资本直接作用为辅，间接作用即子女习得的文化资本直接发挥作用为主的过程转换。在这一过程中，子女并非父母文化资本的被动接受者，他们会在一定范围内根据自己的兴趣和喜好，受同辈群体和老师等重要他人的影响，发挥自身主体性，进行学习、接受及内化。

文化资本的价值与主流文化及主流文化强加在学校教育中的文化价值相关，因此，在早期家庭教育互动中所传递的文化资本与学校教育要求的文化价值差异性越小，子女在后续的学校学习中更容易适应，也更可能获得较好的学业发展。正如前文所述，与拥有较低文化资本的父母相比，拥有较高文化资本的父母在他们所处的时代基本上正是学校教育的获益者，他们自身的文化素养、学习能力与行为方式等个人特质都言传身教地影响他们的子女，而子女逐渐习得的独立的学习能力和自律的学习习惯、良好的文化素养等特质也正高度契合了在改革中的学校教育选拔人才的要求。

进一步来讲，学校不同的招生制度对学生选拔的标准有所差异。自主招生与保送生制度目的在于更好地选拔具有较高综合素质的拔尖人才，从而更好地推行素质教育。这对学生的综合能力和文化素养有更高的要求。因此对于参加过自主招生的被访者，在家庭文化氛围熏陶及父母言传身教影响下，积累的广博知识、习得的文化素养便更为重要，身体化的文化资本的作用体现的更为直接和明显。

三、小结

任何家庭教育互动都是嵌入在一定的社会环境当中的。因社会环境与教育环境的差异，教育互动的内容会有差异，作用于其中的文化资本传递机制也会有所不同。

在中国，大多数家庭都非常重视教育，并且对子女有着较高的期望，因此会竭尽所能、倾其所有地为子女进行教育投入，使子女获得越高越高的学业成就。但在实际情况中，所处环境的制约，自身所拥有的经济资本、社会资本和文化资本都会深刻影响家庭具体的教育互动过程，即家庭本身所具有的教育能力和实际投入都实质影响着子女的学业发展和成就获得。

因此，父母所拥有文化资本的三类形态需要相互配合，共同发挥作用。在家庭适当的教育观念、教育环境、教育内容和教育方式的互动中，子女发挥主观能性，通过学习、内化并形成与学校教育制度和选拔要求相契合的个人特质。

第六章　结论与展望

一、结论

在教育不平等的产生机制越来越隐蔽和间接的社会背景之下，家庭文化资本对子女学业成就的影响成为一个重要的研究主题。本文试图通过对考入北京大学的学生及其家庭的教育互动进行个案分析，并结合个案选取的山西省J市的地域背景与教育生态，深入分析家庭文化资本发挥作用的整体面貌和具体过程，从而深化对家庭文化资本的微观作用机制的理解。

本文得出以下几个结论：

第一，与未考入北大的被访者相比，考入北大的被访者身体体现的文化资本更契合学校制度和高考选拔人才的要求。与此相应，北大被访者的父母拥有较高的文化资本，通过在教育互动中一系列的教育投入以及言传身教，对子女文化资本的形成产生了重要的影响。

具体来讲，北大被访者的父母基本上都拥有在当地比较高的受教育水平，家庭藏书和其他学习资源相对比较丰富，父母本身具有相对专业性的知识和较高的文化素养，因此在他们所处的时代和地域算得上是教育的成功者和获益者。因此他们对子女的教育非常重视并拥有较高的教育期望，有能力并且在实际教育互动中也确实对子女进行了教育投入，并通过言传身教对子女的学习动机、学习习惯、学习心态及为人处世的方式进行形塑。

在教育互动过程中，被访者并非是纯粹的被动接受者，他们在早期心智还未成熟时期，父母适当的引导、熏陶和严格监督使他们产生了学习兴趣与学习动机、培养了自律的学习习惯和良好的阅读习惯，并且父母在尊重子女意愿的基础选择的兴趣班使子女在学习特长、促进全面发展的同时，坚持不懈的品质也得以培养。在初中之后父母便逐渐“放手”，他们习得的一套习惯与方法开始自主发挥作用，并在家庭持续性的文化氛围中，通过相互的沟通对话，使所学知识得以日常运用，良好的语言表达能力与沟通能力也得以培养，而民主轻松的家庭环境也形塑了他们平和淡定的心态。被访者习得的这些文化资本使他们更好地适应学校学习环境，更契合高考选拔的标准。对于自主招生的学生来说，良好的文化素养、丰富的知识积累和自如的表达能力等个人文化资本的习得更为重要。

第二，以上教育互动是嵌入在当地的社会环境与教育生态当中的。

受中国传统文化的影响，大多数父母对子女都有较高的教育期望，并会竭尽所能为子女进行教育投入。由于当地公共文化资源相对单一，且高中以直接高考为主、自主招生和保送情况非常少，所以多数所以社会没有形成奥赛补习或培训的风气，市场提供的教育资源也相对单一，内在竞争性的培优补习很少，所以 J 市大多数父母在子女的教育资源投入方面同质性较高，因此文化资本发挥作用并未与经济资本紧密结合，而与父母身体化的文化资本有更为直接关联的教育引导和亲身的教育参与就会对子女的学业发展产生更为重要的影响。此外，J 市的地域和经济发展的特点决定了人们的节奏缓慢、竞争压力较小及生活相对安逸的生活状态，相应对子女的学业发展抱持一种顺其自然的态度，缺乏明确的计划性和干预性，“走一步看一步”，行动的工具理性色彩没有那么强烈。而到了高中被访者的成绩逐渐稳定明晰之后，更加了解报考情况的班主任扮演了帮助被研究者确立考学目标的角色。

第三，教育互动中的家庭文化资本作用机制是一个动态过程。

一方面，文化资本的三种形态相互影响、共同发挥作用。作为体制化的文化资本的受教育程度只是标识了一种拥有其他两类文化资本的可能性，实际教育互动中的投入与参与才是发挥作用的关键，即它需要通过客观化的文化资本与身体化的文化资本发挥作用；客观化的文化资本受身体化的文化资本的制约和引导，家庭各类文化与学习资源需要父母在实际中加以运用和投入，通过长时间的陪伴、辅导和引导，使子女有能力并且习惯性利用文化资源，在相应的学习环境中完成由被引导到自主学习的转换过程；身体化的文化资本即父母的文化素养、观念、习惯及为人品行，通过对文化资源的运用、亲身的教育参与及言传身教，影响子女的一言一行。

另一方面，父母的文化资本在具有时间性和阶段性的教育互动中形塑子女的观念和行为，往往在早期发挥更为直接的作用，随着子女的学习和内化，子女自身习得的文化资本将会自主发挥作用。

二、进一步讨论

1. 教育中的成材与成人

与教育互动相同，家庭文化资本同样是嵌入在一定的社会环境当中的。本文访谈的 10 位北大被访者在 J 市属于符合高考选拔要求的拔尖人才，他们的父母基本上也拥有在当地较高的受教育程度和较体面的职业。被访者的父母在教育互动中根据自身能力及文化资本对被访者进行教育投入，也认识到学习除功利化目的之外的增长心智、促进个人社会化和全面发展的意义，但受制于生活环境等客观条件及自身视野与观念的限制，将其置于全国这个大环境下，与大城市的家庭教育互动仍然存在较明显的差别。

研究者在访谈中发现，被访者与父母的日常休闲活动相对比较单一，仅限于散步、逛公园、爬山等活动，而用于增长子女见识与拓宽视野的参观、旅游活动的投入总体较少。这一方面与现实客观条件有关，可能也与父母的认知与观念相关。而在大城市中，参加以增长自然科学知识、社会知识及历史文化知识等为主要内容的文化活动实践相对普遍，这些丰富的经历拓宽了子女的视野，增强了对世界和现实社会的认知和体察，将会构成个人重要的文化资本。此外，面对激烈的竞争，以竞赛、体育、乐器等内容为主的特长班与培优班迅速发展，成为大城市家庭进行教育投入的一个常态，这十分有利于陶冶情操，提升他们的文化修养和综合素质。在访谈中被访者也多次提到进入北大之后，明显感受到自身与大城市学生的差别，且需要更长时间来改变自己，从而更好地适应大学生活。

由此可见，因为大城市文化资源的丰富和包括学校类型及课外补习在内的教育资源的异质性较高，家庭的教育资源投入成为家庭文化资本发挥作用的一项重要内容，因而不同家庭的文化资本差异大大提升，这将家庭拥有的文化资本与家庭经济资本紧密地结合在一起，在一定程度上加剧了教育的不平等。而在教育资源和市场可提供的教育投入相对同质的小城市中，即使家庭来自农村、县城或是城市的普通家庭，只要父母重视教育，能为子女提供相对基础的学习环境和一致性的学习资源，子女通过自身的努力很有可能获得较好的学业成就。在访谈中有考入北大和其他重点大学的被访者属于这样的情况。

在大城市教育水平普遍较高，并通过课程改课、自主招生和竞赛保送的方式来推行素质教育，进而选拔具有更高综合素质的人才。在这样竞争更为激烈的教育环境和社会环境下，大多数家庭都有明显的焦虑感，他们因为无法精准预测自身教育行动的结果以及自己的未来，所以他们才会更加积极分析外在情境与教育的关联性，采取各种有效手段介入子女的学习过程中，向自己期望的方向引导（姜添辉，2010）。因此他们的教育互动更加具有工具理性色彩，更加渴望向上流动，使子女的学习动机更具功利性。而正是在这样功利性的目标激励下，在经过大学塑造之后，他们成为了一批批“精致的利己主义者”。

文化资本除了标识一定的知识与技能之外，更重要的作为群体身份和文化的象征而存在。作为现行教育体制的收益者，作为被大众认为“有知识、有文化”的接受过高等教育的人，身上理应拥有的气质和抱负体现在何处？在中国古代，家庭教育不仅仅传承知识与技能，光宗耀祖、扬名显亲，更重要的传承道德修养与品质精神，父母的言传身教更是影响着子女的修身和立志（郭丽芳，2012）。而在现代社会当中，家庭和社会往往忽视了成人与成材教育同样重要，忽视了立志和德育之于社会的重要意义。而中国传统文化中的家庭教育的相关内容值得我们借鉴。

因此，在教育改革中，发展素质教育、培养全面发展人才的过程中，如何兼顾教育的公平性与教育自身的规律性，如何将属于社会的问题从教育身上剥离，发展真正的教育，如何在家庭中秉持教育的初衷、塑造人才与真正的人，是值得我们进一步思考和研究的问题。

2. 对文化资本的后续思考

本文基于一个小城市的社会环境与教育生态，对毕业于该城市最好中学的北大学生进行的个案研究。在力图阐释这些个案身上所展现的家庭文化资本的具体作用机制的过程中，忽视了文化资本本身的丰富性，也在一定程度上窄化了文化资本的作用范围和效力，即突出了以考试成绩为主（自主招生和竞赛保送相对薄弱）、市场所提供文化资源与教育资源相对单一的背景下，家庭所具有的知识以及知识相关的观念、习惯、能力、文化资源等方面与子女学业成就的关系，弱化了对知识之外的兴趣、礼仪、品味、生活方式等对子女学习及其他能力等综合能力发展的影响。这有待于将文化资本置于更广阔的社会背景、教育制度与学校教育生态下进行更加细致全面的考察。

其次，本文着重展现了家庭文化资本相对丰富的家庭如何将其文化资本传递给子女的，在一定程度上支持了文化再生产理论，但同时忽视了家庭文化资本相对贫乏的子女如何突破原生家庭的束缚继而成功进入了重点大学这一逻辑线索。从这一“底层视角”出发来考察他们获得教育成就的实践逻辑将有助于我们更好地理解文化再生产理论的意义。

三、不足与展望

首先，本文是基于山西省 J 市的个案研究，即基于 J 市的社会环境、教育生态与民情来阐释文化资本的内涵和作用机制。由于时间和精力的限制，缺乏与大城市个案的对比研究，因此个案缺少丰富性，结论具有局限性。

其次，本文是一个回溯性的研究，需要被访者对上大学之前求学经历中的教育互动进行回忆和描述，由于时间因素可能出现记忆模糊，导致通过深度访谈收集到的资料缺乏准确性和全面性。同时，由于限定了

J 市××中学和考取大学的类型，忽视了那些选择出国接受高等教育或者到省会城市上学的个案家庭，对于他们来说可能父母或者子女可能拥有更丰富的文化资本，由此形成的教育互动可能更具有典型性。

此外，考入大学只是一个新的起点，大学这一过程可能是影响他们今后学业发展、职业选择以及社会流动更为重要的一环。并且大学教育及生活的特点，更能凸显文化资本的作用，而非仅仅局限在学业成就上。现有大部分研究包括本文在内，往往只探讨家庭或者其他因素对能够考入大学类型的影响，忽视了大学生活经历这一过程本身。因此后续研究可以对本文的被访者在北大中的表现进行一个追踪调查，并与来自其他城市的学生进行对比研究，从而更好的理解文化资本的持续性影响和作用机制。

参考文献

包亚明，1997，《文化资本与社会炼金术》，上海人民出版社

布尔迪厄，1997，《反思社会学导引》，商务印书馆

布迪厄、帕斯隆，2002a，《继承人：大学生与文化》，商务印书馆

——————，2002b，《再生产：一种教育系统理论的要点》，商务印书馆

高宣扬，2004，《布迪厄的社会理论》，同济大学出版社

蔡文伯、伍开文，2014，《家庭背景对高等教育入学机会的影响—基于新疆的实证研究》，《教育科学》，第 8 期

陈彬莉，2008，《教育获得之中的路径依赖》，《北京大学教育评论》，第 4 期

陈彬莉、白晓曦，2015，《家庭社会经济地位、家长同辈群体压力与城镇小学生补习——基于北京市海淀区小学调查》，《清华大学教育研究，第 5 期

陈正良，2004，《同辈群体环境对青少年发展的影响》，《宁波大学学报（教

育科学版)》，第 5 期
程猛、康永久，2016，《“物或损之而益”——关于底层文化资本的另一种言说》，《清华大学教育研究》，第 4 期
仇立平、肖日葵，2011，《文化资本与社会地位获得——基于上海市的实证研究》，《中国社会科学》，第 6 期
董永贵，2015，《突破阶层束缚——10 位 80 后农家子弟取得高学业成就的质性研究》，《中国青年研究》，第 3 期
杜桂英，2010，《家庭背景对我国高等教育入学机会的影响——基于 2009 年高校毕业生的调研报告》，《国家教育行政学院学报》，第 10 期
郭丽芳，2012，《民国时期普通知识分子家庭教育思想研究》，华中师范大学硕士学位论文
洪岩璧、赵延东，2014，《从资本到惯习：中国城市家庭教育模式的阶层分化》，《社会学研究》，第 4 期
姜添辉，2010，《不均等教育结果的成因：理性资本与不同社会阶级家长的教育行动》，《清华大学教育研究》，第 6 期
J 市统计信息网，2016，《J 市 2016 年国民经济和社会发展统计公报》
安妮特拉鲁，2010，《不平等的童年》，北京大学出版社
——————，2014，《家庭优势：社会阶层与家长参与》，江西教育出版社
李春玲，2014，《“80 后”的教育经历与机会不平等——兼评〈无声的革命〉》，《中国社会科学》，第 4 期
李煜，2006，《制度变迁与教育不平等的产生机制——中国城市子女的教育获得（1966—2003)》，《中国社会科学》，第 4 期
李忠路、邱泽奇，《2016，家庭背景如何影响儿童学业成就？——义务教育阶段家庭社会经济地位影响差异分析》，《社会学研究》，第 4 期
梁晨、李中清、张浩等，2012，《无声的革命：北京大学与苏州大学学生社会来源研究（1952—2002)》，《中国社会科学》，第 1 期
刘保中、张月云、李建新，《2015，家庭社会经济地位与青少年教育期望：

父母参与的中介作用》，《北京大学教育评论》，第 3 期
刘浩、钱民辉，2015，《谁获得了教育——中国教育获得影响因素研究述评》，《高等教育研究》，第 8 期
刘精明，2007，《扩招时期高等教育机会的地区差异研究》，《北京大学教育评论》，第 4 期
———，2014，《能力与出身：高等教育入学机会分配的机制分析》，《中国社会科学》，第 8 期
刘云杉，2015，《大众高等教育再认识：农家子弟还能从中获得什么》，《中国农业大学学报（社会科学版）》，第 1 期
孙远太，2010，《家庭背景、文化资本与教育获得——上海城镇居民调查》，《青年研究》，第 2 期
唐俊超，2015，《输在起跑线——再议中国社会的教育不平等（1978-2008）》，《社会学研究》，第 3 期
王甫勤、时怡雯，2014，《家庭背景、教育期望与大学教育获得基于上海市调查数据的实证研究》，《社会》，第 1 期
王伟宜、谢作栩，2005，《家庭文化背景对高等教育入学机会的影响》，《江苏高教》第 4 期
吴晓刚，2016，《中国当代的高等教育、精英形成与社会分层来自“首都大学生成长追踪调查”的初步发现》，《社会》，第 3 期
吴愈晓，2013a，《教育分流体制与中国的教育分层（1978-2008）》，《社会学研究》，第 4 期
———，2013b，《中国城乡居民的教育机会不平等及其演变（1978—2008）》，《中国社会科学》，第 3 期
谢作栩、王伟宜，2004，《不同社会阶层子女高等教育入学机会差异的探讨——陕、闽、浙、沪部分高校调查》，《东南学术》，第 1 期
熊和妮，2016，《他们真的不懂教育孩子吗？——劳动阶层家庭教育的污名化危机及其批判》，《基础教育》，第 2 期
严警，2012，《家庭文化资本研究—基于武汉两所初中的调查》，华中师

范大学硕士学位论文
杨宝琰、万明钢，2015，《父亲受教育程度和经济资本如何影响学业成绩——基于中介效应和调节效应的分析》，《北京大学教育评论》，第 2 期

杨启光、程琳，2017，《PISA 中家长参与对子女阅读素养的影响及其启示》，《教育学术月刊》，第 2 期

曾荣侠、李新旺，2003，《试论自我效能感对学生学业成就的影响》，《教育研究与实验》，第 4 期

张学民、林崇德、申继亮等，2007，《动机定向、成就归因、自我效能感与学业成就之间的关系研究综述》，《教育科学研究》，第 3 期

赵必华，2013，《影响学生学业成绩的家庭与学校因素分析》，《教育研究》，第 3 期

朱伟珏，2006，《一个揭示教育不平等的社会学分析框架》，《社会科学》，第 5 期

Sullivan,Alice. 2001. Cultural Capital and Educational Attainment. *Sociology*, 35 (4).

Lamont M. & Lareau A.1988. Cultural Capital: Allusions, Gaps and Glissandos in Recent
Theoretical Developments. *Sociological Theory*.6(2):153-168.

Lareau, Annette & Weininger, Elliot B. 2003. Cultural capital in educational research: A critical assessment. *Theory and Society*, 32(5).

Darling,S.& Westberg,L. 2004. Parental involvement in children’s acquisition of Reading. *The Reading Teachers*, 8.

Katsillis, John & Rubinson, Richard.1990. Cultural Capital, Student Achievement, and Educational Reproduction: The Case of Greece. *American Sociological Review,* 55(2).

Aschaffenburg, Karen & Maas, Ineke. 1997. Cultural and Educational Careers:

The Dynamics of Social Reproduction. *American Sociological Review*, 62(4).

De Graaf, Nan Dirk, De Graaf, Paul M., & Kraaykamp, Gerbert. 2000. Parental Cultural Capital and Educational Attainment in the Netherlands: A Refinement of the Cultural Capital Perspective. *Sociology of Education*, 73 (2).

DiMaggio, Paul. 1982. Cultural Capital and School Success: The Impact of Status Culture Participation on the Grades of U.S. High School Students. *American Sociological Review*, 47 (2).

DiMaggio, Paul & Mohr., John 1985. Cultural Capital, Educational Attainment, and Marital Selection. *American Journal of Sociology*, 90 (6):1231-1261.

Byun，Soo-yong, Schofer，Evan & Kim, Kyung-keun. 2012. Revisiting the Role of Cultural Capital in East Asian Educational Systems: The Case of South Korea. *Sociology of Education*, 85 (3).

Blair, Sampson Lee. 2014. Parental Involvement and Children’s Educational Performance: A Comparison of Filipino and U.S. Parents. *Journal of Comparative Family Studies*, 45(3).

Sewell, William H. & Shah, Vimal P. 1968. Parents’ Education and Children’s Educational Aspirations and Achievements. *American Sociological Review*, 33(2).

Yamamoto, Yoko & Brinton, Mary C. 2010. Cultural Capital in East Asian Educational Systems: The Case of Japan. *Sociology of Education*, 83 (1)

附录：三系 2017 年硕士论文题目汇总

北京大学社会学系（69 人，含人类学 6 人）

卜　凡：环境保护与发展困境——菲律宾巴拉望可持续发展模式的反思
常入文：政策性别价值取向与个体性别观念
董海明：农村“宗教精英”灵性资本生产与再生产机制研究——以安徽淮南 H 村教会为例
董旭琛：明清女德思想研究--以《内训》为例
董彦峰：积极者与消极者——D 村选举中的委托投票现象
尔古玛玛：外出务工对彝族农村现代化的影响——以对阿并洛古村的实地研究为例
郭牧琦：生育行为对女性工资收入的影响
海鸿雁：北京市老年人保健食品消费的影响因素研究
洪丽丽：妻子教育、夫妻教育梯度差异与婚姻稳定性
黄世芳：从“正确的人”到“大小传统”——罗伯特·雷德菲尔德学术思想研究
黄　硕：远走不如近求：“两栖”流动群体的认同建构——以豫西南 S 村为例
姜宇航：灵魂的居所——黑脚苗的宗教
金婧怡：艺术的魅惑与命途
金银河：不同文化背景下，教育戏剧对跨文化沟通能力的影响分析——以韩国和平学校实践为例

金贞守：社区治理中居民公共事务参与态度的异同：中韩两国城市社区的个案比较

赖嘉雯：内地赴港旅游人口变化特点与趋势研究

黎建君：北京“空巢青年”城市生活适应研究

李福立：中国大陆老年人养老方式影响因素的实证分析——基于CLASS2014数据的验证

李若峤：融入社会：志愿服务与政治参与之间

李珊珊：老周的生活世界与实践

李松涛：周代封建宗法的政治伦理——从“尊降”之降与不降看爵尊与亲属亲尊之关系

李怡萱：家族企业的代际传承与转型升级：一项基于关键社会学个案的社会学研究

刘道宁：从边缘到主流——对中国大陆民谣音乐的文化研究

刘　晗：家庭背景与当代中国城镇居民的职业流动：1978-2008

刘　洁：平台经济与女性在夫妻店中权力的获得——以淘宝女装店为例

刘开标：为政在人：从官箴书看清代州县官对其辅助群体的任用和监督

刘小天：双重不确定性：大学毕业生在求职过程中的焦虑情感研究

刘晓梦：中国女性生育选择与工资水平

刘　扬：新闻生产过程与组织结构的变化——以NF报业传媒集团为例

鲁　溪：高龄老人传统媒体触达影响因素的实证分析

罗霄恒：青年流动人口的组织参与研究——以深圳市五类个案为例

马晓玲：凉山高山彝人城镇化的现状、困境和出路——基于迁移彝人、高山彝人和平地汉人的对比分析

马志谦：项目进村与村政上浮——一个西部村庄的个案研究

毛一凡：“准劳动力市场”与经验资本的前置——场域视角下的互联网精英实习生研究

缪亚敏：儒家文明应对现代性困境的可能性——以北京大学耕读社的实践为例

纳　菡：中国老年人信教动机的相关因素研究
南　菁：居住安排模式对城市家庭代际经济流动的影响——基于 CHARLS 数据的验证
尼玛顿珠：疾病的文化定义与社会控制——藏区牧区的艾滋病与包虫病实证研究
彭东建：流浪："90 后农民工"城市适应过程中的状态
彭丽虹：流动人口的教育回报
乔　舒：我国老年人自我感知老化影响因素的实证研究——基于 CLASS2014 数据检验
任剑润：当代中国农村女性生育体验研究——以西北 J 县为例
阮韵晨：婚姻状态对主观幸福感的动态影响研究
沈进硕：论韩国留学生的群体资格——以北京大学本科生为例
史秀萍：为什么纹身？——当代青年的纹身合理化研究
苏仲涛：平台对外包型劳动力的控制研究——以百度外卖平台外包专职骑手为例
粟后发：农民外出打工的意义结构——基于一个皖北村庄的发现
孙　冉：家庭背景、教育与职业地位获得：1949-2008
汤　澄：性别视角下老年人丧偶与否对其非正式社会参与的影响研究
唐红波："打工潮"与中国当代农村婚姻家庭的变迁——以 S 村为例
唐元超：寻找定位与秩序生成——凉山彝族的家支社会及其结构变迁
王斯敏：论《吕氏乡约》——从张载关学出发
王　镇：重修圣寺：一个穆斯林村落的归信史
魏淑媛：生活机会与弱者生存——北京地区流动摊贩的案例研究
吴佳玮：社会参与对老年人死亡风险的影响——基于 CLHLS 数据
咸金彤：地方政府引导基金的运作实践
徐吉鹏：社会科学解释中的主观观点——舒茨方法论的内部困境
薛宇杰：生命与文化——尼采的现代性批判
叶　昱：青年长租公寓里的邻里交往——以厦门为例

余慧芳：合作组织何以扎根乡村社会？——基于山西永济蒲韩社区的个案研究
张斌凡：农民个体户的社会融入研究——以赣籍农民个体户为例
张　芳：高龄农民工是否参加养老保险影响因素的实证分析——基于2014年流动人口动态监测数据的检验
张霖：“重现”还是“重构”：互联网新媒体使用与社会分层——基于CGSS2013数据的实证研究
张瑞辰：当代信访的双重正当化机制：信访困境的一种解释框架
张艺苧：儿童绘本与中国城市中产阶级的家庭教育
张雨晴：“沉郁”：本雅明的救赎观及其认识论基础——从《德国浪漫派的艺术批评概念》切入
张　越：谁进了北大？家庭文化资本对子女学业成就的影响机制探究——基于对家庭教育互动过程的个案考察
赵　璐：未婚同居：当代都市流动青年的亲密关系实践
庄皓琰：社区生活中的流动性与公共性——以通州一个社区为例

清华大学社会学系（12人）

吴文兵：结构性互惠：S村社物交换的社会史考察（1949-1978）
郭迅羽：资源、互助、道德的共生经济——一个老挝村庄的个案
董　超：人口流动对婚姻匹配的影响
刘　扬：性别工具化——H省女大学生村官研究
宋　琦：“扩张性悖论”：一个财政政策的制度分析
刘济帆：联合投资网络动态演化模型探析
蒋　楠：合著网特征与学术影响力：基于社会学领域的探索性研究
李昭蔚：低保申请、获得和退出的相关因素分析
陈　晨：地区经济发展与农村劳动力迁移的自我选择

朱蔚怡：动员与协商——社区社会资本在社区自治的作用

翁妙娜：政府主导抑或社会自治——曼谷与北京拆迁改造社会区案例研究

王碧妍：城市社区中的协商民主机制研究——以北京三个社区为例

中国人民大学社会学系（43 人，含人类学 6 人）

陈筱荣：网络社会的新劳动者研究——以字幕组为例

崔　浩：白领的阶层意识——以北京地区为例

崔之强：结构化面试方法的实践及效果研究

单慧玲：作为供品的圣与俗——河南浚县孙氏面供的工艺、特征及呈现仪式

董晓柯：空间的历史——以北京大栅栏地区的社区营造为例

董　祎：制度对冲突的压制与加剧——以滨海监狱为例

杜素芳：表演与狂欢：网络直播中的自我呈现与社会交往研究

范一帆：权力的隐身：网络购物的社会学研究

韩　佳：社会变迁视野下农村彩礼非理性增长机制研究——以定县 Z 村为例

何钧力：农业资本化进程中的农民合作经济实践——以定州（县）合作社为例

何双廷：网络外卖的空间实践与表达

李　琳：社区经济发展水平、收入不平等状况与居民健康——基于 2010 年中国综合社会调查的实证分析

李晓天：居委会主导的社区组织发育：大栅栏地区的经验研究

李笑言：礼佛之路——作为景观旅游与文化传承的乐山大佛

梁鹏飞：技术如何“倒逼”社会——校园消费金融市场的运作机制及风险危机

林思成：仪式变迁、乡村自治与权力共谋——基于山东省 L 村白公事自主改革的研究
刘　齐：“农民上楼”与就地城镇化——以定州市旺村为例
刘显杰：独立音乐的自我建构和理性生产：以大学生独立音乐人为例
龙　茜：“打造理想的自我”日本女大学生的时尚消费与自我表达
鹿　茸:“买断”后的人生——一项对国有粮食企业下岗职工的应对策略研究
罗　锡:虚拟世界:普罗透斯效应下的情境行动——基于沙盒游戏《GTA5》的研究
马瑞丰：城市生活适应与身份认同转换研究——以在京高校西北回族女大学生为例
毛梓铭：符号消费中的看与被看——消费社会的视觉奇观与自我控制
莫　阳：现代性速度：时间社会学中的体育
潘荣桂：空间实践：校园空间和同校异性情侣的恋爱日常
隋雯雯：隐匿与抗争：山东省潍坊市 Q 村祭祀中女性角色变迁研究
孙广阳：城镇化对初婚年龄的影响
唐　瑜：信访治理的内卷化问题研究
田　冰：“学轨制”下职业教育回报及其对收入不平等的影响——基于 UHS 和 CFPS 数据的实证研究
汪永生：村庄发展的优势累积与差异形成——安徽汪村的历时性研究
项颖倩：疾病与体验——对于当代“烟”话语形构的人类学研究
肖翔尹：关于男性不育的非生理因素的实证研究
徐　航：互联网平台上的资本化与劳动过程——以外卖送餐员送餐 App 使用为例
闫佳慧：互联网消费中传递经验的生产与作用——以小红书社区为例
杨修业：砖与木——一个湘西侗族旅游村落的空间生产与争夺
杨雪晴：嵌入性消费：理解农民进城买房机制的一个视角
杨一纯：中国当代的专业性别隔离、性别本质主义与女性专业选择

姚　曼：“做活动”与“做卷子”——制度环境如何影响随迁子女就学境遇
于秋怡：城市女性生产过程叙述
张姮姮：繁简之间：变迁中的农村婚俗——以湘西土家族湖镇为例
张　丽：信念的力量——教师教学信念对学生学业成就的影响
郑绍杰：地权的想象与想象的地权——关于国家－农民地权逻辑的个案研究
周孟珂：移动互联网时代下的消费者赋权及其实现机制研究